本书系国家社科基金青年项目"中国特色社会主义经济绿色治理的机制、路径与政策研究"（批准号：16CKS015）阶段性成果。

# 生态文明融入经济建设的多维理路研究
## ——制度、机制与路径

The Study of the Multidimensional Approach for
Ecological Civilization Integrating into Economic Construction
——System, Mechanism and Path

翟坤周　著

中国社会科学出版社

## 图书在版编目（CIP）数据

生态文明融入经济建设的多维理路研究：制度、机制与路径/翟坤周著.—北京：中国社会科学出版社，2017.11
ISBN 978-7-5203-0754-3

Ⅰ.①生… Ⅱ.①翟… Ⅲ.①中国经济—经济发展—研究 Ⅳ.①F124

中国版本图书馆 CIP 数据核字（2017）第 174635 号

| | |
|---|---|
| 出 版 人 | 赵剑英 |
| 责任编辑 | 宋燕鹏 |
| 责任校对 | 石春梅 |
| 责任印制 | 李寡寡 |

| | |
|---|---|
| 出　　版 | 中国社会科学出版社 |
| 社　　址 | 北京鼓楼西大街甲 158 号 |
| 邮　　编 | 100720 |
| 网　　址 | http://www.csspw.cn |
| 发 行 部 | 010-84083685 |
| 门 市 部 | 010-84029450 |
| 经　　销 | 新华书店及其他书店 |

| | |
|---|---|
| 印刷装订 | 北京明恒达印务有限公司 |
| 版　　次 | 2017 年 11 月第 1 版 |
| 印　　次 | 2017 年 11 月第 1 次印刷 |

| | |
|---|---|
| 开　　本 | 710×1000　1/16 |
| 印　　张 | 31 |
| 字　　数 | 400 千字 |
| 定　　价 | 128.00 元 |

凡购买中国社会科学出版社图书，如有质量问题请与本社营销中心联系调换
电话：010-84083683
**版权所有　侵权必究**

# 序

放在我们面前的这本专著是翟坤周博士历经多年心血完成的一部力作，从这部厚重的著作中我看到了他的学术成长和人生蜕变。2010年9月他成为我的硕士研究生，由于在学术和学业上表现优异和突出，2012年4月他又申请考核成为我的博士研究生。这些年来，他对学术的执着、激情、热爱、抱负和不怕吃苦的奋斗精神，深深地感染了我所带的硕士和博士研究生。2015年6月毕业后进入西南科技大学从事马克思主义理论学科的教学和科研工作。2016年6月获准国家社会科学基金青年项目立项。2017年5月又入选学校"龙山学术人才计划"青年学者，他在学问上取得的这些进步和成绩，既是对他个人学术研究的莫大肯定和鼓舞，我作为他的授业导师也同样为此倍感欣慰。

我认为，青年学者除了要有自我努力、自我拼搏、自我奋进和自我超越的精气神之外，要想真正在艰辛而枯燥的学术研究中找准学术切入点、突破口和兴趣点，成为学术前沿研究的"弄潮儿"，更需要长期关注党和国家的重大战略、发展趋势和现实问题。20世纪80年代中期，当时我也是一名初出茅庐的青年学者，但我看到了改革开放这个决定当代中国命运的关键抉择，已开始给党和国家发展带来巨大变化，也为青年人才的学术成长提供了难得的机遇和环境。因此，对于我而言，发端于农业基本经营体制改革的农村改革，便从那时开始进入我的学术研究视野，并贯穿于我的整个学术研究过程。直到今天，面对中国乡土社会向城市社会转型以及传统、现代、后现代时空压缩的大背景，中国农业、农民、农村已然发生了巨大变化，也呈现出与以往任何时期都不同的新情况、新问题、新趋势和新特点，但我始终坚守着我所热爱的"三农"发展研究领域。目前，我依然主持了一项题为"中国特色社会主义'新三农'协同发展研究"的国家社会科学基金一般项目，还想对"三农"发展提出一些新的思考。换句话讲，知识分子或是学者应该能够对党和国家发展战略和发展趋势做出基本判断，面对公共性的经济社会议题做主流研究，去尝试建构与之对应的公共性学术话语体系。

改革开放以来，虽然中国经济发展创造了举世瞩目的"奇迹"，但我们要看到，中国经济高速增长背后所付出的资源、环境和生态代价是十分巨大的，这在各级地方政府长期基于GDP绩效评估的"锦标赛"经济增长模式所呈现的"经济增长—环境污染"陷阱中能得到充分体现。进入21世纪以来，党和国家开始逐渐关注经济可持续增长与资源环境生态保护议题，逐步重视物质财富增长与人的全面发展的协同推进问题。具体以城乡发展为例，在坚持科学发展观的指导下，相继提出"物的新农村"和"人的新农村"同步建设，推进"以人为本"和"生态文明"的新型城镇化建设。这些重大现实问题和国家重大战略部署，给学术界提供了丰富的学术滋养和想象空间。党的十八大以来，以习近平同志为核心的党中央领导集体提出了一系列治国理政的新理念新思想新战略。就生态文明而言，从党的十八大提出"把生态文明建设放在突出地位，融入经济建设、政治建设、文化建设、社会建设各方面和全过程"到十八届三中全会"全面深化改革"和2015年《生态文明体制改革总体方案》的颁布，再到十八届五中全会把"绿色发展"作为"五大发展理念"之一，我们都可以看到，随着中国经济进入增长速度换挡、经济结构调整和发展动能转换的"新常态"阶段，生态文明建设和绿色发展理念已经成为学术界、政策部门以及社会公众关心的重大理论和实践话语。正是基于此，翟坤周博士在跟随我长期从事"中国特色社会主义'新三农'协同发展研究""中国特色社会主义农业现代化道路的实现模式研究""加强农业基础地位和确保国家粮食安全战略研究""'十三五'农业现代化发展目标""四川现代农业发展与新型农业经营体系创新研究"等国家社会科学基金项目、农业部"十三五"规划委托项目、四川省哲学社会科学重大招标项目研究之余，能够以敏锐的学术嗅觉洞悉学术研究前沿，大胆尝试以跨学科的知识积累拓宽学术研究领域。近五年来，他在城乡发展、生态文明与绿色治理等研究领域，取得了较为丰硕的学术成果，多篇文章也被人大复印报刊资料全文转载或索引；同时，到目前为止，我们还未看到以"生态文明融入'四大建设'"为研究主题的学术专著的出版，可以说，他的《生态文明融入经济建设的多维理路研究——制度、机制与路径》一书算得上新的尝试。现在他打算将本书出版，请我写序，我很乐意借此机会，结合我自己近40年的教学和科学研究经历，就"青年学者该做什么、能做什么"以及"这本著作能带给我们什么"两个话题谈谈自己的思考和感受。

  首先，青年学者能做些什么和该做些什么？说到底，青年学者能做些什么，与青年学者自身学科话语、学术背景、学术能力以及学科知识结构等紧密相关；而青年学者该做些什么，则更多地是学术界对青年学者的学术使命、责任和担当提出的更高期望和要求。青年学者，尤其是"80后"学者经历了改革开30多年的伟大发展历程，既能够深刻体悟到党的执政理念和国家发展战略的时代变迁，也能真切感受到中国经济社会发展各方面、各领域日益暴露和面临的现实挑战。回顾中国特色社会主义发展道路和伟大征程，经济发展与社会转型给我们提供了广博的学术空间和丰富的学术素材，青年学者应该而且也可以去尝试建构新的学术话语对党和国家走的这条道路进行深刻阐释，这是我的真切感受。就整个经济发展和社会转型而言，多元性社会主体的成长及其所面对的公共环境、公共需求、公共活动、公共规则、公共精神等逐渐融入和弥漫到社会公众生活的各个方面和各个领域。可以说，这个时代所带有的公共性特征和印记日渐清晰，公共性已成为社会发展最重要的属性。因此，青年学者的研究视域要投射到社会公共性问题领域，才能在学术研究的"小领地"紧跟学术研究的"大趋势"，才能在解决和回应公共性问题中建构公共性话语，做无愧于时代的学术研究"弄潮儿"。

一方面，青年学者在面对公共性问题、话题或议题时要做有情感和有温度的学术研究。学术研究是公共性的知识生产和知识创新活动，这就要求青年学者要拥有家国情怀和悲苦情结，这样才能把党和国家的顶层设计与地方实践有机结合起来，产生出一批既有高度、又接地气的学术成果。就"三农"发展而言，党和国家提出推进城乡发展一体化是解决农业、农民和农村问题的根本途径。但是，在推进城乡发展一体化进程化中，如果我们没有对农民的情感投注，没有对故土的乡愁眷恋，无视农业工业化生产的食品安全隐患，以及没有对整个"后乡土中国"时代乡村社会价值的重新发掘，我们是很难深入田野和村落，去倾听底层和农民的声音的，更遑论做出有血有肉的学术成果。翟坤周博士是一名从秦巴山区集中连片特困地区乡村走出来的青年学者，一直带着浓浓的乡土味和故土情，对农业、农民、农村以及泥土的眷恋，深知偏远山区农村的贫穷和农民的难处，"三农"发展研究自然而然地就成了他长期持续耕耘的一个重要领域。最近，他又开始将研究视野拓展到集中连片特困地区的留守儿童关爱与乡村底层教育的相关问题上，我们期待他能够以新的学术话语提出新的学术见地。

另一方面，青年学者在面对公共性问题、话题或议题时要做有学理和有思想。青年学者不能仅凭情感维系和情感冲动做研究和谈问题，面对公共性议题时还需要进行学理性的学术批判和学术建构。近年来，中国农村改革持续推进，农村土地产权制度从"两权分离"到"三权分置"，农业经营主体从分散化的传统小农户到组织化的新型农业经营主体培育，乡村空心化背景下的农村新型社区化发展和工商资本下乡等，我们应该在看到这种发展趋势的同时，深度研究和高度警惕这种发展趋势背后潜存的社会发展和社会治理风险。2014年年底，由我带领的学术团队在准备申请"三农"问题相关国家社科基金项目的讨论会上，我的博士研究生周庆元、翟坤周等提出："我们要进一步研究'三农'问题，就不能始终把'三农'看作问题，在城乡发展一体化进程中，我们应该以更加积极和乐观的态度来研究'三农'领域出现的新发展和新机遇，重新认识乡土社会蕴藏的价值。"至此，我们逐渐淡化农业、农民和农村的"问题域"思维，尝试在城乡发展一体化战略导向下建构"三农"之间的协同"发展观"和城乡之间的权利"共享论"，旨在为党和国家全面建成小康社会和破解城乡经济社会发展非均衡结构性矛盾提供研究视角和思路。

其次，基于青年学者能够做些什么、应该做些什么来谈谈《生态文明融入经济建设的多维理路研究》这本著作的几点感受。在跟随我长期从事"三农"协同发展研究之外，将研究视域拓展到对生态文明与绿色发展的关注，对于翟坤周博士而言，既带有偶然性也有着必然性。我一直倡导马克思主义理论学科研究生学术研究的领域选择和进入，要根据自己的学术兴趣和知识结构，在查找和阅读党和国家大量文献、对国家发展趋势进行基本研判的基础上进行自主选择。翟坤周博士正是循着这条学术路径找到了自己感兴趣且有能力完成的研究方向。面对资源约束趋紧、环境污染严重和生态系统退化等严峻形势，党的十八大政治报告将生态文明建设纳入建设中国特色社会主义"五位一体"总布局的战略定位，他也清醒地认识到习近平同志多次强调的"良好生态环境是最公平的公共产品，是最普惠的民生福祉"论断的重大理论和现实意义。可以讲，生态文明是超越工业文明的一种新型文明形态，生态文明建设成为学术界、政策部门和社会公众广泛关注的公共性议题。这是这本专著能够呈现给大家的一个重要的学术背景。就这本著作而言，总体上体现了五大较为明显的特点和优点。

第一，顺畅严密的理论逻辑。本书在对生态文明相关基本概念进行界定的基础上，作者梳理了生态文明融入经济建设的理论源流，试图建构对生态文明融入经济建设主题具有较强解释力的理论分析框架，最后把"生态文明融入经济建设"科学含义分解为"中国共产党领导"和"中国特色社会主义"双重规定，以"科学发展观"为"思想统领"，由"第一要义、核心立场、基本要求、根本方法"构成的整体框架，即生态文明融入经济建设，就是在科学发展观的思想统领下，以社会主义初级阶段基本国情为总依据，坚持中国共产党的领导，以经济发展为第一要义，把全社会共享生态产品和实现生态福祉作为核心立场，以全面协调可持续发展为基本要求，以统筹推进产业结构、空间格局、生产方式、生活方式绿色转型以及协同处理政府、市场与社会关系为根本方法。这给我们深刻理解中国特色社会主义理论体系最新成果提供了很好启示。

第二，纵横交错的时空视野。本书提出，生态文明融入经济建设研究应主要从"经济建设各方面"的空间维度和"经济建设全过程"的时间维度展开。同时，作者依据纵向历史脉络的延展，从行为主体、融入手段、融入方法、融入范围和融入重点等方面系统总结了新中国成立以来生态文明融入经济建设各方面和全过程的实践特征；根据横向空间实践的比较，阐释发达国家应对生态危机的实践本质和论证发展中国家生态危机产生的根源。这种从历史和空间中挖掘资源的时空观，是从事马克思主义理论研究青年学者必须具备的学术视野，可以为深刻诠释中国特色社会主义理论体系最新成果提供思维方法论借鉴。

第三，洞悉深刻的问题意识。推进马克思主义中国化研究要具备问题意识、反思意识和建构意识，其中，问题意识是前提和基础。作者依据亲身遭遇的现时代社会面临的资源、环境和生态严峻形势，厘清了实际工作中呈现的关于生态文明建设与经济建设存在二元对立、一元等同关系的认识误区，揭示了生态文明建设与经济建设的正向逻辑关系；同时，剖析了中国经济进入从高速增长转向中高速增长、从规模速度型粗放增长转向质量效率型集约增长、从增量扩能为主向调整存量和做优增量、从传统增长点转向新的增长点等"新常态"阶段后，生态文明融入经济建设面临的多重现实困境。可以说，具备面对经济社会重大现实的问题意识，是推进21世纪中国化的马克思主义不断进行理论创新发展的突破口。

第四，高屋建瓴的战略思维。本书虽未按照党的十八大报告所提出的"把生态文明建设放在突出地位，融入经济建设、政治建设、文化建设、社会建设各方面和全过程"的战略要求，整体研究生态文明融入"四大建设"各方面和全过程，但作者深刻认识到了经济发展与生态文明建设之间的互动逻辑关系在生态文明融入"四大建设"中的地位，清晰看到当前资源、环境、生态等问题的集中蔓延式爆发根本原因就在于经济发展方式的问题上，经济建设领域带来的资源、环境和生态问题最为凸显和更为直接。因此，本书从"五位一体"总布局和"国家治理现代化"双重视域出发，提出构建率先推进"生态文明融入经济建设"的战略框架与运行系统问题，为生态文明融入经济建设的制度机制和实践路径探讨提供了战略思路。

第五，具体实施的实践路径。生态文明融入经济建设各方面和全过程，完善的制度体系和完整的实施机制是关键环节。本书从党领导的"政府—市场—社会"的中国特色社会主义权力运行逻辑和分析框架进入，提出生态文明融入经济建设的"三类"制度体系创新和实现机制设计；同时，生态文明融入经济建设各方面和全过程，又是基于尺度综合与区域综合的实践载体分类推进和实施而展开的。作者结合城乡发展一体化研究的成果积累和当下国家协同推进新型工业化、信息化、城镇化、农业现代化和绿色化"五化同步"发展战略，认识到发展规划引导、产业结构升级、空间布局优化对于生态文明融入经济建设的重大现实意义，分别以主体功能区规划、农业现代化、新型城镇化为实践案例，提出了基于"规划—产业—空间"协同的实施推进路径。

这部专著虽然说是初步的和探索性的尝试，但还是鲜明地体现出作者对"生态文明融入经济建设"这一新的议题的学术功力和独特视角。正如马克思所言："科学绝不是一种自私自利的享乐，有幸能够致力于科学研究的人，首先应该拿自己的学识为人类服务。"我希望翟坤周博士以本书的出版为契机，在未来科学研究的艰辛征途中，秉持和继承"诚以待人、公以处事、敏以求知、笃以致学"的团队文化，在西南科技大学这个新的单位继续寻找扬起学术和生活风帆的原点、支点和切口，以科学的态度和严谨的精神深耕马克思主义基础理论，致力于推进21世纪中国化的马克思主义与中国重大现实问题的研究，为国家和地方的"发展美"和人民的"生活美"贡献科学智慧！

由于我是翟坤周博士的硕士生导师和博士生导师，缘于这层学缘关系，我早于读者朋友们看到这本关于生态文明与经济发展方面的专著。作为一名马克思主义理论和"三农"研究工作者，我非常高兴地看到年轻的学者关心和关注转型时期中国社会发展面临的公共性问题和挑战，并展开了深入、细致的研究，形成了高质量、有分量的学术成果。出于这样的原因，写下了上述文字，一是向学术界同仁推荐这本专著供大家参考和进一步探讨；二是为关心当代中国城乡绿色发展和生态文明建设的青年学者们提供一点个人思考和想法。

是为序。

四川大学马克思主义学院首任院长、教授、博士生导师

王国敏

2017年5月

# 目 录

导论 开创经济绿色发展新时代 …………………………………… 1

第一章 生态文明融入经济建设：理论基础与分析框架 ………… 56

 第一节 基本概念的界定 ………………………………………… 57

 第二节 生态文明融入经济建设的理论源流 …………………… 92

 第三节 社会主义生态文明融入经济建设的分析框架 ………… 138

第二章 生态文明融入经济建设：历史阶段及基本特征 ………… 168

 第一节 新中国成立以来生态文明融入经济建设的历史阶段 … 169

 第二节 新中国成立以来生态文明融入经济建设的基本特征 … 191

第三章 生态文明融入经济建设：认识误区与现实困境 ………… 198

 第一节 生态文明建设与经济建设的认识误区及批判 ………… 199

第二节　中国生态文明融入经济建设面临的现实困境 …………… 207

## 第四章　生态文明融入经济建设：国外实践与经验启示 ………… 236

第一节　生态文明融入经济建设的国外实践 …………………… 237

第二节　国外实践对中国生态文明融入经济建设的启示 ……… 253

## 第五章　生态文明融入经济建设：战略框架与运行系统 ………… 264

第一节　"五位一体"总布局视域中的生态文明融入经济建设 … 265

第二节　"国家治理现代化"视域中的生态文明融入经济建设 … 279

第三节　生态文明融入经济建设的战略框架 …………………… 296

第四节　生态文明融入经济建设的运行系统 …………………… 315

## 第六章　生态文明融入经济建设：制度创新与机制整合 ………… 333

第一节　制度与机制是生态文明融入经济建设的核心要件 …… 334

第二节　生态文明融入经济建设的协同制度创新 ……………… 343

第三节　生态文明融入经济建设的整合机制设计 ……………… 369

## 第七章　生态文明融入经济建设：载体选择与推进路径 ………… 394

第一节　生态文明融入经济建设的载体选择 …………………… 395

第二节　规划推进路径——以功能区规划为例 ………………… 403

第三节　产业推进路径——以农业现代化为例 …………… 415

第四节　空间推进路径——以新型城镇化为例 …………… 432

**结语　从理性到行动** …………………………………… 454

**参考文献** …………………………………………………… 460

**后　记** ……………………………………………………… 476

# 导 论

## 开创经济绿色发展新时代

"不要过于陶醉于我们对自然界的胜利。对于每一次这样的胜利,自然界都报复了我们。"①

——恩格斯

生存与发展是人类社会的永恒主题。面对我国日趋严峻的资源约束、环境污染和生态退化等问题,优先推进生态文明融入经济建设,本质上讲,是对人类社会生存与发展主题的现实回应和观照。作为世界上经济体量最大的发展中国家,能否走出一条绿色、循环、低碳的经济发展之路,不仅影响着人们的日常生活,也关系着社会主义现代化的前途命运和中华民族永续发展的长远大计。本章首先提出问题、厘清选题背景和意义,交代研究目标、思路、方法、重难点及可能的创新。

### 一 问题的提出

"问题就是时代的口号"②,"坚持问题导向是马克思主义的鲜明特

---

① 《马克思恩格斯选集》(第4卷),人民出版社1995年版,第33页。
② 《马克思恩格斯全集》(第40卷),人民出版社1982年版,第289页。

点"①。以马克思主义理论为行动指南的社会主义国家,不仅要重视马克思主义理论研究,也要关切重大现实社会问题。中国共产党带领全国各族人民正是在不断探索并回答革命、建设和改革的重大现实社会问题过程中实现了实践基础上的理论创新,推进了马克思主义中国化、时代化和大众化,坚定了中国特色社会主义的理论自信、道路自信、制度自信和文化自信。党的十八大以来,面对新时期中国特色社会主义的丰富实践,马克思主义中国化研究急需直面重大现实社会问题,在回答和解决重大现实社会问题中创新理论成果。

协调经济建设与资源节约、环境保护、生态修复的关系,促进人与自然、人与人、人与社会之间的良性互动与和谐共生,是人类文明进程中始终要面对的难题。从新中国成立初期对生态问题的朦胧认识到改革开放后系统思考生态问题,从20世纪90年代提出可持续发展战略到21世纪逐渐形成坚持科学发展和建设生态文明的决策共识、政治共识和社会共识,新中国成立相继提出了"统筹发展""科学发展""和谐社会""资源节约型、环境友好型社会""绿色发展"等理念。可以讲,中国共产党对自然、生态、资源、环境等问题的认识经历了"由'知之不多'到'知之较多',从'知之不深'到'知之较深',从'知之不全'到'知之较全',从'必然王国'到'自由王国'的过程"②,充分体现了中国共产党对党的执政规律、社会主义建设规律和人类社会发展规律的认识达到了新高度。

党的十七大政治报告提出:"坚持走生产发展、生活富裕、生态良好的文明发展道路,建设资源节约型、环境友好型社会,实现速度和结构质

---

① 习近平:《在哲学社会科学工作座谈会上的讲话》,人民出版社2016年版,第14页。
② 胡鞍钢:《东方巨人的两个"大脑":对生态文明建设的科学共识与决策共识》,《中国科学院院刊》2013年第2期。

量效益相统一、经济发展与人口资源环境相协调",要求"在优化结构、提高效益、降低消耗、保护环境的基础上","增强发展协调性"。① 2012年7月23日,胡锦涛同志在省部级主要领导干部专题研讨班开班式讲话中指出:"生态文明建设,是涉及生产方式和生活方式根本性变革的战略任务,必须把生态文明建设的理念、原则、目标等深刻融入和全面贯穿到我国经济、政治、文化、社会建设的各方面和全过程。"这将生态文明建设提到了新高度,初步确立了生态文明建设在中国特色社会主义经济、政治、文化和社会建设中的基础地位。在此基础上,党的十八大政治报告明确提出:"全面落实经济建设、政治建设、文化建设、社会建设、生态文明建设五位一体总布局,促进现代化建设各方面相协调,促进生产关系与生产力、上层建筑与经济基础相协调,不断开拓生产发展、生活富裕、生态良好的文明发展道路。"② 在党的文献中,生态文明建设第一次被正式明确地纳入中国特色社会主义"五位一体"总布局,与经济建设、政治建设、文化建设、社会建设并列协同。同时,党的十八大政治报告又提出"把生态文明建设放在突出地位,融入经济建设、政治建设、文化建设、社会建设各方面和全过程,努力建设美丽中国,实现中华民族永续发展"③。中国共产党不仅将生态文明作为与物质文明、政治文明、精神文明的并列概念,又将生态文明视为超越于农业文明和工业文明,且可以引领物质文明、政治文明、精神文明、社会文明不断前进的新的文明形态,由此构成了"人类思考自身发展的理论体系和实践体系"④。

党的十八届三中全会提出"建设生态文明,必须建立系统完整的生态文明制度体系,实行最严格的源头保护制度、损害赔偿制度、责任追究制

---

① 《十七大以来重要文献选编》(上),中央文献出版社2009年版,第12—15页。
② 《十八大以来重要文献选编》(上),中央文献出版社2014年版,第7页。
③ 同上书,第30页。
④ 杜明娥:《试论生态文明与现代化的耦合关系》,《马克思主义与现实》2012年第1期。

度，完善环境治理和生态修复制度，用制度保护生态环境"①。随后，中央成立全面深化改革领导小组，并专设"经济体制和生态文明体制改革专项小组"，将经济建设和生态文明建设融为一体，突出了经济体制改革和生态文明体制改革的衔接性和协同性，明确了当前和今后一个时期的总体要求，即是"协同推进新型工业化、信息化、城镇化、农业现代化和绿色化，以健全生态文明制度体系为重点，优化国土空间开发格局，全面促进资源节约利用，加大自然生态系统和环境保护力度，大力推进绿色发展、循环发展、低碳发展，弘扬生态文化，倡导绿色生活，加快建设美丽中国，使蓝天常在、青山常在、绿水常在，实现中华民族永续发展"②。同时，为加快建立系统完整的生态文明制度体系，增强生态文明体制改革的系统性、整体性、协同性，中共中央国务院印发了《生态文明体制改革总体方案》。党的十八届五中全会进一步提出坚持绿色发展的新理念，要通过"加快建设资源节约型、环境友好型社会，形成人与自然和谐发展现代化建设新格局，推进美丽中国建设，为全球生态安全作出新贡献"③。

可以讲，一方面，中国共产党在理论上对生态文明建设及其对中国特色社会主义整体文明现代化的认识达到了新高度，即生态文明作为一种新的文明形态，"包括经济建设中生产和消费的物态文明、政治建设中组织和管理的体制文明、文化建设中知识和智慧的认知文明，以及社会建设中道德和精神的心态文明"④。另一方面，从中国具体国情来看，正是由于改革开放以来高速的经济增长和大规模的经济建设，带来了诸如资源约束、

---

① 《十八大以来重要文献选编》（上），中央文献出版社2014年版，第541页。
② 《十八大以来重要文献选编》（中），中央文献出版社2016年版，第486页。
③ 《中国共产党第十八届中央委员会第五次全体会议文件汇编》，人民出版社2015年版，第10页。
④ 王如松：《生态文明建设的控制论机理、认识误区与融贯路径》，《中国科学院院刊》2013年第2期。

环境污染、生态退化等矛盾问题，使得当前我国进入经济发展新常态，加快经济建设领域的生态文明建设、促进经济发展方式根本性变革显得尤为紧迫和重要。因此，本书以"生态文明融入经济建设"为问题域，以科学发展和绿色发展为主题，围绕转变经济发展方式这条主线，从理论、历史与现实三重维度解构生态文明融入经济建设的理论源流、历史进程、现实困境、国际比较、战略框架、运行系统、协同制度、整合机制，探究新型工业化、信息化、城镇化、农业现代化和绿色化"新五化"发展框架下生态文明融入经济建设的可行路径，为推进美丽中国建设做一点努力和尝试。

## 二 选题背景及研究意义

### （一）选题背景

今天，我们正生活在一个生态孕育着文明、文明却摧毁着生态的时代。人类文明在为人类发展提供持续动力的同时，人与自然之间的关系却又走向了对抗或异化，对自然的过度开发打破了生态平衡，"导致了日益严重的生态破坏和环境污染——污秽的空气、嘈杂的噪声、可怕的阴霾……交织在一起，形成了一张令人窒息的网，既无法逃脱，又无力改变，演绎出无限的感伤"①。正如 H. 托勒所言："现代文明的症结在于，工业已经成为压倒一切人类旨趣的东西，人的其他任何旨趣和生存物质资料的供应都被忽视。如同一个疑病症患者只关心他的消化过程，他的整个生活罩上了死亡的阴影，工业社会在采取各种手段来争夺财富的狂热举动

---

① 孙乐强：《"第三次工业革命"的中国意义及其反思》，《中国图书评论》2013 年第 3 期。

中，忘却了那些有价值的东西。"① 在人类文明的延长线上——以工业文明为主导的资本主义生产方式，"使投入工业企业的资本有不断增长的必要，而竞争使资本主义生产方式的内在规律作为外在的强制规律支配着每一个资本家。竞争迫使他不断扩大自己的资本来维持自己的资本，而他扩大资本只能靠累进的积累"②。资本就是在这种累进的积累中和"毁灭性创造"中，义无反顾地冲决一切阻挡物，"所有来自人类和自然的干预资本积累的要求都将视为必须克服的障碍"③，对经济增长的过度偏好，似乎成了吞噬一切其他旨趣的魔力。以工业文明为主导的西方发达国家在工业革命的洗礼中取得了巨大经济成就，成为广大发展中国家或落后地区摆脱贫困、走向富强的引领者。但也应看到，现代工业文明使自然环境发生有益于人类发展的同时，资本逻辑导向的短视、盲目、逐利的生产方式却带来了触目惊心的资源环境问题。

从全球来看，各国经济增长、经济发展与全球范围内的资源短缺、环境污染、生态恶化等之间的矛盾，已成为全球性重大问题之一。如果这些问题不能得到及时有效解决，将威胁人类未来。自20世纪70年代以来，全球已进入生态超载④状态（如图0–1所示），即在"当今技术支持下的世界经济已经超出了多个地球极限"⑤，人类对地球的需求超过了地球本身的可再生能力。

---

① [美] 埃利希·弗洛姆：《健全的社会》，欧阳谦译，中国文联出版社1988年版，第220页。
② 《马克思恩格斯文集》（第5卷），人民出版社2009年版，第683页。
③ [美] 约翰·贝拉米·福斯特：《生态危机与资本主义》，耿建新、宋兴无译，上海译文出版社2006年版，第90—91页。
④ 全球生态超载是指人类对地球资源的利用超过了地球的可再生能力，且逐渐增大，导致这一现象的主要诱因在于地球生产力的提高不足以满足不断增长的人口和不断增长的经济带来的资源需求增加。
⑤ 地球极限限定人类在地球体系中运行的九个安全空间：温室气体排放、氮磷负荷、臭氧层枯竭、化学污染、淡水消耗、海洋酸化、土地用途变化、悬浮微粒负荷以及生物多样性损失。参见2013年"可持续发展行动网络领导委员会"的《可持续发展行动议程》第2页，本报告是由清华大学薛澜教授主持完成，并于2013年6月6日提交联合国秘书长的内部报告，未公开出版。

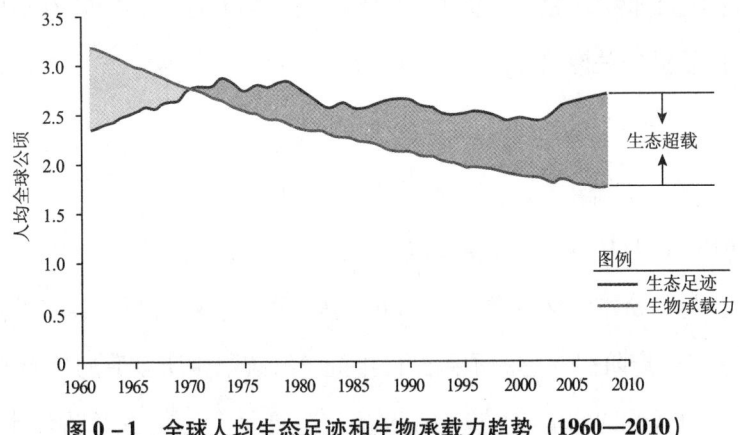

**图 0-1 全球人均生态足迹和生物承载力趋势（1960—2010）**

数据来源：全球足迹网络，2011年，根据世界自然基金会、中国科学院地理科学与资源研究所等编撰的《中国生态足迹报告2012——消费、生产与可持续发展》整理。

从国内来看，经济增长面临的资源、环境、生态约束是一个从隐性到显性的过程。尽管改革开放带来的30多年经济高速增长，创造了"中国奇迹"。但无法回避的是，资源约束趋紧、环境污染严重、生态系统退化等严峻形势，极大地压缩了中国经济持续发展的空间。更深层来看，20世纪后半叶，特别是20世纪90年代以来，我国经济发展已形成了长期依赖于以高自然攫取、高资源消耗、高投资驱动为特征的"路径锁定"，并受制于"高速增长过程中形成的观念、体制"[①]。最终，发达国家上百年的工业化进程所产生的生态环境危机，却在中国短短30多年的经济增长中集中蔓延式爆发。

资源环境问题是中国现代化进程中的瓶颈制约，是全面建成小康社会的明显"短板"。问题倒逼改革。面对我国经济发展新常态，资源消耗、环境污染、生态恶化等问题将会更加突出，"中国是选择生态文明之路，

---

① 张旭：《转变经济发展方式的发展经济学考察》，《理论学刊》2010年第3期。

还是继续走工业文明之路、翻越'文明高墙'的障碍"①,已成为事关中华民族永续发展的关键抉择。

1. 国际背景

（1）国际潮流

自18世纪60年代工业革命以来，人类开始进入工业文明社会。以工业文明主导的资本主义生产方式，如同马克思、恩格斯在《共产党宣言》中所讲："资产阶级在它的不到一百年的阶级统治中所创造的生产力，比过去一切世代创造的全部生产力还要多，还要大。自然力的征服，机器的采用，化学在工业和农业中的应用，轮船的行驶，铁路的通行，电报的使用，整个大陆的开垦，河川的通航，仿佛用法术从地下呼唤出来的大量人口——过去哪一个世纪料想到在社会劳动里蕴藏有这样的生产力呢？"② 一方面，资本主义生产方式创造了比过去一切时代所创造的财富总和还要多得多的财富；而另一方面，却给人类生存与发展带来了严重灾难，"破坏着人和土地之间的物质变换"③，"文明和产业的整个发展，对森林的破坏从来就起很大的作用……对森林的护养和生产所起的作用则微乎其微"④，结果是"森林、煤矿、铁矿的枯竭等等"⑤。环境问题不仅超越社会制度、超越时间，而且超越地域限制，是全球共同的问题。⑥ 面对愈演愈烈的环境灾难和生态危机，世界各国对工业文明发展的理念、方式和道路进行了反思，清醒地认识到发展绝不能再牺牲环境，选择一种新文明发展方式的

---

① 张孝德：《走向生态文明：中国未来的文明创新之路——关于生态文明和生态经济的系列思考》，《经济研究参考》2012年第61期。
② 《马克思恩格斯文集》（第2卷），人民出版社2009年版，第36页。
③ 《马克思恩格斯文集》（第5卷），人民出版社2009年版，第579—580页。
④ 《马克思恩格斯文集》（第6卷），人民出版社2009年版，第272页。
⑤ 《马克思恩格斯文集》（第7卷），人民出版社2009年版，第289页。
⑥ 参见方世南《环境问题：全球共同面对的问题》，《学术月刊》2000年第2期。

意愿越发迫切和热烈。① 20 世纪后半叶以来,"发展不仅要看经济增长指标,还要看人文指标、资源指标、环境指标"②。可持续发展、环境保护以及生态文明开始成为全球文明发展的新兴潮流,成为各国最广泛和最高层次的政治承诺、合作宣言和发展共识(见表 0-1)。

表 0-1　　　国际社会生态文明建设相关理念的发展历程

| 时间 | 倡导者 | 报告、文件、著作 | 主　要　观　点 |
| --- | --- | --- | --- |
| 1962 | 蕾切尔·卡逊 | 《寂静的春天》 | 引起人们对野生动物的关注,唤起公众的环境意识,提出了"可持续性"概念 |
| 1966 | 肯尼斯·鲍尔丁 | 《即将到来的宇宙飞船世界的经济学》 | 地球只是茫茫太空中一艘小小的宇宙飞船,人口和经济的无序增长迟早会使船内有限的资源耗尽,而生产和消费过程中排出的废料将使飞船污染,毒害船内的乘客,此时飞船会坠落,社会随之崩溃③ |
| 1972 | 罗马俱乐部 | 《增长的极限》 | 在未来一个世纪中,人口和经济需求的增长将导致地球资源耗竭、生态破坏和环境污染,除非人类自觉限制人口增长和工业发展,否则这一悲剧将无法避免 |
| 1972 | 联合国人类环境会议 | 《人类环境宣言》 | 阐明了七点共同看法和二十六项原则,以鼓舞和指导世界各国人民保护和改善人类环境④ |
| 1981 | 朱利安·林肯·西蒙 | 《没有极限的增长》 | 认为人类能力的发展是无限的。依靠技术进步可以解决一切问题⑤ |

---

① 参见吴瑾菁、祝黄河《"五位一体"视域下的生态文明建设》,《马克思主义与现实》2013 年第 1 期。
② 《江泽民文选》(第 3 卷),人民出版社 2006 年版,第 462 页。
③ 参见张志强、孙成权、程国栋等《可持续发展研究:进展与趋向》,《地球科学进展》1999 年第 6 期。
④ 参见中国网《人类环境宣言》,http://www.china.com.cn/chinese/huanjing/320178.htm,2003 年 4 月 24 日。
⑤ 参见[美]朱利安·林肯·西蒙《没有极限的增长》,黄江南、朱嘉明编译,四川人民出版社 1985 年版,第 27 页。

续 表

| 时间 | 倡导者 | 报告、文件、著作 | 主 要 观 点 |
|---|---|---|---|
| 1984 | 朱利安 L. 西蒙 哈尔曼·凯恩 | 《资源丰富的地球》 | 地球资源是丰富的,只要政治、制度、管理和市场等多种机制较好地发挥作用,从长期看,人口的增长有利于经济发展和技术进步[①] |
| 1987 | 世界环境与发展委员会（UNCED） | 《我们共同的未来》 | 在探讨了人类面临的一系列重大经济、社会和环境问题的基础上,提出了"可持续发展"的概念:"既满足当代人的需求,又不对后代人满足其自身的需求能力构成危害的发展" |
| 1992 | 联合国环境与发展大会 | 《21世纪议程》《关于环境与发展的里约宣言》 | 把经济与环境密切联系在一起,提出了可持续发展战略,并将其付诸为全球行动 |
| 2002 | 世界可持续发展首脑会议 | 《约翰内斯堡宣言》 | 各国在《约翰内斯堡宣言》中进一步表明了实施可持续发展的政治意愿,并通过了有具体目标和时间表的《执行计划》[②] |
| 2011 | 基础四国 | 《公平获取可持续发展》 | 强调发展中国家需要获得公平的碳预算额度,公平地享有减缓成果,为提高基础四国人民生活质量、摆脱贫困争取发展时间[③] |

---

① 参见[美]朱利安·林肯·西蒙、哈尔曼·凯恩《资源丰富的地球》,科学技术文献出版社1988年版,第81页。
② 参见世界可持续发展首脑会议《约翰内斯堡可持续发展宣言》,《环境保护》2002年第10期。
③ 参见人民网《"基础四国"专家为公平获取可持续发展方案提供可行方案》,http://finance.people.com.cn/BIG5/70846/16488804.html,2014年12月4日。

续 表

| 时间 | 倡导者 | 报告、文件、著作 | 主要观点 |
|---|---|---|---|
| 2012 | 全球可持续发展高级别小组 | 《人与地球的可持续发展：值得选择的未来》 | 报告就如何落实促进可持续发展并尽快将其纳入经济政策提出了56条建议 |

资料来源：李晓西、胡必亮等《中国：绿色经济与可持续发展》，人民出版社2012年版，第5—7页。

（2）国际形象

长期以来，世界各国无不认为中国创造经济增长奇迹依赖于"高投入、高排放、高污染"的粗放型发展模式，"中国资源威胁论""中国环境威胁论"甚嚣尘上。但我们要看到，"发达资本主义国家为了转嫁资本主义生态危机，已由过去赤裸裸的军事侵略、政治压迫、经济掠夺为表现形式的殖民主义逐渐演变为一种对第三世界'温和'的生态殖民主义"[①]。作为全球第二大经济体和最大的发展中大国，中国绝不能走资本主义式的生态殖民"邪路"，将污染较重、能耗较高、生态破坏较强的产业向发展中国家或地区转移。中国必须从国内出发，适应经济发展新常态、适应经济发展新趋势，调整对外经济投资方式和产业结构，对外树立良好国际形象，努力消除一些国家或地区对中国经济发展存在的认识误区。因此，当前中国急需将生态文明融入经济建设各方面和全过程，探索经济绿色发展的"中国方案"，向世人展示美丽中国新形象。

（3）贸易壁垒

中国进入世界贸易组织（WTO）以来，已基本融入经济全球化之中，在全面对接全球经济的同时也要遵守全球经济贸易规则。其中，比如全球

---

① 郭尚花：《生态社会主义关于生态殖民主义扩张的命题对我国调整外资战略的启示》，《当代世界与社会主义》2008年第3期。

经济贸易共同规则之一的"绿色核算",已将经济增长与环境成本共同纳入企业财务核算体系,成为中国与其他经济体进行经贸往来的测度指标。当前,中国诸多行业、产业以及产品,因未完全采用"绿色核算"测度标准,经济贸易壁垒重重。由于中国长期以经济增长为中心、资源环境法律法规不健全、资源环境管控不严,地方政府在引进外资产业和企业上,对环境准入、评价和审批不严,一些地区成为污染密集型外资企业、产业的"避难所",进一步强化了中国国际贸易的壁垒效应。党的十八大以来,中国生态文明理论与实践,具有普适性和普世价值,用于规范和引领海外投资和国际贸易,有利于构建生态文明的话语体系,提升和改造工业文明,推进全球可持续发展。[①] 因而,中国在融入全球经济的过程中,既要学习、利用和制定绿色规则,又要强化外资产业和企业引进的环境管控和提高环境准入门槛,促进中国经济贸易绿色发展。

2. 国内背景

回顾新中国成立以来经济发展历程(如图0-2所示),虽然GDP增长率因几次政治经济变迁呈现较大波动,但自1978年改革开放以来,GDP年均增速达到9.8%左右,远高于同期世界经济年均3.3%左右的增长率,成为世界上经济增速最快的国家;同时,与中国经济结构转型对应,第二产业所占比重从1952年的20.88%一直上升到2008年最高的48.62%,第一产业所占比重下降至2013年的10.0%,第三产业则高达46.10%,三次产业发生了显著变化,但仍以工业化为主导。在当前协同推进新型工业化、信息化、城镇化、农业现代化和绿色化发展中,工业仍是国民经济的主导产业,是中国经济发展方式转型升级的关键部门。但在中国工业化进程中,资源的浪费、环境的污染、生态的退化在很大

---

① 参见潘家华《用生态文明规范和引领国际投资与贸易》,《江淮论坛》2013年第3期。

程度上抵消了经济增长的真实质量,高速增长有相当部分是通过自然资本损失和生态环境赤字所换取的。具有隐性特征的环境成本高于 GDP 增长的环境负债,使得中国生态环境面临更加严峻的形势,经济发展同资源环境之间的矛盾日趋显现。

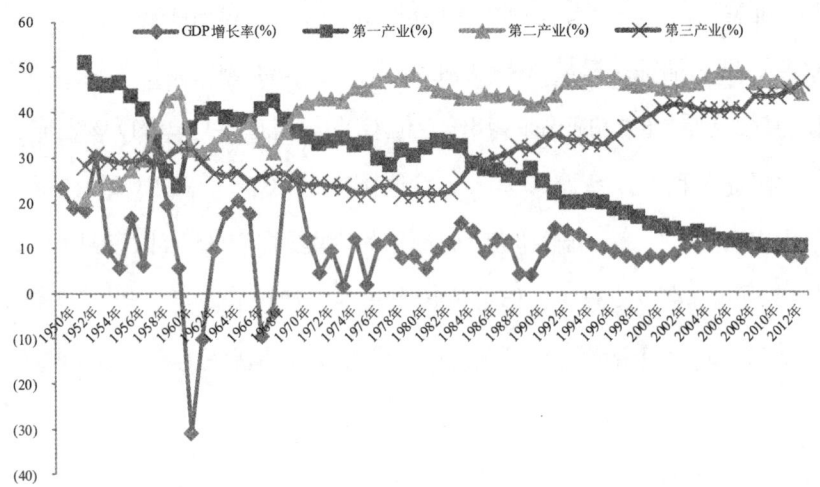

**图 0-2 中国经济结构比重与 GDP 增长率变化趋势 (1950—2013)**

数据来源:根据历年《中国统计年鉴》相关数据计算绘制。

(1) 资源能源压力

中国人口多、资源相对不足,经济体量越大,在全要素生产率水平较低的情况下,对资源需求就越高。这"一低一高"加剧了资源刚性需求与经济增长之间的矛盾。马克思讲:"外界自然条件在经济上可以分为两大类:生活资料的自然富源,例如土壤的肥力、渔产丰富的水域等等;劳动资料的自然富源,如奔腾的瀑布、可以航行的河流、森林、金属、煤炭等等。在文化初期,第一类自然富源具有决定性的意义;在较高的发展阶段,第二类自然富源具有决定性的意义。"① 目前,中国的第二类自然富源

---

① 《马克思恩格斯文集》(第 5 卷),人民出版社 2009 年版,第 586 页。

约束日渐凸显。水资源方面，中国已被列入全世界地区性贫水的13个国家之一；矿产资源方面，据预测到2020年中国45种主要矿产可利用储量能保证消费需求的仅有9种，其余36种矿产将难以保证经济发展需求，特别是石油、铁矿石、铜、钾盐等关系国家经济安全的大宗矿产将长期呈短缺状态；能耗方面，中国是仅次于美国的世界第二大能源消耗国。在1952—2009年，能源消耗总量从9644万吨标煤增长到306660万吨，其中2009年能源消耗占世界能源总产量的18%，但GDP只有世界总量的8%左右。同时，中国能源利用效率为33%，比发达国家低10%；单位GDP能耗是世界平均水平的2倍多；能源加工转换总效率虽然自1985年以来从68.29%上升到2011年的72.32%，但总体转换水平仍然较低。近几年，随着全球经济复苏，能源消费增长有上涨趋势，资源能源消费压力增大（如图0-3所示）。

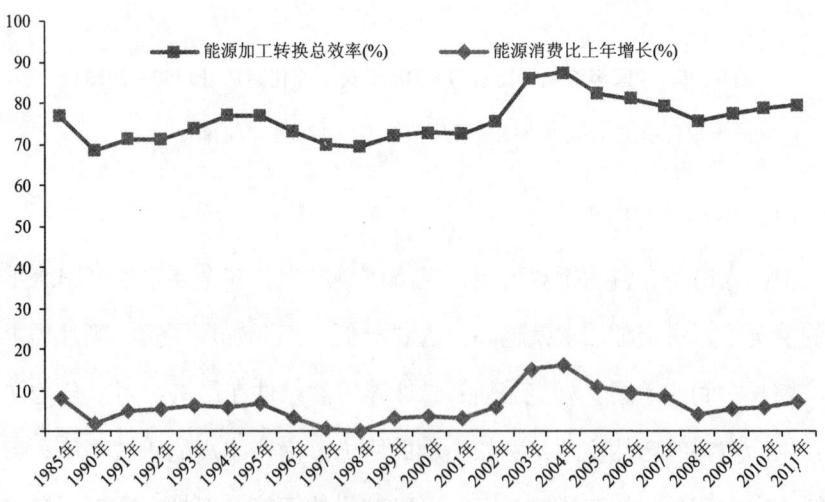

**图0-3 我国能源消费增长与能源加工转换效率趋势**

数据来源：根据历年《中国统计年鉴》和《中国环境统计年鉴》相关数据计算绘制。

(2) 环境成本压力

中国"超常增长"的经济奇迹是以生态环境成本为代价的。近年来,我国秋冬季大面积雾霾天气笼罩在一座座城市上空,显得"暗无天日"。中国环境规划院(2010)通过连续5年环境经济核算表明,尽管"十一五"期间节能减排取得了进展,但经济发展造成的环境代价持续增长,5年间的环境退化成本从5118.2亿元提高到8947.6亿元,增长了74.8%,虚拟治理成本从2874.4亿元提高到5043.1亿元,增长了75.4%,环境退化成本占到了GDP的3%左右。环境污染造成的经济损失已成为制约中国经济持续发展的重要因素。据经济合作与发展组织(OECD)所做的《中国环境效果评估》显示,中国大气污染的某些城市位于世界最糟糕城市之列,能耗强度比OECD国家平均水平高20%左右,1/3的水域受到严重污染。环境问题不仅是一个重要的民生问题,且已成为影响中国城市可持续发展和经济稳定的重要问题。[①] 倘若按照当前工业文明的发展模式,假设单位GDP的环境压力不变,在这种相对比较理想的情景下,中国的实际环境压力,2020年将是2000年的3.4倍,2030年将是2000年的4.6倍,2050年将是2000年的8.1倍,2100年将是2000年的18倍。[②] 因此,面对巨大的环境成本压力,中国必须把人类的发展置于核心地位,绝不能以牺牲人类健康换取经济增长。

(3) 生态修复压力

资源过度消耗和环境过度破坏使得自然生态的修复难度加大。据《2013年中国环境状况公报》显示,全国地表水总体为轻度污染,部分城市河段污染较重,长江流域Ⅰ—Ⅲ类、Ⅳ—Ⅴ类和劣Ⅴ类水质断面比例分

---

[①] 参见孙伟增、罗党论、郑思齐等《环保考核、地方官员晋升与环境治理》,《清华大学学报》(哲学社会科学版)2014年第4期。

[②] 参见何传启《中国生态现代化的战略选择》,《理论与现代化》2007年第5期。

别为89.4%、7.5%和3.1%,所在其城市河段中,螳螂川云南昆明段、府河四川成都段和釜溪河四川自贡段为重度污染;黄河流域Ⅰ—Ⅲ类、Ⅳ—Ⅴ类和劣Ⅴ类水质断面比例分别为58.1%、25.8%和16.1%,所在其城市河段中,总排干内蒙古巴彦淖尔段,三川河山西吕梁段,汾河山西太原段、临汾段、运城段,涑水河山西运城段和渭河陕西西安段为重度污染;珠江流域Ⅰ—Ⅲ类和劣Ⅴ类水质断面比例分别为94.4%和5.6%,所在其城市河段中,深圳河广东深圳段为重度污染;松花江流域Ⅰ—Ⅲ类、Ⅳ—Ⅴ类和劣Ⅴ类水质断面比例分别为55.7%、38.6%和5.7%,所在其城市河段中,阿什河黑龙江哈尔滨段为重度污染;淮河流域Ⅰ—Ⅲ类、Ⅳ—Ⅴ类和劣Ⅴ类水质断面比例分别为59.6%、28.7%和11.7%,所在其城市河段中,小清河山东济南段为重度污染;海河流域Ⅰ—Ⅲ类、Ⅳ—Ⅴ类和劣Ⅴ类水质断面比例分别为39.1%、21.8%和39.1%,所在其城市河段中,滏阳河邢台段、岔河德州段和府河保定段为重度污染;西北诸河Ⅰ—Ⅲ类和劣Ⅴ类水质断面比例分别为98.0%和2.0%,所在其城市河段中,克孜河新疆喀什段为重度污染。单从水体污染来看,已相当严重,且不论土壤污染、空气污染、噪声污染、重金属污染、危险化学物品和危险废弃物等造成的生态恶果。本质上,"自然界和劳动一样也是使用价值的源泉"[1],违背自然发展规律,对资源过度消耗和过度利用,就会导致"社会生产力的增长仅仅补偿或甚至补偿不了自然力的减低"[2]。因而,在资源合理开发、环境优化保护的同时,要加大自然生态修复力度,才能为子孙后代留下天蓝、地绿、水净的美好家园。

(4) 政府环境责任

政府主导的经济发展战略及由此形成的经济增长模式对一个国家或地

---

[1] 《马克思恩格斯全集》(第19卷),人民出版社1963年版,第15页。
[2] 《马克思恩格斯文集》(第7卷),人民出版社2009年版,第867页。

区的资源、环境、生态有着直接影响。生态环境属于公共物品，具有非排他性、非竞争性和非独占性特点。① 全球性环境问题的不断恶化，把各国政府推上了治理环境的前台，并成为近年来政府职能转变的一项要务。② 中国资源约束、环境污染和生态退化，一方面，是与粗放型经济增长方式形成的不合理经济结构、产业结构、要素结构、区域结构以及"运动式"的城镇化、工业化紧密相关；另一方面，由于"中央政府与地方政府环境责任不对称和地方政府经济责任与环境责任不均衡"③，政府的环境责任缺失。同时，20世纪90年代以来，在财政分权体制下，中国经济增长形成了"为增长而竞争"的锦标赛模式，导致"在生态层面，国家治理的'现代性欠缺'"④，唯GDP经济增长观压制了生态文明价值观，国家生态治理能力和政府生态责任极大削弱。因此，明确政府环境责任，强化"中国特色社会主义生态文明的政治供给"⑤，是提升政府经济绿色治理能力的关键。

（5）公众环境诉求

面对日趋严峻的资源环境问题，社会公众对绿水青山和美丽田园更为期待和向往。由上海交通大学民意与舆情调查研究中心所做的《2013年中国城市居民环保态度调查》显示，77.2%的公众认为环境保护应该优于经济发展；51.3%的公众坚决反对居住区周围建立污染性设施；若居住区周围拟建污染设施，78.1%的受访公众表示会参与请愿活动；若发生环境污染事件，68.1%的公众会直接选择较为激烈的方式解决问题，串联邻居或

---

① 参见钱箭星《生态环境治理之道》，中国环境科学出版社2008年版，第135页。
② 参见肖巍、钱箭星《环境治理中的政府行为》，《复旦学报》（社会科学版）2003年第3期。
③ 许继芳：《政府环境责任缺失与多元问责机制建构》，《行政论坛》2010年第3期。
④ 范蓬春：《国家治理现代化：逻辑意蕴、价值维度与实践向度》，《四川大学学报》（哲学社会科学版）2014年第4期。
⑤ 孙力、陈蕾：《强化中国特色社会主义生态文明的政治供给》，《上海商学院学报》2013年第1期。

者直接参与群体性事件。① 随着人们物质生活水平提升，对良好生态、优美环境的环境权利意识也随之增强。近些年，也因公众环境权利意识增强，对环境权和健康权有了更高要求，各类环境信访事件、群体性事件不断爆发（见表 0-2），成为公众表达环境权利和生态诉求的主要方式。自 1996 年以来，环境群体性事件一直保持年均 29% 的增速，重特大环境事件高发频发，2005 年以来，环保部直接接报处置的事件共 927 起，重特大事件 72 起，其中 2011 年重大事件比上年同期增长 120%，特别是重金属和危险化学品突发事件呈高发态势。② 因此，在经济建设的同时需要大力推进生态文明建设，才能不断满足公众对宜居环境的权益诉求。

表 0-2　　　　　　　　　近年来我国主要环境群体性事件

| 年份 | 地点 | 涉及项目 | 项目（可能）的环境影响 | 介入时间点 |
| --- | --- | --- | --- | --- |
| 2007 | 福建厦门 | PX 化工项目 | 选址过于靠近居民区、致癌物污染 | 污染发生前 |
| 2008 | 云南丽江 | 水泥立窑生产线 | 水源污染 | 污染发生后 |
| 2009 | 广东番禺 | 垃圾焚烧厂 | 有毒气体排放 | 污染发生前 |
| 2009 | 湖南浏阳 | 湘和化工厂 | 水源、土壤镉污染 | 污染发生后 |
| 2011 | 浙江海宁 | 晶科能源公司 | 水体污染、鱼群死亡 | 污染发生后 |
| 2012 | 四川什邡 | 钼铜项目 | 地下水、地表水污染 | 污染发生前 |
| 2012 | 江苏启东 | 造纸排海工程 | 污水排放 | 污染发生前 |
| 2012 | 浙江宁波 | 中石化 PX 项目 | 致癌物排放 | 污染发生前 |
| 2013 | 广东江门 | 核燃料加工基地 | 核辐射污染 | 污染发生前 |

资料来源：根据新华网、凤凰网、南都网相关环境污染事件报道整理。

---

① 参见上海交通大学民意与舆情调查研究中心《环境保护应优先于经济发展》，《中国环境报》2013 年 5 月 15 日第 3 版。
② 参见杨朝飞《我国环境法律制度与环境保护》，《中国人大》2012 年第 21 期。

## （二）研究意义

本书以生态文明融入经济建设各方面和全过程为研究对象，以科学发展为主题，以转变经济发展方式为主线，既是对贯彻落实科学发展观，构建资源节约型、环境友好型社会的理论响应，又是对迈向生态文明新时代的实践回应，具有理论与实践价值。

### 1. 理论价值

一是，通过梳理马克思主义生态文明观，为中国生态文明经济建设奠定理论基础和提供学理支持。马克思主义深刻剖析了现代资本主义生产方式的运作机制，对资本主义生产方式产生的资源环境问题"进行考察和论证既不能绕开它在历史和当下所彰显出的重大意义，也不能回避它在'本真'层级所蕴含的基本思想，还不能忽略它在现实中'何以型构'的策略和路径"[①]。梳理马克思主义经典作家关于人与自然的关系、关于集中批判资本主义工业生产方式的不可持续性以及关于主张依靠生产方式的变革来实现人与自然关系的变革等思想，有助于建构一种新的生产方式——"社会化的人，联合起来的生产者，将合理地调节他们和自然之间的物质变换，把它置于他们的共同控制之下，在最无愧于和最适合于他们的人类本性的条件下来进行这种物质变换"[②]，使这种蕴含人与自然和谐共生的生产方式成为当代中国化马克思主义理论生长点，以此为生态文明融入经济建设提供马克思主义的基本观点、立场和方法。

二是，总结西方生态马克思主义思想，挖掘中国优秀传统文化中的生态伦理基因，以当代中国经济实践为根据，构建具有中国特色的生态文明

---

① 王学俭：《试论马克思和恩格斯的生态自然理论》，《当代世界与社会主义》2013年第5期。
② 《马克思恩格斯文集》（第7卷），人民出版社2009年版，第928页。

引领的绿色经济发展观。20世纪60年代以来，诸多马克思主义者立足于马克思恩格斯经典论著，对人与自然关系问题进行了批判性反思。他们认为，社会生产方式是历史发展的基础，"人们只有在物质上得到充分保障时，才会创造一个生态健康的社会"①。今天，人与自然之间的矛盾已成为人类社会最主要的矛盾，"马克思关于工业资本主义的经济危机理论需要调整，生态危机已经取代了经济危机"②，"构建适合于当代资本主义发展新情况、新特点的马克思主义理论，把注意力从生产领域进一步扩展到消费领域和生态领域，更加重视自然的优先性和有限性，通过对生产、消费、环境之间关系的综合考察，转变生产和消费的方式，实现人与自然的和谐发展"③。同时，中国优秀传统文化中蕴藏的传统哲学生态观、生态价值观、生态道德观以及具体生态准则、生态方式等生态基因和智慧，都可以成为生态文明融入经济建设的思想资源。

三是，立足中国国情，探究中国生态文明融入经济建设各方面和全过程的历史阶段及其特征。从历史纵向视角对中国生态文明融入经济建设的历史轨迹进行总体考察，有助于在马克思主义中国化视野下深化党和国家对人类文明体系演进的认识，为当前中国推进生态文明融入经济建设提供历史启示。

四是，丰富和拓展中国化马克思主义绿色发展观，构建中国特色生态文明融入经济建设的理论框架。生态文明融入经济建设是覆盖政府、市场和社会多个层面，跨越微观、中观和宏观多个层次，涉及政府、企业、公众、组织等多元主体，涵盖生产、分配、流通、消费等多个环节，包含自

---

① ［美］戴维·佩珀：《生态社会主义：从深生态学到社会主义》，刘颖译，山东大学出版社2005年版，第110页。
② ［加］本·阿格尔：《西方马克思主义概论》，慎之等译，中国人民大学出版社1991年版，第486页。
③ 陶德麟等：《当代中国马克思主义若干重大理论与现实问题》，人民出版社2012年版，第449—450页。

然、人口、资源、环境等多种要素的复杂巨系统。这就需要建立由中国共产党领导的"政府—市场—社会"互动框架，协同"生产力与生产关系"辩证逻辑，系统分析"自然—人—社会"在经济建设中的关系，拓展马克思主义经济绿色发展观，形成中国特色的生态文明融入经济建设理论框架。

2. 实践意义

理论研究的目的在于深刻阐释和科学解答现实问题。推进生态文明的理念、原则、目标等深刻融入和全面贯串到经济建设各方面和全过程，是关乎中国特色社会主义人民幸福、国家命运和民族未来的重大实践命题，具有重要的实践价值。一是，为推动经济绿色发展、循环发展、低碳发展和构建"资源节约型、环境友好型、生态安全型"经济系统设计有效路径。二是，为构建生态文明融入经济建设的制度体系和整合机制提供基本框架，"只有从制度的层面加以透析，才能透过现象把握事物的本质，通过科学的制度设计和制度创新，走出在生态环境危机问题上出现的边治理边污染，老问题解决了新问题又出来的恶性循环的怪圈"[①]。三是，坚持问题导向、战略导向和政策导向，以解决经济建设领域的重大问题为切入点，以功能区规划、农业现代化、新型城镇化为实践载体，探索生态文明融入经济建设的"规划—产业—空间"协同推进路径。

## 三 文献综述及总体评价

（一）文献数据说明

近年来，全球气候变暖和资源约束、环境破坏、生态退化所造成的自然灾害与生态环境危机频发。实现经济绿色转型，正成为全球应对资源环

---

① 方世南、张伟平：《生态环境问题的制度根源及其出路》，《自然辩证法研究》2004年第5期。

境生态危机的共同选择。与之对应，生态文明、生态经济、绿色经济、循环经济、低碳经济等成为学术界共同关注的议题。在本书开展研究前，对中国知网数据库、中国博士学位论文全文数据库、中国学术集刊全文数据库、人大复印资料、超星数字图书馆、国家社科基金项目立项数据库①、Google 学术搜索以及 Science Direct 等进行检索，以期把握经济绿色转型的基本情况。

通过对国家社科基金项目数据库（截至 2016 年）的检索，以"生态文明""生态文明建设""生态经济""循环经济""低碳经济""绿色经济"为检索主题词，立项近 400 项。无论是从立项层次（见表 0-3）还是从立项所属学科（见表 0-4）来看，都表明"生态文明"相关研究已成为全国哲学社会科学领域重点关注的理论和实践命题。

表 0-3　"生态文明"主题相关国家社科基金立项层次分布情况

| 立项层次＼检索词 | 生态文明 | 生态文明建设 | 生态经济 | 循环经济 | 低碳经济 | 绿色经济 |
| --- | --- | --- | --- | --- | --- | --- |
| 重大招标项目 | 12 | 6 | 3 | 3 | 2 | 1 |
| 重点项目 | 20 | 10 | 2 | 2 | 5 | 0 |
| 一般项目 | 88 | 44 | 21 | 38 | 22 | 2 |
| 青年项目 | 46 | 20 | 6 | 14 | 16 | 0 |
| 西部项目 | 43 | 25 | 5 | 10 | 3 | 2 |

从表 0-3 来看，"生态文明""生态文明建设""生态经济""循环经济""低碳经济"主题的研究立项呈递减趋势，"绿色经济"立项和研究明显不足。

---

① 本书仅统计了国家社会科学基金相关立项情况，并非忽略教育部相关立项课题。此处以国家社会科学基金立项数据为参照，主要是为了凸显研究主题的问题导向和重大现实意义。

表0-4　"生态文明"主题相关国家社科基金立项学科分布情况

| 学科分布＼检索词 | 生态文明 | 生态文明建设 | 生态经济 | 循环经济 | 低碳经济 | 绿色经济 |
|---|---|---|---|---|---|---|
| 马列·科社 | 68 | 38 | 1 | 0 | 0 | 0 |
| 政治学 | 5 | 6 | 0 | 1 | 1 | 0 |
| 哲学 | 23 | 10 | 1 | 3 | 0 | 1 |
| 法学 | 10 | 2 | 0 | 6 | 0 | 0 |
| 理论经济 | 10 | 5 | 3 | 6 | 9 | 1 |
| 应用经济 | 17 | 8 | 21 | 40 | 23 | 1 |
| 管理学 | 10 | 4 | 3 | 4 | 10 | 0 |
| 统计学 | 2 | 2 | 1 | 4 | 1 | 0 |
| 民族问题研究 | 27 | 18 | 5 | 1 | 0 | 0 |
| 社会学 | 6 | 2 | 0 | 0 | 1 | 0 |
| 跨学科 | 4 | 6 | 2 | 2 | 1 | 0 |

从表0-4来看，"生态文明"和"生态文明建设"主题研究集中在"马列·科社""应用经济"和"民族问题研究"学科，"生态经济""循环经济""低碳经济""绿色经济"在"马列·科社"学科领域几乎未获准立项，主要集中于"应用经济"学科。这两项数据展示了中国哲学社会科学领域"生态文明"主题研究导向和学科分布，为本书研究提供了突破空间。

（二）研究现状概述

国内外学术界围绕"生态文明"主题，从生态文明的相关概念、思想演进、战略定位、评价指标、实践路径、支撑体系等进行了深入研究，并将"生态文明"的研究内容拓展至经济、政治、文化和社会等领域。生态文明的理论研究和实践探索已经从简单的经验释义向体系化、规范化演进，从人与自然的生态学层面向人与人、人与社会的社会学、政治学等多层面扩展。①

1. 对生态文明相关概念范畴的研究

西方学术界较早使用"生态文明"概念的当属罗伊·莫里森，在其《生态民主》一书中明确将"生态文明"作为"工业文明"之后的一种文明形式，而"生态民主"则是"工业文明"向"生态文明"转变的过渡形式。作为社会主义国家的苏联社会科学界最早使用"生态文明"概念，则是"在1984年第2期《莫斯科大学学报·科学社会主义》杂志刊登的《在成熟社会主义条件下培养个人生态文明的途径》一文中，提出培养生态文明是共产主义教育的内容和结果之一"②。近年来，西方学术界就生态文明的内涵、理论依据、方法论模式等展开了研究。美国生态经济学家和后现代性建设思想家小约翰·柯布认为，人类文明的发展模式一直以来（尤其是自近代工业革命以来）是同自然相疏离的，因而造成了严重的生态危机，为了解决这一危机，应在积极发展环保技术的同时，去改变和改善看待世界的方式和视角，回归到合乎生态的世界观念与实践方式上来。③在中国，生态文明概念具有多义性和复杂性。我国最早使用"生态文明"概念的是著名生态学家叶谦吉先生，他认为："生态文明就是人类既获利于自然，又还利于自然，在改造自然的同时又保护自然，人与自然之间保

---

① 参见岳莉萍、何爱平《发展视阈下生态文明的经济学界定及其度量》，《福建论坛》（人文社会科学版）2014年第3期。
② 徐春：《建设生态文明与维护环境正义》，《党政干部学刊》2009年第7期。
③ 参见［美］小约翰·柯布《文明与生态文明》，李义天译，《马克思主义与现实》2007年第6期。

持着和谐统一的关系。"① 俞可平认为,"生态文明作为一种后工业文明,是人类迄今为止最高的文明形态","是人类在改造自然以造福自身过程中为实现人与自然之间的和谐所做的全部努力和所取得的全部成果","它既包括人类保护自然环境和生态安全的意识、法律、制度、政策,也包括维护生态平衡和可持续发展的科学技术、组织机构和实际行动"。②

党的十七大以来,对生态文明的概念范畴研究主要沿着两条路径展开:第一条路径是将"生态文明"视为人类文明的一种阶段性形态,是农耕文明、工业文明在纵向上的延续,是被看成"文明理论发展和文明建设中的一个阶段性的标志"[③];第二条路径是将"生态文明"作为现代文明的有机组成部分,它与物质文明、精神文明、政治文明横向共生,即"生态文明是一种与物质文明、政治文明和精神文明并列的文明形式,四者共同构成了社会的文明系统"[④]。同时,除了将"生态文明"视为"人类的一个发展阶段"[⑤] 和"社会文明的一个方面"[⑥] 外,也有学者认为"生态文明是一种发展理念"[⑦] 和"中国特色社会主义的本质特征和发展方向"[⑧]。在此基础上,学术界对生态文明的基本特征进行了阐释,廖才茂从生态文明形态的价值体系、技术体系、产业体系、政府行为与法律制度、生产方式与生活方式,揭示了生态文明的基本特征。[⑨] 姜春云认为,"生态文明是当代知识经济、生态经济和人力资本经济相互融通构成的整体性文明;是

---

① 转引自刘思华《对建设社会主义生态文明论的若干回忆》,《中国地质大学学报》(社会科学版)2008年第4期。
② 俞可平:《科学发展观与生态文明》,《马克思主义与现实》2005年第4期。
③ 田心铭:《文明、生态文明与中国特色社会主义》,《思想理论教育导刊》2013年第11期。
④ 张云飞:《试论生态文明在文明系统中的地位和作用》,《教学与研究》2006年第5期。
⑤ 陈瑞清:《建设社会主义生态文明 实现可持续发展》,《内蒙古统战理论研究》2007年第2期。
⑥ 余谋昌:《生态文明是人类的第四文明》,《绿叶》2006年第11期。
⑦ 李良美:《生态文明的科学内涵及其理论意义》,《毛泽东邓小平理论研究》2005年第2期。
⑧ 王明初、杨英姿:《社会主义生态文明建设的理论与实践》,人民出版社2011年版,第7页。
⑨ 参见廖才茂《论生态文明的基本特征》,《当代财经》2004年第9期。

遵循自然规律、经济规律和社会发展规律的文明；还是一种遵循特殊规律的文明，即遵循科学技术由'单一到整合、一维到多维'综合应用规律的文明"；具有"审视的整体性、调控的综合性、物质的循环性和发展的知识性"等特征。① 杜明娥、杨英姿则以人类社会文明范式转型为视角，认为生态文明是在对工业文明进行反思和超越的意义上出现的，具有其特定的发展模式、制度理念和价值观念等基本预设。② 总之，生态文明的特征主要包括生态理念、生态行为、生态制度以及生态产品等层面。③

国内学术界首次对"生态文明建设"进行马克思主义界定的当属刘思华，他从生态经济学视角出发，认为："生态文明建设是根据我国社会主义条件下劳动者同自然环境进行物质交换的生态关系和人与人之间的矛盾运动，在开发利用自然的同时，保护自然，提高生态环境质量，使人与自然保持和谐统一的关系，有效解决社会活动的需求与自然生态环境系统的供给之间的矛盾，以保证满足人民的生态需要。"④ 高红贵认为，生态文明建设是"人们对待自然环境的基本态度、理念、认识，并付诸开发与利用自然的实践的过程"⑤，"建设生态文明是理念、行动、过程和效果的有机统一体"⑥。

2. 对生态文明思想脉络的研究

从 19 世纪起，在资本主义国家内部，就有学者如恩斯特·海克尔，在

---

① 姜春云：《跨入生态文明新时代——关于生态文明建设若干问题的探讨》，《求是》2008年第 21 期。
② 参见杜明娥、杨英姿《生态文明：人类社会文明范式的生态转型》，《马克思主义研究》2012 年第 9 期。
③ 参见毛明芳《生态文明的内涵、特征与地位》，《中国浦东干部学院学报》2010 年第 9 期。
④ 刘思华：《当代中国的绿色道路——市场经济条件下生态经济协调发展论》，湖北人民出版社 1994 年版，第 18 页。
⑤ 高红贵：《关于生态文明建设的几点思考》，《中国地质大学学报》（社会科学版）2013 年第 9 期。
⑥ 中国科学院可持续发展战略研究组：《2013 中国可持续发展战略报告》，科学出版社 2013 年版，第 11 页。

1866年就提出了"生态"的概念，但真正将生态问题置于人类发展视野中，引起全球关注，还是20世纪70年代以后的事情。① 20世纪中后期，人类在惊呼工业文明创造巨大物质财富的同时，却发现人类共有家园变得千疮百孔。正是在这种背景下，西方社会日益关注资源环境问题，不少关于生态文明的论著相继问世。

从1962年蕾切尔·卡森《寂静的春天》出版到1972年丹尼斯·米都斯等《增长的极限》的发表和瑞典斯德哥尔摩"人类环境会议"的召开，再到1992年联合国"环境与发展大会"和2002年联合国"可持续发展世界首脑会议"的召开，国际社会一直致力于寻求一条区别于传统工业化道路的可持续发展道路。学术界开始从社会文明高度来思考工业文明，尽管保罗·伯翰南在1971年发表的《超越文明》一书中预见了一种"后文明"时代的到来，但他并未指明这种"后文明"是一种什么样的文明形态。直到1995年，罗伊·莫里森在《生态民主》一书中才正式将生态文明定义为超越工业文明形态之上的一种新的文明形式。同期，一些生态马克思主义和生态社会主义学者开始尝试在非资本主义和非工业文明话语下探讨摆脱资本主义生产方式带来的生态危机的可能出路。威廉·莱斯于1972年和1976年分别发表了《自然的控制》和《满足的极限》两部著作，提出生态危机的根源在于资本主义制度基于"控制自然"的科学技术和社会异化的消费观念，解决危机的出路在于建立"易于生存的社会"。此后"又相继出现了双重危机论、政治生态学理论、经济重建理论、生态社会主义理论，形成了生态马克思主义系统理论"②。最值得重视的是，贝拉米·福斯特在2002年出版的《生态危机与资本主义》一书中，直接介入当代政治

---

① 参见王伟光《在超越资本逻辑的进程中走向生态文明新时代》，《中国社会科学报》2013年8月19日第A03版。

② 陈洪波、潘家华：《我国生态文明建设理论与实践进展》，《中国地质大学学报》（社会科学版）2013年第5期。

经济领域，对20世纪末西方发达国家特别是美国应对环境危机所采取的经济措施进行了系统批判，深刻分析了资本主义与生态相悖的本质原因。但日本学者岩佐茂则认为，环境破坏引起的公害是由掠夺环境型经济活动产生，不能把环境公害仅归因于资本主义制度本身，而主要是与资本主义生产关系中的资本本性相关。"因此，我们不应该在资本主义生产关系中寻找公害这一社会现象的原因，而应该将资本主义生产关系本身和被这一关系规定的、承担这一关系的资本区别开来，把资本的本性以及以此作为基础的经济活动看成引发公害的原因。"[①] 从这个意义上讲，"抑制资本逻辑的横行霸道，不能寄希望于通过企业、资本家个体的责任感的觉醒"[②]，而只能在与"以追求利润为最高目的的资本的逻辑进行决裂的基础上才能实现"[③]。虽然西方社会文化领域对生态文明进行了有益探索，但生态文明的研究本质上仍是在西方文明框架下进行，是基于对西方文明危机的拯救而不是超越，是在比较抽象和思辨的层面上讨论生态伦理、生态正义等问题的，缺乏现实性和实践性。[④]

国内学术界对生态文明思想脉络的展开，既有对西方生态思想的译介和研究[⑤]，也有对中国优秀传统文化中生态智慧的挖掘。如蒙培元先生在其《人与自然——中国哲学生态观》一书中，以个案式研究方法，系统阐述了儒家、道家、宋明理学、近现代哲学的生态思想，揭示了中国传统哲学蕴含的生态观；余正荣对"天人合一"观的生态文化底蕴、中国传统生

---

[①] ［日］岩佐茂：《环境的思想——环境保护与马克思主义的结合处》，韩立新等译，中央编译出版社1998年版，第23页。
[②] 阎孟伟：《生态文明的政治哲学探究》，《南开学报》（哲学社会科学版）2010年第3期。
[③] ［日］岩佐茂：《环境的思想——环境保护与马克思主义的结合处》，韩立新等译，中央编译出版社1998年版，第55页。
[④] 参见王明初、杨英姿《社会主义生态文明建设的理论与实践》，人民出版社2011年版，第3页。
[⑤] 如1997年、1999年、2000年吉林人民出版社"绿色经典文库"丛书；2007年重庆出版集团"走向生态文明丛书"；2005—2012年山东大学出版社"环境政治学译丛"。

态伦理的现代阐释、西方对中国生态伦理传统的评价、中国与西方生态伦理观的比较等进行了阐释，以生态伦理的东方范式为中国可持续发展、为人类文明的未来发展做出价值规范。

党的十七大明确提出"建设生态文明"后，国内学界对马克思主义生态思想及中国化马克思主义生态文明思想进行了研究。如孙道进在其《马克思主义环境哲学研究》一书中，以马克思主义的"对象性"范畴为"纲"，以对象性的人、自然的对象性、对象性活动为"目"，从本体论、价值论、方法论、认识论、辩证法和历史观的维度系统挖掘了马克思主义环境哲学思想；刘增惠在其《马克思主义生态思想及实践研究》一书中详细论述了马克思的实践自然观、恩格斯的辩证自然观、马克思恩格斯的生态思想、普列汉诺夫对马克思主义生态思想的继承与发展、苏联社会主义生态建设的理论与实践以及中国共产党三代领导人的生态思想与实践。陈学明则从对约翰·贝拉米·福斯特的评价入手，阐释了马克思主义唯物历史观的生态意蕴[1]、剖析了马克思主义"新陈代谢"的物质变换的生态价值观[2]、揭示了资本主义制度是资本主义生态危机的根源问题[3]，提出"要真正认识造成生态危机的根源"[4]，"摆脱生态危机、解决生态问题的根本出路在于进行制度变革，在于社会主义制度的建立和社会主义生产方式和生活方式的形成"[5]。余源培则从"人化自然"思想、人与自然关系的历史进程、资本主义发展的生态危机、生产的目的是人的全面发展、传统经济

---

[1] 参见陈学明《马克思唯物主义历史观的生态意蕴》，《上海师范大学学报》（哲学社会科学版）2010 年第 1 期。
[2] 参见陈学明《马克思"新陈代谢"理论的生态意蕴》，《中国社会科学》2010 年第 2 期。
[3] 参见陈学明《不触动资本主义制度能摆脱生态危机吗?》，《国外社科科学》2010 年第 1 期。
[4] 陈学明：《资本逻辑与生态危机》，《中国社会科学》2012 年第 11 期。
[5] 陈学明：《社会主义的生产方式和生活方式是解决生态问题的根本出路》，《红旗文稿》2009 年第 20 期。

增长模式的学科基础等方面概括了马克思主义生态理论的主要内容。① 龚万达、刘祖云也从马克思生态内因论出发，认为党的十八大将生态文明建设提升到中国特色社会主义总布局的战略层面，是马克思主义中国化的新进展。② 总体上，党的十七大以来学术界有将生态文明建设作为科学发展观重要内容的过渡研究倾向③，特别重视改革开放以来党的发展思想与生态文明建设的研究④。真正将生态文明建设与经济、政治、文化、社会"四大建设"构成"五位一体"总布局的系统研究还是党的十八大之后。

3. 对生态文明建设战略定位的研究

国内学界对生态文明建设的战略定位研究，主要是从生态文明之于中国特色社会主义文明体系的地位展开。一是从人类文明"阶段论"展开，生态文明是比物质文明、精神文明和政治文明更高级的文明形态，是其他三种文明的总称。在每一个阶段上，人类文明都表现为"四个文明"的统一，"生态文明"也不例外。⑤ 二是从人类文明"结构论"展开，生态文明与物质文明、精神文明和政治文明相并列，社会主义文明体系是由物质文明、精神文明、政治文明和生态文明组成的有机整体。三是认为生态文明既与物质文明、精神文明和政治文明相并列，又是更高级形态，既要突出生态文明建设的突出地位，又要注意将其渗透到物质文明、精神文明和政治文明三大文明中去。同时，党的十七大至党的十八大召开期间，已有学者将生态文明建设纳入中国特色社会主义总布局的高度来认识，夏东

---

① 参见余源培《生态文明：马克思主义在当代新的生长点》，《毛泽东邓小平理论研究》2013年第5期。

② 参见龚万达、刘祖云《从马克思的生态内因论看中国生态文明建设——对中共十八大报告中生态文明建设的理论解读》，《四川师范大学学报》（社会科学版）2013年第1期。

③ 参见祝黄河、吴瑾菁《生态文明建设：十七大以来科学发展观新发展的重要内容》，《中国特色社会主义研究》2012年第2期。

④ 参见陈东辉《改革开放以来党的发展思路的转变与生态文明建设》，《重庆社会科学》2010年第5期。

⑤ 参见马拥军《生态文明马克思主义理论建设的新起点》，《理论视野》2007年第12期。

民、金朝晖就认为，经济建设、政治建设、文化建设、社会建设和生态文明建设"五位一体"，是对中国特色社会主义总布局的科学阐述。①党的十八大以来，赋予了生态文明建设新的战略定位。吴瑾菁、祝黄河认为，"五位一体"总布局的提出标志着党对文明认识达到新阶段、对社会主义建设规律认识达到新高度、对贯彻落实科学发展观达到新境界，总布局是一个相互联系、相互促进、相互影响的总系统。②方世南认为，中国特色社会主义"五位一体"总布局，本质上体现了经济权益、政治权益、文化权益、社会权益、生态权益交融一体的"五位一体"总权益，体现了生态文化建设、生态制度建设、生态产业建设、生态社会建设和生态人格建设构成的"五位一体"总任务，只有这三个"五位一体"才能为美丽中国建设和中华民族永续发展提供强大合力。③黄勤则指出，生态文明建设的地位突出、功能特殊，要把握生态文明建设对"五位一体"总布局的特殊意义和作用机制，发挥其净化功能、提升功能、协调功能、融合功能、滋养功能。④邓玲强调，目前，探索在"融入"中加强生态文明建设、在生态文明建设中实现"融入"的具体路径是当务之急，要明确"融入"的内容、要求和方式，增强融入的内生动力，形成融入的长效机制。⑤高红贵提出加强生态文明建设要实施生态主导型的经济发展战略、资源节约型与环境友好型社会发展战略、和谐生态经济发展战略构成的总体战略。⑥

---

① 参见夏东民、金朝晖《论"五位一体"发展中国特色社会主义总体布局的形成》，《毛泽东邓小平理论研究》2009年第4期。
② 参见吴瑾菁、祝黄河《"五位一体"视域下的生态文明建设》，《马克思主义与现实》2013年第1期。
③ 参见方世南《以三个"五位一体"的合力走向生态文明新时代》，《苏州大学学报》（哲学社会科学版）2013年第5期。
④ 参见黄勤《生态文明建设在"五位一体"中的特殊功能》，《光明日报》2014年2月1日第3版。
⑤ 参见邓玲《探索生态文明建设的"融入"路径》，《中国建设报》2013年1月31日第3版。
⑥ 参见高红贵《关于生态文明建设的几点思考》，《中国地质大学学报》（社会科学版）2013年第9期。

4. 对生态文明建设评价体系的研究

学术界对生态文明建设测评体系进行研究是在新世纪以后。蓝庆新、彭一然、冯科基于层次分析法构建了包括生态经济、生态环境、生态文化、生态制度4个准则层、30个具体指标层的城市生态文明建设指标体系，并对北京市、上海市、广州市、深圳市四个城市生态文明水平进行了横向比较。① 魏晓双运用主成分分析法及层次分析法构建了中国省域生态文明建设评价指标，突出了生态质量、经济和谐和社会发展三大领域。② 龚勤林、曹萍构建了包括经济发展、社会进步、生态环境、生态制度和生态文化五大系统，涵盖增长性、可持续性、和谐性和自觉性四个维度，兼顾积极成果和进步过程两个标准的省域生态文明建设评价体系，并以四川为例做了实证检验。③ 中国生态城市建设发展报告课题组则从生态环境、生态经济、生态社会等方面构建了生态城市健康指数（ECHI）评价指标体系，对中国116个生态城市进行了综合排名分析。④

5. 对生态文明建设实践路径的研究

生态文明建设的路径研究，表现在两个方面：一是生态文明建设的产业路径。产业既是经济活动的主要载体，也是联结经济系统和生态系统的中介，产业生态转型是生态文明建设的基本路径。屠凤娜认为，产业生态化是涵盖三次产业各领域的"产业绿色化"。⑤ 李慧明、左晓利、王磊（2009）提出产业生态化需要构建"让市场说出生态真理"的运行机制和

---

① 参见蓝庆新、彭一然、冯科《城市生态文明建设评价指标体系构建及评价方法研究》，《财经问题研究》2013年第9期。
② 参见魏晓双《中国省域生态文明建设评价研究》，博士学位论文，北京林业大学，2013年。
③ 参见龚勤林、曹萍《省区生态文明建设评价指标体系的构建与验证——以四川省为例》，《四川大学学报》（哲学社会科学版）2014年第3期。
④ 参见曾刚、常国华、钱国权等《中国生态城市建设发展报告（2014）》，社会科学文献出版社2014年版，第12—31页。
⑤ 参见屠凤娜《产业生态化：生态文明建设的战略举措》，《理论前沿》2008年第18期。

区域差异化、统筹整体与局部、现在与未来的产业生态化时空发展思路。①

二是生态文明建设的区域路径。王国敏认为，西部农村生态环境重建需建立"谁受益、谁负担"的生态环境补偿机制。② 杜肯堂、邓玲等结合"5·12"汶川特大地震提出加快推进震区灾后重建过程中的生态文明建设。③ 进一步，王倩提出地震灾区要走一条与"经济、社会、文化、政治、生态环境"融合共建的生态文明区域路径。④ 金英姬、宋玉霞、陈艳以煤炭城市为例，从技术、政策和控制监督等方面提出了资源型城市生态文明转型的对策建议。⑤

6. 对生态文明建设支撑体系的研究

国内学术界从文化、制度、技术、社会等方面系统研究了生态文明建设的支撑体系。宋国芬、李俊奎从环境伦理的角度提出生态德育是生态文明建设的价值支点。⑥ 王学俭、宫长瑞从意识形态层面提出公民生态文明意识培育是生态文明建设的根本切入点和着力点。⑦ 王彬彬认为，生态文明隐含新的价值体系、规则体系及行为约束，提出了生态文明建设的实施机制。⑧ 沈壮海认为，"新社会""全球化""发展中"等因素构成了当代中国生态文明建设的时空境遇，既要确立生态文明的价值追求，也要将发

---

① 参见李慧明、左晓利、王磊《产业生态化及其实施路径选择》，《南开学报》（哲学社会科学版）2009年第3期。
② 参见王国敏《西部农村生态环境重建的补偿机制研究》，《四川大学学报》（哲学社会科学版）2007年第5期。
③ 参见杜肯堂、邓玲等《在灾后重建中创设"龙门山生态文明建设试验区"的建议》，《天府新论》2009年第3期。
④ 参见王倩《生态文明建设的区域路径与模式研究》，《四川师范大学学报》（社会科学版）2012年第4期。
⑤ 参见金英姬、宋玉霞、陈艳《我国资源型城市推进生态文明建设的探讨》，《经济问题探索》2013年第5期。
⑥ 参见朱国芬、李俊奎《生态德育：生态文明建设的价值支点》，《河南师范大学学报》（哲学社会科学版）2009年第3期。
⑦ 参见王学俭、宫长瑞《生态文明与公民意识》，人民出版社2011年版，第1页。
⑧ 参见王彬彬《论生态文明的实施机制》，《四川大学学报》（哲学社会科学版）2012年第2期。

展方式转变、科学技术支撑、制度机制的保障、民众素质的提升紧密结合起来。① 刘湘溶认为，生态文明建设应以核心价值构建为灵魂，以思维方式的生态化推进为先导，以经济发展方式的生态化推进为基础，以科学技术的生态化推进为动力，以法治的生态化推进为保障，以城乡一体的生态化推进为载体，以消费方式的生态化推进为牵引，以文学艺术的生态化推进为催化，以人格的生态化推进为归宿。② 顾钰民认为，生态文明建设的关键在于政府监管性制度、以市场主体交易形式来实施的制度和救济性制度的建设。③ 赵凌云等认为，中国生态文明建设必须由生态友好型发展方式、低碳型产业、绿色型制度、资源节约和环境友好型社会、创新型技术、优化型空间以及合作型外部调节、引领型评价方式和绿色化理论等十大体系来支撑。④ 黄蓉生也认为，推进生态文明建设，系统完整的生态文明制度体系建立是根本保障。⑤ 总之，生态文明建设仍是需要勘探的学术疆域。在厘清"为什么"和"是什么"的基础上更要搞清"怎么做"，"需要遵循从文化到制度再到物质层面的推进顺序，提出要内化于现实生活之中的生态文明基本法则，呼吁中国企业、社会、政府的创新与发展都要服务于生态文明建设"⑥。

7. 对生态文明融入经济建设的研究

"生态文明融入经济建设"命题是在党的十八大政治报告中提出，但相关研究早已论及，集中体现为以生态文明为导向的经济发展方式研究以及生态经济、循环经济、低碳经济、绿色经济研究。

---

① 参见沈壮海《当代中国生态文明建设：境遇与路径》，《学校党建与思想教育》2012 年第 3 期。
② 参见刘湘溶《中国的生态文明建设：现实基础与时代目标》，《马克思主义与现实》2013 年第 4 期。
③ 参见顾钰民《论生态文明制度建设》，《福建论坛·人文社会科学版》2013 年第 6 期。
④ 参见赵凌云等《中国特色生态文明建设道路》，中国财政经济出版社 2014 年版，第 16 页。
⑤ 参见黄蓉生《我国生态文明制度体系论析》，《改革》2015 年第 1 期。
⑥ 褚大建：《生态文明：需要深入勘探的学术疆域》，《探索与争鸣》2008 年第 6 期。

一是对经济发展方式的研究。洪银兴认为,中国GDP总量达到世界第二后需重新定位经济发展方向,其基本要求是实现经济发展方式的根本性转变,包括经济发展目标的转型、科技进步路径的转型、参与经济全球化战略转型。① 陈诗一以中国工业为例,分析如何通过实施以能源结构和轻重工业结构调整以及技术进步为主的政策路径,推动全要素生产率增长并最终实现工业发展方式向可持续方向的根本转变。② 沈坤荣等认为,中国经济快速增长存在众多约束,其中能源总量不足和结构偏差已成为最为突出的发展瓶颈,转变经济发展方式已势在必行。③ 汪同三、齐建国等认为,必须从经济增长动力、产业调整、技术进步、管理创新、社会发展等诸方面全方位加快经济发展方式的转变,建立循环经济发展的长效机制,实现经济增长模式转变。④ 何爱平、张志敏则从政治经济学视角构建了"利益格局变化—主体行为博弈—调整制度安排—设计激励结构"的经济发展方式转型理论框架。⑤

二是对生态经济的研究。生态经济研究是"嵌入"生态经济学研究范式之中的。早在1983年,中国生态经济学奠基人许涤新就以马克思生态经济学为理论基础对生态平衡和人类与自然之间的物质变换问题进行了剖析。⑥ 随后,罗必良又提出重构理论生态经济学体系的新思路。⑦ 进入新世纪,刘思华则以马克思主义政治经济学为依据,构建了中国特色生态马克

---

① 参见洪银兴《成为世界经济大国后的经济发展方式转型》,《当代经济研究》2010年第12期。
② 参见陈诗一《节能减排、结构调整与工业发展方式转变研究》,北京大学出版社2011年版,第227—237页。
③ 参见沈坤荣《经济发展方式转变的机理与路径》,人民出版社2011年版,第258—344页。
④ 参见汪同三、齐建国等《加快经济发展方式转变论》,社会科学文献出版社2013年版,第20—24页。
⑤ 参见何爱平、张志敏《资源环境约束下经济发展方式转变的政治经济学解读》,《黑龙江社会科学》2013年第4期。
⑥ 参见许涤新《马克思与生态经济学》,《社会科学战线》1983年第3期。
⑦ 参见罗必良《重构理论生态经济学(论纲)》,《生态经济》1992年第5期。

思主义经济学的理论架构。① 随着生态经济学理论框架的形成,研究方向也开始从宏观领域转向微观领域,如高红贵、汪成提出要建立能适合生态效益、经济效益、社会效益有机统一和最佳结构的生态经济制度。② 生态经济研究逐渐转为对循环经济、绿色经济和低碳经济的研究。

三是对循环经济的研究。诸大建将循环经济视为可持续经济发展模式,对循环经济的研究途径、拓展模式、经济依据、评价指标、不同阶段的战略选择、主要领域、科技支撑、政策保障等内容进行了研究。③ 李晓西认为,循环经济是未来中国经济发展的必然选择,循环经济的发展要以绿色 GDP 作为国民经济核算体系,建立科学规范的政府考核评估指标体系,建立推进循环经济的产业技术标准、市场准入标准和科技创新体制和技术创新体系以及推进循环经济的利益补偿机制,树立循环经济发展的节约型习惯和行为方式等。④ 郗永勤等认为,循环经济是由经济、资源、环境、社会等因素构成的复杂系统,发展循环经济必须关注循环经济发展的动力等。⑤

四是对绿色经济的研究。曹东、赵学涛等提出"差异化"的区域绿色发展战略,通过技术进步和管理创新发展绿色农业、以资源节约和环境友好为准则推动工业结构升级、创建绿色服务体系、推行绿色消费模式。⑥ 高红贵、刘忠超认为,绿色经济是一条全新的发展道路,没有现成的模式和经验可循,中国应该根据不同阶段、不同区域实际构建多元化绿色经济

---

① 参见刘思华《生态马克思主义经济学原理》,人民出版社 2006 年版,第 33—34 页。
② 参见高红贵、汪成《论建设生态文明的生态经济制度建设》,《生态经济》2014 年第 8 期。
③ 参见诸大建《中国循环经济与可持续发展》,科学出版社 2007 年版,第 12 页。
④ 参见李晓西《中国:新的发展观》,中国经济出版社 2009 年版,第 272—277 页。
⑤ 参见郗永勤《循环经济发展的机制与政策研究》,社会科学文献出版社 2014 年版,第 102 页。
⑥ 参见曹东、赵学涛等《中国绿色经济发展和机制政策创新研究》,《中国人口·资源与环境》2012 年第 5 期。

发展模式。①

五是对低碳经济的研究。杨志、郭兆晖通过对碳市场的特点、功能、核心产品、运行机制、市场分布的经济学分析，提出中国发展低碳经济的总体战略。② 徐莉、朱同斌等对低碳经济发展的激励机制进行了剖析。③ 杜受祜认为，发展农业低碳经济既是低碳经济的重要组成，也是实现城乡经济社会发展一体化的新任务和切入点。④ 潘家华、庄贵阳对低碳经济的概念及核心要素进行了分解，提出要将低碳经济学理论系统运用到新型城镇化建设各方面和全过程的思路。⑤

由此可见，生态文明融入经济建设的研究逐渐拓展至具体领域，如企业、产业、区域、空间、社会以及政府等，研究内容更加细化，研究取向更具实践性。

（三）研究总体评价

21世纪以来，生态文明建设备受国内外学界关注，相关研究也是汗牛充栋，基本融合了"人与自然辩证和谐关系"的哲学框架、"文明演进和文明整体体系"的政治学框架、"可持续发展、循环发展、绿色发展和低碳发展"的经济学框架、"生态规划、生态建设和环境保护"的生态地理学框架。已有研究虽视角多样，却呈现出学科分化的倾向，未涉及生态文明融入经济、政治、文化、社会建设各领域和全过程的研究。"生态文明融入经济建设"是一个"新命题"或"新概念"，但本质上讲，它是关于

---

① 参见高红贵、刘忠超《中国绿色经济发展模式构建研究》，《科技进步与对策》2013年第24期。
② 参见杨志、郭兆晖《低碳经济的由来、现状与运行机制》，《学习与实践》2010年第2期。
③ 参见徐莉、朱同斌等《低碳经济发展激励机制研究》，《科技进步与对策》2010年第22期。
④ 参见杜受祜《低碳农业：潜力巨大的低碳经济领域》，《农村经济》2010年第4期。
⑤ 参见潘家华、庄贵阳等《低碳城市：经济学方法、应用与案例研究》，社会科学文献出版社2012年版，第24—159页。

经济发展方式生态转型的"老话题"。因此,我们需要"一场头脑的革命,一场我们的思维方式、思维倾向和价值观的革命"①,才能抽象掉既有研究框架,将生态文明融入经济建设并纳入马克思主义中国化研究视野。当前,生态文明融入经济建设相关研究已逐渐从理论拓展到实践领域,呈现出经济学、政治学、管理学、生态地理学多学科交叉趋势,但仍存在需要进一步研究的空间。

一是,从已有成果看,存在对"生态文明""生态文化""生态文明建设""建设生态文明"等概念的混用,多是从生态哲学、生态政治学、生态伦理学等抽象的理论层面构建研究概念,与具体实践结合不够。二是,现有研究集中于中国面临的资源约束、环境污染、生态退化的现实境遇探讨和中国特色社会主义生态文明建设的思想研究,新中国成立至十一届三中全会时期的生态文明研究较为薄弱。三是,部分学者从马克思主义中国化视野将生态文明建设置于中国特色社会主义"五位一体"总布局中展开研究,但较少将生态文明建设置于中国特色社会主义国家治理现代化视域展开研究。四是,生态文明融入经济建设的本质是经济发展方式的问题,则需要考察其深层问题。其中,"涉及技术创新和制度创新,技术创新不仅是技术问题,更是一个制度问题,从一定的社会意义上可以说,技术能力的提升是以社会制度创新能力提升为基本制度前提和保障的"②,学界对制度创新和机制创新研究还不够。五是,既有研究还比较欠缺生态文明建设的"落地"路径及其与经济建设的"融合"研究。

因此,厘清生态文明建设与经济建设的概念范畴、内涵外延及本质规定,从历史长时段视野对中国不同阶段生态文明建设进行研究,深刻剖析

---

① [美]约瑟夫·E.斯蒂格利茨等:《对我们生活的误测——为什么GDP增长不等于社会进步》,阮江平、王海昉译,新华出版社2010年版,第1页。
② 陈银娥、高红贵等:《绿色经济的制度创新》,中国财政经济出版社2011年版,第35页。

生态文明融入经济建设在中国特色社会主义"五位一体"总布局中的功能地位，系统研究生态文明融入经济建设的制度体系、整合机制及实践路径。

## 四　研究目标与解释立场

### （一）研究目标

生态文明融入经济建设，归根结底，是在中国特色社会主义文明范式转型中，促进传统"高投入、高消耗、高污染"经济增长模式向绿色、循环、低碳经济发展方式转变，从人与自然二元对立以及经济、社会、生态相分离的发展状态转向人与自然、人与人、人与社会和谐共生以及经济、社会、生态协同发展状态，形成资源节约、环境友好、生态安全的经济发展方式，建成美丽中国。

因此，本书研究目标为：一方面，阐释生态文明融入经济建设的基本内涵、本质特征以及运行系统，"揭示人的解放与发展和自然的解放与发展有机统一运动发展规律，协调人的可持续生存与自由而全面发展的经济活动和自然的可持续生存与多样性而高度演化的发展关系，寻求实现经济社会与生态自然双赢发展目标"①。另一方面，着力将中国经济发展方式引向更加持续、更为健康的发展轨道，为实现中华民族永续发展提供经济绿色发展方案。

### （二）解释立场

生态文明融入经济建设命题的提出，既是中国处于工业化中后期和经济发展进入新常态，传统生产要素"红利"释放殆尽、资源环境约束增

---

① 刘思华：《生态马克思主义经济学原理》，人民出版社2006年版，第33页。

强、经济发展面临动能转换等时代背景和国情背景产生的中国话语,具有"中国特色"和"社会主义"双重本质,也是中国与世界面对经济发展转型的共同话语。因此,本书需要坚持如下立场:

第一,坚持以马克思主义理论为指导。长期以来,关于人与自然的关系,形成了诸如激进环境主义自然观、人类中心主义自然观、自然中心主义自然观等学术主张,"一是强调自然界的自我运动,排除任何目的对自然的干预;二是把自然界和历史对立起来,满足于撇开社会历史条件,泛泛地谈论自然,从而使自然抽象化、虚假化和虚无化;三是把自然科学与人类的社会生活割裂开来,从而最终导致自然科学与人的科学的对立"[①]。以上述抽象自然观来揭示人类文明进步,一方面忽视了自然因素的重要作用、消解了人的现实实践意义、动摇了人类发展的文明根基;另一方面却又对中国产生了一定的理论影响。因此,以马克思主义理论为指导的中国特色社会主义建设,必须坚决反对抽象的自然观。马克思主义认为,人类社会发展的价值目标是实现人的解放和自然的解放的统一,实现人与自然的关系和解、人与人的关系和谐是现实世界中的两大任务,这从根本上是对人类中心主义和自然中心主义的超越。马克思认为,生态文明是共产主义社会的显著特征,"这种共产主义……它是人和自然界之间、人和人之间的矛盾的真正解决,是存在和本质、对象化和自我确立、自由和必然、个体和人类之间抗争的真正解决。它是历史之谜的解答,而且它知道它就是这种解答"[②]。马克思从人的目的性、实践性、社会性以及在具体历史条件下处理人与自然的关系,体现了对人类生存、自由、全面发展的最高追求。这种价值取向和科学取向决定了马克思主义自然观对中国生态文明融

---

[①] 俞吾金:《重新理解马克思:对马克思哲学的基础理论和当代意义的反思》,北京师范大学出版社2005年版,第116—126页。

[②] 马克思:《1844年经济学哲学手稿》,中共中央马克思恩格斯列宁斯大林著作编译局译,人民出版社2000年版,第81页。

入经济建设的指导意义,与马克思主义作为中国特色社会主义建设事业的指导思想高度契合。因此,生态文明融入经济建设各方面和全过程,必须以马克思主义自然观和发展观来处理人与自然、人与人、人与社会的关系,探索中国经济绿色发展道路。

第二,坚定贯彻落实科学发展观。明确以什么理论作为党的指导思想,是党的建设事业中至关重要的工作,它关系到党的性质和前进方向、党的自身形象和工作影响力。[①] 科学发展观是马克思主义同当代中国实际和时代特征相结合的产物,是马克思主义关于发展的世界观和方法论的集中体现,是中国共产党对新形势下实现什么样的发展、怎样发展等重大问题做出的新的科学回答。说到底,"科学发展观是一个系统理论,是当前必须认真贯彻的指导经济社会协调发展的重要思想……就是要追求人与自然的和谐相处,就是要实现经济发展和生态建设的双赢"[②]。建立在工业文明基础之上的发展观是一种狭隘的、片面的和非生态的发展观,所奉行的发展模式有两种:一是单一的以物的现代化为价值目标的发展;二是片面的以经济增长为核心的发展。[③] 推进生态文明融入经济建设的各方面和全过程,本质上也是一个经济发展的问题,即以科学发展为主题、以经济发展方式转变为主线、以经济建设为中心的发展问题。这种发展也是以科学发展观为指导,以实现人与自然、人与人、人与社会的和谐共生为核心内容,带动中国特色社会主义"五位一体"总布局协同发展。生态文明融入经济建设是坚定贯彻落实科学发展观的题中之义。因此,用科学发展观统领建设生态文明、发展循环经济、构建和谐社会,不仅是中国特色社会主义实践的基本形式,也是21世纪中国实现科学发展、和谐发展、绿色发展

---

① 参见陈占安《科学发展观与党的指导思想》,《马克思主义研究》2012年第12期。
② 习近平:《之江新语》,浙江人民出版社2013年版,第44页。
③ 参见方世南《马克思的环境意识与当代发展观的转换》,《马克思主义研究》2002年第3期。

的"三大法宝"。①

第三，以中国具体国情为根据。当今全球各国或地区都面临共同而有区别的资源、环境和生态问题，中国率先倡导将生态文明融入经济、政治、文化、社会"四大建设"各方面和全过程，已成为普遍发展趋势，不同国家或地区都将致力于探索差异化的经济社会生态文明转型具体路径。可以讲，面对的问题是共同的，选择的道路是多元的。一方面，对全球而言，生态文明具有普遍性的价值追求，一个由"生态化的物质基础、生态化的动力支柱、生态化的能量转换平台、生态化的规制机制和生态化的价值导向目标"②所构成的全球性生态文明建设合作体系正在孕育和形成。但另一方面，"任何一国的文化、文明，包括器物文明、制度文明、精神文明也都不可能是另一国文化、文明的复制"③。就中国整体而言，其所具有的历史文化传统、社会经济政治变迁及现实国情，共同决定了生态文明融入经济建设有其独特的实践模式。以中国具体国情为根据，将是生态文明融入经济建设多维理路研究的立足点和出发点，也即是，在社会主义初级阶段的中国，首要问题仍然是经济发展问题以及人民群众共享发展成果和实现人的全面发展问题，决定了经济建设在"五位一体"总布局中的优先序，顺次决定了生态文明融入经济建设的优先序。就国内不同区域、产业、行业、主体而言，生态文明融入经济建设也不能照搬国外现成模式，落后地区也不能以拿来主义方式套用发达地区的实践模式，均当以中国具体国情为考量依据。

第四，吸收和借鉴国外已有成果和实践经验。"在社会经济发展中如何把植根于欧美早期工业化国家的工业文明思想、还原论方法和开拓竞生

---

① 参见刘思华《中国特色社会主义生态文明发展道路初探》，《马克思主义研究》2009年第3期。
② 刘湘溶等：《我国生态文明发展战略研究》，人民出版社2012年版，第78—79页。
③ 施芝鸿：《中国特色社会主义的最鲜明特色》，《求是》2012年第23期。

精神与天人合一的传统东方思维、整合论方法和共生自生精神相嫁接，创造一种新型的生产、生活方式和生态耦合关系，将源于西方的不可持续发展模式改造为适合中国以及大多数发展中国家国情的富强—健康—文明发展模式，凸显中国特色社会主义天人合一的生态文明内涵"①，这就要求树立开放包容的发展态度和发展思维。面对全球性生态危机、环境危机和资源危机，不同国家或地区都进行了实践探索，积累了一定的宝贵经验。因此，中国推进生态文明融入经济建设不仅要积极吸收、借鉴发达国家或地区应对生态环境危机的实践经验，还应吸收落后国家或地区的教训，建立全球经济绿色发展转型合作框架和环境治理体系。

第五，承继中国优秀传统文化中的生态智慧。生态文明融入经济建设应坚持中国特色社会主义实践特色、理论特色、民族特色和时代特色。承继民族优秀文化中的生态智慧既是彰显民族特色的重要维度，也是对民族文化自信的重要表现。中华民族自农耕文明开始，在人与自然互动中便形成了独特而丰富的生态智慧。即使是在工业文明主导的发展阶段，也受传统生态智慧的浸染和润泽，诸如"天人合一""民胞物与"等蕴含人与自然和谐共生的生态基因从未消失。因此，承继中国优秀传统文化中的生态智慧，一方面有助于发挥其在"嫁接"生态文明建设和经济建设中的"黏合剂"作用；另一方面有助于在生态文明融入经济建设中发挥生态文化涵养功能。

第六，发挥中国制度体制优势。制度是决定一国社会性质的具体标志，也是决定一国经济社会发展效率的重要因素，前者从制度的价值选择研究其性质，后者从国情和生产力发展的要求研究其内容。② 中国特色社

---

① 王如松：《生态文明建设的控制论机理、认识误区与融贯路径》，《中国科学院院刊》2013年第2期。
② 参见顾钰民《论坚定中国特色社会主义制度自信》，《思想理论教育》2013年第12期上。

会主义制度包括建立在根本政治制度、基本政治制度、法律体系和基本经济制度基础上的经济体制、政治体制、文化体制、社会体制和生态文明体制等各项具体制度，这是不断推动中国特色社会主义伟大实践的根本保障。生态文明建设与社会主义制度的契合客观上符合马克思政治经济学理论中关于生态社会主义的科学内涵。[1] 积极发挥社会主义制度优势，就必须"以科学的理论作指导；以革命和建设的实践为基础；以始终保持先进的共产党为领导力量；适应中国国情，体现中国特色；具有与时俱进的品质，始终保持强大的生命力"[2]。虽然马克思主义创始人未明确提出生态文明建设概念，但已初步构建了蕴含"生态经济价值论、二重性理论、物质变换理论、生态环境内生化理论、全面生产理论、广义生产力理论、物质循环理论、可持续发展理论、全面发展文明理论等"[3] 马克思主义生态经济学理论框架，认为资本主义"对自然的压榨和对人的统治及其劳动异化在私有制条件下是无法从根本上消除的。社会主义代替资本主义不仅要彻底消灭人与人之间的对立，还应消除人与自然的二元对立"[4]。正如恩格斯所言："越是……认识到自身和自然界的一体性，那种关于精神和物质、人类和自然、灵魂和肉体之间的对立的荒谬的、反自然的观点，也就越不可能成立了"[5]，"但……仅仅有认识还是不够的。为此需要对我们的直到目前为止的生产方式，以及同这种生产方式一起对我们的现今的整个社会制度实行完全的变革"[6]，并通过"社会化的人，联合起来的生产者，将合理地调节他们和自然之间的物质变换，把它置于他们的共同控制之下，而不让它作为一种盲目的力量来统治自己；靠消耗最小的力量，在最无愧于

---

[1] 参见弓圆《马克思政治经济学视阈下的生态文明建设》，《人民论坛》2013年第20期。
[2] 郝立新、韩冬梅：《论社会主义政治制度的特点和优势》，《党建研究》2005年第6期。
[3] 刘思华：《生态马克思主义经济学原理》，人民出版社2006年版，第34页。
[4] 刘湘溶等：《我国生态文明发展战略研究》，人民出版社2012年版，第83页。
[5] 《马克思恩格斯文集》（第9卷），人民出版社2009年版，第560页。
[6] 同上书，第561页。

和最适合于他们的人类本性的条件下来进行这种物质变换"①。同时，作为全球最大的发展中国家，"要对人类命运作出一种令人满意的解释，现在必须用发展的语言来表达：为实现全面发展而进行的共同努力涉及诸多方面，而且如此紧迫，以致同和平与生存融为一体"②。因此，中国绝不会采用生态殖民手段向后发型国家或地区转移"高消耗、高污染、高排放"产业，将走出一条积极发挥社会主义制度优势、共享生态文明成果并引导全球同走绿色、循环、低碳发展的幸福之路。

## 五　研究设计和内容框架

### （一）研究思路与技术路线

本书从文献检索、甄别、综述和评价出发，厘清研究现状，界定基本范畴，梳理中国生态文明融入经济建设的理论源流，构建理论分析框架，剖析生态文明的理念、原则、目标等深刻融入和全面贯串到经济建设各方面和全过程的系统构成和运行机理；然后从历史和现实相结合的角度，梳理新中国成立以来不同发展阶段生态文明建设的认知定位及实践经验，分析当前中国生态文明融入经济建设存在的认识误区和面临的现实困境；从国际比较入手，剖析发达或发展中经济体在经济绿色发展转型中实施的制度、机制、路径、政策及教训；在此基础上，重构中国生态文明融入经济建设的战略框架和运行系统，提出生态文明融入经济建设的协同性制度体系和整合型实践机制；并以功能区规划、农业现代化和新型城镇化为载体，探索中国生态文明融入经济建设的"规划—产业—空间"推进路径；

---

① 《马克思恩格斯文集》（第7卷），人民出版社2009年版，第928页。
② ［法］弗朗索瓦·佩鲁：《新发展观》，张宁、丰子义译，华夏出版社1987年版，第6页。

最后得出结论和提出展望。研究技术路线如图0-4所示。

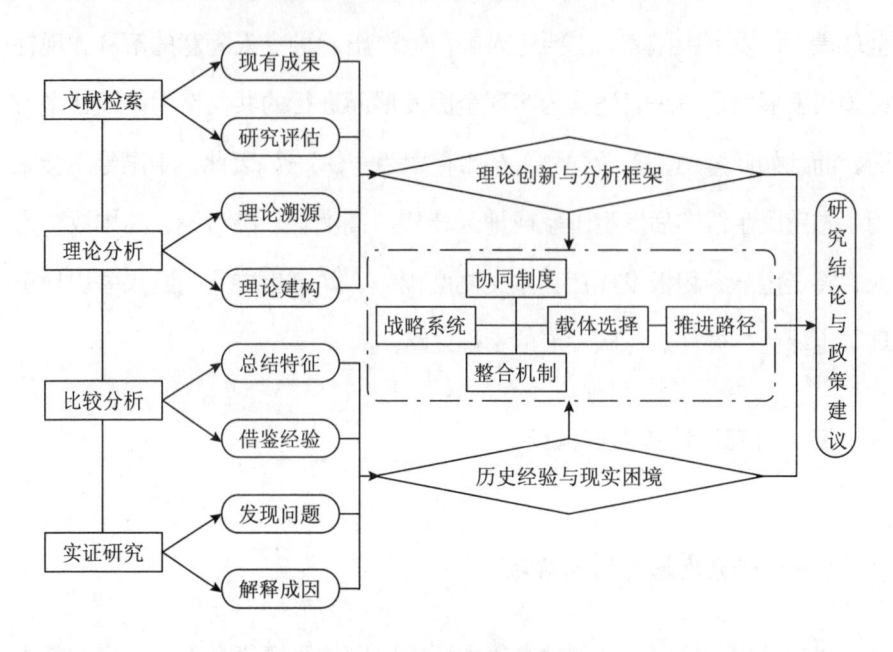

图0-4 本书的研究路线

(二) 基本框架与研究内容

生态文明融入经济建设的多维理路研究是以生态文明理念、原则、目标等融入经济对象、经济关系、经济活动和经济过程的构成要件、运行机理、支撑体系和实践路径为研究对象，以促进经济发展方式绿色变革和生态转型为全书的主要线索。因此，既要从生产力层面考察生态资源要素的配置和利用方式，又要从生产关系层面分析经济建设中人与自然、人与人、人与社会之间实现和谐共生和平衡共进的制度条件、实践机制和推进路径。同时，也要剖析经济活动引起资源约束、环境污染和生态退化等矛盾问题的市场经济约束因素、政府治理规范因素和社会道德舆论因素，以发挥政府、市场、社会多元主体合力，实现经济发展方式的绿色转型。

研究的基本框架如图 0-5 所示。

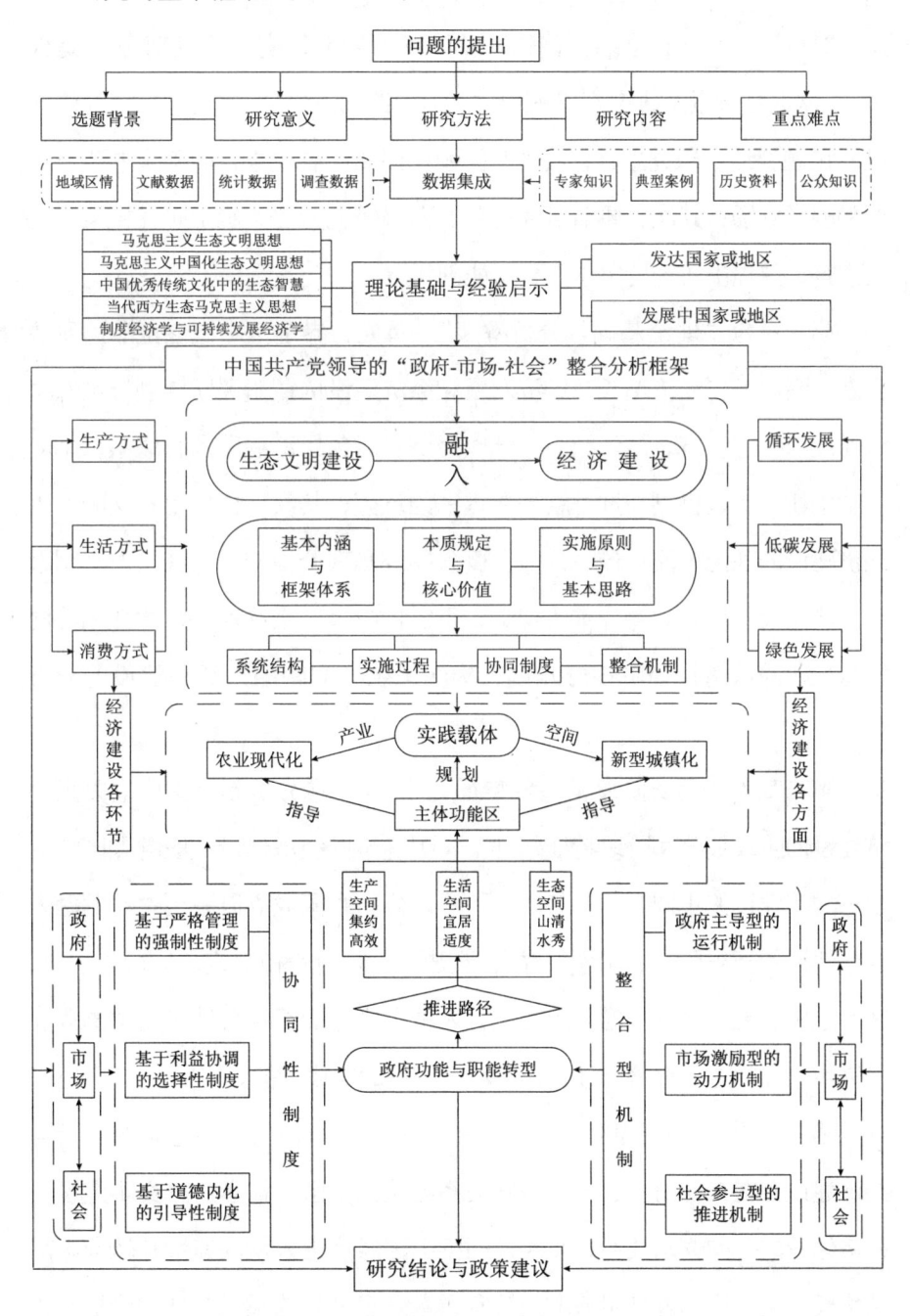

图 0-5 中国生态文明融入经济建设的研究框架

全书除导论和结语外，正文共7章。

"导论"为全书总纲。首先，以问题为导向，明确研究对象"是什么"，从选题背景及研究意义剖析"为什么"研究"生态文明融入经济建设"议题，结合研究主题，梳理、回顾和评估已有成果，明确本书研究目标和解释立场；其次，厘清研究思路、选择研究方法、确定研究框架和主要内容，并提出研究的重难点和可能创新点。

第一章为"理论基础与分析框架"。首先，界定基本概念范畴，厘清生态文明建设与经济增长、经济发展和经济建设的逻辑关联，剖析生态文明建设与生态经济、循环经济、低碳经济、绿色经济的区别和联系，阐释制度创新、实践机制与推进路径在本书的意蕴；其次，梳理生态文明融入经济建设的理论源流；最后，结合概念界定和理论源流，阐释生态文明融入经济建设的科学内涵、本质规定、系统构成以及系统性、整体性和协同性特征，并从超越经济视野角度，构建了生态文明融入经济建设的分析框架。

第二章为"历史阶段及基本特征"。首先，在分析新中国成立以来经济建设的阶段划分和阶段特征基础上，明确不同经济建设阶段党和国家对生态文明建设的不同定位；其次，科学划分新中国成立以来生态文明融入经济建设的历史阶段；最后，依据历史阶段的划分和实践，从行为主体、融入手段、融入方法、融入范围和融入重点等方面系统总结了新中国成立以来生态文明融入经济建设各方面和全过程的实践特征。

第三章为"认识误区与现实困境"。首先，厘清关于生态文明建设与经济建设存在二元对立、一元等同关系的认识误区，揭示生态文明建设与经济建设的正向逻辑关系；其次，剖析中国经济进入从高速增长转向中高速增长、从规模速度型粗放增长转向质量效率型集约增长、从增量扩能为主向调整存量和做优增量、从传统增长点转向新的增长点等"新常态"阶段后，生态文明融入经济建设面临的多重现实困境。

第四章为"国外实践与经验启示"。首先，梳理发达国家和发展中国家生态文明融入经济建设，促进经济绿色发展、循环发展、低碳发展的实践路径和政策措施；其次，阐释发达国家应对生态危机的实质，剖析资本主义制度的反生态性及生态文明建设的局限性，论证发展中国家生态危机产生的根源，一方面是源于资本主义"外向型"产业转移的生态殖民主义，另一方面在于"后发型"国家急切摆脱经济落后窘境的必然选择。以此为中国生态文明融入经济建设提供启示。

第五章为"战略框架与运行系统"。首先，从中国特色社会主义"五位一体"总布局维度论证生态文明融入经济建设在生态文明融入"四大建设"中的先导性、基础性、战略性地位；其次，从"国家治理现代化"视域提出生态文明融入经济建设是建立国家治理体系和提升国家治理能力的基本要件；最后，在"五位一体"布局和"国家治理现代化"目标框架下，需要重构中国生态文明融入经济建设的战略框架和运行系统。

第六章为"制度创新与机制整合"。首先，论证制度创新与机制整合是生态文明融入经济建设的核心要件；其次，对生态文明融入经济建设的制度体系进行分类，强调制度体系的建立要实现政府强制性制度、市场选择性制度、社会引导性制度的协同；最后，对生态文明融入经济建设的实践机制进行分类，突出实践机制的建立要重视政府主导型运行机制、市场激励型动力机制、社会参与型推进机制的整合。

第七章为"载体选择与推进路径"。首先，依据载体综合特性，将生态文明融入经济建设的依托载体分为基于尺度综合和基于区域综合的两类载体，结合规划载体、产业载体和空间载体提出了生态文明融入经济建设的"规划—产业—空间"协同推进路径；其次，结合案例分析，分别以功能区规划、农业现代化、新型城镇化为例，阐释了生态文明融入主体功能区规划路径、融入现代农业产业路径和融入新型城镇空间路径，为促进生态文明与规划衔接、发挥农业多功能性和实现城镇"三生空间"共享提供了基本思路。

"结语"是研究总结。结合全书内容，归纳结论，总结不足，做出展望。

（三）研究方法

方法是问题研究的支点。本书以经济科学发展为主题，以经济发展方式绿色转型为主线，以马克思主义基本方法为工具，综合运用政策学、管理学、社会学等学科方法，致力于"人类与自然的和解以及人类本身的和解"①。

马克思主义科学抽象法。生态文明是以促进人与自然和谐共生、消除人与自然紧张关系的一种超越工业文明的更高级文明形态，这是符合马克思主义文明多样性思想的研究方法的。② 马克思主义政治经济学中的科学抽象法，是在"抽象"的方法论意义上，把"感性具体"的客观事物的属性、关系等不同具体内容在人的头脑中抽象出来的方法，即"分析经济形式，既不能用显微镜，也不能用化学试剂，二者都必须用抽象力来代替"③，包括从"感性具体"到"抽象的规定"再到"理性具体"的过程，蕴含"提出概念—形成假设—实证检验—应用分析"的研究进路。生态文明融入经济建设的多维理路研究，是以经济建设为中心，借鉴马克思主义科学抽象法，提出概念、形成假设，从"感性具体"到"抽象的规定"，阐释了生态文明融入经济建设的科学内涵、本质规定及其特征，构建了超

---

① 《马克思恩格斯文集》（第1卷），人民出版社2009年版，第63页。
② 参见方世南《美丽中国生态梦》，上海三联书店2014年版，第82—91页。
③ 《马克思恩格斯文集》（第5卷），人民出版社2009年版，第8页。

越经济视野的理论分析框架，并将作为"抽象的规定"这种理论分析框架又运用于对现实具体问题和实践路径的探究。

马克思主义辩证分析法。辩证分析法是马克思主义基本方法。列宁指出："马克思主义的精髓，马克思主义的活的灵魂：对具体情况作具体分析。"① 辩证分析法将唯物主义与辩证法有机结合，既注重将客观事物置于具体的历史的条件和范围进行全面分析，又重视运用矛盾原理，在事物矛盾运动中分析事物的生成、运动、发展过程，更注重透过事物具体现象，运用抽象思维认知事物本质及发展规律。

历史分析与结构分析相结合。考察每个问题都要看某种现象在历史上怎样产生、在发展中经过了哪些主要阶段，并根据它的这种发展去考察这一事物现在是怎样的。② 可见，任何社会现象和问题都不能割断历史的纵向联系，需要在错综复杂的历史脉络中把握事物发展全部图景。生态文明融入经济建设研究也不例外，要在勾勒历史发展脉络中总结阶段性特征。同时，注重对事物内部结构、构成要素以及事物各构成要素之间的相互关系和作用机理，即对"每一个要素可以在它完全成熟而具有典型性的发展点上加以考察"③。这也要求加强生态文明融入经济建设的运行系统、构成要素及运行机理的分析。

规范分析与实证分析相结合。规范分析是由一组具体概念和标准构成的价值判定，是关于事物"应当是什么"的应然判断；实证分析是研究事物的内在规律、现存状态和发展趋势，是关于事物"是什么"的实然分析。生态文明融入经济建设的多维理路研究，运用规范分析界定基本概念范畴、建立理论框架、提出发展战略，运用实证分析揭示经济建设领域面

---

① 《列宁专题文集·论马克思主义》，人民出版社2009年版，第293页。
② 参见《列宁专题文集·论辩证唯物主义和历史唯物主义》，人民出版社2009年版，第283页。
③ 《马克思恩格斯文集》（第2卷），人民出版社2009年版，第603页。

临的生态环境危机，验证规划、产业和空间作为生态文明融入经济建设的实践载体和实践路径的可行性和科学性。

动态分析与静态分析相结合。动态分析是将生态文明融入经济建设视为以时间纵向比较、空间横向比较、时空交叉比较的动态过程。静态分析抓住生态文明融入经济系统建设的重要领域、关键环节和实践载体，通过规划、产业、空间的实践分析来展示生态文明融入经济建设的微观操作。

宏观、中观与微观综合。任何事物都是多层次、多层面内容构成的综合体。对事物的分析应从不同层面进行考察，既要分析事物的宏观趋势，又要把握事物内部构成的微观机理。生态文明融入经济建设的多维理路研究，不仅要从宏观层面分析国内历史进程和国外实践经验教训，把握全球经济绿色转型的总趋势；又要从中观层面分析地方政府促进经济绿色转型的实践探索；还要从微观层面分析以规划、产业和空间为载体，把生态文明融入功能区规划、新型城镇化和农业现代化的具体操作过程。

## 六 重难点与可能创新点

### （一）研究重点和难点

1. 研究重点

第一，科学界定生态文明融入经济建设的概念范畴。以马克思主义理论为依据，综合运用环境经济学、公共政策学、管理学等跨学科理论和方法界定基本概念范畴，提出生态文明融入经济建设的科学内涵、本质规定和框架体系，构建中国经济绿色发展理论体系。第二，全面把握生态文明融入经济建设的原则和特征。在新型工业化、信息化、城镇化、农业现代化和绿色化"新五化"总战略、中国特色社会主义"五位一体"总布局、全面深化改革总目标和创新、协调、绿色、开放、共享发展理念下把握生态文明融入经济建设的原则及经济绿色化特征。第三，深度剖析经济发展与生态环境危机演化的关系。传统经济学的根本缺陷，就在于没有把人类经济活动和经济关系同自然生态环境视为有机整体，经济建设成为与自然界毫无干系甚至对立的纯粹经济现象和经济过程。以单项经济增长为中心的传统经济发展观，从根本上无法适应现代经济绿色转型要求，也难以准确把握资源环境约束和自然生态变化下经济建设规律。第四，深入梳理生态文明融入经济建设的历史阶段及特征。以马克思主义中国化为视野，分析新中国成立以来不同阶段生态文明建设的不同定位及其融入经济建设的历史阶段和特征。

2. 研究难点

第一，重构生态文明融入经济建设的战略框架与运行系统。在协同推进"新五化"总战略、中国特色社会主义"五位一体"总布局、实现中华民族伟大复兴、全面深化改革和贯彻落实"五大发展理念"要求下，首要难点就在于如何按照新战略、新思路和新要求重构中国生态文明融入经济建设的战略框架和运行体系。第二，建立生态文明经济建设的制度体系和实践机制。制度创新和机制设计是生态文明深刻融入和全面贯穿到经济建设各方面和全过程的重要环节。这就需要建立中国特色的协同性制度体系和整合型实践机制加以推进。第三，找寻生态文明融入经济建设的切入点和着力点。功能区、新城镇、新农村是经济建设的三大空间载体，农业、工业和第三产业是经济建设的三大产业依托，而产业的生产活动又是以三大空间为实践平台。因此，尝试以规划载体、产业载体、空间载体协同推进中国经济绿色转型实践，探索生态文明融入经济建设的规划推进路径、产业推进路径和空间推进路径。

本书构造了庞杂的概念群，从"社会主义制度—市场经济体制—生态文明体制"三维坐标中审视中国经济建设,探索"社会主义制度完善—现代市场经济发展—生态文明建设"高度协同的经济发展道路,以中国共产党领导下的"政府—市场—社会"互动为框架,以"对象—方法—效果"为思路,通过对个人、企业、政府、产业、区域等经济对象和生产、分配、交换、消费等经济过程的分析,以技术革新、产业升级、空间优化、制度创新、机制整合、政策匹配为集成方法,实现资源节约、环境友好、生态安全的经济发展集成效果。同时,规划、产业和空间之间交互作用,更是增大了研究难度。

(二) 可能的创新点

本书立足马克思主义基本观点、方法和立场,以科学发展为主题,以经济绿色发展为主线,以美丽中国建设为目标,坚持理论与实践相结合,具有明确的战略导向、问题导向和政策导向。可能的创新之处在于:

第一,构建了中国共产党领导的"政府—市场—社会"协同分析框架,为生态文明融入经济建设的系统研究提供了理论依据。政府与市场的关系问题不仅是经济体制改革的核心问题,也是生态文明体制改革的核心问题,更是生态文明融入经济建设的核心问题。经济建设涵盖经济、政治、文化和社会多个层面,跨越微观、中观和宏观多个层次,涉及政府、企业、公众多个主体,覆盖生产、分配、流通、消费多个环节,包含人口、资源、环境多种要素,需要统筹各方面、各层次、各主体、各环节和各要素的利益关系。因而,中国特色社会主义生态文明融入经济建设,既要遵循市场规律,又要超越经济视野,更好发挥政府作用,引导社会参与,形成"政府—市场—社会"合力。第二,从时间与空间相结合视角,纵向梳理了新中国成立以来生态文明融入经济建设的阶段性特征,横向比较了国外生态文明融入经济建设的政策方案和实践经验。尽管"生态文明融入经济建设"是一个新命题,但从"绿化祖国""环境保护"到"可持续发展战略",从"科学发展"到"建设生态文明",从"生态经济""循环经济"到"低碳经济""绿色经济",新中国成立以来的不同阶段并不缺少生态文明建设的理论与实践。以马克思主义中国化为学术视野,一方面要厘清上述生态文明融入经济建设理论演进和实践跃迁;另一方面又要"向外看",考察国外不同国家或地区在推进生态文明融入经济建设的政策演变和实践经验。第三,在党的十八大以来的治国理政新理念、新思想、新战略的总体要求下,揭示了生态文明融入经济建设在融入经济建设、政治建设、文化建设中的优先地位和牵引功能。从经济建设在总布局中的地位来看,经济发展仍然是解决所有问题的关键,必须毫不动摇地坚持以经济建设为中心,高度重视生态文明融入经济建设的基础性和优先性。从经济面临新常态的现实来看,资源约束趋紧、环境污染严重、生态系统退化等严峻形势在经济建设领域最为突出和最为迫切;而新型工业化、信息化、城镇化、农业现代化和绿色化又处于快速发展阶段,现实倒逼转型,急需优先促进经济建设领域的生态文明变革,才能为生态文明递进融入其他"三大建设"奠定基础。第四,从战略框架、制度协同、机制整合、载体选择、路径推进等层面提出了生态文明融入经济建设的系统性、整体性和协同性思路。本书重构了生态文明融入经济建设的战略框架和运行系统,建立了"政府—市场—社会"协同性制度和整合型机制,探讨了基于协同推进新型工业化、信息化、城镇化、农业现代化和绿色化框架下的"规划—产业—空间"绿色路径。

# 第一章

# 生态文明融入经济建设：理论基础与分析框架

"一个民族想要站在科学的最高峰，就一刻也不能没有理论思维。"[①]

——恩格斯

厘清生态文明融入经济建设的基本概念范畴是研究的起点。从生态和文明两个概念出发，对相关概念群的发生领域和问题领域进行科学界定，厘清概念间的内在联系与本质区别；梳理生态文明融入经济建设的理论源流，为后续研究提供学理支持；进而从人类文明形态的演进与社会主义生态文明的科学内涵、本质规定、系统构成、运行机理出发，从横向和纵向两个维度协同解构生态文明融入经济建设的双重含义，提出将生态文明融入经济建设的理论分析框架。

---

① 《马克思恩格斯文集》（第9卷），人民出版社2009年版，第437页。

## 第一节 基本概念的界定

党的十八大政治报告提出要将生态文明建设放在突出地位，并将其融入经济建设、政治建设、社会建设、文化建设的各方面和全过程。面对这样重大的理论和实践问题，"就必须具有更为广阔的视野"①，全面审视和科学界定由生态文明概念衍生而来的概念群或概念集，并"把人的全部实践——作为真理的标准，也作为事物同人所需要它的那一点的联系的实际确定者——包括到事物的完整的'定义'中去"②。因此，我们必须对研究议题的发生领域和问题领域做科学的说明，回答相关概念的丰富内涵和外延，以便本书的研究议题、内容和框架达到逻辑"合题"。

### 一 生态与文明

生态文明是关涉人与自然两个平等主体的地球文明，包括生态和文明两个方面；而人类社会的发展又受到自然发展和社会发展双重规律的支配。因而，与马克思主义所表达"人类社会与自然相互关系"的"马克思主义自然观"有着密切联系的自然科学便是生态科学和环境科学。在这个意义上，我们有必要首先厘清生态及生态相关自然科学研究的范畴和意涵。

---

① ［法］马克·布洛赫：《法国农村史》，余中先等译，商务印书馆1991年版，第2页。
② 《列宁选集》（第4卷），人民出版社1995年版，第419页。

### （一）何谓"生态"：自然生态、系统生态还是哲学生态？

在中国，传统意义上的"生态"包括三层概念：第一层是从动词意出发，展现美好的姿态。如《东周列国志》第十七回"〔息妫〕目如秋水，脸似桃花，长短适中，举动生态，目中未见其二"中的"生态"即为此意。第二层是从形容词意出发，释为生动的意态。如唐代诗人杜甫在《晓发公安》诗中"隣鸡野哭如昨日，物色生态能几时"即为此意。第三层是从名词意出发，意为生物的生理特性和生活习性。这些传统意义上的"生态"含义对于今天我们拓展"生态"概念的认识具有重要价值。

在西方，"生态"概念首先是自然科学研究的范畴。"生态"（eco）词发端于古希腊语（Oikos），其本意是指房屋和住所，强调人类栖息之地及其环境。1869年德国生物学家E.H.海克尔（Ernst Heinrich Haeckel）认为，"生态"是"动物与其他有机或无机环境之间相互关系"，并最早将"生态学"概念界定为"研究动物与其他有机或无机环境之间相互关系的科学"。简言之，生态就是指一切生物本身存在的一种状态，以及它们之间和它们与周围环境之间的相互关系。这与《现代汉语词典》中对"生态"概念的界定——"生物在一定的自然环境下生存和发展的状态"[①]高度一致，展示了生物有机体与其他生物之间、与非生物之间的相互关系和自然状态。

随着生态研究的深化，生态概念突破了生物学意义上的范畴，开始关注"生命和环境关系间的一种整体、协同、循环、自生的良好文脉、肌理、组织和秩序"[②]，突破了纯自然生态的概念，"生物与环境形成了一个自然系统。正是这种系统构成了地球表面上具有大小和类型的基本单位，

---

[①] 中国社会科学院语言研究所词典编辑室：《现代汉语词典》，商务印书馆2005年版，第1923页。

[②] 王如松、胡聃：《弘扬生态文明深化学科建设》，《生态学报》2009年第3期。

这就是生态系统"①。在自然因素和人文因素交互作用下，地球已然成为各种无机物质、有机生命相互影响和人类生存其中的巨大生态系统。

界定"生态"概念是理解"生态文明"及其"建设"的前提。新阶段，在大力推进生态文明建设进程中，需要在已有生态认知的基础上，对"生态"概念加以深化和拓展。一方面，要强调"生态"概念本身蕴含的关于自然界多样性功能的世界观；另一方面，又要突出"生态"概念赋予现代人类社会处理人与自然之间关系的方法论意义。本书主要从三个层次来理解"生态"的意蕴。

第一个层次是自然生态概念，它是指自然界动植物之间及其与周围环境之间的自然关系和自然状态。自然生态包括两层含义：一是从其构成上讲，它是能被人类利用的包括地质、地貌、水文、土壤、空气、气候等无机自然界和动物、植物、微生物等有机自然界构成的自然环境要素综合体。这些自然生态环境要素具有包括"自然生产、维持生物多样性、调节气候、净化环境、维护和改善人的身心健康等"② 多重功能。二是从动态角度出发，自然生态是相对于人类社会物质世界、维持自然界物质能量循环流动和生态系统自平衡的一种状态。对第一层次自然生态概念的理解，有助于人类对自然生态要素的敬畏、对自然生态格局的尊重和对自然生态要素价值的重新认识。因此，理解第一层次"自然生态"概念是审视"生态文明"之"生态"意蕴的起点。

第二个层次是系统生态的概念，它是指研究对象的世界是由自然更替与人类行为交互作用的结果，是自然、社会、经济等系统复合作用的结果。当前，多数生态危机和环境问题都是由"自然—社会—经济"系统失衡所造成。随着生态学研究范畴从自然生态转向对人类社会的研究，"系

---

① 蔡晓明：《生态系统生态学》，科学出版社2000年版，第6页。
② 董全：《生态功益：自然生态过程对人类的贡献》，《应用生态学报》1999年第2期。

统生态"概念应运而生,即由"自然—社会—经济"构成的生态系统成为研究人类经济社会和看待自然生态过程的新视角,人类在正确处理自然界与社会关系过程中,日渐重视研究人类经济社会活动中物质交换方式和调节物质交换的"通量"与自然生态系统"容量"的关系,关注"自然—社会—经济"系统结构的平衡、功能的互补及效应的共生。可见,人类社会是一类以人的行为为主导、自然环境为依托、资源流动为命脉、社会文化为经络的社会—经济—自然复合生态系统①。对此,马世骏、王如松等将其界定为社会—经济—自然复合生态系统②。如图1-1所示,核心圈层是人,包括人类形成的组织、运用的技术以及积淀的文化;第二圈层是人类直接活动的环境,包括地理环境、人工环境和生物环境;第三圈层是指复合生态系统的外部系统。三大圈层相互作用、渗透和支撑。对三大圈层构成的系统生态理解,有助于人类在认识和改造自在自然和人化自然的过程中形成系统性生态思维和反馈型动态过程方法。

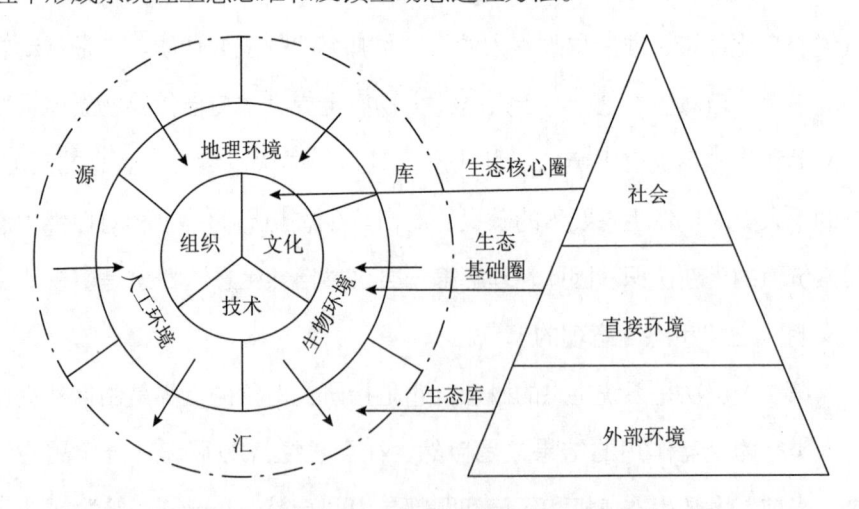

**图1-1 社会—经济—自然复合生态系统结构**

---

① 参见王如松、欧阳志云《社会—经济—自然复合生态系统与可持续发展》,《中国科学院院刊》2012年第3期。
② 参见马世骏、王如松《社会—经济—自然复合生态系统》,《生态学报》1984年第1期。

第三个层次是哲学生态的概念，它是指事物与周围环境以及事物之间的相互关系。哲学生态强调研究事物之间相互关系的方法是辩证唯物主义与唯物辩证法的统一。当前，大力推进生态文明建设所倡导的"以人与自然、人与人、人与社会和谐共生、良性循环、全面发展、持续繁荣为基本宗旨的文化伦理形态"①，正是从哲学生态层面进行阐释。一方面，哲学生态通过物质代谢、空间流动来展示物与物的联系；另一方面，在人与物的关系中，人类经济社会活动总是通过人的行为方式和物质空间流动加以实现，具有时空特性和动态特征。因此，对哲学生态的理解，开辟了生态文明建设的新思路，对协调自然、经济与社会之间的相互关系具有决定意义。

总之，生态概念蕴含丰富内涵，从自然生态、系统生态和哲学生态三个层次来阐释"生态"概念有助于多视角把握"生态"概念本质，为生态文明融入经济建设提供科学世界观和方法论启示。

(二) 何谓"文明"：广义还是狭义？统一还是多样？

从文明起源到高度文明社会的形成与发展，始终是人类历史变迁的主线。但是，"文明"是一个相对含混的概念。据统计，关于文明的定义有三百余种②，没有统一的释义③。无疑，对"文明"概念的探讨，具有重

---

① 潘岳：《论社会主义生态文明》，《中国经济时报》2006年9月28日第5版。
② 参见刘李胜《制度文明论》，中共中央党校出版社1993年版，第16页。
③ 《法国大拉罗斯百科全书》将"文明"解释为：一是指教化；二是指一个地区或社会所具有的精神、艺术、道德和物质生活的总称。《大英百科全书》解释"文明"一词为：一种先进民族在集体生活或某一历史阶段中显示出来的特征之总和。《苏联大百科全书》对"文明"的解释是：社会发展物质文明和精神文明的水平程度，继野蛮时代之后社会发展的程度。德国《大百科词典》将"文明"解释为：广义上是指良好的生活方式和风尚，狭义上是指社会脱离了人类群居的原始生活之后，道德知识和技术形成等完善起来的物质和社会状态。日本《国语大辞典》解释"文明"为：所谓文明，是指文化教育的兴盛，人的智慧开化，从而使我们的生活在物质和精神两方面达到舒适。

要的历史和现实意义。

中国是世界上最早使用"文明"概念的国家,最早出现在先秦时期典籍中。学界往往引证于《易经》和《尚书》,如《易·大有》云:"其德刚健而文明,应今天下而时行,是以元亨。"《尚书·舜典》云:"睿哲文明,温恭永塞。"清代李渔在《闲情偶寄》中说道:"辟草昧而致文明。"近代以来,梁启超在《文明之精神》一文中提到:"文明者,有形质焉,有精神焉,求形质之文明易,求精神之文明难。"① 诸如上述不同"文明"之提法及用法,皆为向往美好、清明之意。因此,我们常常将"文明"与"野蛮""蒙昧"等词相对,意为开化和进步之意。在梁氏《文明之精神》文中所言"形质之文明""精神之文明",可视为今日之"物质文明""精神文明"的原初表达。在欧洲,"文明"一词见于文艺复兴时期。在当时,"文明"最早现于法语表达之中,意指有教养的,其含义与文明的、开化的相近。英语中的"文明"为 Civilization,是由 Civilize 一词演化而来,表达了人类脱离蒙昧、野蛮和无知之"未开化"状态,进而达到较高社会发展阶段。从东西方文明比较来看,尽管其语言不同,但在思想上却具有高度一致性和共通性。

显然,不同时代的学者对"文明"概念具有不同的表达。法国历史学家基佐对"文明"概念做了积极意义上的最早界定,认为:"'文明'一词天然含义是进步、发展的概念,它是以运动着的人民为前提的。这就是公民生活和社会关系的完善化,这就是在所有成员间进行最公正的力量和幸福的分配。"② 法国空想社会主义者圣西门是最早断言无产者将是文明的创造者,布朗基则将文明与共产主义联系起来,认为:"共产主义的发展

---

① 《哀时客·文明之精神》,《清议报》第三十三册上。
② 刘吉、王健刚:《文明与科学——纪念马克思逝世一百周年》,《世界科学》1983 年第 3 期。

与文明的发展是并行不悖的","文明的最高峰必然是共产主义"。①

英国历史学家汤因比在其《历史研究》中以 21 个文明社会为对象，给我们呈现了一个文明多样化的世界图景。在第一部导论中探讨了"诸文明的比较研究"和"对文明统一性误解"，他认为："文明统一性的观点是现代西方历史学家受其社会环境影响而产生的一种误解。造成这种误解的原因是基于这样的一个事实，即我们自己的西方文明在近代已经把它的经济体系网络笼罩了整个世界。这种在西方基础上的经济统一之后紧跟着的西方基础上的政治统一，其范围也相差无几。……这一点也是事实，就是当今世界的所有国家都构成了源自西方的单一政治制度的组成部分。"②

奥地利学者弗洛伊德在其《文明及其缺憾》一书中认为："'文明'这个词是指所有使我们的生活不同于我们的动物祖先的生活的成就和规则的总和，它们具有两个目的，即保护人类抵御自然和调节人际关系。"③ 这种解释的合理性在于将"文明"看作人类对自然、对社会关系的调整所形成的成果和规则的总和；其不合理性在于过分夸大了人的本能在文明的形成与发展中的作用，对人的本能和文明缺乏辩证思考。

美国人类学家摩尔根在《古代社会》一书中，将人类社会文化发展从低级向高级的演化过程划分为蒙昧期、野蛮期、文明期三个阶段，认为："人类是从发展阶梯的底层开始迈步，通过经验知识的缓慢积累，才从蒙昧社会上升到文明社会的。"④ 美国政治学家塞缪尔·亨廷顿则认为，文明

---

① 刘吉、王健刚：《文明与科学——纪念马克思逝世一百周年》，《世界科学》1983 年第 3 期。
② [英] 阿诺德·汤因比：《历史研究》（上卷），郭小凌、王皖强等译，上海世纪出版集团 2010 年版，第 38 页。
③ [奥] 西格蒙特·弗洛伊德：《文明及其缺憾》，傅雅芳、郝冬瑾译，安徽文艺出版社 1987 年版，第 31 页。
④ [美] 路易斯·亨利·摩尔根：《古代社会》，杨东莼、马雍、马巨译，商务印书馆 1977 年版，第 3 页。

是由"价值、规则、体制和在一个既定社会中历代人赋予了头等重要性的思维模式"① 整合而成的系统，或者说，文明是"世界观、习俗和文化（物质文化和高层文化）的特殊连接。它形成了某种历史的总和"②。由此可见，从文明构成来理解"文明"概念，文明便是人类社会创造的一切物质的（物质文明）、政治的（制度文明）和精神的（精神文明）成果总和，这些成果总和表征着人类社会进步与发展的水平和程度。

马克思和恩格斯等马克思主义经典作家也对"文明"有较为详细的论述。诸如"文明时代是社会发展的这样一个阶段，在这个阶段上，分工，由分工而产生的个人之间的交换，以及把这两个过程结合起来的商品生产，得到了充分的发展，完全改变了先前的整个社会"③。"从铁矿石的冶炼开始，并由于拼音文字的发明及其应用于文献记录而过渡到文明时代。"④ "国家是文明社会的概括……"⑤ "文明时代是学会对着天然产物进一步加工的时期，是真正的工业和艺术的时期。"⑥ "随着在文明时代获得最充分发展的奴隶制的出现，就发生了社会分成剥削阶级和被剥削阶级的第一次大分裂。这种分裂继续存在于整个文明期。奴隶制是古希腊罗马时代世界所固有的第一个剥削形式，继之而来的是中世纪的农奴制和近代的雇佣劳动制。这就是文明时代的三大时期所特有的三大奴役形式。"⑦ "物质劳动和精神劳动的最大一次分工，就是城市和乡村的分离。城乡之间的对立是随着野蛮向文明的过渡、部落制度向国家的过渡、地方局限性向民

---

① ［美］塞缪尔·亨廷顿：《文明的冲突与世界秩序的重建》，周琪等译，新华出版社2002年版，第20页。
② 同上。
③ 《马克思恩格斯选集》（第4卷），人民出版社1995年版，第174页。
④ 同上书，第22页。
⑤ 同上书，第176页。
⑥ 同上书，第24页。
⑦ 同上书，第176页。

族的过渡开始的,它贯穿着全部文明的历史并一直延续到现在。"① "当文明一开始的时候,生产就开始建立在级别、等级和阶级的对抗上,最后建立在积累的劳动和直接的劳动的对抗上。没有对抗就没有进步。这是文明直到今天所遵循的规律。"②

中国化马克思主义者也对"文明"概念进行了界定。如邓小平同志认为:"社会主义要赢得与资本主义相比较的优势,就必须大胆吸收和借鉴人类社会创造的一切文明成果,吸收和借鉴当今世界各国包括资本主义发达国家的一切反映现代化生产规律的先进经营方式、管理方法。"③

从不同时代和不同背景关于"文明"的阐释来看,文明是一种历史范畴,文明进步并不与人类社会同步并进。在人类繁衍 440 多万年的历史进程中,人类文明史大概只有五六千年的历史。文明时代的到来是人类历史上的一个崭新阶段。本书认为,作为人类社会进步成果总和的"文明"概念,需从三个维度加以阐释(如图 1-2 所示)。

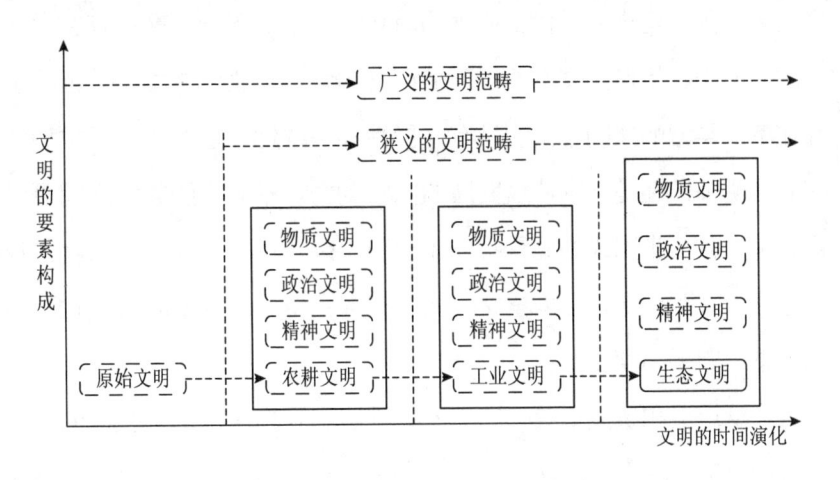

**图 1-2 文明概念理解的几个维度**

---

① 《马克思恩格斯选集》(第 1 卷),人民出版社 1995 年版,第 104 页。
② 《马克思恩格斯全集》(第 4 卷),人民出版社 1958 年版,第 104 页。
③ 《邓小平选集》(第 3 卷),人民出版社 1993 年版,第 373 页。

一是从文明的时间演化维度来看,人类历史是一部文明演化史,文明演化具有阶段性。人类文明在纵向上先后经历了原始文明、农业文明、工业文明等阶段,目前正迈向生态文明的新时代。不同文明时代之间表现出否定之否定的辩证继承性,前一个阶段文明形态是后一个阶段文明形态的"母文明",后一阶段的文明是对前一阶段文明的扬弃和超越。因此,承认文明演化的阶段性就是理解文明形态的联系和区别,但不能因此夸大文明形态演化的差异性。

二是从文明的要素结构维度来看,文明不仅"包括价值观、思想理念、思维模式这些文化内核,而且也包括政治制度和人类创造的物质成果等"①。无论在哪一个阶段或地区,构成文明体系的基本要素都相同,大致包括物质文明、制度文明和精神文明等。文明是特定时期一定区域、国家、民族的特有模式,文明在不同地区、国家、民族表现出明显差异性和多样性,即便是在同一个文明时代,不同地域也存在不同类型的文明。正如当前多数国家均进入现代工业文明时代,但全球不同地区仍存在中华文明、印度文明、伊斯兰文明、拉丁美洲文明和西方文明等类型。世界上并不存在单一类型的文明,文明具有差异性和多样性,由多个文明类型共时存在的文明多样性是文明持续发展的内在动力。不同文明类型之间更没有孰优孰劣之分,正因为如此,我们才学会了以一种兼容并包的态度去吸收和借鉴先进文明成果,在多样文明共生共存中丰富文明的要素结构、促进文明形态迈向新高度。

三是从广义和狭义来看,广义的文明概念是指全面的、整体的、包含前一阶段全部文明内容的文明形态,即从原始社会"原始文明"开始演化到现阶段后工业社会"生态文明"新时代,就是广义上的文明范畴。但

---

① 左亚文:《资源·环境·生态文明——中国特色社会主义生态文明建设》,武汉大学出版社2014年版,第15页。

是，文明时代的开始是"从铁矿石的冶炼开始"①，并以"拼音文字的发明及其应用于文献记录"② 为标记。按照摩尔根和恩格斯的理解，原始社会本质上仍是处于蒙昧和野蛮的时代，物质文明、精神文明、制度文明等仍处于混沌不分的状态，人是自然界的一部分，完全依赖于自然界而生存，人与自然界浑然一体。因此，狭义上的文明范畴是排除了原始社会蒙昧和野蛮时期的文明形态，是开启于农业作为"本来意义上的文明"，农业社会是第一个文明型社会。

## 二 生态文化与生态文明

文化概念极其复杂。文化是指一个国家或民族的历史、地理、风土人情、传统习俗、生活方式、文学艺术、行为规范、思维方式、价值观念等。③ 文化与文明既有联系又有区别。从联系上看，文化和文明均属于人文社会科学范畴，是社会历史现象；文化的产生和发展是文明产生和发展的前提，没有文化的积淀就不可能出现文明。可见，文明产生于文化，但又高于文化。从区别来看，人类与文化基本保持同步，而文明则是人类逐渐走出混沌愚昧而出现的；文明的性质是正面积极的，是人类认识世界和改造世界所取得的积极成果和社会进步状态，而文化则具有两面性，积极因素和消极内容并存。因此，还需厘清生态文化与生态文明两个基本范畴。

### （一）何谓"生态文化"：人类中心主义主导还是生态价值观导向？

生态文化是人与自然界交互作用而形成的文化体系。从人与自然界之间关系来看，"文化是人类适应自然的方式。即文化是人类在自然界生存、

---

① 《马克思恩格斯选集》（第4卷），人民出版社1995年版，第22页。
② 同上。
③ 参见王学俭、宫长瑞《生态文明与公民意识》，人民出版社2011年版，第66页。

享受和发展的一种特殊方式；或者，文化是人类区别于动物的存在方式"①。作为人类适应自然界的新的生存方式，生态文化强调人与自然界的和谐共生，是人类文化发展的新高度。人类在发展中创造文化，并以文化方式得以生存，运用文化力量发展人类自身和改造世界。

但在工业革命以来，逐渐形成了由人类中心主义主导的社会意识、人文精神和社会制度体系，在人与自然交互关系中，呈现出人类主宰和征服自然界的生存方式和生活状态。在人类中心主义的传统文化认知模式和价值观主导下，人成为自然的主宰者和统治者，只有人自身才是有价值的；与之相对，自然界只是被人随意改造和利用的工具和对象。于是，人类合乎情理地把大自然作为资源索取的仓库和废弃物排放的垃圾场。在这一过程中，人类以损害自然价值的方式实现文化价值，造成了环境污染、生态破坏与资源短缺，自然价值严重透支，进而呈现出生态危机。因此，致力于摆脱人类中心主义主导、消解传统文化"反自然"观、实现人类与自然界和谐共生的新型生态文化应运而生。生态文化是以生态价值观为主导的社会意识、人类精神和社会制度，摆脱人类中心主义意识形态困扰，注重从生态政治学、生态哲学、生态伦理学、生态经济学和生态美学等社会意识出发，形成超越阶级剥削的社会生产方式和人民民主的社会制度体系。

作为新的文化选择，生态文化通过社会关系和社会体制的变革，按照公平和平等原则，倡导人与自然界是一个生命共同体的关系，倡导生态环境改善的制度化和机制化；确立人与自然界均具有价值的观点，抛弃人主宰、统治和征服自然的认知，积极建设"尊重自然、顺应自然、保护自然"的文化价值观念，改变过分强调主客二分的哲学认知，逐渐实现科学

---

① 余谋昌：《生态文化论》，河北教育出版社2001年版，第328页。

技术创新生态化、经济发展方式生态化、生态伦理和生态道德公共化，摒弃掠夺自然的生产方式、生活方式和消费方式，促进绿色经济、循环经济和低碳经济发展。

（二）何谓"生态文明"：文明要素"结构式"还是文明形态"演化式"？

自20世纪80年代叶谦吉教授首次提出"建设生态文明"之后，生态文明受到了学术界的广泛关注，特别是党的十七大政治报告首次提出"建设生态文明"以来，生态文明及其建设更是成为多门学科研究的热点、焦点。但现有对生态文明概念和内涵的理解尚未达成统一共识，呈现出百花齐放、百家争鸣的态势，更未形成一种公认的、权威的概念[①]，致使人们对生态文明的理念、原则、目标、内容、重点等理解不够深入全面，对生态文明建设道路和实践模式选择也比较模糊，实践中普遍存在"头痛医头，脚痛医脚"的单兵突进现象，严重制约了生态文明建设的实践效果。

生态文明是由生态和文明两个单词复合而成，对生态文明概念的理解取决于对"生态"和"文明"两个概念的理解。何谓"生态文明"？作为当代中国语境下的新概念，要形成统一的学术共识，需要一定时间积淀和一定实践基础。因为"文明是实践的事情"[②]；同理，生态文明也是实践的事情，也是需要时间来沉淀。科学的生态文明概念应该是基于实践基础上的理论创新的概念。

目前，生态文明的理解思路有两种：一是从文明的构成要素出发，

---

① 参见陈洪波、潘家华《我国生态文明建设理论与实践进展》，《中国地质大学学报》（社会科学版）2012年第5期。
② 《马克思恩格斯选集》（第1卷），人民出版社1995年版，第27页。

"按照唯物史观的结构理论,生态文明是一种与物质文明、政治文明和精神文明并列的文明形式,四者共同构成了社会的文明系统"①。可见,生态文明具有"结构式"特征,它与物质文明、政治文明、精神文明、社会文明同属于文明结构体系的范畴,是包含物质文明、政治文明、精神文明和生态文明的现代文明综合体,即"人类遵循人、自然、社会和谐发展这一客观规律而取得的物质和精神的成果的总和;是指人与自然、人与人、人与社会和谐共生、良性循环、全面发展、持续繁荣为基本宗旨的文化伦理形态"②。

二是从文明的演化规律出发,生态文明是反思工业化道路,特别是在反思工业文明的内在矛盾与冲突中,形成的以生态现代化和生态价值观为导向的一种新型文明形态。这种理解可称为生态文明的"演化式"。人类文明史是一幅人类与自然关系的宏大历史画卷!生态现代化的新型文明形态,强调物质生产与精神生产的高度统一,自然生态、系统生态和哲学生态的有机结合,突出物质文明、精神文明、政治文明、社会文明和生态文明协同实现。但必须注意,生态文明是在工业文明的基础上形成的一种新的文明形态,它并不是要脱离人类文明的大道而独辟蹊径,它要继承和保留工业文明的优秀成果,克服工业文明的缺失和不足。③ 生态文明并非仅是简单的生态环境改善,也包括丰富的生态物质文明、生态精神文明和生态制度文明的内容,覆盖了全部人与人、人与社会、人与自然的关系。因此,生态文明作为一种社会发展新模式或社会文明新形态,预示着生产方式和生活方式的转变,同属于原始文明、农业文明、工业文明等文明演进形态序列范畴(见表1-1)。

---

① 张云飞:《试论生态文明在文明系统中的地位和作用》,《教学与研究》2006年第5期。
② 刘湘溶等:《我国生态文明发展战略研究》,人民出版社2012年版,第77页。
③ 同上书,第71页。

表1-1　　　　　人类不同历史阶段的文明形态和特点

| 衡量标准 | 原始文明 | 农业文明 | 工业文明 | 生态文明 |
| --- | --- | --- | --- | --- |
| 时间尺度 | 1万年以前 | 1万年至今 | 1800年至今 | 最近50年 |
| 空间尺度 | 个体或部落 | 流域或国家 | 国家或洲际 | 全球 |
| 哲学尺度 | 全自我存在（求生与繁衍） | 追求"是什么" | 追求"为什么" | 追求"将发生什么" |
| 人文特质 | 淳朴 | 勤勉 | 进取 | 协调 |
| 推进动力 | 主要靠本能 | 主要靠体能 | 主要靠技能 | 主要靠智能 |
| 对自然的态度 | 自然拜物主义 | 物质获取为主 自然优势主义（靠天吃饭） | 能量获取为主 人文优势主义（人定胜天） | 信息获取为主 天人协同进化（天人和谐） |
| 经济水平 | 融入天然食物链 | 自给水平(衣食) | 富裕水平(效率) | 优化水平(平衡) |
| 经济特征 | 采食渔猎 | 简单再生产 | 复杂再生产 | 平衡再生产（理性、和谐、循环、再生、简约、废物资源化） |
| 系统识别 | 点状结构 | 线状结构 | 面状结构 | 网络结构 |
| 消费标志 | 满足个体延续需要 | 维持低水平的生存需要 | 维持高水平的透支需要 | 全面发展的可循环再生需要 |
| 生产模式 | 从手到口 | 简单技术和工具 | 复杂技术与体系 | 绿色技术与体系 |
| 能源输入 | 人的肌肉 | 人、畜及简单自然能力 | 化石能源 | 绿色能源 |
| 环境响应 | 无污染 | 缓慢退化 | 全球性环境压力 | 资源节约、环境资源、生态平衡 |
| 社会形态 | 组织度低 | 等级明显 | 分工明显 | 公平正义、共建共享 |

资料来源：牛文元《生态文明的理论内涵与计量模型》，《中国科学院院刊》2013年第2期。

同时,也有学者将生态文明视为是自然主体和人类主体"两个平等主体"平衡共进、和谐共生的文明化过程,即"生态文明是人与自然两个平等主体和谐发展的状态、进步过程和积极成果,是人类文明与自然文明和谐发展的地球文明"①,以自然生态、系统生态、人文生态的协同共生与同步进化作为地球文明发展目标。总之,建构理解生态文明概念的多维视角,才能呈现当代中国语境下"生态文明"概念的全部图景(如图1-3所示)。

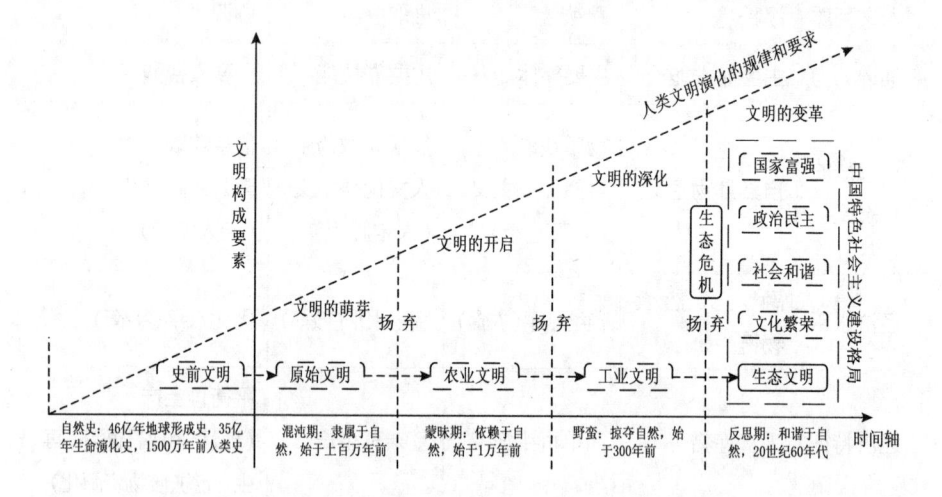

**图1-3 当代中国语境下生态文明的两种理解思路**

当代中国提出生态文明概念主要基于两大背景:一是全球视野下人类文明演化的基本规律和普遍趋势;二是改革开放以来中国特色社会主义从"两个文明"到"五位一体"总布局建设格局的形成。前者展现了当代中国顺应人类整体文明范式的生态转型要求,后者凸显了生态文明对拓展中国特色社会主义建设格局的战略意义。因此,当代中国生态文明概念具有双重特性,即文明演化的纵向关联特性和文明构成的横向关联特性。科学把握当代中国生态文明的丰富含义,两大特性缺一不可。

---

① 邱高会、邓玲:《从地球文明的视角论生态文明的科学内涵及其实现》,《甘肃社会科学》2014年第3期。

从文明纵向演化的视角来看,文明形态的更替是一个历经孕育、产生、发展、繁荣直至衰亡的历史过程。工业文明创造了巨大的物质财富,但其固有的发展主义逻辑迫使环境污染严重、生态危机来临和资源消耗趋紧。从工业文明向生态文明转型,本质上是改变资本主义工业文明对自然的掠夺性和奴役性,消解人与自然尖锐对抗性矛盾,重构人与自然的共生方式和交互作用,使人与自然和谐共生与平衡共进。可见,作为新型文明形态的生态文明是对工业文明的辩证超越。辩证发展过程在资本主义范围内确实就包含新社会的因素,包含它的物质因素和精神因素。[1] 由工业文明主导的资本主义社会也在不断地积累着生态文明所需的物质因素和精神因素。所以,超越既不是彻底否定或全盘接受,也不是以生态文明替代工业文明,而是在承继工业文明成果之上演化出高级文明形态,实现对工业文明的辩证超越。生态文明是人类存在的基本形式,即人处理与自然的关系时所达到的文明程度。[2] 这种文明形式要求把生态文明融入物质文明、政治文明和精神文明之中,使社会文明体系全部体现人与自然和谐共生的文明内涵。

发展仍是解决所有中国问题的关键。生态文明的理念、原则和目标融入经济建设本质上也是一个关于发展的议题。这就要求,当前协同推进中国新型城镇化、信息化、工业化、农业现代化和绿色化同步发展过程中,要对传统工业文明进行辩证超越。毋庸讳言,从农业现代化到工业现代化、城市现代化和信息现代化,是不同区域或国家发展过程中不可逾越的一般规律。如果说农业文明是"黄色文明",工业文明是"黑色文明",那么,生态文明就是倡导人与自然、人与人、人与社会和谐共生的"绿色文明"。

---

[1] 参见《列宁全集》(第11卷),人民出版社1987年版,第371页。
[2] 参见沈国明《21世纪生态文明环境保护》,上海人民出版社2005年版,第134页。

从中国特色社会主义文明体系的横向构成来看，生态文明是一种整体文明观，它不仅是人与自然协调发展的文明样态，也包括在正确处理人与自然、人与人、人与社会关系基础上形成良好有序生态运作机制所取得的全部物质的、精神的和制度的文明成果总和。从1979年首次提出"两个文明"到2002年提出"三个文明"，再到2007年"四个文明"的确立以及2012年"五位一体"的总布局，充分说明了党和国家对中国特色社会主义文明体系的深化、丰富和发展。因此，理解生态文明与物质、政治、精神的"三大文明"的关系，以及生态文明建设与"四大建设"的关系，对全面推进中国特色社会主义总布局的伟大实践具有重要意义。物质文明、政治文明、精神文明、生态文明相互渗透和相互促进。生态文明是社会文明发展的自然前提；物质文明是社会文明发展的经济基础；政治文明是促进社会文明发展的制度保证；精神文明是社会文明发展的思想支撑，四者共同构成了一个整体文明系统。同时，在中国特色社会主义"五位一体"总布局框架下，生态文明具有牵引功能和基础地位，只有以绿色化为导向的生态文明，才有健康完善的物质文明、精神文明、政治文明，国家富强、政治民主、社会和谐、文化繁荣才会有根基，才能形成人与自然和谐共生的社会主义现代化格局。反之，没有生态文明的先导性支撑，没有形成绿色化的生产方式、生活方式、消费方式以及产业结构和空间布局，中国特色社会主义伟大事业便缺乏生态系统的支撑，经济建设将失去生态基底，政治文明和精神文明建设步伐也会停滞。生态文明的理念、原则和目标融入经济建设、政治建设、文化建设、社会建设各方面和全过程，涉及人、自然、社会以及政治、经济、文化、道德、伦理等诸多内容和层面，旨在实现经济发展方式生态文明化、政府行为决策生态文明化、文化繁荣的生态文明化、社会公众意识与行为的生态文明化，进而建构以生态文明为导向的中国特色社会主义整体文明观。因此，在当代中国，生态文明是以生态为"基础"和以文明为"内核"的人类文明新形态，具有自然属性和人文属性，一方面表现为以自然为基底的绿色文明；另一方面表现为以人为本的和谐文明、福祉文明。生态文明不仅表征为人与自然的和谐共生关系，还包括人与人、人与社会之间的和谐关系。所以，中国特色社会主义伟大实践不仅是要建立一个富强中国，还要建立一个美丽中国，即要建设一个由"自然大美"和"人文至美"交融的诗化中国。

## 三 生态文明建设与经济建设

由"生态"与"文明"以及"生态文化"与"生态文明"等概念阐释，深化"生态文明建设与经济建设"的概念理解，对于明确生态文明建设具有的实践特性以及生态文明融入经济建设的领域指向具有重要意义。

### （一）生态文明建设

生态文明建设虽已成为跨越学术研究、政府部门以及社会公众的热词，但对"生态文明建设"概念的界定仍未达成共识，往往片面地将其理解为"生态建设"或"环境保护"。生态文明的基础是"生态"、内核是"文明"、重点在"建设"。因此，在对"生态与文明"概念进行界定的基础上，界定"生态文明建设"内涵应将重点落在"建设"上。那么，何谓"建设"呢？

从人类社会学来看，源于自然界活的生命体和处在社会关系中的人，是构成社会的主体要素。人的实践活动是人作为"活物质"释放出来的"活劳动"过程，人及其所从事的活动实现其与其他有机体或无机体进行物质变换和能量交换；由人生存的自然世界和人化自然构成的人的社会，是所有生命系统得以维系和发展的支持系统。从哲学实践来看，人的活动是有意识、有目的、有组织的能动性实践过程。人的活动的意识性和目的性，表现为人是按照特定纲领、规划和任务、目标，在分工与协调的基础上，接受管控，实现收益；人的活动的能动性表现为人在实践中具有前瞻性、创新性和探索性。同时，人的活动还表现为倾向于组织化的群体社会实践，通过人与人相互关联、相互协作呈现出来。因而，"建设"概念蕴含丰富的哲学意蕴，它是一种寓于主体（人类自身）、发自主观（人类自身）的实践活动（活物质或活劳动），是主体（人类）与客体（自在世界与人化世界）交互活动的桥梁和通道，"既包含人的精神层面、思维层面、文化层面的实践活动，也包含人与人的组织管理层面、交往交换层面、生产与消费层面的实践活动"①。可见，"建设"是置于社会实践过程之中的，"建设"包括实践主体、实践力量以及社会结构和支持系统的观照。正如马克思所言："以一定方式进行生产活动的一定的个人，发生一定的社会关系和政治关系。……社会结构和国家总是从一定的个人的生活过程中产生的"②，且每一个成熟社会都表现为由经济的、政治的、文化的、社会的多个子系统构成的复杂有机体。社会有机体既是一个生命系统，又是一个生命保障系统。前者表征社会构成的主体要素，包括进行新陈代谢和物质变换的生命个体（人）、进行生死交替的群体（种群）、进行群体利益协调和社会结构变迁的整体（群落或群系）；后者是为保证社会健康发展而联通人类社会与生态环境系统的外部保障系统，既包括资源的输入，又包括产品的输出。由此，整个社会便形成了一个包含经济基础、上层建筑、意识形态以及自然环境、经济环境、政治环境、社会环境、文化环境、精神环境为一体的自组织、自循环和自发展的系统。

生态文明建设就是在这样一个整体社会系统及其不同层次子系统中

---

① 杨志、王岩等：《中国特色社会主义生态文明制度研究》，经济科学出版社2014年版，第14页。

② 《马克思恩格斯文集》（第1卷），人民出版社2009年版，第523—524页。

进行的。所以,生态文明建设也是寓于实践主体、实践动力、社会支持系统等之中的包括物质文明、政治文明、精神文明、社会文明和生态文明在内的社会文明发展的实践过程。具体来看,生态文明建设是以维护、修复、恢复生态系统功能为目标和以重塑生命系统与生命保障系统平衡关系为任务的实践活动,是以经济建设文明生态化为基础、以政治建设文明生态化为保障、以文化(伦理)文明生态化为导引、以社会建设文明生态化为载体的系统建设,突出社会行为主体将生态文明的理念、原则、目标具体融入认识和改造世界的全部过程,包括生态思维建设、生态产业建设、生态空间建设、生态生活建设、生态制度建设、生态体制建设等内容。

此外,生态文明建设及其实践模式具有普遍性和特殊性。从生态文明建设及其实践模式的普遍性来看,人类向更高级文明形态迈进,表现出实现目标的统一指向性,即在耦合了人与自然、人与人、人与社会之间关系的"人的世界"中,任何国家、民族或地区在发展到一定阶段都必须重构人与自然、人与人、人与社会的新型关系,以人与人、人与社会之间的关系和谐来引领人与自然之间的关系和谐。同时,生态文明建设及其实践模式又是嵌入社会结构体系和社会文明体系中的重要组成部分,与经济建设、政治建设、文化建设、社会建设有着共性联系。这些基本方面构成了生态文明建设实践得以展开的支持系统,包括"生态化的物质基础、生态化的动力支柱、生态化的能量转换平台、生态化的规则机制和生态化的价值导向目标"[①],成为生态文明建设普遍遵循的基本运行模式。同时,生态文明建设及其模式又具有特殊性。不同国家、民族或地区由于具有不同的"地域文明",生态文明建设实践就需要找到适合自己的特殊模式和道路,

---

① 刘湘溶等:《我国生态文明发展战略研究》,人民出版社2012年版,第78—79页。

即便是在特定国家或地区内部,生态文明建设及其实现模式也可能具有差异性。

总之,本书所论"生态文明建设",既有构成社会总系统结构的经济建设、政治建设、社会建设、文化建设、生态文明建设五个分层内容,也有"五位一体"各子系统建设及其子系统之间的协同耦合;既突出生态文明建设的普遍规律及共性模式,也注重生态文明建设及其实践模式的差异性和特殊性。

(二)经济建设

作为中国特色社会主义"五位一体"总布局中最基础和最核心的部分,"经济建设"事关生态文明"融入"和"贯穿"的领域指向,其概念的科学界定是明确生态文明"如何融入"和"怎样贯穿"其依托载体和路径选择的基本依据。可见,对"经济建设"的内涵外延进行科学阐释是至关重要的。

第一,经济建设有广义和狭义之分。广义的经济建设是指一个国家或地区内的一切经济活动,无论这种经济建设的实践主体是国家或地区内的什么部门、机构或个人;狭义的经济建设是指由国家或地区直接通过政府或企业进行的经济活动。这是从经济活动的发起者和责任者的范围来确定的一种经济建设划分方式。

第二,经济建设是目标与手段的统一。经济建设的目标是由一个国家的国家机构确定,国家的存在需要经济建设来支撑,国家机构的运转也要经济建设来保证。纵观历史,国家或地区的兴衰发达,与经济建设密不可分,经济建设是国家或地区繁荣发展的物质基础。可以说,经济建设目标的实现是一个国家或地区兴旺强盛的根本标志。但是,"如果我们在生产工作上无知,不能很快地学会生产工作,不能使生产事业尽可能迅速地恢复和发展,获得确实的成绩,首先使工人生活有所改善,并使一般人民的生活有所改善,那我们就不能维持政权,我们就会站不住脚,我们就会要失败"①。可见,贫穷落后不可能成就一个强大的国家。改革开放以来,中国特色社会主义现代化建设的重心逐渐转移到经济建设上来,把工业现代化、农业现代化、国防现代化和科学技术现代化作为经济建设的主要手段,创造了中国经济增长奇迹。当前,部分人片面理解"发展就是硬道理",忽视政治民主、社会和谐、文化繁荣以及人的全面发展;在经济建设中也呈现出见物不见人的倾向,重视财富的高速增长,忽视生态成本和环境成本,造成经济建设目标与手段脱节,经济建设出现不平衡、不协调、不可持续等问题。

第三,经济建设是群体与个体的统一。市场主体是经济建设的最活跃因素,主要包括群体和个体两个方面。国家或地区从事经济建设主要是以群体形式(政府和企业)进行。但是,经济建设往往又是由人民个体构成的群体实践展开。因此,经济建设要迸发出巨大活力,必须坚持以人为本的核心立场,充分调动人民群众进行经济建设的积极性和创造性。所以,作为群体存在形式的国家,应当给予人民个体经济建设最充分的条件。仅有国家群体参与的经济建设,不可能造就人民个体富裕与群体共同富裕的"双赢"局面;反过来,人民的共同富裕促进个体实践的进步、思维的提高以及工具的革新,推动群体的全面发展。人民群体全面发展,才是国家经济兴旺发达的不竭动力。由此,要塑造个人、家庭、企业等微观主体参与经济建设的活力,将群体经济发展能力与个体经济活力培育统一到经济建设各方面和全过程中,才能体现社会主义本质要求。

第四,经济建设是结构与过程的统一。党的十八大政治报告在"大力

---

① 《毛泽东选集》(第4卷),人民出版社1991年版,第1428页。

推进生态文明建设"中提出"经济建设各方面和全过程"概念。将其分解来看,"经济建设各方面"实际上是经济结构性问题,包括资源要素结构、人力资本结构、投资结构、产业结构、城乡结构、空间结构、行业分布以及外资外贸结构等。作为一个动态的过程,经济发展必然伴随着以产业升级以及"硬件"和"软件"(有形的和无形的)基础设施的相应改善为主要内容的结构调整。① 同时,政府行为方式与决策体系、市场微观主体利益分配以及社会公众经济伦理等也属于"经济建设各方面"范畴。"经济建设全过程"实际上是一个经济过程和经济周期问题,具体为经济社会再生产过程和经济发展的周期性,包括生产、交换、流通、消费等经济过程。同时,也包括政府发展规划的周期性、市场微观主体"投入—产出"的周期性以及社会公众经济认知和行为决策的阶段性等范畴。可见,经济建设是结构与过程的统一,丰富了经济建设的内涵和外延。

总之,经济建设是一个覆盖政府、市场和社会多个层面,跨越微观、中观和宏观多个层次,涉及政府、企业、公众等多元主体,涵盖生产、分配、流通、消费等多个环节,包含自然、人口、资源、环境等多种要素,既有产业结构的优化和区域空间结构的布局,又有经济发展的科学规划、过程实施和动态监控,是一项巨系统工程。当然,经济建设既不同于经济增长和经济发展,也不同于经济增长方式和经济发展方式。

第一,经济增长不等于经济发展。传统经济学的"经济帝国主义"极其重视经济增长,一定时期内,经济增长与经济发展等同。大批沿袭发达国家经济发展老路而快速推进工业化的发展中国家,将经济增长与环境资源分割为两个独立系统,在追逐经济增长中不顾资源环境承载能力,导致在资源有限性与需求无限性矛盾张力下出现诸如资源短缺、生态系统失

---

① 参见林毅夫《新结构经济学》,苏剑译,北京大学出版社2012年版,第10页。

衡、人民生活质量下降等经济后果，陷入"有增长、无发展"的窘境。因而，单纯依靠传统生产部门的实物增长和服务部门的劳务增长来反映经济增长水平的经济核算方式已经过时，人们意识到经济增长并不等同于经济发展。发展是"一定时期内一个国家或地区国民经济与社会环境的改善，或者说是国民经济结构、社会结构、经济关系和经济管理体制的改善，它所反映的是结构的调整与优化，是社会整体环境质量的提高"[①]。即是，发展包括经济增长、结构优化、分配改善、生活提高、福利增进和制度变革等一系列函数的进步变化，体现经济增长的合理性、人文性和持续性。可见，经济发展不只是一种物理意义上的物质累积所表现出来的数量增长，而是充分考虑发展对人类的正向积极意义、对生态环境保护的有益性和体现人的身心自由、健康和福利水平的持续增加，以及经济质量改进对生态系统反馈的持续性和合理性。

第二，经济发展方式比经济增长方式更丰富和深刻。经济增长方式主要是指人类社会经济活动中，资源、劳动、资本等生产要素的投入、结合、消费并产生经济效益的具体方式，表现为经济活动中投入与产出的活动方式。一般而言，根据生产要素投入利用效率，可将其区分为粗放型经济增长方式和集约型增长方式，前者是以扩大生产要素的投入数量实现经济增长，后者是以提高生产要素利用效率实现经济增长。而经济发展方式则是指人类在经济活动中为实现经济增长、调整经济结构、优化收入分配、改善生态环境、能源资源高效利用而采取的总体性发展方式。因此，"转变经济发展方式，除了转变经济增长方式的全部内容外，还对经济发展的理念、目的、战略、途径等提出了新的更高的要求"[②]，包括经济结构、收入分配、生活水平、生态环境、资源利用等内容。

---

[①] 王松霈：《自然资源利用与生态经济系统》，中国环境科学出版社1992年版，第312页。
[②] 《十七大以来重要文献选编》（上），中央文献出版社2009年版，第107页。

## 四 循环经济、低碳经济、生态经济与绿色经济

随着以科学发展为主题、以经济发展方式转变为主线的发展战略深入实施,越来越多的新概念进入党和国家发展规划、政策文件中。诸如循环经济、低碳经济、绿色经济、生态经济等概念,将为生态文明融入经济建设提供研究视野。

### (一) 循环经济 (Circular Economy)

循环经济思想萌芽于20世纪60年代全球环境保护浪潮兴起过程,是由美国经济学家肯尼斯·鲍尔丁在其"宇宙飞船经济理论"中首次提出,他对传统工业经济"资源→产品→排放"的"开环"经济系统范式和"单向流动"的线性经济进行了有力批评。循环经济概念的正式提出是在英国环境经济学家大卫·皮尔斯和克里·特纳1990年所著的《自然资源与环境经济学》一书中,他们认为,环境经济大系统是一个循环经济运行和展开的系统,人类必须协调好经济和环境之间的关系来保证环境经济大系统的良性循环和运转。进一步指出,这个经济循环大系统包含了"经济过程的两大环节"(生产和消费)和"环境的三项功能"(提供自然资源、提供精神和物质享受、环境的自我净化),他们将二者紧密联系起来,阐释了经济过程对自然环境的利用程度将直接影响到自然环境自身功能的发挥,进而对经济系统本身产生影响。进入21世纪,循环经济理论和实践得到深化和拓展。到目前为止,虽未对循环经济概念做出明确界定,但国内外学术界对循环经济运行包含了一个从传统工业经济"资源→产品→废弃物"的"单一"线性流程转为"资源→产品→再资源"的"闭环"物质反馈过程(如图1-4所示),已达成共识。

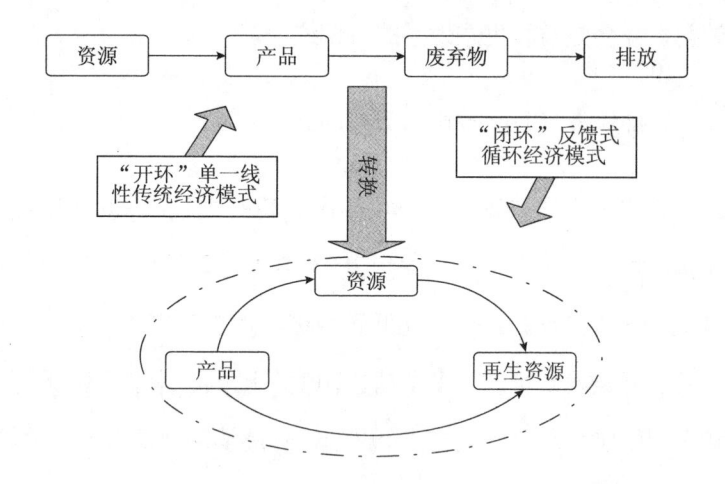

**图1-4　"开环"单一线性传统经济与"闭环"物质反馈式循环经济**

作为全新的经济发展模式，循环经济是以资源高效利用和循环利用为核心，是以资源投入最小化为目标的减量化（Reducing）、以废弃物利用最大化为目标的再利用（Reusing）和以污染物排放最小化为目标的资源化（Resources）（3R）为原则的经济技术范式的创新。从理论上讲，循环经济主要表现为微观（企业内产业链循环体系）、中观（区域内产业共生循环体系）和宏观（资源节约型和环境友好型社会）三个尺度上的循环，涉及企业、产业、个人、社会和生产、消费以及生活方式等各个方面，也涉及经济运行管理方案、观念系统以及利益分配。《中华人民共和国循环经济促进法》将循环经济界定为"生产、流通和消费过程中进行的减量化、再利用、资源化活动的总称"。总之，循环经济是一种体现自然效力和社会经济发展规律相结合的新型经济体系、技术范式和运行模式，"它把资源融入了一个包含了生态资源、环境因素及社会、技术、制度、政策共有的经济大循环之中，将自然力体系纳入经济循环过程之中参与市场经济运行和变化，达到经济增长、资源供给与社会发展、文明进步的均衡"①，实

---

① 李晓西：《中国：新的发展观》，中国经济出版社2009年版，第273页。

现经济效益、社会效益和生态效益的协调统一。

## （二）低碳经济（Low-carbon Economy）

低碳经济的术语早在 20 世纪 90 年代后期的文献中①就已出现，其首次出现在国家官方文件中可以追溯到 2003 年 2 月 24 日由英国首相布莱尔发表的《我们未来的能源——创建低碳经济》的白皮书中。此后，低碳经济引发了各国低碳发展实践，俄罗斯、印度、巴西、南非、韩国等经济转型国家和发展中国家（主要是"基础四国"）陆续展开低碳经济政策研究。那么，什么是低碳经济呢？一般认为，低碳经济是一种经济形态或是一种发展模式，或者二者兼而有之。原国家环境保护部部长周生贤认为："低碳经济是以低耗能、低排放、低污染为基础的经济模式……其实质是提高能源利用效率和创建清洁能源结构，核心是技术创新、制度创新和发展观转变。发展低碳经济，是一场涉及生产模式、生活方式、价值观念和国家权益的全球性革命。"② 中国环境与发展国际合作委员会（CCICED）报告指出："低碳经济是一种后工业化社会出现的经济形态，旨在将温室气体排放降低到一定水平，以防止各国及其国民受到气候变暖的不利影响，并最终保障可持续的全球人居环境。"③ 从科学发展观角度，低碳经济是经济发展方式、能源消费方式、人类生活方式的一次新变革，它将全方位的改造建立在化石燃料基础上的现代工业文明，转向生态经济和生态文明。④ 从效率角度，低碳经济的实质是提高能源效率和清洁能源结构，最大限度

---

① Ann P. Kinzig and Danie IM. Kammen, "National Trajectories of Carbon Emissions: analysis of proposals to foster the transision to low-carboneconomics", *Global Environmental Change*, Vol. 8, No. 3, 108-208, 1998.
② 张坤明、潘家华、崔大鹏：《低碳经济论·序言》，中国环境科学出版社 2008 年版。
③ 中国环境与发展国际合作委员会（CCICED）：《低碳经济的国际经验与中国实践》2009 年。
④ 参见鲍健强、苗阳、陈锋《低碳经济：人类经济发展方式的新变革》，《中国工业经济》2008 年第 4 期。

地减少煤炭和石油等高碳能源消耗，建立以低能耗、低污染为基础的经济。① 在发展模式上，低碳经济从宏观上确立了低碳发展的方向，中观层面结合了节能减排的发展方式，在微观层面上利用碳中和技术。② 上述概念重点关注的是经济发展中的低能耗、低污染和低排放，缺少对低碳经济内在结构与动力的剖析。潘家华、庄贵阳等认为："低碳经济是指碳生产力和人文发展均达到一定水平的一种经济形态，旨在实现控制温室气体排放的全球共同愿景"③，且具有"四个核心要素：发展阶段、低碳技术、消费模式、资源禀赋，其概念模型为：LCE = f（E，R，T，C）。其中，E 代表经济发展阶段，主要体现在产业结构、人均收入和城市化等方面；R 代表资源禀赋，包括传统化石能源、可再生能源、核能、碳汇资源等，也包含人力资源，没有人力和资本的投入，可再生能源、核能等不可能得到高效利用；T 代表技术因素，指主要能耗产品和工艺的碳效率水平，通常情况下，技术水平是发展阶段的产物，但对低碳经济来说不一定如此，一些国家可以利用先进的低碳技术，超越许多发达国家经历过的'先污染，后治理'的传统发展阶段，实现跨越式的低碳发展；C 代表消费模式，主要指不同消费习惯和生活质量对碳的需求或排放"④。低碳经济并非时髦概念，在实践中要消除诸如低碳经济就是"零碳经济"、低碳经济意味着不"高投入"、低碳经济是"未来的事"以及低碳经济仅是"发达国家的专利"等认识误区，也要注意与循环经济、绿色经济、生态经济的联系和区别。

---

① 参见庄贵阳《中国经济低碳发展的途径与潜力分析》，《国际技术经济研究》2006 年第 3 期。

② 参见付允、马永欢、刘怡君、牛文元《低碳经济的发展模式研究》，《中国人口·资源与环境》2008 年第 3 期。

③ 潘家华、庄贵阳等：《低碳经济的概念辨识及核心要素分析》，《国际经济评论》2010 年第 4 期。

④ 潘家华、庄贵阳等：《低碳城市：经济学方法、应用与案例研究》，社会科学文献出版社 2012 年版，第 30 页。

## (三) 生态经济 (Ecological Economy)

长期以来，对生态经济的研究是"嵌入"生态经济学研究之中的。"生态经济学"概念最早出现在1986年美国经济学家肯尼斯·鲍尔丁撰写的《一门科学：生态经济学》一文中，这篇文章被视为生态经济学学科诞生的标志。生态经济学是关于人类经济活动与自然生态环境的关系研究，既要从生态学的视角研究经济运行的仿生态学规律，研究经济运行行为自身的生态运行过程及其影响，又要从经济学的视角研究生态系统与经济系统的高度结合，即构建生态经济系统的结构、功能及其规律等问题。[①] 因此，生态经济在理论基础、重点难点、结合点、系统层次、目标指向上都具有自身特点和内容。在理论基础上，生态经济是以生态学原理为基础，以经济学原理为主导，以人类经济活动为中心；在实践要求上，生态经济注重生态环境的恢复与修复，增加优质生态环境存量，提升生态环境承载能力，实现经济发展、环境保护与社会稳定共赢；在重难点上，与循环经济、低碳经济不同的是，它突出经济与生态的协调；在结合点上，突出生态系统与经济系统两大系统的耦合；在系统层次上，生态经济要求将人类社会发展与其依托的生态环境作为一个生命共同体，经济社会发展要遵循生态规律；在目标指向上，生态经济强调实现经济、社会与生态协调发展，建立经济、社会、自然良性循环的复合生态系统。

## (四) 绿色经济 (Green Economy)

21世纪以来，联合国环境规划署适时提出"绿色经济"倡议，"绿色经济"逐渐进入研究视野。2011年11月16日，联合国环境规

---

[①] 参见陆小成《城市转型与绿色发展》，中国经济出版社2013年版，第20页。

划署在北京首次发布了《迈向绿色经济——实现可持续发展和消除贫困的各种途径》的综合报告,提出"绿色经济是促成提高人类福祉和社会公平,同时显著降低环境风险与生态稀缺的经济",认为"经济的'绿化'不但不会拖累增长,反而是新的增长引擎;经济的绿化也是体面就业的净创造者和消除贫困的关键战略"。致力于迈向资源节约、低碳发展和社会和谐的绿色经济转型之路,已成为全球共识。实际上,早在1989年,"绿色经济"就由英国环境经济学家皮尔斯在其《绿色经济蓝图》一书中提出。他认为,经济发展必须在自然环境和人类可承受的范围内,而不是过度盲目追求物质财富的增长,造成生态危机和社会分裂。他主张从社会及其自然生态条件出发,构建一种"可承受的经济"。在中国,"绿色经济是以市场为导向、以传统产业经济为基础、以经济与环境的和谐为目的而发展起来的一种新的经济形式,是产业经济为适应人类环保与健康需要而产生并表现出来的一种发展状态"[①],突出了经济发展的效率与和谐目标,明确了绿色经济发展的产业结构体系,即是以传统产业经济为基础,把推进生态农业、循环工业和可持续服务产业作为绿色经济的主要内容。绿色经济是经济社会再生产和自然再生产有机结合与良性循环的一种新的发展模式和方式。具体而言,绿色经济是在结合了循环经济和生态经济的基础上,将资源环境作为经济发展的内生变量(如图1-5所示),将经济社会效益与生态环境效益作为目标,侧重于绿色产品、绿色产业、绿色企业等经济领域,注重把促进经济再生产过程和结果的"绿色化"作为绿色经济的标准和途径。

---

① 安宇宏:《绿色经济》,《宏观经济管理》2012年第1期。

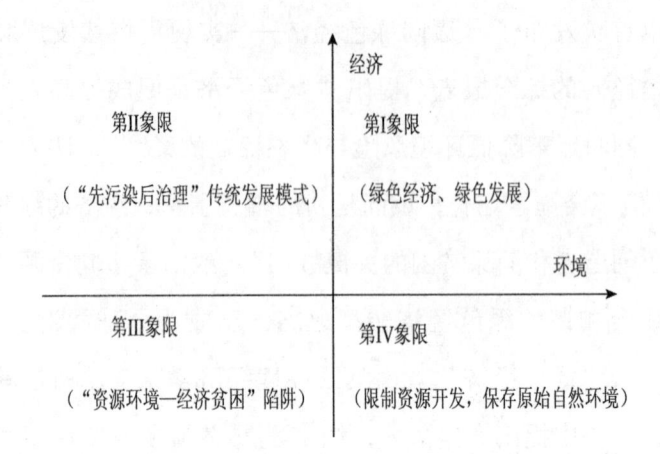

```
                        经济
                         ↑
    第II象限            │    第I象限
                        │
("先污染后治理"传统发展模式) │ (绿色经济、绿色发展)
                        │
────────────────────────┼──────────────────── 环境
                        │
    第III象限           │    第IV象限
                        │
("资源环境—经济贫困"陷阱) │ (限制资源开发,保存原始自然环境)
```

**图 1-5　绿色经济内涵及其适用性**

### (五) 对几个概念层次关系的理解

循环经济、低碳经济、生态经济和绿色经济是目前广为使用但又极易混淆的几个概念,厘清这些概念之间的关系和层次十分必要。绿色经济的范畴最广,涵盖了循环经济、低碳经济和生态经济的全部内容。循环经济、低碳经济、生态经济具有不同的侧重点。其中,循环经济重点解决资源环境再利用问题,低碳经济主要针对气候变化和碳排放问题,生态经济突出诸如森林、草原、湿地、海洋等生态系统的修复、利用以及人类与自然之间关系的协调问题。显然,生态经济中的"生态"并非完全指向生态系统中的"自然生态",它应当包括生态文明中"生态"概念的内容。因此,绿色经济与生态经济在特定意义上是同一的,均包含了循环经济和低碳经济。对于完全指向自然生态系统中的"生态"所发生的经济活动,可以将其称为"自然经济"(如森林、草原、湿地、海洋等生态系统的修复)。因此,上述概念形成了这样的层次关系(如图 1-6 所示)。本书是站在绿色经济与生态经济同等意义上来理解生态文明融入经济建设是关于经济发展方式和模式转型的本质的。

```
                    ┌──→  循环经济
绿色经济（生态经济）  ──┼──→  低碳经济
                    └──→  自然经济
```

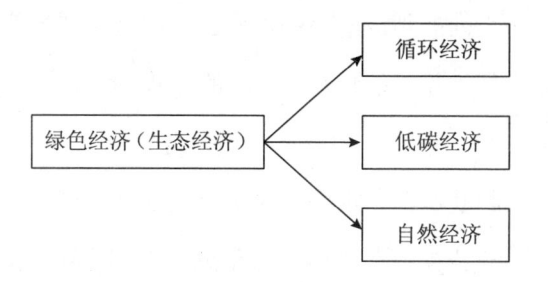

图1-6　绿色经济、生态经济、循环经济和低碳经济的关系层次

## 五　制度体系、实现机制、实践载体与推进路径

中国特色社会主义"五位一体"总布局的伟大实践，必须贯串对中国特色社会主义理论、道路、制度和文化的充分自信，必须进一步回答中国特色社会主义生态文明建设应当坚持"什么样的理论自信、道路自信、制度自信和文化自信"的问题。因此，中国生态文明融入经济建设各方面和全过程，本质上就是要求从经济建设和生态文明建设伟大实践中坚持中国特色社会主义"四个自信"，即通过探究生态文明融入经济建设的制度体系、实现机制、实践载体、推进路径来集中体现中国特色社会主义"四个自信"。

### （一）制度体系

制度文明是人类文明的重要维度。关于制度，众说纷纭。凡勃伦认为："制度实质上就是个人与社会对有关的某些关系或某些作用的一般思想习惯"；"人们是生活在制度——也就是说，思想习惯的指导下的，而这些制度是早就留下来的"；"今天的制度——也就是当前公认的生活方式"。[①] 诺斯

---

[①] ［美］托尔斯坦·凡勃伦：《有闲阶级论》，蔡受百译，商务印书馆1964年版，第139页。

认为:"制度是一系列被制定出来的规则、守法秩序和行为道德、伦理规范"① 或"决定人们相互关系而人为设定的一些制约"②,"它们建立了构成一个社会,或更确切地说一种经济秩序的合作与竞争关系"③。柯武刚、史曼飞则认为:"制度是行为规则,并由此而成为一种引导人们行动的手段。因此,制度使他人的行为变得更可预见。它们为社会交往提供一种确定的结构。"④ 上述表述归结起来,制度主要是由正式的(法律、法规等)和非正式的(道德、伦理等)两个层次的制度构成,具有"规范人们相互关系"的功能。马克思对制度起源的解释同样是将"制度分为两个层次,即经济制度和政治、法律制度。第二个层次的制度是以第一层次的制度为基础的"⑤。由此逻辑,伴随中国特色社会主义形成、发展和完善起来的中国特色社会主义制度体系,必然内在地包括由其社会主义初级阶段生产力水平决定的基本经济制度及建立其上的正式的制度或非正式的制度。因而,在推进生态文明融入经济建设各方面和全过程实践中,"加快建立系统完整的生态文明制度体系",就必须在坚持中国特色社会主义基本经济制度的基础上来进行绿色化制度体系创新。

(二) 实现机制

机制是指机器、机械的构造形式与运作方式。在生物医学意义上,机制特指生物机体的组成部分以及各组成部分的相互关系,即各组成部分之间交互作用的内在机理、运作方式及其所呈现的功能与效应。机制是在一

---

① [美] 道格拉斯·C. 诺斯:《经济史中的结构与变迁》,上海三联书店、上海人民出版社1994年版,第225—226页。
② [美] 道格拉斯·C. 诺斯:《制度、制度变迁与经济绩效》,上海三联书店1994年版,第3页。
③ 同上。
④ [德] 柯武刚、史曼飞:《制度经济学》,韩朝华译,商务印书馆2002年版,第112—113页。
⑤ 顾钰民:《马克思主义制度经济学》,复旦大学出版社2005年版,第13页。

个具有关联性对象组合而成的系统结构中最为基础和核心的内容。一个运行顺畅有序和状态良好的结构性系统,当外界环境和实现条件发生改变和演化时,一个良好的机制可以对该结构性系统进行有效、有序调适以适应不确定性外部世界的变化,并通过对影响结构性系统有序运行的响应策略和措施加以修正和完善,达到系统结构的合理优化。在现代经济学中,"机制被认为是经济发展的重要因素和前提条件,是经济系统中各组成部分的结构、功能以及各要素之间相互联系和相互作用的过程和方式"[①]。当前,机制已被广泛运用于经济、政治、文化、社会、生态、教育等各个领域。因此,要推进生态文明深刻融入和全面贯串到经济建设各方面和全过程,就必须透视生态文明系统和经济系统的构成机理和运行方式,深入剖析生态文明融贯到经济系统的实现机制。

(三)实践载体

"载体"一词常用于生物、医学和计算机学科中,是传递能量、信息或运载其他物质的物体,且"载体"具有空间大小和边界尺度。就生态文明融入经济建设而言,"载体"特指"生态文明建设"主体与"经济建设"客体交互作用的实践中介,具有宏观、中观和微观尺度。从广义上来看,"载体"可以是国家经济、政治、文化、社会、生态等构成的系统;从狭义上来看,"载体"可以是特定区域内涵盖政府、企业、个人、非政府组织等微观主体构成的经济社会运行子系统。因此,综合国家发展战略和实践载体尺度,突出现实运用性和实践操作性,按照"十三五"时期协同推进新型工业化、信息化、城镇化、农业现代化和绿色化的总体要求,既可以将"载体"分为尺度综合性载体,即宏观、中观、微观性载体,也

---

① 郗永勤等:《循环经济发展的机制与政策研究》,社会科学文献出版社2014年版,第93页。

可以将"载体"分为区域综合性载体,即经济园区、行政区域、主体功能区域、重点城市群区域、经济发展带等。生态文明融入经济建设的实践载体正是结合尺度综合性载体和区域综合性载体的分类予以确定的,为生态文明融入经济建设各方面和全过程落地与落实提供的实践平台和依托。

### (四) 推进路径

理论是实践的先导,指引实践的方向和道路的选择。实践既是理论的源泉,又是理论的最终归宿。中国生态文明融入经济建设首先是一个实践命题,只有在实践中不断探索才能进行理论总结、提升和升华,才能真正指引实践向前推进。在中国特色社会主义生态文明融入经济建设的伟大实践中,既要以科学理论体系为指导,又要以具体推进路径为依归。"十三五"时期,正值中国协同推进新型城镇化、工业化、信息化、农业现代化和绿色化同步发展的伟大征程,在生态文明建设、创新驱动以及供给侧结构性改革战略指导下,生态文明融入经济建设的具体推进路径需要与生态文明建设制度体系、实现机制和实践载体相匹配,既要形成基于行为主体的实践路径和基于规划实施的实践路径,又要形成适应产业升级、空间优化的产业实践路径和空间实践路径。

## 第二节 生态文明融入经济建设的理论源流

历史从哪里开始,思想进程也应当从哪里开始,而思想进程的进一步发展不过是历史过程在抽象的、理论上前后一贯的形式上的反映。[1] 依据

---

[1] 参见《马克思恩格斯文集》(第2卷),人民出版社2009年版,第603页。

历史与逻辑的辩证统一,梳理生态文明融入经济建设的理论源流,将为后续内容展开奠定理论基础。

## 一 马克思主义经典作家的生态文明思想与经济系统观

实践证明,"要探索人类社会发展前景,必须向马克思求教……无论时代如何变迁、科学如何进步,马克思主义依然显示出科学思想的伟力,依然占据着真理和道义的制高点"[①]。作为在人类文明演进中形成和发展起来的科学理论,马克思主义深刻剖析了现代资本主义生产方式的运作逻辑及其对人与自然的互动影响机理和资源环境后果,形成了丰富而深刻的生态文明思想与经济系统观。全面梳理马克思主义经典作家生态文明思想与经济系统观,将为生态文明融入经济建设研究确定最基本的立场、观点和方法。

### (一)马克思恩格斯的生态文明思想与经济系统观

马克思和恩格斯所生活的时代,正是现代工业文明产生和发展的时代,工业文明引致的"地力枯竭,土地荒芜;河流污染,江河淤浅;森林消失,气候变迁;空气污染;工人的居住环境恶化;工人的工作环境恶化"[②]等生态环境问题开始显现。马克思和恩格斯科学地批判了资本主义生产方式及其运行系统中人与自然、人与人之间的关系,揭示了人与自然、人与人之间关系本质以及资本主义生态危机产生的制度根源、阶级根源、社会根源和认识根源。

第一,生态基础论和自然生产力观。马克思和恩格斯将自然、人、社

---

① 习近平:《在哲学社会科学工作座谈会上的讲话》,人民出版社2016年版,第10页。
② 杜秀娟、陈凡:《论马克思恩格斯的生态环境观》,《马克思主义研究》2008年第12期。

会的关系视为交互作用和动态演化的整体。他们认为："历史可以从两个方面来考察，可以把它划分为自然史和人类史。但这两个方面是不可分割的；只要有人存在，自然史和人类史就彼此相互制约。"① 在物质生产活动中，首先发生的是人与自然之间的关系，即"第一个需要确认的事实就是这些个人的肉体组织以及由此产生的个人对其他自然的关系"②。"人们在生产中不仅仅影响自然界，而且也互相影响。他们只有以一定的方式共同活动和互相交换其活动，才能进行生产。为了进行生产，人们相互之间便发生一定的联系和关系；只有在这些社会联系和社会关系的范围内，才会有他们对自然界的影响"③。所以，"我们必须时时记住：我们统治的自然界，绝不像征服者统治异民族一样，绝不像站在自然界以外的人一样，——相反地，我们连同我们的肉、血和头脑都是属于自然界，存在于自然界的；我们对自然界的整个统治，是在于我们比其他一切动物强，能够认识和正确运用自然规律"④。我们必须摒弃"把精神和物质、人类和自然、灵魂和肉体对立起来的荒谬的、反自然的观点"⑤。一方面，自然基础是规定人自身的前提，"自然界，就它自身不是人的身体而言，是人的无机的身体。……自然界是人为了不致死亡而必须与之处于持续不断地交互作用过程的、人的身体。所谓人的肉体生活与精神生活同自然界相联系，不外是说自然界同自身相联系，因为人是自然界的一部分"⑥；另一方面，劳动实践和物质变换是自然、人与社会相互联系的中介，"没有自然界，没有感性的外部世界，工人什么也不能创造。它是工人的劳动得以实现、工人的劳动在其中活动、工人的劳动从中生产出和借以生产出自己的产品

---

① 《马克思恩格斯选集》（第1卷），人民出版社1995版，第66页。
② 《马克思恩格斯文集》（第1卷），人民出版社2009年版，第519页。
③ 《马克思恩格斯选集》（第1卷），人民出版社1995年版，第344页。
④ 《马克思恩格斯全集》（第20卷），人民出版社1971年版，第519页。
⑤ 同上书，第520页。
⑥ 《马克思恩格斯选集》（第1卷），人民出版社1995年版，第45页。

的材料"。① 可见，马克思和恩格斯从现实的物质生产实践出发，解剖自然、人与社会的关系，认为具有"外部自然界的优先地位"②的自然基础和物质前提是人类得以存在和发展的先决条件。这种"自然基础"和"物质前提"即可称为经济发展的"生态基础论"。

同时，马克思和恩格斯坚持自然生产力观。马克思将自然生产力定义为"不需要代价的""同未经人类加工就已经存在的自然力完全一样"③，即不需劳动生产力作用的自然条件就是劳动的自然生产力。显然，"劳动和自然界在一起才是一切财富的源泉，自然界为劳动提供材料，劳动把材料转变为财富"④。人类物质实践活动除了以自然为基础和前提，还要借助和充分利用自然力。马克思指出："如果劳动的自然生产力很高，也就是说，如果土地、水等自然生产力只需使用不多的劳动就能获得生存所需的生活自理……这种劳动的自然生产力，或者也可以说，这种自然产生的劳动生产率所起的作用显然和劳动的社会生产力的发展完全一样"⑤，"撇开社会生产的不同发展程度不说，劳动生产率是同自然条件相联系的。这些自然条件可以归结为人本身的自然（如人种等等）和人周围的自然。外界自然条件在经济上可以分为两类：生活资料的自然富源，例如土壤的肥力、渔产、丰富的水等等；劳动资料的自然富源，如奔腾的瀑布、可以航行的河流、森林、金属、煤炭等等"⑥。可见，自然生产力对社会生产力的影响既包括"生活资料的自然富源"对社会生产力的影响，也包括"劳动

---

① 《马克思恩格斯文集》（第1卷），人民出版社2009年版，第518页。
② 同上书，第529页。
③ 《资本论》（第1卷），人民出版社2004年版，第445页。
④ 《马克思恩格斯选集》（第4卷），人民出版社1995年版，第373页。
⑤ 《马克思恩格斯全集》（第48卷），人民出版社1985年版，第4页。
⑥ 《马克思恩格斯全集》（第23卷），人民出版社1972年版，第560页。

资料的自然富源"对社会生产力的影响①。进一步讲，自然环境条件又直接影响自然生产力的强弱，并决定社会再生产所提供资源的数量和质量，最终影响人类经济社会持续发展。因而，"经济的再生产过程，不管它的特殊的社会性质如何，在这个部门（农业）内，总是同一个自然的再生产过程交织在一起"②，只是"在农业部门内，经济的再生产与自然的再生产的联系，表现为同一生产过程的两个侧面；而在工业部门内，经济的再生产与自然的再生产之间的联系，并不直接表现为同一生产过程的两个侧面，而是表现为有先有后（自然再生产在前、经济再生产在后）、层次不同的生产过程"③。马克思和恩格斯通过对自然、人与社会的关系研究，既阐明了"自然基础"和"物质前提"对人类经济社会发展的优先性，又确认了自然资源和自然环境是生产力的构成内容，自然资源和自然环境是可以转化为现实生产力的生产力。由此，马克思和恩格斯得出了"一切生产力都归结为自然界"④和"人靠自然界生活"⑤的科学论断。

第二，生态发展观与生态科技观。马克思和恩格斯虽未明确提出可持续发展、科学发展等概念术语，但马克思和恩格斯对可持续发展和科学发展有着丰富见解。在《1844年经济学哲学手稿》中，马克思就认为："劳动本身——不仅在它目前的条件，而且一般地说只要它的目的仅仅在于增加财富——是有害的、造孽的。"⑥可以看出，马克思反对离开自然界来抽象地谈论物质劳动，他已认识到：不顾子孙后代可持续性的物质财富增长活动，可能带来严重危害。在《德意志意识形态》中，也可以看到马克思

---

① 何祥林、黄吴静等：《试论马克思恩格斯的生态经济观及其当代启示》，《社会主义研究》2008年第5期。
② 《资本论》（第2卷），人民出版社2004年版，第399页。
③ 许经勇：《马克思的生态经济理论与当代中国实践》，《当代经济研究》2008年第9期。
④ 《马克思恩格斯全集》（第46卷），人民出版社1980年版，第34页。
⑤ 《1844年经济学哲学手稿》，人民出版社1995年版，第45页。
⑥ 《马克思恩格斯全集》（第25卷），人民出版社1974年版，第117—118页。

对自然资源在不同代际继承和发展的描述，他指出："历史的每一个阶段都遇到有一定的物质结果，一定数量的生产力总和，人和自然以及人与人之间在历史上形成的关系，都遇到有前一代传给后一代的大量生产力、资金和环境，尽管一方面这些生产力、资金和环境为新的一代所改变，但另一方面，它们也预先规定新的一代的生活条件，使它得到一定的发展和具有特殊的性质。"① 马克思也论述了诸如土地等要素的代际传递，认为"从一个较高级的社会经济形态的角度来看，个别人对土地的私有权……是十分荒谬的……整个社会、一个民族……都不是土地的所有者。他们只是土地的占有者，土地的利用者，并且他们必须像好家长那样，把土地改良后传给后代"②。

同时，马克思将科学技术作为"生产的一种特殊方式"，提出了"科学是生产力"的观点。"科学劳动"是以认识自然并从"精神上掌握自然"为前提，然后"驱使自然力"为经济社会生产服务。资源环境的保护也需要"科学的生产力"的进步，"机器的改良，使那些在原有形式上本来不能利用的物质，获得一种在新的生产中可以利用的形态；科学的进步，特别是化学的进步，发现了那些废物的有用性质"③。因此，科学技术创新是促进自然资源高效利用的动力因素。

第三，循环经济观与生态消费观。马克思和恩格斯从物质变换出发，开创了物质资源循环利用的典范，并在批判资本主义生产方式的基础上提出了生态消费的思想。物质变换是存在于自然界与人类社会生活中的物质与物质、自然与人类、主体与客体之间交互作用的主要方式。一方面，它表现为自然界中无机物质在物理、化学规律中进行物理和化学变化后引起

---

① 《马克思恩格斯选集》（第4卷），人民出版社1972年版，第43页。
② 《资本论》（第2卷），人民出版社2004年版，第878页。
③ 《资本论》（第3卷），人民出版社2004年版，第115页。

的自身结构演化和功能进化，构成了生物维持生命和不断进化的基本条件。另一方面，它表现为在人类主体通过物质活动促进人类自身进化的同时又将自然物质转化为能被人类利用、支配或占有的社会性物质活动，将人类与自然界有机联结。马克思认为："劳动首先是人和自然之间的过程，是人以自身活动来引起、调整和控制任何自然之间的物质变换的过程。人自身作为一种自然力与自然物质相对立。为了在对自身生活有用的形式上占有自然物质，人就使他身上的自然力——臂和腿、头和手运动起来。当他通过这种运动作用于他身外的自然并改变自然时，也就同时改变他自身的自然。他使自身的自然中沉睡的潜力发挥出来，并且使这种力的活动受他自己控制。"① 马克思将物质劳动作为人与自然交互作用的中介，人类也在把握自然规律的基础上利用自然，创造社会性的物质世界。马克思从物质变换思想出发，又提出物质循环思想。马克思在《资本论》中就"不变资本使用上的节约"专门研究了"生产排泄物的利用"问题。他指出："生产排泄物和消费排泄物的利用，随着资本主义生产方式的发展而扩大。我们所说的生产排泄物，是指工业和农业的废料；消费排泄物则部分地指人的自然的新陈代谢所产生的排泄物，部分地指消费品消费以后残留下来的东西。因此，化学工业在小规模生产时损失掉的副产品，制造机器时废弃的但又作为原料进入铁的生产的铁屑等等，是生产排泄物。人的自然排泄物和破衣碎布等等，是消费排泄物。消费排泄物对农业来说最为重要。"② 现在，我们在探讨循环经济时，"废料，几乎在每一种产业中都起着重要作用"③，不间断地参与到经济链条中，"每一点同时表现为起点和终点"④。在马克思那里，不仅可以看到废物利用参与经济活动的过程，也

---

① 《资本论》（第1卷），人民出版社2004年版，第207—208页。
② 《资本论》（第3卷），人民出版社2004年版，第115页。
③ 同上书，第116页。
④ 《马克思恩格斯全集》（第46卷上册），人民出版社1979年版，第152页。

可以看到生产条件的节约对生产要素利用效率的提高。"关于生产条件节约的另一个大类……指的是生产排泄物即所谓的生产废料再转化为同一个产业部门或另一个产业部门的新的生产要素……通过这些过程，这种所谓的排泄物就再回到生产从而消费（生产消费或个人消费）的循环中。"① 以此为基础，马克思还将因废料减少造成的节约与生产排泄物再利用造成的节约进行了区别，认为因废料减少而造成的节约是一种"把生产排泄物减少到最低限度和把一切进入生产中去的原料和辅助材料的直接利用提高到最高限度"②。那么，"在生产过程中究竟有多大一部分原料变为废料，这要取决于所使用的机器和工具的质量"③。可见，通过改善生产工艺、提高生产资料的使用效率，可以减少生产排泄物排放。马克思认为："化学工业提供了废物利用的最显著的例子。它不仅发现新的方法来利用本工业的废料，而且还利用其他工业的各种各样废料，例如，把以前几乎毫无用处的煤焦油，变为成苯胺染料、茜红染料（茜素），近来甚至把它变为药品。"④

同时，马克思和恩格斯认为，人类必须合理调节自然与人类社会之间的物质变换，合理消费至关重要。在资本主义社会，与剩余价值最大化主导的生产方式伴生的是，大量自然资源、物质资源的废弃和消耗。因此，马克思在批判资本主义生产方式的同时，指明了破解出路——寻求社会制度的变革，描述了未来社会的生态消费观，即"社会化的人，联合起来的生产者，将合理地调节他们和自然之间的物质变换，把它置于他们的共同控制之下，而不让它作为一种盲目的力量来控制自己；靠消耗最小的力

---

① 《资本论》（第3卷），人民出版社2004年版，第94页。
② 同上书，第117页。
③ 同上。
④ 同上。

量，在最无愧于和最适合他们的人类本性的条件下进行这种物质交换"①，从而最终实现"人类与自然的和解以及人类本身的和解"②。

第四，资本主义生态危机产生的根源与消除生态危机的出路。马克思和恩格斯集中批判了资本主义"反生态""反自然"的生产方式及其带来的生态危机。在《资本论》中，马克思用实例向世人展示了资本主义生产方式对资源环境的破坏。他指出："资本主义农业的任何进步，都不仅是掠夺劳动者的技巧的进步，而且是掠夺土地的技巧的进步，在一定时期内提高土地肥力的任何进步，同时也是破坏土地肥力持久源泉的进步。一个国家，例如北美合众国，越是以大工业作为自己发展的基础，这个破坏过程就越迅速。"③作为"人格化的资本"，资本家最大限度地追求剩余价值和利润，是绝不会顾及资本主义社会因工人阶级的贫困化造成需求的有限性与物质生产相对过剩带来的资源浪费、生态环境恶化和经济发展失衡。资本主义生产方式造成的"自然异化"和"劳动异化"，导致人与自然界之间物质交换的断裂和人与自然界的内在冲突——资本主义生产无限扩张性与自然资源有限性之间的矛盾——进而形成愈演愈烈的生态危机。于是，马克思看到，生态危机不仅是一个社会问题，更是一个政治问题，"单从依靠认识是不够的。这还需要对我们现有的生产方式，以及和这种生产方式连在一起的我们今天的整个社会制度实行完全的变革"④，需要把人与自然从对抗性的资本主义生产方式中解放出来。因此，要消除资本主义社会的生态危机，只有消灭资本主义制度本身，用公有制代替私有制，"社会化的人，联合起来的生产者，将合理地调节他们和自然之间的物质

---

① 《马克思恩格斯文集》（第7卷），人民出版社2009年版，第928页。
② 《马克思恩格斯文集》（第1卷），人民出版社2009年版，第63页。
③ 《马克思恩格斯文集》（第5卷），人民出版社2009年版，第579—580页。
④ 《马克思恩格斯全集》（第20卷），人民出版社1973年版，第521页。

变换，把它们置于他们的共同控制之下……真正的自由王国，就开始了"①，从而实现人与自然、人与人的和解。

总之，不能脱离经济社会发展阶段来理解资源环境问题，发展中出现的问题只有通过发展才能得到解决。马克思和恩格斯关于自然基础论、自然生产力观、生态发展观、生态技术观、物质循环理论、生态消费观及对资本主义生产方式反生态性批判，对推进生态文明融入经济建设、实现经济发展方式绿色变革具有重要的理论借鉴。

### （二）列宁的生态文明思想

苏联是世界上第一个社会主义国家，在经济、政治、文化、社会等领域进行了把马克思主义基本理论向实践转化的尝试。由于外部遭到帝国主义的封锁和包围，内部受制于混乱的社会秩序，苏维埃俄国在当时的工作重心主要在于推动社会主义革命和社会主义革命胜利后的经济重建。这决定了对生态文明建设的思考较少。但在梳理列宁的著作和列宁领导俄国进行社会主义建设的短暂实践历程中，我们还是能找到一些具有重要价值的生态思想。

第一，辩证唯物主义物质观和自然观，突出对自然规律的尊重。列宁与马克思和恩格斯一样，强调尊重自然，重视人与自然之间的辩证关系。列宁认为，自然规律是客观的，"不能用精神的发展来解释自然界的发展，恰恰相反，要从自然界，从物质中找到对精神的解释……"②，人们只能去认识和利用自然规律，而不能随意违背、创造和取消客观规律，"外部世界、自然界的规律，乃是人的有目的活动的基础……当我们不知道自然规律的时候，自然规律是在我们的认识之外独立地存在着并起着作用，使我

---

① 《资本论》（第3卷），人民出版社2004年版，第928—929页。
② 《列宁专题文集·论马克思主义》，人民出版社2009年版，第54页。

们成为'盲目必然性'的奴隶。一经我们认识了这种不依赖于我们的意志和我们的意识而起着作用的（马克思对这点重复了千百次）规律，我们就成为自然界的主人"①。同时，列宁认为，劳动是不能随意代替自然力的，他指出："人的劳动是无法代替自然力的……无论在工业或是农业中，人只能在认识到自然力的作用以后利用这种作用，并借助机器和工具等等以减少利用中的困难。"② 在对自然力的肯定中，又不能过分夸大自然力的作用；人可以借助于机器和工具进行实践活动，并非是"用生产的人工因素代替生产的自然因素"，夸大人工因素，而忽视自然规律。可见，人与自然是辩证统一的关系。

第二，深刻揭示资本主义生产方式的弊端。列宁认为，资本主义生产方式及其消费方式是造成大规模自然环境破坏的罪魁祸首，资本主义生产方式极大地污染了城乡环境。他在《土地问题和"马克思的批评家"》中就对城市糟糕的环境这样描述道："在大城市中，用恩格斯的话来说，人们都在自己的粪便臭味中喘息，所有的人，只要有可能，都要定期跑出城市，呼吸一口新鲜的空气，喝一口清洁的水。"③ 城市的排泄物也给乡村的河流和空气带来了严重污染，危害居民健康，造成城乡对立，那种"把天然肥料白白抛掉，同时又污染市郊和工厂区的河流和空气，这是很不合理的"④。资本主义生产方式还直接造成了工人生活环境的恶化、健康受到威胁以及工人劳动环境的恶化，那种"说工人生活日益困难是由于自然界减少了它的赐物，这就是充当资产阶级的辩护士"⑤。在全球资本扩张过程中，帝国主义的扩张也加快了对殖民地的环境破坏和自然资源的掠夺。同

---

① 《列宁全集》（第18卷），人民出版社1988年版，第195—196页。
② 《列宁全集》（第5卷），人民出版社1986年版，第90页。
③ 同上书，第133页。
④ 同上书，第134页。
⑤ 同上书，第90页。

时，列宁还极力倡导资源的循环利用。他认为，城市污水和人造肥料的广泛应用以及诸如人的排泄物等天然肥料直接排放到河流中，既造成了资源的浪费，又污染了自然环境。因此，他提倡对废弃物的循环利用，将其作为消灭城乡对立的重要方式，"无疑对我们今天发展循环经济具有启发意义"[①]。

第三，科学认识科学技术的生态文明价值。在对待科学技术上，列宁不仅认识到科学技术在促进资本主义向社会主义转变中的积极意义，也看到了科学技术在社会主义建设中的巨大作用。列宁强调，只有实现了较高的生产率才是最终战胜资本主义最有利的条件，为了达到此目的，就要"转到新的技术基础上，转到现代化大生产的技术基础上"[②]，才能为俄国赢得社会主义和共产主义的伟大前途。在他眼里，"劳动生产率，归根到底是使新社会制度取得胜利的最重要最主要的东西"[③]。不仅如此，列宁认为，"振兴全国经济，要立足于现代科学技术、立足于电力的现代技术的基础上使工业和农业得到改造和恢复"[④]，而且"所有工厂和铁路的'电气化'……能很快地把肮脏的令人厌恶的工作间变成清洁明亮的、适合人们工作的实验室"[⑤]。显而易见，列宁对科学技术的巨大作用表示了由衷的肯定。

无疑，列宁的生态思想是在继承马克思和恩格斯的生态思想基础上提出来的，开启了社会主义国家进行生态思想创新和实践验证的先河，为社会主义国家展开生态文明建设及其融入现代化建设实践积累了一定经验，具有重要的参考价值。

---

① 江金权：《深入学习实践科学发展观活动》，人民出版社2008年版，第48页。
② 《列宁全集》（第31卷），人民出版社1985年版，第468页。
③ 《列宁选集》（第4卷），人民出版社1995年版，第16页。
④ 《列宁全集》（第39卷），人民出版社1986年版，第301页。
⑤ 《列宁全集》（第19卷），人民出版社1963年版，第42页。

## 二　中国化马克思主义生态文明思想与经济建设观

新中国成立以来，中国共产党在领导中国人民摆脱贫困、发展经济和全面改革开放的社会主义建设历程中，面对生产力长期落后、人口众多、资源有限、生态压力趋紧等矛盾，始终高度重视人与自然之间的关系问题。"以毛泽东同志为核心的党的第一代中央领导集体，提出了'全面规划、合理布局、综合利用、化害为利、依靠群众、大家动手、保护环境、造福人民'的三十二字环保方针。以邓小平同志为核心的党的第二代中央领导集体，把环境保护确定为基本国策，强调要在资源开发利用中重视生态环境保护。以江泽民同志为核心的党的第三代中央领导集体，将环境与发展统筹考虑，把可持续发展确定为国家发展战略，提出推动整个社会走上生产发展、生活富裕、生态良好的文明发展道路。以胡锦涛同志为总书记的党中央，把节约资源作为基本国策，把建设生态文明确定为国家发展战略和全面建成小康社会的重要目标，强调发展的可持续性，把生态文明建设纳入中国特色社会主义事业五位一体总布局。以习近平同志为总书记的新一届中央领导集体，积极推进生态文明建设的理论创新和实践探索，明确提出走向社会主义生态文明新时代，建设美丽中国，是实现中华民族伟大复兴中国梦的重要内容，强调良好生态环境是最公平的公共产品，是最普惠的民生福祉，要正确处理经济发展同生态环境保护的关系，牢固树立保护生态环境就是保护生产力、改善生态环境就是发展生产力的理念，更加自觉地推动绿色发展、循环发展、低碳发展，决不以牺牲环境为代价换取一时的经济增长。"[①] 总结和梳理新中国成立以来中国特色社会主义生态文明建设思想及经济建设观，有助于深化对生态文明建设与经济建设的

---

[①]《十八大以来重要文献选编》（上），中央文献出版社2014年版，第628—629页。

科学认识,为生态文明融入经济建设、推进美丽中国建设提供理论支撑。

## (一)以毛泽东同志为核心的党的第一代中央领导集体生态文明建设与经济建设观

以毛泽东同志为主要代表的中国共产党人,从马克思主义关于主体与客体的辩证关系出发,阐述了人与自然的关系,形成了以环境改造来服务经济建设的思想。毛泽东认为:"吾人虽为自然所规定,而亦即为自然之一部分。故自然有规定吾人之力,吾人亦有规定自然之力;吾人之力虽微,而不能谓其无影响(于)自然。"[①] 人是自然的一部分,人既可以认识自然,也能发挥其能动性改造自然。整个人类史,就是在认识世界和改造世界、认识自然和改造自然的过程中"不断地从必然王国向自由王国发展的历史"[②]。毛泽东同志处于中国革命和建设相继的时代,尽管未明确提出"生态文明"相关概念,但以毛泽东同志为核心的党的第一代中央领导集体已开始形成较为懵懂的生态思想。

毛泽东在青年时代就有"植树造林、绿化祖国、建设美好家园"的理想。早在1944年5月,毛泽东便提出了改善和保护生态环境计划,他指出:"种树要订一个计划,如果每家种一百棵树,三十五万家就种三千五百万棵树。搞他个十年八年,'十年树木,百年树人'。"[③] 1938年到1942年在毛泽东的倡导下,陕甘宁边区政府发动群众植树260万株,1943年到1946年在陕北张家畔荒滩上也植树500多万株。正是由于青年时期形成的消灭荒山、实施绿化、兴修水利等生态环境建设理想,新中国成立之后,毛泽东才明确提出:"天上的空气,地上的森林,地下的宝藏,都是建设

---

[①] 《毛泽东著作选读》(上册),人民出版社1986年版,第346页。
[②] 《毛泽东著作选读》(下册),人民出版社1986年版,第845页。
[③] 《毛泽东文集》(第3卷),人民出版社1999年版,第153页。

社会主义所需要的重要因素。"① 自然资源成为社会主义建设的必要条件。陈云也认识到水资源不足的现实国情，"要以治本为主，长期打算；要以蓄为主，蓄泄兼顾"②。同时，毛泽东将绿化工作作为修复和改善当时因战争导致的中华大地满目疮痍、千疮百孔的衰败景象的重要措施，提出要"在十二年内，基本上消灭荒地荒山，在一切宅旁、村旁、路旁、水旁，以及荒地上荒山上，即在一切可能的地方，均要按规格种起树来，实行绿化"③，"要使我们祖国的河山全部绿化起来，要达到园林化，到处都很美丽，自然面貌要改变过来"④，"一切能够植树造林的地方都要努力植树造林，逐步绿化我们的家园，美化我国人民劳动、工作、学习和生活的环境"⑤。在经历"大跃进"对我国生态环境造成巨大破坏以及反思"三年自然灾害"的教训时，周恩来坦言："中国森林的面积，远不够一个森林国家的标准"⑥，"我最担心的，一个是治水治错了，一个是林子砍多了，治水治错了，树砍多了，下一代人也要说你。我们不能这样当败家子"⑦。毛泽东还认识到："所谓农者，指的是农、林、牧、副、渔五业综合平衡。蔬菜是农，猪、牛、羊、鸡、鸭、鹅、兔等是牧，水产是渔，畜类、禽类要吃饱，才能长起来，于是需要生产大量精、粗两类饲料，这又是农业，牧放牲口需要林地、草地，又要注重林业、草业。由此观之，为了副食品，农、林、牧、副、渔五大业都牵动了，互相联系，缺一不可"⑧，"要发展林业……林业以后才是牧业、渔业、蚕桑、大豆要加上。林业是化学

---

① 《毛泽东选集》（第5卷），人民出版社1977年版，第278页。
② 詹武：《陈云与新中国经济建设》，中央文献出版社1991年版，第460页。
③ 《毛泽东论林业》，中央文献出版社2003年版，第26页。
④ 同上书，第51页。
⑤ 同上书，第77页。
⑥ 《周恩来选集》（下卷），人民出版社1984年版，第25页。
⑦ 同上书，第447页。
⑧ 《毛泽东文集》（第8卷），人民出版社1999年版，第69页。

工业、建筑工业的基础"①,"森林是社会主义建设的重要资源,又是农业生产的一种保障。积极发展和保护森林资源,对于促进我国工、农业具有重要意义"②。可见,毛泽东已经认识到农业、林业、牧业、副业、渔业等五业生产之间的综合平衡及其所形成的复合生态系统对经济建设与生态改善的重要作用。

但在新中国社会主义建设的具体实践中,由于受到斯大林把自然规律与经济社会规律割裂开来的影响,以及急于改变中国贫穷落后面貌的迫切心态,毛泽东却又忽视了人与自然关系的二重性规律,在实践中"未能正确处理改造自然和保护自然的关系,不仅给工农业生产带来不良后果,而且破坏了生态环境,偏离了他的生态文明思想"③,把人与自然对立起来。此时,毛泽东把处理人与自然的关系看作是一场新的"战争",提出"向自然界开战,发展我们的经济,发展我们的文化,建设我们的新国家"④,"高山嘛,我们要你低头,你还敢不低头?河水嘛,我们要你让路,你还敢不让路?"⑤ 在"向自然界开战"和"人定胜天"的思维导向下,全民狂热地掀起了"大跃进"运动以及"文化大革命"十年以粮为纲、围湖造田、毁林开荒等活动,生态环境快速恶化,经济建设陷入困局。因此,毛泽东在晚年总结社会主义建设经验教训时,他已充分认识到社会主义建设的"主要缺点是没有搞平衡。说了两条腿走路、并举,实际上还是没有兼顾。在整个经济中,平衡是个根本问题,有了综合平衡,才能有群众路线"⑥。

回顾以毛泽东同志为核心的党的第一代中央领导集体的生态文明建设

---

① 《毛泽东论林业》,中央文献出版社 2003 年版,第 57 页。
② 同上书,第 78 页。
③ 吴凌云:《毛泽东生态文明思想探析》,《人民论坛》2012 年第 2 期。
④ 《毛泽东著作选读》(下册),人民出版社 1986 年版,第 845 页。
⑤ 陈晋:《独领风骚:毛泽东心路解读》,万卷出版公司 2004 年版,第 253 页。
⑥ 《毛泽东文集》(第 8 卷),人民出版社 1999 年版,第 80 页。

与经济建设观,首先必须明确的是,对人与自然关系的认识和实践是新中国成立初期和社会主义建设初步探索特定历史时期的特殊产物。从毛泽东个人经历来看,历经革命战争年代的洗礼,在认识人与自然之间关系时,难免会受到革命思维和实战主义的影响。"向自然界开战""与天斗、与地斗""人定胜天"正是毛泽东"革命理念""斗争理念"的具体体现。也由此产生了"人类要改造自然就必须征服自然"的误区。同时,也要看到新中国成立初期,整个国家百废待兴,发展生产是新中国成立初期和社会主义建设初期最首要和最紧迫的任务,大量自然资源的开发和利用成为经济建设的必然选择。这一时期,生态环境问题、人与自然的紧张矛盾还未全面显现,统筹人与自然之间的关系也未成为与统筹经济建设、政治建设和文化建设相并列的内容。因此,在一定程度上讲,以毛泽东同志为核心的第一代中央领导集体还未形成系统化的生态文明与经济建设协同观。

## (二)以邓小平同志为核心的党的第二代中央领导集体生态文明建设与经济建设观

以邓小平同志为核心的党的第二代中央领导集体总结社会主义建设经验教训,拨乱反正,领导中国人民开启了改革开放新时代,特别是启动了以社会主义市场经济体制为核心内容的改革,逐渐意识到"应该坚决按经济规律办事,重视价值规律的作用"[①]。在这一过程中,以邓小平同志为核心的中国共产党人开始重视生态环境,在处理人与自然、经济建设与环境保护等方面提出了诸多真知灼见,初步形成了中国特色社会主义生态文明建设与经济建设观的基本框架。

第一,确定环境保护是一项基本国策。邓小平同志高度重视环境保

---

① 《三中全会以来重要文献选编》(上册),人民出版社1982年版,第6—7页。

护,将环境保护确立为中国必须长期坚持的一项基本国策,环境保护进入新阶段。1979年9月五届全国人大第十一次会议通过的第一部《中华人民共和国环境保护法(试行)》,对环境保护的对象、任务、原则、方针以及适用范围做了明确规定,环境保护与管理迈入法制化轨道。1981年2月中共中央在《关于在国民经济调整时期加强环境保护工作的决定》中提出:"环境和自然资源,是人民赖以生存的基本条件,是发展生产繁荣经济的物质源泉。管理好我国的环境,合理地开发和利用自然资源,是现代化建设的一项基本任务。"① 1983年年底万里同志在第二次全国环境保护会议中也提出:"环境保护是我们国家的一项基本国策,是一件关系到子孙后代的大事。"② 至此,环境保护正式成为我国长期坚持的一项基本国策,为经济建设与自然生态协调发展、生态法制化确立了基本方向。

第二,促进经济建设与生态平衡协调。经济建设需要以良好的生态环境为支撑,以邓小平同志为核心的党的第二代中央领导集体已基本达成共识。邓小平同志曾要求将植树种草、生态改善与脱贫致富联系起来,积极发挥其经济、社会和生态效益。他指出,植树种草"这个事情耽误了,今年才算是认真开始。特别是在我国西北,有好几十万平方公里的黄土高原,连草都不长,水土流失严重。黄河所以叫'黄'河,就是水土流失造成的。我们计划在那个地方先种草后再种树,把黄土高原变成草原和牧区,就会给人们带来好处,人们就会富裕起来"③,"植树造林,绿化祖国,是坚持社会主义、造福子孙后代的伟大事业……要一代一代地永远干下去"④。可以看到,邓小平同志已认识到经济发展与生态保护之间的紧密关系。万里同志也在1984年说过:"我们的各项经济建设都必须建立在复合

---

① 《新时期环境保护重要文献选编》,中央文献出版社2001年版,第20页。
② 同上。
③ 同上书,第33页。
④ 《邓小平年谱(1975—1987)》,中央文献出版社2007年版,第895页。

生态经济平衡的更稳固的基础上。"① 1987 年，党的十三大政治报告首次阐述了经济建设与环境保护的"三大效益"，即"在推进经济建设的同时，要大力保护和合理利用各种自然资源，努力开展对环境污染的综合治理，加强生态环境的保护，把经济效益、社会效益和环境效益很好地结合起来"②。随后，1989 年 6 月邓小平同志进一步指出："我建议组织一个班子，研究下一个世纪前五十年的发展战略和规划……要采取有力的步骤，使我们的发展持续、有后劲。"③ 从这些论述中，可以看到以邓小平同志为核心的党的中央领导集体关于未来经济建设与生态平衡的思考。

第三，利用科学技术开发资源和保护环境。邓小平同志正视我国人口、资源与环境问题，他理性地指出："人多有好的一面，也有坏的一面，在生产还不够发展的条件下，吃饭、教育和就业都成严重的问题"④，"人多是中国最大的难题"⑤，"我们的国家，国力的强弱，经济发展后劲的大小，越来越取决于劳动力的素质，取决于知识分子的数量和质量，一个十亿人的大国，教育搞上去，人力资源的巨大优势是任何国家都比不了的"⑥。可见，邓小平同志开始思索通过提高人口素质促进经济建设的思想。同时，他认为，"科学技术是第一生产力"⑦，"保护生态环境等，都要靠科学"⑧，"核电站我们还是要发展，油气田开发、铁路公路建设、自然环境保护，都很重要"⑨，要把科学技术渗透到资源利用、新能源开发和环境保护在内的社会主义现代化建设各方面和全过程中去。

---

① 万里：《社会主义建设中的一个战略问题》，《人民日报》1984 年 4 月 6 日第 2 版。
② 《十三大以来重要文献选编》（上册），人民出版社 1991 年版，第 25 页。
③ 《邓小平文选》（第 3 卷），人民出版社 1993 年版，第 312 页。
④ 《邓小平文选》（第 2 卷），人民出版社 1994 年版，第 164 页。
⑤ 《邓小平文选》（第 1 卷），人民出版社 1994 年版，第 334 页。
⑥ 《邓小平文选》（第 3 卷），人民出版社 1993 年版，第 120 页。
⑦ 同上书，第 274 页。
⑧ 《邓小平年谱（1975—1997）》，中央文献出版社 2004 年版，第 82 页。
⑨ 《邓小平文选》（第 3 卷），人民出版社 1993 年版，第 363 页。

第四，突出法制在环境保护中的作用。十年"文化大革命"的教训让邓小平同志深刻地认识到法制建设对于国家发展和稳定至关重要。"没有社会秩序，一个国家就不可能运转"，包括环境保护在内的社会主义建设"还是要靠法制，搞法制靠得住些"①。在1978年召开的中央工作会议上，邓小平同志曾指出："应该集中力量制定刑法、民法、诉讼法和其他各种必要的法律，例如工厂法、人民公社法、森林法、草原法、环境保护法、劳动法、外国人投资法等，经过一定的民主程序讨论通过，并且加强检察机关和司法机关，做到有法可依、有法必依、执法必严、违法必究。"② 在邓小平同志的重视下，我国先后制定、颁布和实施了森林法、草原法、环境保护法等生态环境建设领域的法律制度，为资源利用、开发、管理和环境保护提供了法制保障。

### （三）以江泽民同志为核心的党的第三代中央领导集体生态文明建设与经济建设观

党的十三届四中全会以来，以江泽民同志为核心的党的第三代中央领导集体立足于改革开放新阶段和新趋势，深刻认识我国生态环境问题的严重性、紧迫性及其对经济建设的制约性，形成了更为完善的生态文明建设思想和经济建设观。正如胡锦涛同志评价道："十三届四中全会以来，以江泽民同志为核心的第三代中央领导集体，把实现实施可持续发展战略、推动经济发展和人口、资源、环境相协调摆在现代化建设全局的战略高度，制定了一系列重大政策措施，推动人口、资源、环境工作取得了显著成效，积累了十分宝贵的经验。"③

---

① 《邓小平文选》（第3卷），人民出版社1993年版，第379页。
② 《邓小平文选》（第2卷），人民出版社1994年版，第146—147页。
③ 胡锦涛：《在中央人口资源环境工作座谈会上的讲话》，《人民日报》2003年3月9日第1版。

第一，提出可持续发展的国家战略。20 世纪后半叶，特别是 90 年代以来，"实现可持续发展，是人类社会发展的必然要求，已经成为世界许多国家关注的一个重大问题"①。以江泽民同志为核心的中国共产党人顺势而为，积极借鉴新的发展理念，认为"在我国现代化建设中，必须把实现可持续发展作为一项重大战略方针。可持续发展，就是既要考虑当前发展的需要，又要考虑未来发展的需要，不要以牺牲后代人的利益为代价来满足当代人的利益"②，中国共产党首次确立了可持续发展的国家战略。江泽民同志在中共十四届五中全会闭幕时所做的《正确处理社会主义现代化建设中的若干重大关系》的讲话中论述"经济建设和人口、资源、环境的关系"时，提出"要把控制人口、节约资源、保护环境放到重要位置，使人口增长与社会生产力发展相适应，使经济建设与资源、环境相协调，实现良性循环"③，"决不能吃祖宗饭、断子孙路，走浪费资源和先污染、后治理的路子"④。在九届全国人大一次会议上，江泽民同志谈到农业发展时进一步指出："要实现农业持续稳定增长，必须切实加强农业基础建设，大力改变生产条件，改善生态环境。这就要作为一项长期的战略任务，坚持不懈地抓下去。"⑤ 随着"人口、自然资源、生态环境等对经济持续发展的压力增大"⑥，"只有走以最有效利用资源和保护环境为基础的循环经济之路，可持续发展才能得到实现"⑦。党的十六大把"促进人与自然的和谐，推动整个社会走上生产发展、生活富裕、生态良好的文明发展道路"⑧ 作

---

① 《江泽民文选》（第 1 卷），人民出版社 2006 年版，第 518 页。
② 同上。
③ 同上书，第 463 页。
④ 同上书，第 464 页。
⑤ 江泽民：《在九届人大一次会议上的讲话》，《人民日报》1998 年 3 月 14 日第 1 版。
⑥ 江泽民：《论科学技术》，中央文献出版社 2001 年版，第 50 页。
⑦ 江泽民：《在全球环境基金第二届成员国大会上的讲话》，《人民日报》2002 年 10 月 17 日第 1 版。
⑧ 《江泽民文选》（第 3 卷），人民出版社 2006 年版，第 544 页。

为全面建设小康社会目标之一,"可持续发展"战略上升到"建设生态文明"的高度,生态文明建设思想开始形成。

第二,提出保护生态环境就是保护生产力。社会主义的根本任务是解放生产力和发展生产力。随着对生产力要素的认识深化,生产力的构成不断丰富和拓展。面对有限的自然资源、生态环境的恶化以及自然灾害的突发,以江泽民同志为核心的中国共产党人认识到资源、环境与生产力之间的辩证关系。江泽民同志首次将环境保护上升到生产力的高度,他认为:"环境意识和环境质量如何,是衡量一个国家和民族的文明程度的一个重要标志"①,"环境保护工作,是实现经济和社会可持续发展的基础"②,"保护生态环境就是保护生产力"③。据此,他进一步提出:"要使广大干部群众在思想上真正明确,破坏资源环境就是破坏生产力,保护资源环境就是保护生产力,改善资源环境就是发展生产力。"④ 这极大地丰富了生产力的本质内涵和要求。

第三,促进人口、资源、环境与经济协调发展。实现可持续发展,核心的问题是实现经济社会和人口、资源、环境协调发展。⑤ "人口问题是制约可持续发展的首要问题,是影响经济社会发展的关键因素"⑥,"资源破坏、环境污染、生态失衡,等等,都与人口基数大、增长快有着直接的关系"⑦。因此,江泽民同志深刻指出:"历史的事实说明,人们认识自然规律,并不总是即时即刻就能全面把握它的规律性的东西,往往要通过现象的不断往复才能更明确地被人们认知。过去没有认识的东西,今天可能被

---

① 《江泽民文选》(第1卷),人民出版社2006年版,第523页。
② 《江泽民论有中国特色社会主义》(专题摘编),中央文献出版社2002年版,第296页。
③ 《新时期环境保护重要文献选编》,中央文献出版社2001年版,第385页。
④ 《江泽民论有中国特色社会主义》(专题摘编),中央文献出版社2002年版,第282页。
⑤ 参见《江泽民文选》(第3卷),人民出版社2006年版,第462页。
⑥ 同上书,第464页。
⑦ 《江泽民论有中国特色社会主义》(专题摘编),中央文献出版社2002年版,第12页。

认识，今天没有认识的东西，将来可以被认识。问题是我们要善于做这项工作。自觉地去认识和正确把握自然规律，学会按自然规律办事，以利于我们的经济建设和其他社会事业搞得更好，实现经济建设与生态环境的协调发展。"① 这是继党的十一届三中全会上提出"按经济规律办事"之后首次提出"按自然规律办事"的原则。2001 年，江泽民同志《在庆祝中国共产党成立八十周年大会上的讲话》中提出："要促进人和自然的协调与和谐，使人们在优美的生态环境中工作和生活。"② 李鹏同志也明确指出："良好的生态环境，是经济发展的基础条件。如果这个基础条件破坏了，环境污染了，生态恶化了，不仅影响经济的发展，也影响社会的安全。"③ 可见，经济发展"要坚持以生态环境良性循环为基础，这样的发展才是健康的和可持续的"④。

第四，形成环境保护与生态建设合力。以江泽民同志为核心的中国共产党人已经认识到，必须充分发挥各方合力推进环境保护与生态建设。首先，强化"科学技术是第一生产力"的观点，重视科学技术和教育在环境保护和生态建设中的突出作用。1989 年 12 月江泽民同志在全国科学技术奖励大会上指出："全球面临的资源、环境、生态、人口等重大问题的解决，都离不开科学技术的进步。"⑤ 1998 年 3 月在同全国政协科技界委员座谈时也强调："在环境保护、资源和能源的高效洁净利用等方面，也要广泛采用世界先进技术，以免重蹈工业化国家先污染、后治理的老路，真正实现可持续发展。"⑥ 同时，认识到信息科学和生命科学的发展"涉及人自

---

① 江泽民：《在全国抗洪抢险总结表彰大会上的讲话》，《人民日报》1998 年 9 月 29 日第 1 版。
② 《江泽民文选》（第 3 卷），人民出版社 2006 年版，第 295 页。
③ 《新时期环境保护重要文献选编》，中央文献出版社 2001 年版，第 266 页。
④ 江泽民：《在第四次全国环境保护会议上的讲话》，《人民日报》1996 年 6 月 19 日第 1 版。
⑤ 江泽民：《论科学技术》，中央文献出版社 2001 年版，第 2 页。
⑥ 同上书，第 103 页。

身尊严、健康、遗传以及生态安全和环境保护等伦理问题"①，科学技术应"服务于全人类，服务于世界和平、发展与进步的崇高事业，而不能危害人类自身"②。其次，环境保护和生态建设要突出法制建设，要将其依法纳入法制轨道。江泽民同志指出："正确处理经济发展同人口、资源、环境的关系……严格执行土地、水、森林、矿产、海洋等资源管理和保护的法律。"③ 全社会都严格依法办事，是做好人口、资源、环境工作的重要保证。④ 最后，环境保护和生态建设具有世界性和国际性，如"科技发展、环境保护、人口控制、减灾救灾……预防犯罪、防止核扩散和防治艾滋病等诸多方面，都是全球性问题"⑤，需要全球各国或地区协同合作、密切配合加以逐步解决。

### （四）以胡锦涛为总书记的党中央生态文明建设与科学发展观

进入21世纪，经济发展遭遇更多更大困境约束，需要全面反思和审视发展问题。随着工业化、城镇化的快速推进，面对日趋严峻的资源约束、环境约束和生态约束，实现"什么样的发展，怎样发展"的问题成为以胡锦涛同志为总书记的党中央亟待解决的关键问题。从党的十六大提出"走上生产发展、生活富裕、生态良好的文明发展道路"，到党的十八大将生态文明建设纳入中国特色社会主义事业总布局，标志着中国特色社会主义生态文明与经济发展观走向成熟和完全确立。

第一，科学发展观的提出与完善。发展观是关于发展的本质、内涵及要求的总体看法。经验表明，一个国家坚持什么样的发展观，对这个国家

---

① 《江泽民文选》（第3卷），人民出版社2006年版，第104页。
② 同上。
③ 江泽民：《论科学技术》，中央文献出版社2001年版，第93页。
④ 参见《江泽民文选》（第3卷），人民出版社2006年版，第468页。
⑤ 《江泽民文选》（第1卷），人民出版社2006年版，第416页。

发展会产生重大影响，不同的发展观往往会导致不同的发展结果。① 发展观包括经济发展观、政治发展观、文化发展观、社会发展观、生态发展观等丰富内容。我国科学发展观的形成、发展和完善是一个在实践基础上的理论深化过程。21世纪，党和国家高度重视发展问题缘于2003年突如其来的"非典"疫情遭遇。面对"非典"疫情，胡锦涛同志首次提出"全面发展、协调发展、可持续发展的发展观"，认为："在促进发展的进程中，我们不仅要关注经济指标，而且要关注人文指标、资源指标、环境指标。"② 随后，胡锦涛同志在中共十六届三中全会中明确提出"坚持以人为本，树立全面、协调、可持续的发展观，促进经济社会和人的全面发展"，并把"五个统筹"作为科学发展观的重要内容和治国理政的重要理念。2004年3月胡锦涛同志在中央人口资源环境工作座谈会上进一步明确："要树立和落实科学发展观，首先必须全面准确地把握科学发展观的深刻内涵和基本要求。……全面发展，就是要以经济建设为中心，全面推进经济、政治、文化建设，实现经济发展和社会全面进步。协调发展，就是要统筹城乡发展、统筹区域发展、统筹经济社会发展、统筹人与自然和谐发展、统筹国内发展和对外开放，推进生产力和生产关系、经济基础和上层建筑相协调，推进经济、政治、文化建设的各个环节、各个方面相协调。可持续发展，就是要促进人与自然的和谐，实现经济发展和人口、资源、环境相协调，坚持走生产发展、生活富裕、生态良好的文明发展道路，保证一代接一代地永续发展。"③ 其后，科学发展观不断上升为党和国家推进各项工作的世界观与方法论高度，逐步将其融入党的十六届五中全会《中共中央关于制定国民经济和社会发展第十一个五年规划的建议》和党的十

---

① 参见《江泽民文选》（第2卷），人民出版社2006年版，第166页。
② 《胡锦涛文选》（第2卷），人民出版社2016年版，第67页。
③ 同上书，第166—167页。

六届六中全会《中共中央关于构建社会主义和谐社会若干重大问题的决定》之中。党的十七大全面概括和总结了科学发展观的基本内涵、精神实质、理论体系、基本要求，认为"科学发展观，是对党的三代中央领导集体关于发展的重要思想的继承和发展，是马克思主义关于发展的世界观和方法论的集中体现，是同马克思列宁主义、毛泽东思想、邓小平理论、'三个代表'重要思想既一脉相承又与时俱进的科学理论，是我国经济社会发展的重要指导方针，是发展中国特色社会主义必须坚持和贯彻的重大战略思想"①。在此基础上，党的十八大对科学发展观的第一要义、核心立场、基本要求、根本方法进行了新阐释，赋予了新内容，将其"同马克思列宁主义、毛泽东思想、邓小平理论、'三个代表'重要思想一道，是党必须长期坚持的指导思想"②，写入党章。

第二，阐明生态文明建设在社会文明体系中的基础地位。在提出"生态文明建设"概念之前，胡锦涛同志长期使用"生态良好的文明发展道路"概念。在2003年中国共产党成立82周年之际，胡锦涛同志谈到"如何推动整个社会走上生产发展、生活宽裕、生态良好的文明发展道路"③，可以被视为"生态文明建设"概念雏形。2006年4月，胡锦涛同志在美国耶鲁大学演讲时提出了"推进经济建设、政治建设、文化建设、社会建设协调发展，努力实现生产发展、生活富裕、生态良好的文明发展格局"④，第一次将经济建设、政治建设、文化建设、社会建设与生态良好的文明发展格局并列起来，可以看作为中国特色社会主义"五位一体"总布局的雏形。2007年12月，胡锦涛同志在十七届新进中央委员会的委员、候补委员学习贯彻党的十七大精神研讨班上讲话指出："贯彻落实全面协调可持

---

① 《十七大以来重要文献选编》（上），中央文献出版社2009年版，第10页。
② 《十八大以来重要文献选编》（上），中央文献出版社2014年版，第6页。
③ 《十六大以来重要文献选编》（上），中央文献出版社2011年版，第376页。
④ 《十六大以来重要文献选编》（下），中央文献出版社2011年版，第428页。

续的基本要求,必须按照中国特色社会主义事业总体布局,全推进经济建设、政治建设、文化建设、社会建设,积极推进生态文明建设。"①党中央首次将经济建设、政治建设、文化建设、社会建设和生态文明建设作为中国特色社会主义事业"五位一体"总布局提出来。随后,胡锦涛同志再次强调:"贯彻落实实现全面建设小康社会奋斗目标的新要求,必须全面推进经济建设、政治建设、文化建设、社会建设以及生态文明建设,促进现代化建设各个环节、各个方面相协调,促进生产关系与生产力、上层建筑与经济基础相协调。"②党的十八大进一步确定"全面落实经济建设、政治建设、文化建设、社会建设、生态文明建设五位一体总体布局",并"把生态文明建设放在突出地位",在中国特色社会主义文明体系中具有基础地位,标志着中国开启了"一场世界性的绿色工业革命、绿色能源革命、绿色科技革命,引领全世界的绿色发展,引领人类的生态文明建设"③。

第三,明确生态文明建设的载体。生态文明建设不仅需要观念思维的更新和发展方式的变革,也需要"把建设资源节约型、环境友好型社会放在工业化、现代化发展战略的突出位置,切实落实到每个单位、每个家庭"④。党的十六届六中全会提出"加快建设资源节约型、环境友好型社会"⑤后,强调未来要"以节能、节水、节地、节材、能源资源综合利用和发展循环经济为重点,把节约能源资源工作贯穿于生产、流通、消费各个环节和经济社会发展的各个领域"⑥,"基本形成节约能源资源和保护生

---

① 《十七大以来重要文献选编》(上),中央文献出版社2009年版,第108—109页。
② 胡锦涛:《在中共中央政治局第三次集体学习时的讲话》,《人民日报》2008年1月31日第1版。
③ 胡鞍钢:《东方巨人的两个"大脑":对生态文明建设的科学共识与决策共识》,《中国科学院院刊》2013年第2期。
④ 《胡锦涛文选》(第2卷),人民出版社2016年版,第548页。
⑤ 《十六大以来重要文献选编》(下),中央文献出版社2011年版,第656页。
⑥ 胡锦涛:《在中共中央政治局第三十七次集体学习时的讲话》,《人民日报》2006年12月27日第1版。

态环境的产业结构、增长方式、消费模式"①。党的十八大进一步把"形成节约资源和保护环境的空间格局、产业结构、生产方式、生活方式"和"发展循环经济，促进生产、流通、消费过程的减量化、再利用、资源化"，作为建设美丽中国的重要目标。因此，生态文明建设除了要依托单位、家庭、个人乃至整个社会外，还要把空间格局、产业结构、生产方式、生活方式等诸多环节和领域作为重要载体。

第四，提出生态文明建设的途径和任务。生态文明建设是一项长期性、艰巨性的系统工程，需要全社会共同努力。一方面，重视生态文明宣传教育，"增强全社会的人口意识、资源意识、节约意识、环保意识"，"充分发挥工会、共青团、妇联和计划生育协会等群众组织在推进人口资源环境事业发展方面的作用"②；另一方面，"必须大力发展循环经济，努力实现自然生态系统和社会经济系统良性循环。要在资源开采、加工、运输、消费等环节建立全过程和全面节约的管理制度，逐步形成有利于节约资源的产业结构和消费方式，构建资源节约型国民经济体系和资源节约型社会。要发挥科技进步在促进资源节约中的作用，推动资源节约的科技开发，及时推广资源节约方面的科技成果，支持和引导企业淘汰浪费资源的工艺、技术、产品。要通过经济、技术、法律的手段，推进资源利用方式根本转变，不断提高资源利用的经济、社会、生态效益"③，"要研究绿色国民经济核算方法，探索将发展过程中的资源消耗、环境损失、环境效益纳入经济发展水平的评价体系"④，真正"把生态文明建设的理念、原则、目标等深刻融入和全国贯穿到我国经济、政治、文化、社会建设的各方面

---

① 《十七大以来重要文献选编》（上），中央文献出版社2009年版，第18页。
② 《十六大以来重要文献选编》（中），中央文献出版社2011年版，第826页。
③ 《胡锦涛文选》（第2卷），人民出版社2016年版，第183—184页。
④ 同上书，第171页。

和全过程"①。具体到产业来看，既要"以节地、节水、节肥、节约、节种、节能、资源综合循环利用和农业生态环境保护为重点，研发和推广应用农业节约型技术、减少农业面源污染和农业废弃物资源型利用等环保技术，促进农业可持续发展"②，"培育与生态保护、休闲观光、文化传承等密切相关的循环农业、特色农业、乡村旅游业和农村第二、第三产业，发挥农业多种功能，提高产业竞争能力和农业整体效益"③；又要"坚持走科技含量高、经济效益好、资源消耗低、环境污染少、人力资源优势得到充分发挥的新型工业化道路"④，建立从农业到工业的资源节约型技术体系和生产体系。因而，党的十八大进一步提出："优化国土空间开发格局、全面促进资源节约、加大自然生态系统和环境保护力度、加强生态文明制度建设"⑤等生态文明建设任务。

第五，转变经济发展方式是生态文明建设的核心。面对资源消耗趋紧、环境污染加重、生态系统退化等矛盾约束，调整经济结构和转变经济发展方式是突破人口资源环境困境的根本途径。胡锦涛同志指出："加强生态环境保护，既是转变经济发展方式的必然要求，也是转变经济发展方式的重要着力点"⑥，要依靠生态科技进步和创新，"突破能源资源对经济发展的瓶颈制约，改善生态环境，缓解经济社会发展与人口资源环境的矛盾"⑦，"使经济增长建立在提高人口素质、高效利用资源、减少环境污染、注重质量效益的基础上"⑧来，促进生产方式和消费方式同步转变。

---

① 《胡锦涛文选》（第3卷），人民出版社2016年版，第610页。
② 同上。
③ 同上书，第350页。
④ 同上书，第276页。
⑤ 《十八大以来重要文献选编》（上），中央文献出版社2014年版，第31—32页。
⑥ 《胡锦涛文选》（第3卷），人民出版社2016年版，第351页。
⑦ 《十六大以来重要文献选编》（中），中央文献出版社2011年版，第825页。
⑧ 同上书，第816页。

### (五) 以习近平同志为核心的党中央领导集体生态文明建设与绿色发展观

党的十八大以来，以习近平同志为核心的党中央领导集体立足资源约束趋紧、环境污染严重、生态系统退化等严峻形势，统筹推进"五位一体"总体布局和协调推进"四个全面"战略布局，牢固树立和贯彻落实创新、协调、绿色、开放、共享的发展理念，"把发展观、执政观、自然观内在统一起来，融入执政理念、发展理念中，生态文明建设的认识高度、实践深度、推进力度前所未有"[①]。

第一，早期生态建设观为十八大以来经济绿色化奠定了思想基础。习近平同志很早就开始关注生态建设和经济建设问题，他不仅一贯认为："对环境保护和生态建设的认识，也有一个由表及里、由浅入深、由自然自发到自觉自为的过程"[②]，而且强调经济发展"既要 GDP，又要绿色 GDP"[③]，"经济发展不单纯是速度的发展，经济的发展不代表全面的发展，更不能以牺牲生态环境为代价"[④]。生态建设涉及经济、政治、文化、社会等各方面，"既是经济增长方式的转变，更是思想观念的一场深刻变革"[⑤]；"科技创新是建设节约型社会的关键，结构调整是建设节约型社会的根本，深化改革是建设节约型社会的动力，加强监管是建设节约型社会的保障，机关表率是建设节约型社会的重点"[⑥]。同时，发展循环经济不仅"是走新型工业化道路的重要载体，也是从根本上转变经济增长方式的必然要求。……要加强政策引导，充分发挥税收、金融、价格和财政等经济政策

---

[①] 《"十三五"生态环境保护规划》，人民出版社 2016 年版，第 3 页。
[②] 习近平：《之江新语》，浙江人民出版社 2007 年版，第 13 页。
[③] 同上书，第 37 页。
[④] 同上书，第 44 页。
[⑤] 同上书，第 48 页。
[⑥] 同上书，第 169—174 页。

的作用，探索建立鼓励发展循环经济的政绩考核体系和相应的激励导向及约束机制"①。

第二，树立生态文明建设"六大新理念"。党的十八大以来，以习近平同志为核心的党中央领导集体逐步形成了生态文明建设与生态文明体制改革新理念。2013年4月，习近平同志在海南考察时，认为青山绿水、碧海蓝天是无可替代的"最大本钱"，"良好的生态环境是最公平的公共产品，是最普惠的民生福祉"，清晰地界定了生态环境与民生、经济发展与环境保护之间的关系。2013年5月，习近平同志在中共中央政治局第六次集体学习时指出，"党的十八大把生态文明建设纳入中国特色社会主义事业五位一体总体布局"，"标志着我们对中国特色社会主义规律认识的进一步深化"，要"牢固树立保护生态环境就是保护生产力、改善生态环境就是发展生产力的理念"。2015年9月，中共中央国务院印发的《生态文明体制改革总体方案》首次全面提出我国生态文明建设和生态文明体制改革的新理念，即"树立尊重自然、顺应自然、保护自然的理念；树立发展和保护相统一的理念；树立绿水青山就是金山银山的理念；树立自然价值和自然资本的理念；树立空间均衡的理念；树立山水林田湖是一个生命共同体的理念"②。这"六大新理念"将成为生态文明融入经济建设的指导思想。

第三，制度建设与治理现代化是大力推进生态文明建设的根本保证。党的十八届三中全会在提出"全面深化改革总目标是完善和发展中国特色社会主义制度，推进国家治理体系和治理能力现代化"③基础上，强调"建设生态文明，必须建立系统完整的生态文明制度体系，实行最严格的

---

① 习近平：《之江新语》，浙江人民出版社2007年版，第140页。
② 《生态文明体制改革总体方案》，人民出版社2015年版，第2—3页。
③ 《十八大以来重要文献选编》（上），中央文献出版社2014年版，第512页。

源头保护制度、损害赔偿制度、责任追究制度,完善环境治理和生态修复制度,用制度保护生态环境"①。然而,改革是一个复杂的系统工程,单靠某一个或某几个部门往往力不从心,这就需要建立更高层次的领导机制。②因此,2014年1月22日,中共中央全面深化改革领导小组正式成立,专设经济体制和生态文明体制改革专项小组,把经济体制改革和生态文明体制改革有机结合。2015年9月,中共中央国务院印发的《生态文明体制改革总体方案》进一步明确,到2020年,构建起由"八项制度构成的产权清晰、多元参与、激励约束并重、系统完整的生态文明制度体系,推进生态文明领域国家治理体系和治理能力现代化,努力走向社会主义生态文明新时代"③是生态文明体制改革的基本目标。

第四,确定生态文明建设的载体和路径。2013年7月,以"建设生态文明:绿色变革与转型——绿色产业、绿色城镇、绿色消费引领可持续发展"为主题的生态文明贵阳国际论坛2013年年会在贵阳召开。从论坛主题可以看出,产业、城镇、消费将成为生态文明建设的重要载体。2013年年底,在中央城镇化工作会议上,习近平同志明确指出,新型城镇化"涉及经济、社会、文化、生态文明建设方方面面",要把握住"以人为本、优化布局、生态文明、传承文化"四条基本原则。④城市群是人口大国城镇化的主要空间载体,像我们这样人多地少的国家,更要坚定不移,以城市群为主体形态推进城镇化。⑤李克强同志也在讲话中指出:"城镇化既是经济发展过程,又是社会变化过程,涉及经济、社会、人口、生态等诸多领域,是个综合体"⑥,"推进新型城镇化,对环境一定要倍加呵护,对资

---

① 《十八大以来重要文献选编》(上),中央文献出版社2014年版,第541页。
② 同上书,第508页。
③ 《生态文明体制改革总体方案》,人民出版社2015年版,第5页。
④ 参见《十八大以来重要文献选编》(上),中央文献出版社2014年版,第592页。
⑤ 同上书,第600页。
⑥ 同上书,第610页。

源一定要精打细算，走绿色、可持续发展之路。这是一篇关系中华民族生存和发展的大文章","建设绿色城镇，要把防治污染和节约利用资源结合起来，方向是发展绿色建筑、绿色能源、绿色交通，构建'两型'社会"。① 2014年3月，《国家新型城镇化规划（2014—2020年）》正式公布，提出要坚持"走以人为本、四化同步、优化布局、生态文明、文化传承的中国特色新型城镇化道路，促进经济转型升级和社会和谐进步"，强调要实现新型城镇化"生态文明，绿色低碳。把生态文明理念全面融入城镇化进程，着力推进绿色发展、循环发展、低碳发展"。② 2014年7月，以"改革驱动、全球携手、走向生态文明新时代——政府、企业、公众：绿色发展的制度架构与路径选择"为主题的生态文明贵阳国际论坛2014年年会在贵阳召开，从论坛主题可以看出，政府、企业、公众是生态文明建设的"三大主体"，既是绿色制度的践行者，也是寻求可行路径的推动者。2015年4月，中共中央国务院在《关于加快推进生态文明建设的意见》中再次强调"把生态文明建设放在突出的战略位置，融入经济建设、政治建设、文化建设、社会建设各方面和全过程，协同推进新型工业化、信息化、城镇化、农业现代化和绿色化"③，绿色化是生态文明融入经济建设的价值理念，工业化、城镇化、农业现代化是生态文明融入经济建设的载体，决定了生态文明融入经济建设的实践路径。

新中国成立以来的生态文明思想与经济建设观发轫于社会主义建设实践与马克思主义生态智慧的结合，梳理中国化马克思主义生态文明思想与经济发展观，可以得出一个最基本的结论：中国共产党对生态文明与经济建设的理论认识和实践探索是一脉相承、与时俱进和不断创新的过程。从

---

① 参见《十八大以来重要文献选编》（上），中央文献出版社2014年版，第619页。
② 《国家新型城镇化规划（2014—2020年）》，人民出版社2014年版，第16—17页。
③ 《十八大以来重要文献选编》（中），中央文献出版社2016年版，第486页。

"绿化祖国""环境保护"到"可持续发展",从"可持续发展"到"生态文明建设",从"大力发展生产力"到"加快发展",从"又快又好地发展"到"科学发展",始终围绕经济建设这个中心,突出了发展是解决当代中国所有问题的关键。这些闪烁真理光芒的科学智慧,将为生态文明融入经济建设注入理论活力,将引领中国特色社会主义伟大事业不断前进。

### 三 中国传统文化中的生态智慧与环境伦理

中华民族优秀传统文化源远流长、博大精深、历久弥新,蕴含丰富而深刻的生态智慧与环境伦理,包括自然资源观、生态价值观、生态环境保护观以及生态消费观等,彰显了中华民族生存和发展的生态智慧及生态自律精神。推进生态文明融入经济建设,就是要在以经济建设为中心、以科学发展为主题和以转变经济发展方式为主线的进程中,汲取植根于中国优秀传统文化中蕴藏的生态智慧与环境伦理资源,将其运用于指导经济绿色化转型的理论和实践中去。

#### (一)"天人合一"的生态哲学智慧

人与自然融为一体、和谐共生是生态文明思想的哲学基础。"中国哲学家们对自然界的态度和希腊人所持有的态度基本上不同。对中国人来说,个人和自然是分不开的——他是自然的一部分。不存在一个制定法则的神,不存在按照事先想好的方案创造了为人类利用的宇宙的神。"① 在中国古代先贤那里,人与自然彼此联系,"惟天地万物父母,惟人万物之灵"②,天地是万物的根本,人是万物的灵长。在中国传统农业社会,以农

---

① [美]普雷斯顿·詹姆斯、杰弗雷·马丁:《地理学思想史》,李旭旦译,商务印书馆1982年版,第69页。
② 《尚书·泰誓》,北京大学出版社1999年版,第270页。

为本的农事活动受制于自然条件的影响。因此，以顺从自然为前提的农业文明，蕴藏着人与自然和谐共生的"天人合一"的生态智慧，对自然充满了敬畏。关于"天人关系"的论述，有三种典型学说：一是以庄子为代表的"因任自然"思想；二是以荀子为代表的"改造自然"思想；三是以《易传》为代表的"天人合一"思想。① 庄子主张"不以人助天"②"无以人灭天"③，突出了天的自然属性，不要人为去干涉天命、干涉自然，表达了一种听任自然的"无为"思想和"顺天"思想。荀子则批评庄子"蔽于天而不见人"④，主张"制天命而用之"⑤，认为人要发挥主观能动性改造自然，使天更加接近自然之天。而孟子综合庄子"顺天"和荀子"制天"的主张，提出"尽其心者知其性也，知其性则知天矣"⑥ 的"天人合一"思想。这是"一种全面的观点，既要改造自然，也要顺应自然，应调整自然使其符合人类的愿望，既不屈服于自然，也不破坏自然。以天人相互协调为理想。应该肯定，这种学说确有很高的价值"⑦。

作为有着悠久历史的农业文明国家，中国古代"天人合一"的生态智慧是在长期农业活动中形成的。"天人合一"关键在"合"，主要意思是天人和谐、天人融洽"共生"状态，这与西方文化中强调的天人相分、天人相争的"竞生"状态截然不同。"天地人，万物之本也。天生之，地养之，人成之。天生之以孝悌，地养之以衣食，人成之以礼乐。"⑧ 这是对"天、地、人"三者关系的经典描述。"夫稼，为之者人也，生之者地也，养之

---

① 参见张岱年《中国哲学中"天人合一"思想的剖析》，《北京大学学报》1985年第1期。
② 《庄子·大宗师》，中华书局2007年版，第113页。
③ 《庄子·秋水》，中华书局2007年版，第242页。
④ 《荀子·解蔽》，中华书局2007年版，第211页。
⑤ 《荀子·天论》，中华书局2007年版，第108页。
⑥ 《孟子·尽心》，中华书局2006年版，第287页。
⑦ 张岱年：《中国哲学中"天人合一"思想的剖析》，《北京大学学报》1985年第1期。
⑧ 《春秋繁露·立元神》，中华书局1975年版，第207页。

者天也。"① 进一步将农业生产中"天"(包括气候、四时、季节)、"地"(包括地形、地势、土壤)和"人"(即农业生产的主体)等因素结合起来,形成了相互依存、相互制约且在动态运动中实现协调的有机整体。关于"天人合一"的思想,是我国古代优秀传统文明中的瑰宝,是几千年来指导人们认识人与自然关系的世界观和方法论基础,也是促进经济绿色生态文明转型的生态基因。

## (二) 合理利用和保护自然资源的自然资源观

在中国优秀传统文化资源中,蕴含合理利用和保护自然的自然资源观,主要概括为以下方面:

一是自然资源和野生生物的保护和利用。公元前一千多年的周文王时期,在颁布的《伐崇令》中提出:"勿坏屋,勿填井,勿伐树木,勿动六畜,有不如令者,死无赦",对自然资源和野生生物的保护做出了明文规定。中国古代也对狩猎活动进行了严格"时禁"。"禽兽以时杀焉"②,强调禽兽在未发育成熟时禁止捕杀。"鸟兽孕……于是乎禁罝网和鸟网"③,规定禁止捕杀正在孕期的鸟兽;"天子不合围,诸侯不掩群"④,则明确反对赶尽杀绝的狩猎方式。

二是自然资源的适时利用。适时利用自然资源,本质上是著名的"时禁"观。如林木的砍伐和利用,要在适时的时间进行,反对滥砍滥伐。"山林非时不升斤斧,以成草木之长"⑤,"草木荣华滋硕之时,则斧斤不入山林,不夭其生,不绝其长也"⑥,强调了林木砍伐利用要在其发育成熟后

---

① 《吕氏春秋·申时》,上海古籍出版社 2014 年版,第 622 页。
② 《大戴礼记补注·曾子大孝》,中华书局 2013 年版,第 95 页。
③ 《国语·鲁语上》。
④ 《礼记·王制》,上海古籍出版社 2015 年版,第 99 页。
⑤ 《逸周书全译·文传》,贵州人民出版社 2000 年版,第 90 页。
⑥ 《荀子·王制》,中华书局 2007 年版,第 71 页。

进行，禁止在"草木荣华滋硕"的发育成长期砍伐利用。对此，荀子提出"斩伐养长，不失其时，故山林不童，而百姓有余材也"①，孟子强调"斧斤以时入山林，材木不可胜用也"②，均表达了自然资源的"时禁"观，强调林木要在保护中利用，才能用之不竭。同时，要适时捕捞鱼类资源，"川泽非时不入网罟，以成鱼鳖之长"③，"污池渊沼川泽，谨其时禁，故鱼鳖优多而百姓有余用也"④ 等，说明要适时下网捕鱼，才能让百姓享用自然之美。

（三）自然生态运行系统观

经济系统运行是以自然生态系统运行为基础，经济发展要合理利用自然力，遵循自然生态系统物质能量转换规律。这在中国优秀传统文化中已涉及相关朴素思想。

一是认识到物质循环和能量转换规律的存在。"螳螂捕蝉，黄雀在后"的寓言故事，说明了古人已经开始从生物的"食物链条"关系中，认识到物质循环和能量转换规律的客观存在。晋代学者嵇含在其《南方草木状》一书中，就记载了用黄猄蚁防治柑橘害虫的问题。⑤ 因此，这种利用"食物链条"的生物防治策略，大量运用于古代农事活动中。

二是注重土壤的水分和养分利用返还。我国是一个历史悠久的农业型国家，有着丰富的农事生产经验。在土壤利用方面，认识到用地与养地的关系，以及保护土壤肥力的重要性。战国时期，《周礼》一书中便记载了"自然土壤"和"农业土壤"的区分，将"万物自生"之地称为"土"，

---

① 《荀子·王制》，中华书局2007年版，第71页。
② 《孟子·梁惠王上》，中华书局2006年版，第1页。
③ 《逸周书全译·文传》，贵州人民出版社2000年版，第90页。
④ 《荀子·王制》，中华书局2007年版，第71页。
⑤ 参见蒲蛰龙《害虫的生物防治》，科学出版社1977年版，第2页。

将"人所耕而树艺"之地称为"壤"。在此基础上,又形成了农业用地的灌溉、施肥等传统农业技艺。至宋代,在《陈敷农书》中记载了"益精熟肥美,其力当常新壮",强调土壤治理、合理施肥才能"地力常新"。

三是利用生物间互用互养进行生产设计。在农业生产活动中,加强生物间相互关系,可以发挥农业多功能性。中国古代就有了"稻田养鱼"的农业生产组合方式。据历史文献考证,三国时期,四川一带便开始了"稻田养鱼"的农业生产组合。之后,唐朝的刘恂在其《岭表异录》中概括评价了"稻田养鱼"的生态和经济效益,他叙述说,人们买鱼子放养在稻田中,一两年后"鱼儿长大,食草根并尽,既为熟田又收渔利。乃种稻,且无稗草,乃齐民之上术也"。以上我国古代的这类思想遗产还表现在其他许多方面,都共同成为我国当代生态经济学生长的思想基础的组成部分。①

总之,吸收中国优秀传统文化中的生态智慧,并将其融入于经济建设各方面和全过程之中,就需摆脱"蔽于天而不知人"的消极内容,不过度沉溺于"古已有之"环境伦理,赋予"天人合一"以新的时代使命。

## 四 当代西方生态马克思主义生态文明思想

20世纪中期以来,西方社会出现了一场旨在生态改善和环境保护的绿色运动。许多理论家和政治家开始反思传统经济增长模式,主张重新界定人与自然之间的关系。其中,诸多立足于马克思主义经典作家论述,结合西方马克思主义流派及生态学理论成果,对工业社会人与自然的关系进行了批判性反思,形成了一股"生态学马克思主义"思潮。这一思潮直面生态危机,继承和发展了马克思主义,对改善人与自然之间关系、引导人们正确认识现代资本主义与生态危机的关系进行了尝试,在实践层面,对西

---

① 参见王松霈《生态经济学》,陕西人民教育出版社2000年版,第21—27页。

方社会产生了重要影响。但作为与科学社会主义相背离的激进思潮,"生态学马克思主义的生态价值观主要包括对人类中心主义价值观的辩护和理论内涵的重新诠释、对科学技术合理性问题的探讨和对消费主义价值观的批判"①,其中不乏缺陷。因此,辩证看待西方马克思主义生态思想,特别是生态马克思主义思潮,有助于我们更加清醒地认识西方生态马克思主义思想的理论贡献与不足。

"生态学马克思主义"具有"生态马克思主义""生态社会主义"和"马克思的生态学"等多种理论形态,代表人物众多,主张也各有不同。②诸如,詹姆斯·奥康纳阐述了资本主义制度下存在"双重内在矛盾"理论及其衍生的资本积累经济危机和以生产与消费为前提的生态危机;约翰·贝拉米·福斯特把"马克思的生态学"重新描述为一种"生态唯物主义";乔尔·科威尔则肯定了自然的解放是与劳动的解放或马克思所称的"生产者的自由联合体"不可分离的。③ 总体上,都主张将生态环境问题作为当前人类和马克思主义应当首先面对的现实问题,将生态环境运动与马克思主义相结合,走出一条独特的理论道路。

## (一)对马克思主义生态思想进行了新诠释

生态马克思主义是以马克思主义自然观、唯物主义历史观以及对资本主义制度及其生产方式的批判为认识论基础,强调自然是客观自然与历史自然的统一,肯定自然对于人类的先在地位,人类社会应是自然与社会高度和谐的社会。人们只有在物质上得到充分保障时,才会创造一个生态健

---

① 王雨辰:《论生态学马克思主义的生态价值观》,《北京大学学报》(哲学社会科学版)2009年第5期。
② 参见张一兵《当代国外马克思主义哲学思潮》(下卷),江苏人民出版社2011年版,第487页。
③ 参见郇庆治《西方生态社会主义思潮启示》,《人民论坛》2012年第10期下。

康的社会。① 因此，要解决生态危机，既不能像生态中心论者拘泥于抽象的价值观争论，也不能脱离特有的社会制度属性，还不能将生态危机归结为工业社会科学技术的反生态性迷途，而必须变革社会的经济基础及其决定的人与人之间在生态资源利用上利益关系和行为方式。福斯特认为，马克思的历史唯物主义，本质上也是生态唯物主义，是以"实践"为基础、以人与自然物质变换为内容的生态唯物主义哲学。可见，马克思主义社会历史观与其生态学思想是不可分割的，人和自然和谐发展是马克思主义的根本特征。② 然而在今天，面对日趋严重的生态危机，却存在"人与自然的生态矛盾已经完全取代了资本主义生产关系存在的阶级对立的矛盾，直呼马克思关于工业资本主义的经济危机理论需要调整了，生态危机已经取代了经济危机"③的错误呼声。在发达资本主义国家，诸多生态问题学者只是把问题的根源漂移躲闪地归咎于"人类中心主义"，而生态马克思主义和生态社会主义则撩开面纱，直指本质，认为资本主义制度是造成全球生态危机的根本原因，并且危机不可能通过资本主义制度本身化解。④ 为此，生态马克思主义者强调生态危机的根源在于资本主义制度的内在矛盾和资本本性，认为资本主义生态危机是资本主义危机的当代表现形式之一。

(二) 对资本主义发展模式加以深刻批判

马克思主义把社会生产方式看成历史发展的基础，把资本主义生产关

---

① 参见［英］戴维·佩珀《生态社会主义：从深生态学到社会主义》，刘颖译，山东大学出版社2005年版，第110页。
② 参见［美］约翰·贝拉米·福斯特《马克思的生态学：唯物主义与自然》，刘仁胜译，高等教育出版社2006年版，第24页。
③ ［加］阿格尔：《西方马克思主义概论》，慎之等译，中国人民大学出版社1991年版，第486页。
④ 参见欧阳志远《热话题与冷思考——关于生态文明与社会主义的对话》，《当代世界与社会主义》2013年第2期。

系及其生产方式看作全球资源环境问题和生态危机产生的根源。生态马克思主义认为，当代资本主义社会呈现出愈加严重的生态危机，其根源在两个方面：一方面，资本主义生产方式无视资源环境消耗，盲目扩大生产，反生态地运用科学技术，造成了实践中的人与自然关系紧张；另一方面，资本主义过度追求剩余价值以及资本的反生态本性，全球化资本扩张和全社会消费主义生活方式，强化了人与自然、人与人之间的关系紧张。因此，生态马克思主义强调，在资本主义社会，"控制自然"和"控制人"是同一历史过程。① 从"控制自然"的角度来看，生态马克思主义认为，马克思主义对资本主义生产方式及其生产关系的批判是对经济理性的批判，而经济理性只关注经济增长，致使人成为经济增长的工具，工业文明创造的科学技术在资本主义社会的运用正是在经济理性主义下展开，为了追求经济增长，不得不过度开发和利用自然，从而导致人与自然日趋紧张的关系。从"控制人"的角度来看，生态马克思主义认为，马克思主义经济危机理论不足以分析资本主义危机的本质。通过在全社会范围内宣传资本主义消费文化，资本追求剩余价值的反生态性本质已从生产领域转移到消费领域，试图转移人们对资本主义异化劳动的不满，将人们的幸福和自由引向消费领域。这种异化消费观和消费文化将使资源消耗和环境危机更为严重。可见，当代资本主义经济制度一是靠经济技术上的优势，二是靠不断制造公众消费的新需求来达到自我维持。制造并操纵消费，实际上就是在"转移目标"，把经济危机转移到生态危机上去。② 因此，生态马克思主义揭示了资本主义危机不仅包括资本主义生产力与生产关系之间的矛盾及其表现的生产方式、消费模式的局限，也受到自然条件的制约。

---

① 参见［加］威廉·赖斯《自然的控制》，岳长龄译，重庆出版社1993年版，第168页。
② 参见潘岳《论社会主义生态文明》，《中国经济时报》2006年9月26日第5版。

## （三）对未来社会提出了"生态社会主义"的构想

以马克思主义生态思想为理论基础对资本主义生产方式进行深刻批判之后，生态马克思主义认为，只有以"生态社会主义"为理想，将生态运动与社会主义结合起来，才能找到破解资本主义生态危机的出路。基于此，有学者主张将生态运动引向激进的政治运动，强调生态运动与社会主义的互补关系，并提出要根据需要而不是围绕利润来组织生产，从而使交换价值从属于使用价值，使抽象劳动从属于具体劳动。① 所以，生态马克思主义提出的未来社会应是人类文明史上的一场变革，将生态原则和社会主义结合，超越资本主义与传统社会主义模式，反对资本主义生产方式的非正义性和反生态性，试图构建适合当代资本主义发展新情况、新特点和新要求，包容经济效率、社会公正、生态和谐的新型社会。

## （四）缺陷与不足

虽然生态马克思主义提出了解决生态危机的诸多具有建设性和变革性的思路，但作为与科学社会主义脱离的激进思想，则需要辩证审视其缺陷和不足。一是，生态马克思主义夸大了生态思想在马克思主义理论体系中的地位，对资本主义危机有从经济危机向生态危机转移的嫌疑，背离了马克思主义对资本主义社会矛盾本质的批判；二是，生态马克思主义将马克思主义认知的生产力进步性与生产力资本主义社会作用的负面性混同起来，要求以限制生产力发展来保护生态环境，与经济发展和生态建设的现实不符；三是，生态马克思主义倡导从文化、政治、价值、思想等方面改变资本主义既有价值观念和制度体系来实现人与自然的和谐发展，淡化对

---

① 参见［美］詹姆逊·奥康纳《自然的理由》，唐正东译，南京大学出版社 2003 年版，第 525—526 页。

资本主义生产方式的根本性变革，殊不知，资本主义生产方式恰恰是资本主义生态危机加剧的根源。所以，生态学马克思主义的生态批判，本质上仍"是价值批判和技术批判从属于制度批判的一种当代资本主义理论"①，我们必须正确对待生态马克思主义。

### 五　可持续发展、资源环境经济与内生型增长理论

针对生态文明和经济可持续发展，现代经济学也提出了包括可持续发展经济理论、资源环境经济理论、内生型经济增长理论等。这对中国生态文明融入经济建设各方面和全过程也具有重要理论指导。

#### （一）可持续发展经济理论

在处理经济增长与环境保护的关系问题上，大致形成两种相反论调：悲观者认为，随着人口爆炸式增长，资源消耗、环境污染、生态退化日趋恶化，经济增长将超过地球资源、环境和生态承载阈值，人类将走向崩溃边缘；相对于悲观论调，乐观者则认为，经济增长是提高资源利用效率、开发新能源、改善环境条件、实现生态修复的前提条件，是人类社会绵延不绝的基本途径。但是，随着经济发展条件的变化，人们对经济增长与环境保护的认识更加理性和科学，开始寻找能够实现二者良性互动、平衡共进的可持续发展道路。为实现人口、资源、环境与经济社会可持续发展，不同学科从不同角度形成了不同的可持续发展理论，"其中，最具代表性的可持续发展理论包括：以马歇尔、科斯、Pearce、Barbier 等为代表的经济学的可持续发展理论；以 E. P. Odum、Walker、布伦特兰夫人等为代表

---

① 王雨辰：《论生态学马克思主义的生态价值观》，《北京大学学报》（哲学社会科学）2009年第5期。

的生态学的可持续发展理论;以 Boulding、牛文元等为代表的系统科学的可持续发展理论;以科塞、联合国开发计划署为代表的社会学功能主义、冲突理论的可持续发展观;以白兰士、白吕纳等为代表的人地协调的地理学可持续发展理论"①。可持续发展就是"既满足当代人的需求又不危及后代满足其需求的发展"②,即在自然资源存量一定的条件下,上一代人的经济社会发展不以损害、危及下一代经济持续发展为代价,保证"代内均等和代际均等"③。在经济学层面,可持续发展有其特定经济学含义,希克斯·林达尔认为,可持续发展是"在不损害后代人的利益时,从资产中可能得到的最大的效益"④;以穆拉辛格等为代表的经济学家认为,可持续发展是"在保持能够从自然资源中不断得到服务的情况下,使经济增长的净利益最大化"⑤。可持续发展经济理论已将生态因素、资源要素等转化为支撑经济可持续增长的内生因素和变量,可持续发展理论也逐步从关注经济领域拓展至政治、文化、社会以及国际合作方面,聚焦人类社会永续发展。

## (二) 资源环境经济理论

现代资源环境经济理论起源于 19 世纪初古典经济学理论和自然资源保护学说。古典经济学家重视自然资源的"稀缺性"及其对经济增长的影响,自然资源的"稀缺性"及其分配和利用,是资源环境经济理论展开的基点。资源稀缺论有两种:一是,受马尔萨斯《人口原理》和《政治经济学原理》影响而形成的资源环境绝对稀缺论,认为资源环境无论是物理数

---

① 曾刚等:《生态经济的理论与实践》,科学出版社 2008 年版,第 60 页。
② 世界环境与发展委员会:《我们共同的未来》,世界知识出版社 1987 年版,第 216 页。
③ 潘家华:《持续发展途径的经济学分析》,社会科学文献出版社 2007 年版,第 16—17 页。
④ 邱桂杰:《区域开发与环境协调发展的动力与机制研究》,吉林大学出版社 2010 年版,第 47 页。
⑤ 杨筠:《生态建设与区域经济发展研究》,西南财经大学出版社 2007 年版,第 18 页。

量上的有限还是经济上的稀缺，都是必然存在且绝对的，不因技术进步和社会变化而改变；同时，资源环境的绝对稀缺还表现为报酬递减。另一类是，受李嘉图影响而形成的资源环境相对稀缺论，认为自然资源不存在均质性，否认自然资源利用的绝对极限，承认资源质量的差别及资源质量下降的相对稀缺；同时，资源环境的相对稀缺不构成经济增长的制约。此后，穆勒、马歇尔等古典经济学家对资源稀缺理论做了重大贡献。穆勒对马尔萨斯的绝对稀缺模式和李嘉图的相对稀缺模式进行了阐释，把稀缺概念延伸到更为广义的范畴，成为第一个将自然环境纳入经济学领域加以分析的学者。除了考察了用于物质生产的资源，穆勒还考察了生活环境的数量和质量，认为"生活空间的博大与自然景观的美是人类文明生活所不可缺少的"[①]。同时，穆勒对环境经济学最大的贡献就是从哲学伦理高度提出了关于建立"静态经济"的构想。他认为，自然资源、人口和财富均应保持在一个静止稳定的水平，而且这一水平要远离自然资源的极限水平，以防止出现食物缺乏和自然美的大量消失。[②]"静态经济"的构想超出了资源稀缺范畴，将自然之美及其影响的时间尺度拓展至长远未来。马歇尔认为，资源的稀缺性导致产品价格上升，资源除了具有生产性输入功能，还具有为人类提供休闲环境的服务功能。马克思对资源稀缺性理论的贡献在于：从劳动价值学说把资源的使用价值转换为交换价值，揭示了隐含于资源稀缺性中的经济政治关系；同时，"当环境质量恶化呈现出一种质的不可逆性时，环境资源就表现为绝对的资源稀缺"[③]，资源稀缺是绝对与相对的统一。从资源的相对稀缺与绝对稀缺角度，有助于对资源的高效利用和生态环境保护进行合理平衡，为生态文明引领经济绿色化转型提供思想武器。

---

[①] 潘家华：《持续发展途径的经济学分析》，社会科学文献出版社2007年版，第67页。
[②] Mill. *Principles of Political Economy Longman*, London, 1871, Vol. II, p. 331.
[③] 蔡宁：《经济与环境协调发展理论与实证》，中国环境科学出版社2001年版，第49页。

(三) 内生型经济增长理论①

随着 20 世纪中叶环境问题的恶化和影响范围的扩大，以及资源环境经济理论和可持续经济理论的新发展，诸如熊彼特、索洛等经济学家开始把环境因素、生态因素纳入经济增长模型，探索经济持续增长条件下化解资源环境危机的途径。传统经济增长模型认为，随着产出增加，最优的污染强度会降低，但提高清洁生产技术、降低环境污染强度的成本会引起资本的社会边际产出减少，从而在增长无限制的情况下，边际产出会低于时间偏好率，使增长最终陷入停滞。而熊彼特增长模型则认为，资本分为智力资本和有形资本，只要智力资本积累快于有形资本积累，边际产出下降趋势就可以由智力资本积累抵消，从理论上证明了知识和技术创新是消解生态危机、实现经济持续增长的途径。因此，持续性成为经济增长的核心，资源环境因素是经济内生增长模型的核心变量。经济学家把新古典经济学与内生增长理论结合起来，综合资本积累的熊彼特增长模型和内生技术进步的 Solow – Swan 模型，形成了包括知识、资源、环境、技术的内生型经济增长模型，对经济增长源泉进行了新解释和新补充。内生型经济增长模型将新古典增长理论、人力资本增长理论、创新增长理论综合起来，并吸收产业组织理论，使经济增长理论更切合实际。因此，内生型经济增长模型对于理解生态文明导向型经济持续增长也同样具有较强解释力。

---

① 参见［美］菲利普·阿吉翁、彼得·霍依特《内生增长理论》，陶然、倪彬华等译，北京大学出版社 2004 年版，第 136—154 页。

## 第三节　社会主义生态文明融入经济建设的分析框架

生态文明建设融入经济建设是以对"生态文明建设"的科学阐释为第一逻辑前提，对"经济建设各方面和全过程"的全面把握是第二逻辑前提。可以讲，生态文明融入经济建设是一个围绕"生态文明建设"却"以经济建设为中心"的理论逻辑与实践逻辑的展开过程，准确理解"第一逻辑前提"是科学认知"第二逻辑前提"的基础。因此，对社会主义生态文明的内涵和本质、生态文明建设系统构成、特征与机理的全面理解具有优先性。在此基础上，展开"第二逻辑前提"的探讨。最后，从横向和纵向双重维度提出生态文明融入经济建设的分析框架。

### 一　生态文明的科学内涵与本质规定

#### （一）社会主义生态文明的科学内涵

从时间维度来看，生态文明是继原始文明、农业文明、工业文明之后形成的新型文明形态，是人类社会文明范式转型的高级形态；从文明构成来看，生态文明是与物质文明、精神文明、制度文明等文明要素相并列的文明要素。生态文明是具有层次多样性、结构多样性和形态多样性的综合体。"从经济技术形态看，生态文明属于渔猎社会—农业社会—工业社会—生态社会的序列；从社会形态看，生态文明属于原始—奴隶—封建主义—资本主义—社会主义（共产主义）的序列。"① 社会形态的生态文明与经济技术形态的生态文明相结合，构成了社会主义生态文明有机整体，即社会主义生态文明是人类文明形态与人类社会形态共同进化的结果，是对工业文明与资本主义制度"双重扬弃"的结果。因此，社会主义生态文明是社会主义现代化建设的有机部分，它是继工业文明和资本主义制度之后的一种社会文明形态，即以全面、协调、可持续、公平为理念，以绿色化经济发展方式、公平正义型政治运行方式、资源节约环境友好型社会建设方式、生态文化主导型文化繁荣为基本内容，以人与自然、人与人、人与社会的和谐共生和平衡共进为目标。

中国特色社会主义生态文明是中国特色社会主义制度与人类文明形态进化相结合的必然结果，是指在坚持中国特色社会主义道路、理论体系、制度和深刻把握中国现实国情的前提下，以人与自然、人与人、人与社会之间和谐共生为核心理念，以生态文明为引领的物质文明、政治文明、精神文明、社会文明共同构成的社会主义整体文明为基本内容，以实现人与自然和谐共生、人的全面发展和中华民族永续发展为根本目标，覆盖政府、市场、社会等各层次和各领域实践所取得的全部文明成果。

## （二）中国特色社会主义生态文明的本质规定

社会主义生态文明有着自身的本质规定性。中国特色社会主义生态文明必须凸显生态文明的中国特色社会主义性质、方向、原则、优势和任务。从根上看，中国特色社会主义生态文明的本质与中国特色社会主义的本质具有内在一致性，"生态文明建设与中国特色社会主义之间存在不可分割的联系，因此必须将它置于中国特色社会主义中去理解"②，必须以作

---

① 苏星鸿：《中国特色社会主义生态文明三题》，《东南大学学报》（哲学社会科学版）2013年第4期。
② 田心铭：《文明、生态文明与中国特色社会主义》，《思想理论教育导刊》2013年第11期。

为整体文明形态的生态文明标准来全面展开。中国特色社会主义生态文明既是社会文明的理论体系，也是社会文明的实践体系。因此，对中国特色社会主义生态文明本质规定不能仅停留在"先决性、可持续性、全面性、协调性、开放性、和谐性"①等价值理念上，还应体现在如下方面：

第一，社会主义性质规定。生态文明是中国特色社会主义题中之义。中国特色社会主义生态文明首先是社会主义性质的生态文明，与资本主义生态文明有着本质区别。"社会主义"绝不是可有可无的修饰，恰恰规定了中国特色社会主义生态文明的意识形态指向，体现了中国特色社会主义的道路自觉、理论自觉和制度自觉。从语义构成来看，"资本主义生态文明是一种矛盾修辞"②，"资本主义"与"生态文明"存在逻辑矛盾。资本只有一种生活本能，这就是增殖自身，创造剩余价值。③资本会利用一切手段冲破一切障碍实现自身增殖，在根本上，资本主义是反自然、反生态的。而中国特色社会主义生态文明是由中国特色社会主义道路、理论体系、制度共同规定，是道路、理论体系和制度的统一。从实践道路来看，中国特色社会主义生态文明是在社会主义现代化进程中尊重自然规律与遵循经济社会规律的基础上形成的崭新文明形态；从理论体系来看，中国特色社会主义生态文明是以马克思主义为指导，坚持科学社会主义基本原则基础上形成的社会主义文明体系；从制度现代化来看，中国特色社会主义生态文明是建立在社会主义公有制经济和市场经济基础之上、体现社会主义制度对生态文明制度体系的本质规定，突出政府机制、市场机制和社会机制对生态文明建设的制度优势和政策优势。

---

① 张弥：《社会主义生态文明的内涵、特征及实现路径》，《中国特色社会主义研究》2013年第2期。
② 蔡华杰：《社会主义生态文明的"社会主义"意涵》，《教学与研究》2014年第1期。
③ 参见《马克思恩格斯文集》（第5卷），人民出版社2009年版，第269页。

第二，中国具体国情的规定。在中国语境下提出生态文明建设话语，是由鲜明的中国特色和现实特点决定的。除了社会主义性质规定，中国特色社会主义生态文明必须突出中国具体国情的规定，体现"中国特色"。如果说社会主义性质的规定是从社会主义"实质的一致性"来界定社会主义生态文明的"共性"，那么，中国具体国情的规定则是从社会主义"特殊差异性"来界定社会主义生态文明的"个性"。由社会主义性质的规定的社会主义生态文明"共性"与由中国具体国情决定的社会主义生态文明"个性"共同决定了中国特色社会主义生态文明"经济发展前提的规定""基本内容构成的规定""核心价值理念的规定"和"最终实现目标的规定"。所以，谈论中国特色社会主义生态文明，不能只将注意力集中在"中国特色"上，对"中国特色"的认识和理解不能和"社会主义"截然分开。离开了"中国特色"来谈论"社会主义"，固然有可能重蹈把社会主义看成是一种固定不变的模式和书本上的教条的覆辙，但是，离开"社会主义"来谈论"中国特色"，也有可能犯下把"中国特色社会主义"变成"中国特色资本主义"的错误。[①] 因此，把握"中国特色"要以"社会主义"为前提，在此基础上，又要科学研判社会主义初级阶段我国资源、环境、生态所呈现的"中国特色"，才能走出一条中国特色的生产发展、生活富裕、生态良好的文明发展之道。

第三，经济发展前提的规定。中国特色社会主义生态文明不是没有经济发展的生态文明，也不是停止现代化脚步的生态文明。中国特色社会主义生态文明恰恰是以高度发达的生产力和高质量的经济发展为物质基础。"发展是硬道理"，"发展是执政兴国的第一要务"，"发展是解决中国所有问题的关键"，经济发展是生态文明的前提。中国在发展中产

---

[①] 参见陈学明《建设生态文明是中国特色社会主义题中应有之义》，《思想理论教育导刊》2008 年第 6 期。

生的资源能源消耗、环境污染破坏、生态系统退化等问题，只有在发展中来解决和在发展中保护。中国特色社会主义生态文明是超越了资本主义制度和工业文明的社会主义崭新文明形态，赋予了发展新内涵，发展成为以科学发展观为指导、以转变经济发展方式为主线、以绿色创新驱动为支撑、以共享生态产品和生态福祉为目标的发展。因此，在协同推进新型工业化、信息化、城镇化、农业现代化和绿色化过程中，要把绿色产品、绿色产业、绿色技术、绿色空间、绿色制度、绿色政策构成经济发展的绿色支持体系，为中国特色社会主义生态文明提供经济发展前提。

第四，基本内容构成的规定。中国特色社会主义生态文明是以中国特色社会主义文明现代化为基本内容构成的文明新形态，构成了"物质文明、政治文明和精神文明的前提"[①]。没有生态文明的前提，中国特色社会主义经济发展、政治民主、文化繁荣、社会和谐就不可能有良好的生态条件。中国特色社会主义生态文明的基本内容构成可以分解为以生态文明为引领的经济建设、政治建设、文化建设、社会建设，通过将生态文明的理念、原则、目标等深刻融入和全面贯串到经济建设、政治建设、文化建设、社会建设各方面和全过程，形成由生态文明导向的经济发展方式、政治运行方式、社会治理方式、文化发展方式共同构成的中国特色社会文明现代化总布局。

第五，核心价值理念的规定。中国特色社会主义生态文明是以科学发展观为指导的生态文明，以人为本、全面、协调、可持续发展等科学发展本质要求就是中国特色社会主义生态文明的核心价值理念。有学者认为，中国生态文明的核心价值是"人与自然之间的和谐、世界和谐、社会和

---

① 潘岳：《论社会主义生态文明》，《中国经济时报》2006年9月28日第5版。

谐、个人自我身心和谐"①，本质上讲，与以人为本、全面、协调、可持续发展的核心价值理念具有一致性。中国特色社会主义生态文明站在人民立场上，坚持以人为本，不以牺牲人类生命、生存、健康和发展为代价换取经济增长。所以，需要全面统筹人与自然、人与人、人与社会的关系，坚持自然优先和生态优先原则，促进人与自然、人与人、人与社会的和谐，充分考虑人类生存与繁衍以及顾及资源、环境、生态的承载能力和持续能力。

第六，最终实现目标的规定。中国特色社会主义性质决定了生态文明的终极目标。一方面，要以"生态环境就是生产力，保护生态环境就是发展生产力"的生产力认知拓展和丰富生产力的构成；另一方面，以解放和发展生产力实现经济上的共同富裕，让国民共享改革开放的文明成果，进而实现经济、社会和生态的公平正义和人的全面发展。与此同时，肩负"建设美丽中国、实现中华民族永续发展"历史重担的中国特色社会主义生态文明，就必须把"一是实现人与自然的和解，达到人与自然之间自然生态和谐协调发展；二是实现人与人的和解，达到人与人之间经济生态和谐协调发展；三是实现人同社会的和解，达到人与社会之间社会生态和谐协调发展，最终创造一个生态和谐、经济和谐、社会和谐相统一的和谐生态经济社会"②作为目标追求。

总之，中国特色社会主义生态文明的本质规定是由体现制度特质和价值诉求的"社会主义性质的规定"与由体现时空特质和发展要求的"中国具体国情的规定"共同决定的"经济发展前提""基本构成内容""核心价值理念"和"最终实现目标"等具体规定构成的"2+4"组合，全面体现了中国特色社会主义生态文明的本质。

---

① 李培超：《论生态文明的核心价值及其实现模式》，《当代世界与社会主义》2011年第1期。
② 刘思华：《正确认识和积极实践社会主义生态文明》，《马克思主义研究》2011年第5期。

## 二 生态文明建设的系统构成与基本特征

社会主义生态文明建设具有特有的系统构成、特征及运行机理。只有对社会主义生态文明建设的系统构成与运行机理进行全面把握,才能避免陷入抽象空洞地"纸上谈兵",使推进社会主义生态文明建设取得实效。

### (一) 社会主义生态文明建设的系统构成及其运行机理

社会主义生态文明建设覆盖了经济、政治、文化、社会、生态多个方面,跨越微观、中观和宏观多个层次,涉及政府、企业、社会公众多个主体,覆盖生产、分配、流通、消费多个环节,包含人口、资源、环境等多种要素。因此,社会主义生态文明建设是以基础理论为决策依据、以分层内容为圈层结构、以建设目标为目标体系和以实施机制为技术路线,共同构成的一个基于"社会—经济—自然"复合生态系统支撑的"基础理论—圈层结构—目标体系—技术路径"的复杂综合体(如图 1-7 所示)。社会主义生态文明建设系统构成的复杂综合体是"由多功能、多产业、多空间、多目标等综合属性和由经济、社会、文化、生态等综合价值构成的核心层,通过文化价值系统生成价值理性、通过自然资源和社会资源等生产要素提供物质基础、通过技术引入和方法创新等生产函数给予技术支撑、通过制度创建和规则重构等制度体系保障有序实施"[①],它是在一定理论指导下,通过优选科学方法,以社会主义生态文明不同方面、不同主体、不同层次、不同环节、不同要素为分层结构和内容,并采用一定技术路线和实施方案实现整体目标。

---

① 翟坤周、周庆元:《新农村综合体的内涵特征、体系框架与建设策略》,《现代经济探讨》2014 年第 4 期。

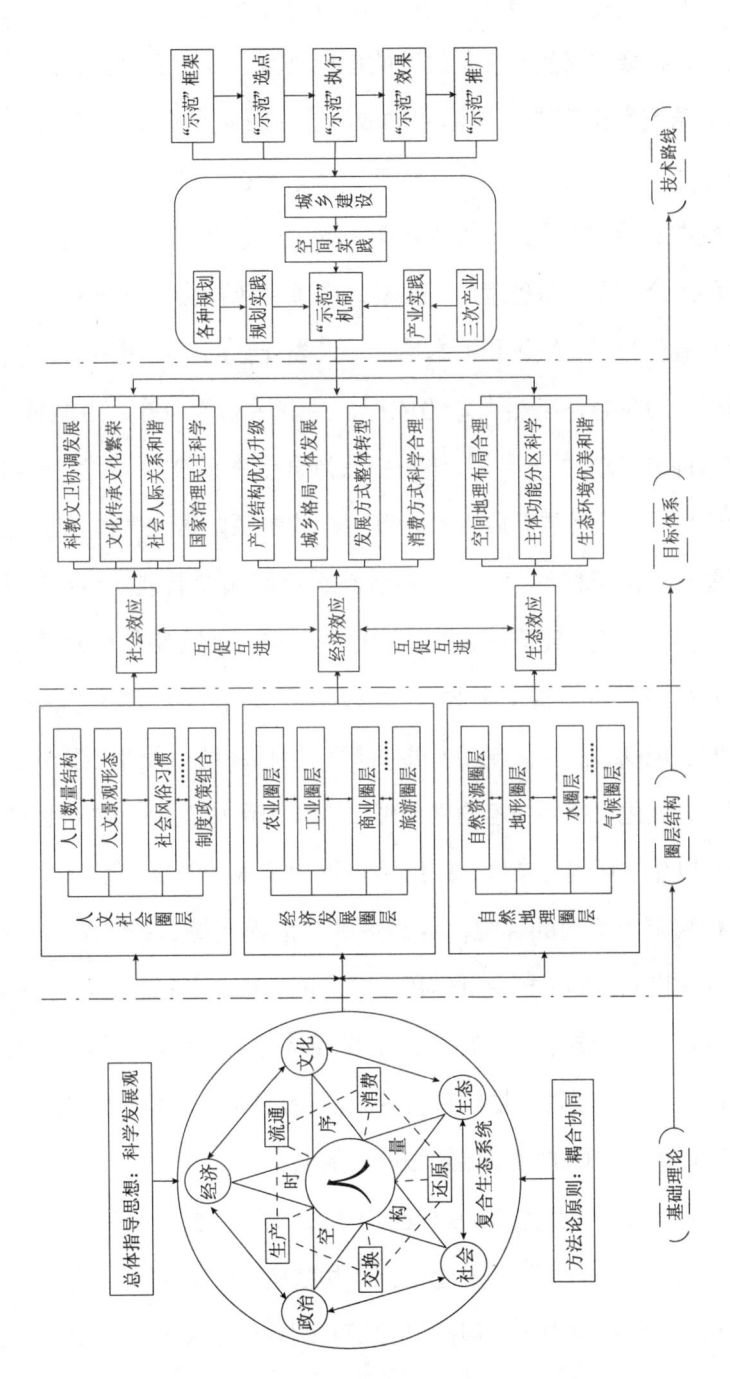

第一章 生态文明融入经济建设：理论基础与分析框架

图1-7 社会主义生态文明建设的"基础理论—圈层结构—目标体系—技术路线"系统构成及其运行机理

第一，社会主义生态文明建设的理论支撑。社会主义生态文明建设既是一个遵循人类文明进化规律和构成社会主义现代化文明体系的理论命题，也是一个以社会主义生态文明理论体系为指导的实践命题。因此，社会主义生态文明建设的系统构成包括为推进生态文明建设实践活动提供理论指导和理论依据的基础理论。当前，中国特色社会主义生态文明建设是以科学发展观为思想统领和根本指针。人类社会的任何组织单元都是一类以人类行为为主导，自然生态为依托，经济活动为命脉，由能量、资金、权力和精神所驱动的社会—经济—自然复合生态系统。[①] 人类社会以自然环境为依托，从自然界获取人类赖以生存的资源要素和微量元素，经过人类主观能动性认识和改造，为自身生存、繁衍和发展进行有目的的生产、流通、交换、调控、还原等实践，满足了人类当前需要和长远需要，从而获得经济社会可持续的生态服务。在人类活动中，又不断生成由社会组织、制度、规则、法律法规等构成的政治运行系统以及生成以价值观念、伦理纲常、文化信仰为内容的文化建设系统。可见，社会主义生态文明建设系统是以生态环境为本体、以经济发展为基础、以政治运行为保障、以生态文化繁荣为伦理的系统，自然资源的前提支撑、经济运行的物质循环、社会建设的协同调控交互作用，在时间、空间、结构、次序等方面形成交叉耦合。这就要求，要在社会主义经济建设、政治建设、文化建设、社会建设、生态文明建设协同耦合的方法论原则下，才能为社会主义生态文明建设提供系统性的理论认知和理论基础。

第二，社会主义生态文明建设的圈层结构。社会主义生态文明建设的圈层结构取决于生态文明的内涵、层次和结构。生态文明是独立的文明形态，具有丰富的理论内涵，包括"意识文明、行为文明、制度文明、产业

---

① 参见马世骏、王如松《社会—经济—自然复合生态系统》，《生态学报》1984年第1期。

文明"① 四个层次。这里，我们将社会主义生态文明建设看作具有层次性、互动性和复杂性的"社会—经济—自然"复合生态系统，它不仅涉及自然、经济、社会、文化、生态以及制度等多个层面，也涵盖了政府、市场、社会公众等行为主体，包括自然、人口、资源、产业等微观要素。因此，社会主义生态文明建设系统的圈层结构可以分解为：以自然资源、地形、水、气候等构成的自然地理圈层，这是系统的自然环境本体；以农业圈层、工业圈层、商业圈层形成的生产、交换、流通、消费等相互联系的经济各环节和各方面构成的经济圈层，这是系统的物质基础；以人口结构、人文景观、社会风俗、制度政策等构成的人文社会圈层，这是系统的外部支持系统。相互制约和相互促进的三大圈层构成了生态文明建设系统的核心。

第三，社会主义生态文明建设的目标体系。社会主义生态文明建设的"社会—经济—自然"复合生态系统和人文社会、经济发展、自然地理等圈层结构共同决定了社会主义生态文明建设实现"社会效应—经济效应—生态效应"协同的目标体系。从自然生态效应目标来看，社会主义生态文明建设要实现地理布局的合理性、主体功能分区的科学性和生态环境和谐优美。这是社会主义文明现代化建设的自然基础和生态条件，决定社会主义生态文明建设经济效应和社会效应的实现。从经济效应目标来看，社会主义生态文明建设要实现产业结构升级、城乡一体化发展以及生产方式、生活方式、消费方式的绿色化转型。从社会效应目标来看，社会主义生态文明建设要实现国家治理民主、社会和谐、文化繁荣、科教文卫等各项事业协调发展。社会主义生态文明建设"三大目标体系"具有自身展开逻辑：市场逻辑或经济逻辑要以自然逻辑和自然规律为前提，并镶嵌于社会逻辑之中；社会逻辑受制于自然逻辑，既不能将市场逻辑和社会逻辑凌驾

---

① 许恒、马晓媛：《社会主义生态文明的内涵层次》，《社科纵横》2008年第10期。

于自然逻辑之上,也不能将市场逻辑凌驾于社会逻辑之上。三者构成相互影响和相互制约的"闭环"。因此,社会主义生态文明建设是社会主义文明现代化的具体实践,必须以生态目标为先导、以经济目标为核心、以社会目标为纽带,实现经济、社会、生态协同效应目标。

第四,社会主义生态文明建设的技术路径。社会主义生态文明建设需要依托具体的、科学的技术路径才能实现效应目标。无论是资本主义国家还是社会主义国家,都是以重大工程项目或特定试验性改革为国家重大实践活动的手段和路径。在我国,也是普遍性选择以重大项目工程①载体作为社会主义文明现代化建设的技术路径。具体而言,往往是以"社会—经济—生态"效应目标体系为导向,以"项目制"为示范机制,在区域、行业、产业等不同领域先行先试,在通过评估后再逐步推开,实现"行政过程"和"社会过程"有机统一。在我国现阶段社会主义文明现代化建设中,总体上就是采用各种类、各层级规划先行实践,形成了主体、规划、产业、空间、制度相协同的生态文明建设路径。需要注意的是,必须处理好项目示范实施机制中"行政过程"和"社会过程"在社会主义生态文明建设实践中的关系,既不能以"行政过程"弱化"社会过程",也不能以"社会过程"替代"行政过程",而是"行政过程""市场过程"和"社会过程"的统一。

综上,社会主义生态文明建设是基础理论、圈层结构、效应目标、技术路径层层递进、逐步深入以及理论与实践相统一、过程与目标相统一的复杂综合体。

---

① 根据项目过程中的"自上而下"和"自下而上"分级"制度机制"运作模式,主要分为基于不同制度逻辑和行动策略的国家部门"发包"机制、地方政府"打包"机制和村庄"抓包"机制,参见折晓叶、陈婴婴《项目制的分级运作机制和治理逻辑》,《中国社会科学》2011年第4期。

## (二) 中国特色社会主义生态文明建设的基本特征

社会主义生态文明建设的科学内涵、本质规定、系统构成与运行机理决定了中国特色社会主义生态文明建设具有以下基本特征。

第一，系统性。中国特色社会主义生态文明建设是一项巨系统工程，包括经济、政治、文化、社会、生态各方面，政府、市场和社会公众各主体，农业、工业、服务业各产业，宏观、中观和微观各层次，生产、交换、流通、消费各环节，自然资源、人口、科技、资金等各要素。这些不同方面、主体、产业、环节、层次、要素相互交错，构成了一个有机系统。这决定了中国特色社会主义生态文明建设具有系统性特征。准确把握社会主义生态文明建设的理论基础、圈层结构、效应目标、技术路径及支撑体系，实现系统内部各要素有效衔接和功能互补，正体现了社会主义生态文明建设的系统性特征。

第二，整体性。生态文明建设是我们党积极主动顺应广大人民群众新期待进行的重大部署，进一步丰富了我国现代化建设的内涵。[①] 长期以来，人们认为中国特色社会主义生态文明建设就是解决资源约束、环境污染和生态退化等表面问题，在具体实践中形成了"就问题解决问题"的固化思维，零敲碎打、单兵突进、绕开主要矛盾打外围战，缺乏从社会主义文明现代化的整体视野认识造成资源约束、环境污染和生态退化等问题的根源，其中，《"十三五"规划》将社会主义生态文明建设降格表述为"加快改善生态环境"，更是未能理解到社会主义生态文明建设的战略高度。因此，大力推进中国特色社会主义生态文明建设必须将社会主义生态文明建设提升到社会主义文明现代化建设的认识高度，明确经济建设是中国特

---

① 参见周生贤《中国特色生态文明建设的理论创新和实践》，《求是》2012年第19期。

色社会主义文明现代化建设的子系统，统筹考察与社会主义生态文明建设紧密关联的经济、政治、文化、社会、生态等各领域和各环节，实现以生态文明建设为引领的经济发展方式、政府治理方式、文化建设方式和社会治理方式的整体变革。

第三，协同性。中国特色社会主义生态文明建设的系统性特征要求加强各主体、各领域和各层面的统筹协调，凝聚相关体制机制改革共识，才能形成强大合力。首先，加强党委、政府领导，建立社会主义生态文明建设的责任主体协调机制，积极发挥市场配置自然资源和保护环境的决定性作用，协同调动社会公众参与生态文明建设的积极性。其次，对社会主义生态文明建设进行顶层设计时，要设定目标、突出重点，切实找准突破口，循序渐进地推进生态文明建设。"十三五"时期，要逐步形成"以经济是生态的子系统、实现科学的经济发展、公平分配生态资本及多种手段配置生态资本为核心的经济理念和政策体系，理顺各政策目标间的次序"[①]，率先推进生态文明深刻融入和全面贯串到经济建设各方面和全过程。可见，中国特色社会主义生态文明建设具有主体协同、理念协同、目标协同、空间协同和政策协同等协同性特征和要求。

## 三 生态文明融入经济建设的科学内涵

中国特色社会主义现代化是以生态文明为引领，以经济建设的物质文明、治理现代化的政治文明、文化繁荣和发展的认知文明、社会和谐和道德提升的心态文明为构成内容的整体文明框架。我国正处于并将长期处于社会主义初级阶段，"发展仍是解决所有问题的关键"。这决定了生态文明

---

① 郭兆晖：《生态文明建设与转变经济发展方式关系论——基于生态经济学的框架》，《当代经济研究》2014年第6期。

融入和贯串于经济建设各方面和全过程，具有优先性。所以，首先就要从理论上阐释生态文明融入经济建设的科学含义。

### （一）生态文明融入经济建设的科学内涵

目前学术界对生态文明融入经济建设的内涵阐释，主要是立足于党的十八大提出的"把生态文明建设放在突出地位，融入经济建设、政治建设、文化建设、社会建设各方面和全过程"的官方论述。从政策话语来看，包括两个层面的内容：一是，生态文明融入中国特色社会主义总布局的各方面和全过程；二是，生态文明分别融入经济建设、政治建设、文化建设、社会建设的各方面和全过程。本书主要是从第二个"融入"层次去解构生态文明融入经济建设的科学含义。但必须看到，生态文明融入经济建设是以中国特色社会主义总布局为战略框架，是第一个"融入"层次在经济领域的具体展开。

总体上，生态文明融入经济建设研究主要从"经济建设各方面"的空间维度和"经济建设全过程"的时间维度展开。李桂花、高大勇认为，生态文明融入经济建设应该有两重内涵，只有从时空两个维度（互动性或双向）入手，生态文明融入经济建设才会真正落到实处并取得实效。① 同时，也有学者从战略意义、方法和途径方面来界定其含义。余谋昌认为，生态文明融入经济建设是全面落实科学发展观的需要、是全面实现生态文明建设战略任务的需要、是确保经济持续健康发展的需要，其关键在于加快完善社会主义市场经济体制和加快转变经济发展方式，其落脚点是大力发展循环经济；② 王如松则指出，生态文明融入经济建设，就是要给从人类发展中分离出来的工

---

① 参见李桂花、高大勇《把生态文明建设融入经济建设之两重内涵》，《求实》2014年第4期。
② 参见余谋昌《将生态文明融入经济建设的各方面和全过程》，《郑州轻工业学院学报》（社会科学版）2013年第5期。

业文明重新注入生命的活力，处理好经济建设中生产、流通、消费、还原、调控活动与资源、市场、环境、政策和科技的生态关系，将传统单目标的物态经济转为生态经济、利润经济转为福祉经济，促进生产方式和消费模式的根本转变，通过生命周期设计和生命周期管理将条块分割的传统产业，合纵连横为生产、生活、生态建设一体化的复合生态产业体系。①

既有研究要么强调"融入"的时空维度、战略意义、方法和途径，要么突出"融入"效应的生产方式、消费模式和生活方式的呈现，为理解生态文明融入经济建设的科学含义提供了启示。但这些研究既忽视了对"生态文明融入经济建设"的"中国特色"国情和"社会主义"性质的双重规定，也未在坚持中国特色社会主义道路、理论体系和制度的有机整体中阐释以科学发展观为指南的"生态文明融入经济建设"科学含义。

生态文明融入经济建设，本质上是以经济建设为中心、以科学发展为主题、以经济发展方式绿色化转变为主线，集中反映和全面体现了科学发展观的科学内涵。具体而言，"中国特色"要求生态文明融入经济建设要以中国国情为依据，决定"融入"的重点领域和关键环节，选择"融入"的具体载体和路径，既要体现经济绿色发展的一般规律，又要体现中国特色社会主义决定的"制度特色、目标特色和路径特色"②。"社会主义"决定了生态文明融入经济建设要以中国特色社会主义道路实践、理论体系和制度保障为根本，道路、理论体系、制度三者统一于生态文明融入经济建设的伟大实践。"科学发展"是立足于中国国情和社会主义双重规定，以经济科学发展为主题，以科学发展观为指导，在生态文明引领的经济发展中，把"科学发展观贯穿于发展的整个过程"③。

---

① 参见王如松《生态文明建设的控制论机理、认识误区与融贯路径》，《中国科学院院刊》2013年第2期。
② 赵凌云、夏梁：《论中国特色生态文明建设的三大特征》，《学习与实践》2013年第3期。
③ 《十六大以来重要文献选编》（中），中央文献出版社2011年版，第60—73页。

第一章　生态文明融入经济建设：理论基础与分析框架

所以，生态文明融入经济建设，是以经济建设为中心，把发展作为治国理政的第一要务，注重经济、政治、社会、文化、生态的全面协调可持续，统筹企业、产业、空间、社会的绿色化改造，让全社会共享最公平的生态产品和实现最普惠的民生福祉。这与党的十八大从"第一要义、核心立场、基本要求和根本方法"全新阐释科学发展观含义高度契合，从科学发展观的含义层次解构生态文明融入经济建设的科学含义，具有战略性、科学性和现实性。因此，生态文明融入经济建设的科学含义可以分解为"中国共产党领导"和"中国特色社会主义"双重规定，以"科学发展观"为"思想统领"，由"第一要义、核心立场、基本要求、根本方法"构成的整体框架（如图1-8所示）。具体讲，生态文明融入经济建设，就是在科学发展观的思想统领下，以社会主义初级阶段基本国情为总依据，坚持中国共产党的领导，以经济发展为第一要义，把全社会共享生态产品和实现生态福祉作为核心立场，以全面协调可持续发展为基本要求，以统筹推进产业结构、空间格局、生产方式、生活方式绿色转型以及协同处理政府、市场与社会关系为根本方法。

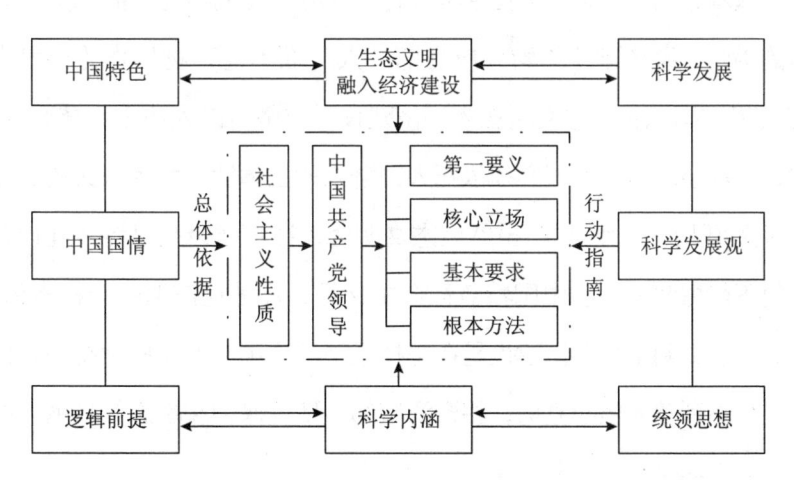

**图1-8　中国特色社会主义生态文明融入经济建设的科学内涵框架**

第一,以经济发展为第一要义。生产力是人类发展的最终决定力量。我国正处于社会主义初级阶段,其根本任务是继续解放和发展生产力。因此,生态文明融入经济建设,其重心仍是经济建设,经济发展是其第一要务。只有高度发达的经济水平和生产力水平,才能为全面建成小康社会、共享改革发展成果提供物质基础和经济条件。以经济发展为第一要义,是建立在产业结构升级、空间格局优化以及经济质量、结构和效益相结合基础上的经济发展,不能片面追求经济增长速度和规模。同时,经济发展中产生的资源约束趋紧、环境污染严重、生态系统退化等严峻问题,必须通过经济的健康发展加以解决。环境保护与经济发展同步并进。因此,以经济发展为第一要义,通过发展解决发展中的问题,是生态文明融入经济建设的基本前提。

第二,以共享生态产品和实现生态福祉为核心立场。生态文明融入经济建设,是以人与自然界交互作用的经济活动为表征,需要确立经济行为主体全面发展的视野。马克思曾预言未来社会是"以每个人的全面而自由发展为基本原则",经济发展并非目的,经济发展是实现人的利益和全面发展的手段,经济建设"始终应当把'人'而不是'物'作为出发点和落脚点"[1]。因此,生态文明融入经济建设,应坚持以人为本的核心立场。同时,实现经济科学发展必须依托人民群众的主体性、发挥人民的首创精神,以造福人民为目的。[2] 虽然生态文明融入经济建设是以经济建设为中心,但不能据此引申出中国特色社会主义是以促进经济增长为根本依归。相反,生态文明融入经济建设是在坚持经济发展第一要义的前提下,以满足人民生态利益为核心立场,将资源节约、环境保护和生态修复纳入经济

---

[1] 陈学明:《建设中国特色社会主义如何贯彻以人文为本的原则》,《毛泽东邓小平理论研究》2010年第9期。

[2] 参见郑又贤《科学发展观的核心是以人为本》,《思想理论教育导刊》2008年第3期。

发展函数，为社会公众提供包括经济、政治、文化和生态等多种权益，让中华儿女共享社会主义文明现代化的成果，共享生态产品和实现生态福祉。

第三，以经济全面、协调、可持续发展为基本要求。提出中国特色社会主义"五位一体"总布局以及把生态文明融入"四大建设"命题，体现了中国共产党对社会主义现代化建设规律的认识深化，反映了科学发展观的本质含义。因此，生态文明融入经济建设也必须遵循科学发展观蕴含的全面、协调、可持续发展的基本要求，既要突出经济建设中企业、产业、空间、公众、政府及规划的协调，实现经济发展的速度、结构、质量和效益协同；又要重视经济建设中人与自然、人与人、人与社会之间的协调以及经济社会再生产和自然再生产之间的协调，解决好生产与消费、消费与投资、供给与需求以及政府、市场与社会之间的关系。同时，必须按照"五位一体"总布局要求，科学把握生态文明建设与经济、政治、文化、社会"四大建设"的协调关系，突出经济建设的中心和物质基础、政治建设的方向和保障功能、文化建设的灵魂和血脉定位、社会建设的支撑和归宿作用以及生态文明建设的基石和根基作用。只有中国特色社会主义"五位一体"总布局全面、协调、可持续发展，才能为生态文明融入经济建设的全面协调可持续提供良好条件和环境。

第四，以统筹推进为根本方法。科学发展观的根本方法是社会主义生态文明建设的根本方法。① 同样，以科学发展观为行动指南的生态文明融入经济建设，也应坚持科学发展观的方法论原则，以统筹推进为根本方法。生态文明融入经济建设是多元行为主体所从事的覆盖了多层面、内容、层次、环节、要素的经济绿色发展创新实践活动。人们奋斗所争取的

---

① 参见于晓雷《中国特色社会主义生态文明建设》，中共中央党校出版社 2013 年版，第 51—60 页。

一切，都同他们的利益有关。① 利益是调节多元主体行为决策的根本指针。这就要求以统筹推进为根本方法，统筹中央和地方、个人和集体、局部和整体、当前和长远、国际和国内的利益关系。因此，既要统筹推进生态文明的理念、原则、目标等深刻融入经济建设系统所覆盖的各层面、各方面、各层次、各主体、各环节和各要素，又要协调好政府、市场和社会的关系，尊重市场经济规律，以利益引导兼顾经济发展的速度、结构、质量和效益，兼顾产业链条不同环节的利益生产和利益分享，兼顾城乡空间经济布局与生态格局的均衡，兼顾区域生态利益补偿和权利责任，兼顾中央与地方的"财权—事权"在生态文明融入经济建设中协同关系。

### （二）生态文明融入经济建设的基本特征

"十三五"时期，推进新型工业化、城镇化、信息化、农业现代化和绿色化"五化"同步发展，"绿色化"已然成为生态文明融入经济建设的战略取向和发展趋势。因此，与传统"黑色化""褐色化"工业文明主导的经济增长相比，今后一个时期，大力推进生态文明深刻融入和全面贯串到经济建设，将具有鲜明的"绿色化"特征。

第一，经济思维方式绿色化。思维是实践的先导，行为主体有什么样的思维和怎样思维是引导行为主体进行实践活动的前提。有什么样的生态文明建设和经济建设思维，就会走上什么样的生态文明融入经济建设模式。可见，生态文明融入经济建设的质量和效果，首先取决于经济行为主体是否树立科学的绿色化经济思维方式。因此，推进生态文明融入经济建设系统，就要将科学的思维方式融贯于经济系统各方面和全过程，形成人

---

① 参见《马克思恩格斯全集》（第1卷），人民出版社1956年版，第82页。

与自然和谐、人与人关系融洽的生态文明型的价值取向和行为方式,变革"黑色化"工业文明主导的反生态性思维,实现行为主体的经济思维和思维方式绿色化转变。

第二,经济发展方式绿色化。"推动经济发展方式从资源依赖型、投资驱动型向创新驱动型为主转变,依靠科技创新、生产创新、管理创新、社会创新,实现经济结构调整、生产方式转变、生活方式提升"①,是生态文明融入经济建设的主线。经济发展方式的绿色化是自然环境再生产和经济社会再生产的整体绿色化过程,包括生态资源和生态产品的全值化、生态服务有偿化以及产业发展、科技创新、区域发展、企业发展、社会公众行为的绿色化。传统自然再生产和经济再生产过程是"资源→产品→废弃物"的线性经济流程,而经济发展方式绿色化就必须充分考虑自然环境的承受力和承载力,尽可能节约资源消耗,提高资源使用率,减少废弃物产生;在产业链条的各环节和生产过程的全过程中,遵循减量化、再使用、再循环原则,实现物质和能量变换呈现"资源→产品→再生资源"的循环经济流程。

第三,经济空间格局绿色化。国土空间是生态文明融入经济建设的基本载体。经济建设不仅是经济生产空间的问题,也包括经济生活空间和生态空间,涉及经济建设的整体空间格局的战略问题。从宏观视野来看,人类及其经济活动的空间分布与资源环境承载力的空间格局大体一致;但从中观和微观层次来看,部分地区的人口和经济聚集程度超越了当地的资源环境承载能力。② 因此,优化国土空间格局是生态文明融入经济建设的重要任务和关键环节。"十一五"规划将我国国土空间划分为优化开发区、

---

① 颜晓峰:《生态文明建设与发展方式变革》,《南京政治学院学报》2013 年第 3 期。
② 参见国务院发展研究中心《区域协调发展和优化全国生产力布局》课题组《生产力布局及中国生产力布局存在的问题》,《中国经济报告》2014 年第 8 期。

重点开发区、限制开发区、禁止开发区四类主体功能区，对各功能区开发内容进行了规定，成为生态文明融入经济建设的主体规划。党的十八大进一步提出要树立"全国一盘棋"的经济建设和资源开发、环境保护思路，明确不同主体功能区都要在树立"六大新理念"的前提下进行经济布局或生产力布局，要逐步打破生产、生活、生态"空间分割"局面，实现生产空间、生活空间、生态空间的整合，形成绿色化的经济空间格局。

第四，城乡建设发展绿色化。中国是农业大国，解决好"三农"问题就掌握了社会主义现代化建设的密码。"十三五"时期正处于新型工业化、城镇化、信息化、农业现代化和绿色化同步发展新阶段，构建新型城乡工农关系是破解"三农"问题的根本途径。城镇空间和乡村空间，既是人类经济社会活动的重要场所，也是生态环境恶化的重点区域。因此，城乡建设发展要以实现人与自然、人与人、人与社会和谐共生为价值取向，以城乡绿色化发展为目标，通过调整城乡人口再生产、经济再生产和生态环境再生产，推动城乡绿色生产、绿色生活、绿色消费，形成由生态文明引领的新型产业业态，逐步建立起经济社会系统与自然生态系统融合、经济科学发展与自然可持续协调以及物质文明、政治文明、精神文明、生态文明结合的复合型城乡绿色化发展体系。

第五，公众生活方式绿色化。经济建设是多元主体共同参与的经济活动。经济行为主体及其行为方式选择、行为效果呈现，不仅影响经济质量和水平，也是衡量一个国家或地区文明发展程度的标志。消费是行为主体的主要生活方式，"每个人都是天然的消费者；消费的历程从我们出生开始，直到我们死亡"[1]，包括"社会再生产过程中生产要素和生活资料的消耗"[2]。前者是物质资料生产过程中物化的土地、资金和活化的劳动、技

---

[1] 王宁：《消费社会学——一个分析的视角》，社会科学文献出版社2001年版，第2页。
[2] 于光远：《经济大词典》，上海辞书出版社1992年版，第1983页。

术、信息等生产要素的使用；后者则是人们将有形的物质产品和无形的精神产品等用于满足生命个体生活需要的行为和过程。绿色化，既是生产方式、生活方式，也是价值取向。① 除了经济思维方式和生产方式的绿色化，也要促进公众生活方式的绿色化。绿色化生活方式，核心是公众主体生态人格的培育，旨在倡导以智慧和知识替代物质主义、以多样性代替单一性、以适度消费代替过度消费、以崇尚社会价值和精神追求代替物质享受，摒弃"大量生产—大量消费—大量废弃"的消费方式，培育协调自然环境与经济发展的绿色化新型消费社会，形成绿色低碳、适度消费、勤俭节约的生活方式。

第六，经济制度政策绿色化。生态文明融入经济建设，需要制度设计和政策供给提供实施保障。在中国特色社会主义现代化进程中，生态文明融入经济建设应与国家治理体系和治理能力现代化有效衔接，把绿色经济发展政策、循环经济发展政策、低碳经济发展政策作为国家经济绿色治理现代化的重要内容，形成生态文明融入经济建设的绿色化制度体系和政策体系，并将其具体落实和贯串于企业、产业、园区、经济区、经济带、城乡空间、城乡社区以及城乡建设规划等各方面和全过程。

总之，生态文明融入经济建设是以中国共产党为核心领导、以经济发展为第一要义、以满足公众共享生态产品和实现生态福祉为核心立场、以全面协调可持续为基本要求、以统筹推进为根本方法构成的整体框架。它是以经济发展方式绿色化为主线，以绿色发展、循环发展和低碳发展为路径，以经济思维方式绿色化、经济发展方式绿色化、经济空间格局绿色化、城乡建设发展绿色化、公众生活方式绿色化、经济制度政策绿色化为特征的理论与实践体系。

---

① 参见周人杰《"绿色化"呼唤参与感》，《人民日报》2015 年 3 月 26 日第 1 版。

## 四 生态文明融入经济建设的政府、市场与社会：一个初步框架

生态文明融入经济建设是一项巨系统工程，内容极其丰富，是一个覆盖政府、市场和社会多个层面，跨越微观、中观和宏观多个层次，涉及政府、企业、社会公众等多元主体，涵盖生产、分配、流通、消费等多个环节，包含人口、资源、环境等多种要素，既有产业结构的调整和空间格局的布局，又有经济发展的规划、实施和监管；既是多元主体在交互作用中从利益分离到利益共享的过程，又是实现经济子系统与自然生态子系统从二元对立到协同发展的过程。因此，生态文明融入经济建设具有双重意涵：一是从横向主体来看，就是将生态文明的理念、原则、目标等融入政府行为主体的政府决策、市场行为主体的经济决策、社会行为主体的公众参与等方面；二是从纵向过程来看，就是将生态文明的理念、原则、目标等贯串到自然环境再生产和经济社会再生产、政府决策制定与调适以及公众社会过程等环节。无论是横向还是纵向维度，生态文明融入经济建设都内在地包括"政府—市场—社会"各方面和全过程。这就要求从横向互动与纵向协同的维度构建生态文明融入经济建设的"政府—市场—社会"分析框架。

### （一）生态文明融入经济建设的基本假设

"一个主权国家的经济政策要承担政治和经济的双重使命，因而为政府制定出一个纯粹的经济政策想法是不切实际的。政府经济政策的窘境主要是由于对政治目标和经济目标的理解不同造成的。"[①] 不同行为主体对同

---

① ［美］西奥多·W. 舒尔茨：《经济政策的长期考虑》，沈明高译，《经济研究》1988 年第 7 期。

一经济议题具有不同目标和价值理解。因此，推进生态文明融入经济建设，必须在对多元行为主体的行为假设和价值判断基础上，深刻认识到行为主体的多元性及其不同的政治、经济和社会目标。

第一，政府行为假设。马克思主义认为，国家是阶级统治的工具，是在私有制基础上呈现的社会阶级对抗和社会利益冲突中建构国家理论模型，揭示了国家的产生、本质及其走向消亡的必然逻辑。在社会主义市场经济条件下，中国基本经济制度和政治体制决定了政府决策行为受到多重因素的影响。就生态文明融入经济建设而言，尽管诸多利益群体已形成了利益固化藩篱，但政府仍然是基于政治、经济、社会、文化、生态等发展战略需要而主导政策行为和政策制定，具有相对独立的绝对权威。现阶段，中国首要任务就是以科学发展观和五大发展理念为引领，促进经济绿色转型。但对于已形成的多元社会阶层格局而言，打破利益固化藩篱，政府主体必须通过全面深化改革来影响经济社会战略抉择和走向。总体上，中国已形成了自上而下与自下而上、行政过程与社会过程有机结合的政府决策模式。

作为一个社会组织，政府具有对社会进行有效治理的职能；但作为一个经济组织，政府虽在本质上与纯经济主体（如企业）具有较大不同，但仍可以将其视为向社会提供公共服务的垄断性产业组织。在社会主义市场经济条件下，在经济建设中心的主导下，政府行为模式有如下特征：一是，政府也要追求利益最大化，实现经济增长、政治稳定和社会和谐的综合目标，只是在不同阶段其目标排序及其权重有所偏向；二是，人格化的政府具有有限理性和掌握不完全信息，政府在充满不确定性的真实世界中，只能从有限信息中设计实施方案和最优决策，可能会陷入"政府失灵"。

生态文明融入经济建设在中国特色社会主义整体文明现代化建设中具

有基础性地位和牵引性功能,既要将其上升到国家战略高度,又要把实现其经济目标、政治目标和社会目标统一于中国特色社会主义伟大实践。但在社会主义市场经济条件下,生态文明融入经济建设,是以遵循资源配置效率优先为前提,政治目标和社会目标的实现必须以经济目标的实现为基础和条件。生态文明融入经济建设本质上是经济发展问题,所有在发展中出现的问题矛盾必须通过发展来逐一化解。随着对全面生产力的内涵拓展和丰富,政府逐渐意识到自然生态环境也是生产力,保护自然生态环境就是发展生产力。只有对生态文明融入经济建设提供适当的正式的或非正式的政策安排,才能优化和调控自然资源环境,实现经济目标、政治目标和社会目标的统一。

显然,由于政府层级差异,中央政府与地方政府存在明显差异化的目标函数和约束条件。中央政府是以全国生态文明融入经济建设作为统筹考虑对象,更是其顶层制度设计和政策供给的责任主体。地方政府是中央政府制度设计和政策供给的执行者,地区利益最大化是其首要经济目标。在财权和事权的非均衡配置状态下,地方政府需要统筹财政收支,往往导致地方政府背离中央政府的战略要求和总体目标,形成发展型、竞争型政府行为逻辑,地方政府普遍采取"为增长而竞争"的政策取向。因此,在中央政府政策制定与地方政府政策执行过程中,由于缺乏内在体制机制保障,二者目标的偏差往往成为生态文明融入经济建设难以落实或推进速度缓慢的主导性因素。

第二,市场主体行为假设。在社会主义市场经济框架下,一切经济活动和经济关系都是通过市场主体行为构成。自然环境再生产和经济社会再生产过程中诸如城乡居民、企业等市场经济主体,都是经济建设的直接或间接参与者,都对良好的生态环境、和谐的人际关系有着共同的需求,都渴望在一个天蓝、地绿、水净的美丽环境中生活。但是,人是具有主观能动性的高级动物，每个生命个体都赋予自身行为方式以一定的目的和动机，尤其是在社会主义市场经济框架下，市场行为主体总是以有限理性追求自身利益最大化为首要目标，对市场经济激励做出回应和反馈。因此，生态文明融入经济建设，经济建设是中心，经济发展方式转变是主线，更有必要深入考察市场经济条件下各类行为主体的经济行为动机和目标选择。

市场经济行为主体的行为偏好与利益实现，是通过主体行为决策得以实现。市场经济赋予各类经济行为主体平等参与市场竞争，在市场经济大潮中壮大自己并分享市场收益。所以，市场经济行为主体具有的经济理性和所持资本具有的逐利本性，就可能造成对产出收益和经济增长数量的重视。在未将自然生态系统退化、环境污染和资源浪费作为市场主体经济投入成本核算的市场经济条件下，生态产品市场发育程度较低和生态利益补偿机制不健全，"市场失灵"必然成为生态文明融入经济建设的主要障碍。

第三，社会公众行为假设。每个时代都有其主导价值和思想观念。在由无数生命个体构成的具有总体性关系特征的社会中，社会便成为生命个体之所以为人并从事各种经济社会活动的重要载体。社会公众的行为偏好和需求会随着时代变迁而发生不同的转换。在原始社会，人类社会依赖于自然界，表现出人对自然界的顺从和敬畏，但在工业文明时代，随着科学技术的快速革新和物质财富的极大增长，社会公众被一个完全物化的现实世界所包裹，社会公众行为偏好趋向于对自然的控制，造成人与自然关系的紧张、人与人利益矛盾的冲突。实际上，由经济社会系统所呈现的社会公众行为方式和行为逻辑，一方面受制于整个时代经济社会发展趋势，另一方面是受到树立于这个时代之上的价值系统和思想观念的约束。因此，社会公众的行为逻辑随着对人与自然关系的重新认知，开始从对物化世界的过度向往朝着对人与自然和谐共生、人与人关系和谐包容且有着更高精神追求的和谐世界转变。生态文明融入经济建设正是这样一个对经济社会发展规律和社会主义建设规律的深刻认识和价值观转换的过程，离不开社会公众行为逻辑和行为方式的根本性变革。

## （二）生产文明融入经济建设的政府、市场与社会：一个分析框架

中国生态文明融入经济建设是一个经济性、政治性和社会性相互交织的重大现实问题。"经济上去了，老百姓的幸福感大打折扣，甚至强烈的不满情绪上来了，那是什么形势？所以，我们不能把加强生态文明建设、加强生态环境保护、提倡绿色低碳生活方式等仅仅作为经济问题。这里面有很大的政治。"① 中国特色社会主义生态文明是社会主义整体文明现代化的新型文明形态，其战略地位、正处于社会主义初级阶段的基本国情以及以经济建设为中心的发展前提，共同决定了社会主义生态文明融入经济建设的基础地位和牵引功能。在社会主义市场经济框架下，首先，自然资源和生态环境的产品性和生产性日益凸显，决定了经济社会再生产必须以自然生态环境再生产为前提，社会全面生产力也是以"自然生产力"为基础。只有通过市场机制凸显自然资源和生态环境的产品性和生产性，才能保证经济社会再生产健康运行。其次，生态文明融入经济建设的战略地位和牵引功能要求更好地发挥政府作用，以制度机制保障生态文明融入经济建设的实现，使经济社会再生产各环节体现自然资源和生态环境的价值和使用价值。再次，生态文明融入经济建设也不能单靠政府作用和市场机制，还有赖于形成全社会公共参与的良好局面，依赖于社会公众生态道德和生态人格的提升。因此，亟待构建"政府、市场与社会"协同性分析框架，为生态文明融入经济建设研究提供新视角（如图 1-9 所示）。但又必须处理好市场自身发展逻辑与整个社会政治目标与社会目标的相互协调。

---

① 《习近平关于全面深化改革论述摘编》，中央文献出版社 2014 年版，第 103 页。

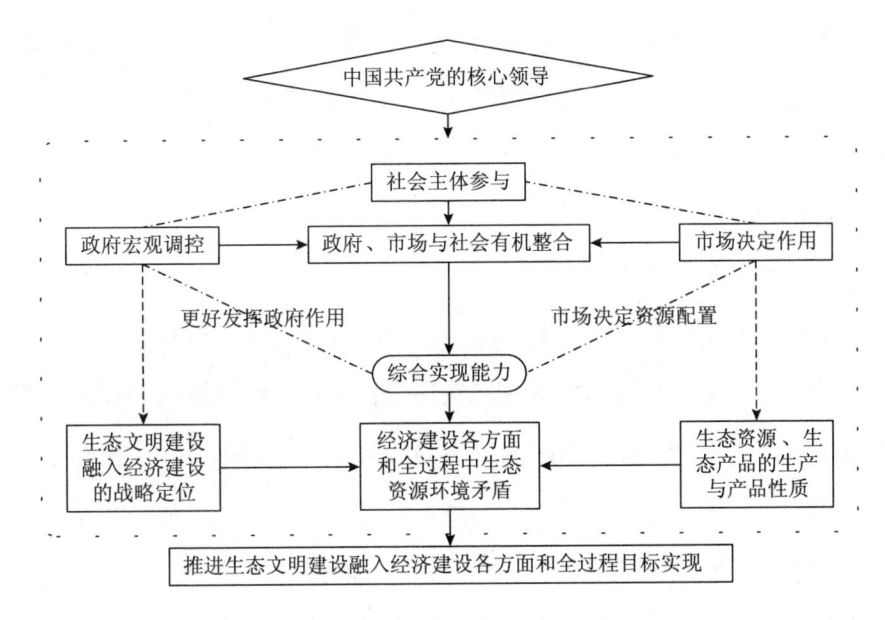

```
                    ┌─────────────────────┐
                    │  中国共产党的核心领导  │
                    └─────────────────────┘
                              │
                      ┌───────────────┐
                      │   社会主体参与  │
                      └───────────────┘
    ┌──────────┐    ┌────────────────────┐    ┌──────────┐
    │ 政府宏观 │───→│政府、市场与社会有机整合│←───│ 市场决定 │
    │   调控   │    └────────────────────┘    │   作用   │
    └──────────┘                               └──────────┘
         更好发挥政府作用          市场决定资源配置
                      ┌───────────────┐
                      │  综合实现能力  │
                      └───────────────┘
    ┌──────────┐    ┌────────────────┐    ┌──────────┐
    │生态文明建设│    │经济建设各方面  │    │生态资源、 │
    │融入经济建设│───→│和全过程中生态  │←───│生态产品的生产│
    │的战略定位 │    │资源环境矛盾   │    │与产品性质 │
    └──────────┘    └────────────────┘    └──────────┘
            ┌──────────────────────────────────┐
            │推进生态文明建设融入经济建设各方面和全过程目标实现│
            └──────────────────────────────────┘
```

**图 1-9　中国共产党的"政府—市场—社会"协同推进
生态文明融入经济建设目标实现**

从横向维度来看，生态文明融入经济建设各方面，就是在社会主义经济建设实践中，将生态文明的理念、原则、目标等深刻融入一切行为主体所形成的经济关系和从事的经济活动中。一切经济活动和经济关系，都必须体现生态文明的理念、原则、方法、目标，符合人与自然、人与人和谐共生、平衡共进的基本要求，做到尊重自然、顺应自然、保护自然，形成资源节约和环境保护的空间格局，增强生态产品的生产能力和经济可持续发展的能力。从发展理念来看，坚持以科学发展观为指导，强调促进经济创新、绿色、持续、共享发展；从经济目标来看，强调通过发展社会主义全面生产力来实现对人民日益增长的物质文化需要的满足，实现人的全面发展；从发展方式来看，坚持科学发展主题，促进绿色、循环、低碳发展；从实践路径来看，坚持新型工业化道路、新型城镇化道路和新型农业现代化道路的统一，优化国土空间开发格局。同时，也需要全社会共同参与和共同努力。除了从经济建设层面来理解各方面，也需要公平有效的政府、守法且有良知的企业、独立而理性的学者、有权利诉求也有义务担当的社会公众以及公正和负责任的媒体。只有全面统筹经济建设涉及的各个具体方面，才能实现真正的"融入"，才能形成共同化解生态危机的合力。

从纵向维度来看，生态文明融入经济建设全过程主要体现在把生态文明的理念、原则、目标等融入自然环境再生产、经济社会再生产、经济政策全过程三个层面。从融入自然环境再生产过程来看，突出自然界对人类社会的先在性，强调"自然是人的机体"和"人是自然界组成部分"。在自然资源和生态环境遭遇工业文明的攫取之后，必须将生态文明的理念、原则、目标等融入自然再生产过程中，促进生态系统的自我修复。从融入经济社会再生产过程来看，突出强调在生产、交换、流通、消费等经济社会再生产各环节中必须体现生态文明的理念、原则和目标，建立起反映自然资源有限性、稀缺性和全值化的生态资源产品和生态服务市场体系，以市场机制促进形成资源节约和环境保护的生产方式、生活方式和消费方式，以绿色经济、循环经济和低碳经济促进经济社会再生产各环节实现绿色发展、循环发展和低碳发展。从融入经济政策过程来看，经济政策制定、实施、评估、更新的全过程都要体现生态文明的理念、原则、目标，通过提高国家经济治理能力和生态治理能力，促进政府经济决策模式和经济政策体系绿色化转变，形成"源头严防""过程严管"和"后果严惩"的绿色化制度机制和政策体系。纵向维度的三个层次并非单一孤立，自然环境再生产是经济社会再生的前提和基础，经济社会再生产是人化的自然再生产，二者有机统一；经济政策过程的绿色化是自然再生产和经济社会再生产的根本保障，三者统一于生态文明融入经济建设的伟大实践。

### (三) 基本价值判断

社会主义生态文明融入经济建设，就是一个政府、市场和社会交互作用的过程。要真正实现生态文明融入经济建设的目标，必须通过三者的协同交汇才能达到整体效果。对于涉及诸多层面、层次、主体、环节、要素等丰富内容的生态文明融入经济建设研究，必须找到一个适合的研究范式，否则容易陷入研究迷茫和困局，或像乔治·斯蒂格勒所描述的那样，"深一脚、浅一脚地行进在一个似乎毫无系统、毫无逻辑的思想和事实的密林中，出林之时，往往是不见收获，只见伤痕"。因此，这就取决于研究者秉持的立场、观点、方法及价值判断。罗伯特·索洛认为："社会科学工作者同其他人一样，也具有阶级利益、意识形态倾向和各种价值判断。但是，所有的社会科学不同于物理或化学，它们与阶级利益、意识形态和各种价值判断的关系非常密切。不论经济学工作者是否愿意，不论是否觉察，不论是否回避，其对研究主题的选择，其所提出的问题，其没有提出的问题，其研究框架，其语言的使用，都很可能在某种程度上反映他的（阶级）利益、意识形态和价值判断。"[1] 就生态文明融入经济建设而言，它是一个层次复杂、主体多样和关系交错的系统，受到当代中国的时代变迁、战略转型和价值观念的影响。对于借鉴西方理论分析当代中国问题，必须坚持以中国为中心、按照中国语境和中国实践进行合理修正，实现其中国化。在本书研究过程中，始终坚持马克思主义立场、观点、方法，尽可能地坚持客观公正态度，借鉴国内外优秀理论成果和实践经验，理性探究中国生态文明融入经济建设的历史进程、基本特征、认识误区、现实挑战以及战略框架、制度体系、实现机制和推进路径等内容，为建设美丽中国提供助力。

---

[1] 吴易风：《马克思主义经济学与西方经济学》，经济科学出版社2002年版，第237—238页。

第二章

# 生态文明融入经济建设：历史阶段及基本特征

"今天的中国是历史的中国的一个发展；我们是马克思主义的历史主义者，我们不应当割断历史。"①

——毛泽东

考察每个问题都要看某种现象在历史上怎样产生、在发展中经过了哪些主要阶段，并根据它的这种发展去考察这一事物现在是怎样的。② 生态文明融入经济建设的"融入"范畴是党的十八大政治报告首次提出，但这并不意味着新中国成立以来不同阶段不存在"融入"实践。新中国成立以来，从"绿化祖国""环境保护""可持续发展战略"到21世纪循环经济、低碳经济和绿色经济的发展实践，生态文明融入经济建设大致经历了初期萌芽、起步发展、稳步探索、加速推进和科学发展等阶段，并呈现出阶段性特征。

---

① 《毛泽东选集》（第2卷），人民出版社1991年版，第534页。
② 参见《列宁专题文集　论辩证唯物主义和历史唯物主义》，人民出版社2009年版，第283页。

## 第一节　新中国成立以来生态文明融入经济建设的历史阶段

新中国成立以来,虽然不同阶段经济建设的初始条件和重点各异,但是,党和国家始终围绕经济建设中心展开对生态文明建设的探索,生态文明建设并不是完全与经济建设脱节。总体上,新中国成立以来,生态文明融入经济建设大致上经历了初期萌芽阶段(1949—1972)、起步探索阶段(1973—1978)、稳步发展阶段(1979—1991)、加速推进阶段(1992—2002)和科学发展阶段(2003—至今)等五个重要历史阶段。

### 一　初期萌芽阶段(1949—1972)

新中国成立初期,我国国民经济百废待兴、工业基础薄弱,为巩固新中国和摆脱西方国家封锁,中国开始进入大规模工业化建设时期,并把建设社会主义工业化国家作为社会主义现代化建设的首要目标。在当时,我国经济建设处于初期阶段,生态环境问题、资源约束矛盾还未能凸显,"改天换地""战天斗地"、征服自然一时间成了社会主义工业化国家建设的口号。可以讲,20世纪70年代以前,环境保护事业仍处于空白阶段,整个国家在推进重化工业、军事工业的过程中,未能从经济建设普遍规律和国外经济建设经验教训中认识到自然资源、环境保护、生态安全对于整个国家经济社会的重要制约,未能将环境保护纳入国家整体发展战略和政策体系,更没有采取针对城市污染、工业污染扩散和治理的具体措施。这个时期国家还没有明确的环境保护政策和目标。随着经济建设的进行,环境问题开始产生和发展。①

　　随着经济建设的展开和重化工业建设的深入，尤其是"大跃进"和"三线建设"时期，在全民大炼钢铁和国家集中力量大办重化工业后，"开山伐木""围湖造田""烟囱林立"等现象和行为已成为衡量社会主义现代化建设的伟大之举。在工业建设方面，一味追求高产值，不注意经济效益和社会效益，不注意采用新技术，不重视合理布局，导致原料和能源的大量浪费；在大办工业特别是"五小"工业的指导方针下，各地热衷于搞"大而全""小而全"的工业体系，工业建设一哄而起；在三线建设中实行了"靠山、分散、进洞"的错误方针；在城市建设方面，不加区别地提出了"变消费城市为生产城市"的口号，在许多文化古城建设了一批重污染型的工业，同时，在"先生产，后生活"的方针指导下，城市规划工作废弛。② 随之而来的是全国环境污染和生态破坏的问题加剧凸显。尽管1962年国家实行了"调整、巩固、充实、提高"八字方针，对国民经济的调整一定程度上减轻了重化工业对资源环境的压力。但这种调整十分有限，"被大量砍伐的林木未能及时补植，许多被破坏的地貌、植被更是没有进行有计划的恢复工作，这种完全依赖自然修复的恢复方式使得生态环境的复原速度极为缓慢"③，环境问题不可能得到突破性解决。同时，急于实现工业化、过度发展重化工业，无论是国有工业还是密集型小型工业如社队企业（乡镇企业前身）普遍不关注工业污染和环境破坏，工业"三废"随处排放，矿产、土地、森林、农业资源过度开采使用；20世纪60年代中期开始的"三线建设"，把众多污染严重的工厂开设在西部生态脆弱区、生态敏感区和许多大江大河的源头，对该区域江河中下游造成了严重的水

---

① 参见曲格平《中国环境保护发展提要》，《环境科学动态》1988年第6期。
② 同上。
③ 杨文利：《周恩来与中国环境保护工作的起步》，《当代中国史研究》2008年第3期。

源污染、流域污染、土壤污染和大气污染；加之全国人口持续增长，为解决吃饭问题，"以粮为纲"的方针进一步推进开荒种粮、围湖造田等活动的开展，引发了严重的水土流失，生态环境持续恶化。可以说，"20世纪70年代早期，全国城乡环境污染随处可见，生态破坏伤痕累累，水系黑臭不堪入目，特别是城市工业污染日益加剧，自然资源被掠夺性开发，环境质量恶化之势加剧，被污染的水源、空气、土壤、生物已开始威胁国民的健康水平"①。

虽然这一时期由于国家经济恢复和重工业化建设导致了严重的生态环境问题，环境保护意识也未觉醒，环境保护政策还未成形，但还是有一定的萌芽和曲折探索。在认识上，人们逐渐摆脱了"文化大革命"以前对于资源环境问题是资本主义社会所特有的认识误区，社会主义社会也存在资源环境问题，确立了"环境问题与社会制度无关，如果我们发展工业时不注意保护生态资源，同样会危害环境"②的正确认识。在实践上，这一时期国家或地方在不同层面也提出了环境保护相关应对措施。如1951年林垦部出台了《保护森林暂行条例（草案）》；1956年国务院颁布了《矿产资源保护试行条例》；1956年中国政府确立了今后十余年间工业污染治理所遵循的基本方针——"综合利用工业废物"，在一定程度上减轻了工业污染危害；1957年国务院颁发了《中华人民共和国水土保持暂行纲要》，对生态保育发挥了积极作用。在国家层面提出应对举措的同时，各地方政府也采取了一系列环境保护措施。如重庆市先后三次对长江和嘉陵江重庆段的水质状况、污染与自净能力及工业"三废"有害物质、粉尘和有毒气体调查测定、生产性噪声、工业废水调查等环境调查工作。③ 1957年以后，

---

① 周建：《改革开放中的中国环境保护事业》，中国环境科学出版社2010年版，第11页。
② 宋健：《向环境污染宣战（增订版）》，中国环境科学出版社2010年版，第88页。
③ 参见重庆环境保护局编《重庆市环境保护志》，1997年（内部发行），第3页。

中国逐渐摆脱苏联模式，开始走上自己的路，环境保护工作也逐渐走上了独立行进的轨道。①

1958年到1972年，在我国实施重化工业优先发展战略所主导的经济建设过程中，中央和地方也相继出台了环境问题治理之策，环境保护工作在曲折中艰难前行。20世纪60年代前期，中央政府采取的环保措施集中在两个方面②：一是防治工业污染；二是制止林木滥砍滥伐，恢复林业经济正常秩序。中央政府围绕"综合利用工业废物""变废为宝"实施工业"三废"利用和治理，以及实施"以营林为基础，采育结合，造管并举，综合利用，多种经营"的林业发展方针促进林业经济发展和林业资源恢复。同时，地方政府积极响应，诸如东部地区的北京、天津、江苏、上海等省级行政单位和武汉、南京、鞍山、南昌等工业较为发达和集中的地区，开始设置与工业"三废"综合治理办公室相类似的环保机构，加大对工业环境治理的力度，如于1963年列为国家计划委员会实施全国"三废"处理、利用试点城市的鞍山市，1963—1966年先后完成污染治理工程29项，其中污水处理工程17项、废渣处理工程2项、烟尘处理工程10项，完成治理投资金额为2744.7万元。③但从全国来看，当时环境保护工作仍停留在"环境卫生"的主导理念下，推行工业"三废"综合利用的企业和地方所占比重较低，加之技术落后、经验不足以及难以执行等原因，环境保护、治理能力受限，促使党和国家需要重新审视人与自然、经济建设与环境保护的关系。在周恩来同志的高度重视下，经济建设过程中的环境保护开始觉醒，环境发展观开始转变。据统计，从1970年到1974年的四年

---

① 参见中国科学技术情报研究室编《国外公害概况》，人民出版社1975年版，第116页。
② 参见赵凌云等《中国特色生态文明建设道路》，中国财政经济出版社2014年版，第113页。
③ 参见鞍山市环境保护志编纂委员会编《鞍山市环境保护志》，红旗出版社1989年版，第2—3页。

间，周恩来同志对环境保护共做过31次讲话。① 1971年中央政府成立第一个环保机构——国家计划委员会"三废"利用领导小组；国家卫生部主持召开工业"三废"污染问题会议，专项研究环境污染问题，组织相关省市开展对长江流域和渤海、黄海、东海等海域的水质污染调查工作；1972年6月国务院批转的《国家计委、国家建委关于官厅水库污染情况和解决意见的报告》指出，"工厂建设和'三废'利用要同时设计、同时施工和同时投产"，"三同时"逐渐成为环境行政管理的重要手段。这些环境保护实践不仅开启了中央政府及国家部委实施环境调查的序幕，也开启了我国经济建设融贯生态文明理念、原则和目标的新征程，标志着我国环境保护真正进入环保行政和政府治理的新阶段。

## 二 起步探索阶段（1973—1978）

20世纪60年代末70年代初，西方发达国家环境问题日益凸显和日趋严重，引起国际社会广泛关注。1968年，根据瑞典建议并由第23届联合国大会通过决议，决定于1972年6月在瑞典斯德哥尔摩召开联合国第一次环境会议（人类环境会议）。当时，我国正值"文化大革命"时期，"左"倾社会主义思潮占据主导，认为"宁要社会主义的草，不要资本主义的苗"，"社会主义没有污染"，"说社会主义有污染是对社会主义的污蔑"，未能看到环境污染的严重性，国民经济几乎到了崩溃边缘。但周恩来同志已经看到环境污染对国家经济建设的严重危害性。他认为，"通过这次会议，了解世界环境状况和各国环境问题对经济、社会发展的重大影响，并以此作为镜子，认识中国的环境问题"②。因此，在周恩来同志的协调支持

---

① 参见曲格平《梦想与期待：中国环境保护的过去与未来》，中国环境科学出版社2000年版，第37页。
② 《周恩来年谱（1949—1976）》（上卷），中央文献出版社1997年版，第528页。

下，我国派出了以计委、工业、农业、水利、卫生、外交等部门成员组成的代表团参加了联合国第一次环境会议。这为我国经济建设中的环境保护工作起到了积极引导作用。

正是在联合国第一次环境会议的影响下，我国中央层面开始将环境保护提上国家议事日程。1973年1月国务院成立了环境保护领导小组筹备办公室，作为推进环境保护工作的国家环保机构。同年8月5日至20日，我国召开了第一次全国环境保护会议，将环境保护作为大事来抓，并拟定了由国务院颁布实施的第一个环境保护文件——《关于保护和改善环境的若干规定（试行草案）》，我国环境保护开始起步。在这次环境保护会议上，周恩来同志认为，环境污染控制的方法要以"预防为主"，而不是等污染问题爆发后再去治理污染，对已出现的污染问题要立马解决。随后，周恩来同志在召开的国家计划委员会和各省、市、自治区负责人参加的会议上，再次强调工矿企业"三废"处理问题，认为"资本主义国家解决不了工业污染的公害，是因为他们的私有制，生产无政府主义和追逐最大利润。我们一定能够解决工业污染，因为我们是社会主义计划经济，是为人民服务的。我们在搞经济建设的同时，就应该抓紧解决这个问题，绝对不做贻害子孙后代的事"[①]。1973年年初到1978年年底，在实施社会主义现代化发展战略之前，我国开始致力于环境保护规划设计、制定环境污染排放标准、成立环境保护机构、建立环境行政管理制度，使我国生态文明融入经济建设实践进入起步探索阶段。

## （一）重视环境保护规划和计划的制定

环境保护在我国经济建设中的地位，决定了人们在处理环境保护与

---

[①] 《周恩来年谱（1949—1976）》（上卷），中央文献出版社1997年版，第549页。

经济建设二者关系时对环境保护的重视程度,直接体现在是否将环境保护纳入国民经济规划和计划的制定、实施过程中。在 1973 年 8 月召开的全国第一次环境保护会议上,审议通过了《关于保护和改善环境的若干规定(试行草案)》,明确提出贯彻执行"全面规划、合理布局、综合利用、化害为利、依靠群众、大家动手、保护环境、造福人民"的环境保护工作方针,各地区、各部门制订发展国民经济计划时,既要从发展生产出发,又要注意对环境的保护和改善,把发展生产和环境保护统一起来,统筹兼顾,全面安排,各省、市、自治区将本地区环境保护规划制订作为长期规划和年度计划的构成部分;同时,针对工业生产提出了合理布局,贯彻执行大分散、小集中、多搞小城镇的方针,建设城乡结合、工农结合、有利生产、方便生活的新型城镇和工矿区,对城市规模和人口、工厂厂址的选择都做了明确规定,排放有毒废气和废水的企业不得设在城镇的上风向和水源上游,城市居民稠密区禁止设立有害环境的工厂。1975 年 5 月,国务院环境保护领导小组在印发的《关于环境保护的 10 年规划意见》中进一步对未来 10 年环境保护工作做了具体安排和部署,要求各地区、各部门要把环境保护纳入国民经济建设的长远规划和年度规划,并将其作为国民经济发展计划的重要组成部分。1976 年 5 月,国家计划委员会和国务院环境保护领导小组联合下发了《关于编制环境保护长远规划的通知》,要求从 1977 年开始将环境保护纳入国民经济的长远规划和年度规划之中。1978 年 12 月,中共中央以中发〔1978〕79 号文件转发了国务院环境保护领导小组第四次会议通过的《环境保护工作汇报要点》,明确提出"消除污染、保护环境是进行社会主义经济建设、实现社会主义四个现代化的重要组成部分",正式标志着我国已经开启将环境保护纳入国民经济计划中的序幕。

## (二) 实施"三同时"制度、限期治理制度和"三废"排放标准，重视污染源调查、环境质量评价及环境污染防治

在全国第一次环境保护会议通过的《关于保护和改善环境的若干规定（试行草案）》中的第四条"综合利用，除害兴利"，要求努力改革生产工艺，开展综合利用，消除跑、冒、滴、漏，并明确规定了"一切新建、扩建和改建企业，防治污染项目，必须和主体工程同时设计，同时施工，同时投产"，实施"三同时"制度。1973年8月国家计划委员会在上报国务院《关于全国环境保护会议情况的报告》中，就污染严重的城镇、工业企业、江河湖泊和海湾要提出具体针对性措施、限期治好，限期治理制度形成。1973年11月，国家计划委员会、国家基本建设委员会和国家卫生部联合批准颁布了我国第一个环境保护标准，即《工业"三废"排放试行标准》（GBJ4—73），对工矿企业环境污染排放实施浓度标准控制。1974年至1976年又相继出台了《中华人民共和国防止沿海水域污染暂行规定》《放射防护规定（内部试行）》《生活饮用水卫生标准（试行）》等。1977年4月，在国家计划委员会、国家基本建设委员会和国务院环境保护领导小组联合下发的《关于治理工业"三废"，开展综合利用的几项规定》中，从12个方面对工矿企业的环境污染防治做了明确规定，将"三废"综合利用作为工矿企业污染防治的主要措施，消除污染和保护环境开始成为工矿企业全面完成国家计划的考核指标。1978年10月，国家计划委员会、国家经济委员会和国务院环境保护领导小组又联合下发了第一批严重环境污染限期治理的重点工矿企业名单，限期治理，责任落实。

同时，在全国重点区域积极开展污染源调查、环境治理监测和环境污染防治研究。1973年，为摸清北京市重工业环境污染情况，我国启动了首

个环境评价研究,即"北京西郊环境质量评价研究",在包括白洋淀、鸭儿湖、渤海、黄海等重点水域、海域进行了环境污染源调查和评价工作。这一时期,由于国家处于计划经济时期,主要是通过行政方式调动工矿企业和公众参与环境保护。我们可以从这一时期的重要环保文件中看到诸如"发动群众,组织社会主义大协作""打一场综合利用工业废渣的人民战争""开展消烟除尘的群众运动"等论述,群众运动也成为环境污染防治的重要手段之一。

(三) 设置环保机构,将环境保护纳入行政管理、法律治理和科学研究的轨道

1973年1月,国务院成立环境保护领导小组筹备办公室,为环境保护小组正式成立做前期准备工作。全国第一次环境保护会议审议通过的《关于保护和改善环境的若干规定(试行草案)》,以国发〔1973〕158号文批转的国务院批示要求"各地区、各部门要设立精干的环境保护机构,给他们以监督、检查的职权",根据要求,全国各地区、各部门陆续设置了环境保护机构。1974年10月,经国务院批准,国务院环境保护领导小组正式成立,这是我国历史上第一个具有标志意义的环境保护机构,其组成人员主要来自国家计划委员会和工业、农业、交通、水利、卫生等部委领导,余秋里和谷牧分别担任领导小组正副组长。从此以后,我国经济建设中的环境保护逐步走上由国务院环境保护领导小组领导、各部委参与、地方协同联动的工作机制。我国环境污染也从这一时期开始走上运用法治思维和法治方式进行治理的轨道,一系列相关行政法规颁布实施。1978年2月,第五届全国人民代表大会第一次会议通过了修订后的《中华人民共和国宪法》,第一次将"国家保护环境和自然资源,防止污染和其他公害"写进宪法,对环境保护做了明确规定,确认了公民环境权利与国家环境保

护责任,为我国经济建设中的环境保护走上法治轨道奠定了基础。同时,这一时期国家也开始重视环境保护科学研究。1975年3月,我国成立了中国科学院环境化学研究所,开启了我国环境科技研究机构设置的序幕。1978年5月,专门从事环境保护事业的全国非营利性和非政府的科技社团组织——中国环境科学学会成立。同年12月,国务院批准成立了中国环境科学研究院。这些研究机构的设置为我国20世纪80年代以后建立中央、部委和地方环保科研机构提供了条件。

## 三 稳步发展阶段(1979—1991)

十一届三中全会开启了我国改革开放新征程,党和国家开始把发展战略从重化工业优先发展向社会主义现代化建设转变,确立了以经济建设为中心的基本路线。同时,随着改革开放的深入和深化,以市场化为导向的经济体制改革也逐步推进。为适应我国市场化经济体制改革趋势,我国经济建设过程中的资源综合利用与生态环境保护手段就要从社会主义计划经济时期以行政命令、政府控制为特征的手段向行政手段、市场手段和法律手段协同组合型手段转变。因此,这一阶段,逐步确立了环境保护与人口控制的基本国策,形成了环境保护的战略方针、法律体系和政策框架,以环境保护为主线的生态文明融入经济建设向前稳步发展。

### (一)确立环境保护基本国策,实施"三同步"和"三统一"的环境保护战略方针

环境保护不是经济行为主体所采取的应急行为和临时措施。环境保护是关乎经济发展、社会和谐和人民幸福的全局性、战略性和长期性重大任务。改革开放以后,党和国家科学谋划环境保护战略定位。在1983年12月国务院组织召开的第二次全国环境保护会议上,时任国务院副总理的李

鹏同志明确"保护环境是我国的一项基本国策",环境保护是社会主义现代化建设的组成部分,具有重要的战略地位。从此,中国环境保护开始从初步觉醒和实践行为上升为基本国策阶段。在此次会议上,提出了经济建设、城乡建设和环境建设同步规划、同步发展、同步实施的"三同步"和实现社会效益、经济效益与环境效益的统一的"三统一"战略方针。"三同步"和"三统一"的环境保护方针成为环境保护的总政策,强调搞好经济建设的同时要加强环境保护,通过同步规划、同步实施来实现同步发展,进而实现经济、社会、环境"三大效益"的统一。同时,会议还针对我国人口多、底子薄以及难以支付高昂环境污染治理成本的基本现实,把环境管理作为环境保护的中心环节,提出"预防为主、防治结合、综合治理""谁污染谁治理"和"强化环境管理"的环保治理思路。第六个五年计划(1981—1985)首次以文字形式把环境保护纳入国民经济发展计划,对环境保护的目标、任务、重点工作及实施措施做了明确规定;第七个五年计划(1986—1990)进一步把改善生活环境作为提高城乡居民生活水平和质量的重要内容。在这十年,我们既可以从1985年通过的《国家经委关于开展资源综合利用若干问题的暂行规定》中看到环境污染末端治理思路,也可以从党的十三大政治报告中看到"在推进经济建设的同时,努力开展对环境污染的综合治理,把经济效益、社会效益和环境效益很好地结合起来"的努力。1990年年底,国务院颁布《关于进一步加强环境保护工作的决定》再次强调,保护和改善生产环境和生态环境,是我国必须长期坚持的基本国策。

(二)环境保护法律法规体系初步形成

1978年,环境保护首次被纳入修订后的《中华人民共和国宪法》。1979年,作为我国首部环境保护综合性法律《中华人民共和国环境保护法

(试行)》正式颁布。由此,我国环境保护在纳入《宪法》的基础上又具有了综合性法律架构,环境保护工作进入法治化阶段,从法律框架上为我国各级政府和部门将环境保护内容纳入国民经济和社会发展计划提供了宪法依据和法律保障。1982 年,再次把环境保护写入修订后的《中华人民共和国宪法》,1989 年年底,又对 1979 年颁布实施的《中华人民共和国环境保护法(试行)》做重大修改,至此,我国环境保护的法律手段日趋完善。同时,除了确立了环境保护的宪法意义和综合性环境保护法律框架之外,还颁布了《中华人民共和国海洋环境保护法》(1982)、《结合技术改造防治工业污染的几项规定》(1983)、《中华人民共和国水污染防治法》(1984)、《中华人民共和国大气污染防治法》(1987)、《中华人民共和国环境噪声污染防治条例》(1989)、《中华人民共和国水污染防治法实施细则》(1989)、《中华人民共和国防治陆源污染物污染损害海洋环境管理条例》(1990)、《大气污染防治法实施细则》(1991)等法律法规和条例以及地方性法规。由此,我国环境保护法律法规体系初步框架基本形成(见图 2 - 1)。环境保护法治化是中国特色社会主义法律体系不断完善的重要一环,为推动经济建设与资源、环境协调发展提供了法律依据。

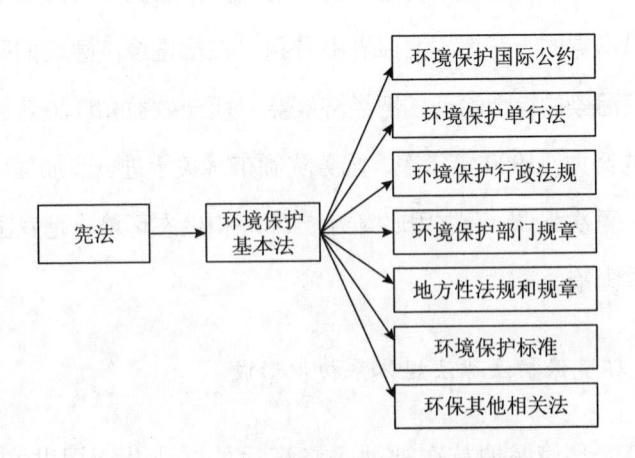

**图 2 - 1 中国环境保护法律法规体系**

## (三) 环境保护机构完善与环境保护政策框架建立

1980年,国务院批转了国家经委、国家计委《关于加强节约能源工作的报告》和《关于逐步建立综合能耗考核制度的通知》,将节能作为专项工作纳入国家经济建设和环境保护范畴,设立专门节能管理机构,并将"开发与节约并重,把节约放在优先地位"作为资源节约与综合利用的指导方针。1984年,国务院撤销国务院环境保护领导小组及其办公室,改组为国务院环境保护委员会,统筹和协调环境保护工作的开展,国家城乡建设环境保护部的环境保护局作为专职行政机构进行落实。到1988年,在国务院机构改革中,设立了国家环境保护局,并将其作为国务院直属机构。同时,各省、直辖市、自治区等地方也设置了环境保护厅(局)等环保管理机构。1989年4月,国务院召开第三次全国环境保护会议,结合前期试行实践,进一步强调了"预防为主、谁污染谁治理、强化环境管理"的政策要求,正式提出环境保护八项制度,即环境保护目标责任制度、环境影响评价制度、"三同时"制度、排污收费制度、城市环境综合整治定量考核制、污染排放申报登记与许可证制度、限期治理制度和污染集中控制制度,突出了环境保护目标责任的首要地位。1990年12月,国务院刊发的《关于进一步加强环境保护工作的决定》再次强调严格执行八项环境管理制度。至此,以环境保护基本国策为核心、以"三同步""三统一"为环保战略方针、以"预防为主,防治结合,综合治理""谁污染谁治理""强化环境管理"为管理方针共同构成了环境经济政策、生态保护政策、环境保护技术政策、工业污染控制政策、能源政策等环境保护的政策框架(如图2-2所示)。

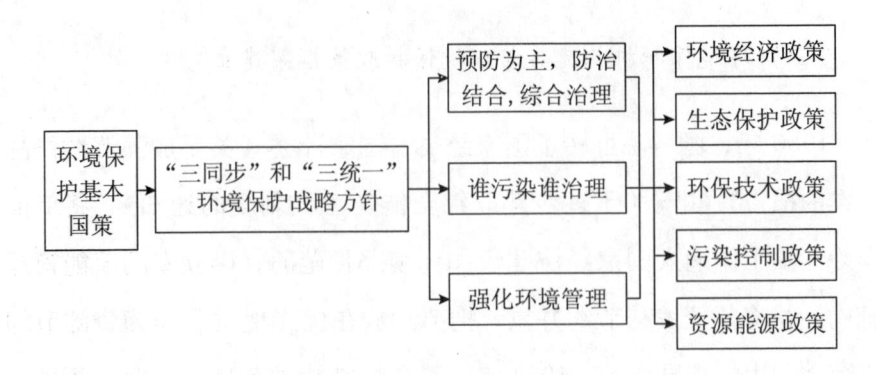

图 2-2　中国环境保护政策框架

总之，在20世纪80年代我国相继建立了国务院系统、中科院系统、高校系统、环保部门系统四大环境保护科研体系，同时，我国也高度重视环境保护领域的国际合作，先后签署了《保护臭氧层维也纳公约》（1989）和《控制危险废物越境转移及其处置巴塞尔公约》（1990），加强了与美国、德国、英国、加拿大、日本等国的环境保护国际交流。这一阶段，虽然实现了我国经济发展战略从重化工业优先发展到社会主义现代化建设的战略转型，确立了环境保护基本国策，但现代化发展仍是以经济增长为核心，环境保护的战略目标模糊，以环境保护为主线的生态文明融入经济建设呈现出重发展轻保护的特征，发展与保护有待进入双加速推进阶段。

## 四　持续推进阶段（1992—2002）

历经改革开放初期经济优先增长的现代化，到20世纪90年代初期我国环境状况开始呈现出"与发达国家环境污染最严重的20世纪60年代相仿"[1]的特征。据国内外学者和研究机构对经济建设中的环境成本和环境损失的

---

[1] 《中国环境年鉴》编委会：《中国环境年鉴（1994）》，中国环境年鉴社1994年版，第39页。

估算,当时的"环境损失占 GNP 的比重在 10%至 17%之间"①。我国陷入经济增长带来大规模环境污染公害的旋涡中,经济发展道路的抉择、经济发展理念的转变成为促进当时我国实现进一步发展的关键。日趋恶化的环境污染现实驱使着人们重新反思经济发展理念和发展道路,思考经济发展与资源、环境、生态的关系问题。正当其时,国际社会共同倡导的可持续发展理念,为我国经济发展转型提供了发展理念和发展道路的参考。

1992 年 6 月联合国环境与发展大会,即全球环境首脑会议在巴西里约热内卢召开,会议通过了《关于环境与发展的里约热内卢宣言》《21 世纪议程》《关于森林问题的原则声明》等文件,签署了《联合国气候变化框架公约》和《生物多样性公约》,全球开启了可持续发展时代,环境原则成为经济增长方式转型、工业生产、经济贸易和经济决策等领域需要坚持的基本原则。为参加此次会议,我国编写了《中华人民共和国环境与发展报告》和《关于出席联合国环境与发展大会的情况及有关对策的报告》。并以此为基础,1992 年 8 月我国正式发布了《中国环境与发展十大对策》②,确定了可持续发展战略,以环境保护为主线向经济可持续、社会可持续和生态可持续发展转变,生态文明融入经济建设进入加快推进阶段。

1993 年 10 月,我国第二次工业污染防治工作会议召开,会议在总结我国工业污染防治经验教训的基础上,首次提出工业污染防治要实施清洁生产,环境治理要超越末端治理,以清洁生产开启了工业污染源头治理的序幕;并明确提出我国工业污染防治要实现"三个转变":从末端治理向生产全过程转变、由单纯浓度控制向浓度与总量控制相结合转变、由分散

---

① 厉以宁等:《中国的环境与可持续发展》,经济科学出版社 2004 年版,第 105 页。
② "十大对策"包括:实行可持续发展战略;采取有效措施,防治工业污染;开展城市环境综合整治,治理城市四害(烟尘、污水、固体废物与生活垃圾、工业与交通噪声);提高能源利用效率,改善能源结构;推广生态农业,坚持不懈植树造林,加强生态多样性保护;大力推进科技进步,加强环境科学研究,积极发展环保产业;运用经济手段保护环境;加强环境教育,提高环境意识;健全环境法制,强化环境管理;参与环发大会精神,制订我国行动计划。

治理向分散与集中治理相结合转变。

1992—1994年期间，我国国家计划委员会与国家科学技术委员会联合达50多个部门编制了全球第一个对里约会议精神采取实质行动的国家可持续发展方案，即《中国21世纪议程——中国21世纪人口、环境与发展白皮书》，对我国实施可持续发展战略的对策以及实现可持续发展的目标、框架和具体方案做了全面阐释，可持续发展战略得到正式确立。其中，在《中国21世纪议程》中，清洁生产成为优先实施的重点领域。1995年9月，中共十四届五中全会将处理经济建设与环境保护的关系列为事关中国特色社会主义现代化建设成败的十二大关系之一，可持续发展再次以党的中央全会文本形式确定为中国特色社会主义现代化建设的核心战略。

1996年7月，国务院召开第四次全国环境保护会议。会议进一步明确了环境保护与人口控制是我国必须长期坚持的基本国策，环境保护关系我国长远发展和全局战略部署，要把实施科教兴国战略和可持续发展战略摆在重要地位。会上，李鹏同志重申了1996年3月全国人民代表大会第四次会议通过的《中华人民共和国国民经济和社会发展"九五"计划和2010年远景目标纲要》所提出的环境保护目标，强调"经济工作的着重点在转变经济增长方式"，强化了经济建设、城乡建设与环境建设的"三同步"以及"加强工艺污染的控制，逐渐从末端治理为主转到生产全过程控制"，必须严格管理、必须积极推进经济增长方式的转变、必须逐步增加环保投入和必须加强环境法制建设。这次会议按照江泽民同志提出的"保护环境就是保护生产力"的论断，进一步要求污染防治与生态保护并举，经济建设过程中的生态保护与工业污染防治具有同等地位。

在我国经济社会生态可持续发展战略部署下，1996年8月，国务院颁布了《关于环境保护若干问题的决定》，对重点河流、湖泊等水域污染、煤炭产生的大气污染、污染严重的小型企业等做了规定，推进"一控双达标"（控制主要污染物排放总量、工业污染源达标和重点城市的环境质量按功能区达标）工作；再次强调要推进清洁生产。同年9月，国务院批复《国家环境保护"九五"计划和2010年远景目标》，提出实施我国跨世纪绿色工程规划，重点开展"三河"（淮河、海河、辽河）、"三湖"（太湖、滇池、巢湖）水污染防治和"两控区"（酸雨污染控制区和二氧化硫污染控制区）大气污染防治。

从1993年我国实施清洁生产以来，已具备从试点阶段过渡到全面实施阶段。1997年4月，由国家环保局发布的《关于推行清洁生产的若干意见》把企业清洁生产作为污染物达标排放和总量控制的手段。1997年5月，国家环境保护局刊发了《关于开展创建国家环境保护模范城市活动的通知》，积极推进城市开展创建国家环境保护模范城市，到2008年5月，我国环境保护机构共确定国家环境保护模范城市67个、国家环境保护模范城区5个。从1998年3月我国国家环境保护总局成立开始，《全国生态环境建设规划》《全国生态环境保护纲要》《全国环境保护工作（1998—2002）纲要》和《中国可持续发展行动纲要》等相继印发，对我国生态环境保护近期、中期和长期发展规划和发展目标做了规定，成为我国进入21世纪实施可持续发展的行动指南。

除了宏观层面将可持续发展战略定位为我国社会主义现代化建设的核心战略之外，以可持续发展战略引导的生态文明融入经济建设，也高度重视环境法制建设、环境经济手段完善和国际合作。在环境立法方面，注重建立与社会主义市场经济相适应的环境保护法律体系，修改了《中华人民共和国大气污染防治法》《中华人民共和国水污染防治法》《中华人民共和国海洋环境保护法》；制定了《中华人民共和国固体废物污染环境防治法》

《中华人民共和国噪声污染环境防治法》《中华人民共和国建设项目环境保护管理条例》；通过《中华人民共和国清洁生产促进法》等环境保护法规。①党的十四大确定建立社会主义市场经济体制目标后，经济手段逐渐被置于重要地位，国家出台的一系列环境保护文件都突出了经济手段的运用，如拓宽环境保护资金渠道、开展环境污染交易政策试点以及在环境保护评价中引入市场竞争机制，开展排污权交易和收费制度等。在国际合作方面，我国于1997年向联合国可持续发展特别会议提交了《中国可持续发展国家报告》；2002年9月，又积极参加在南非约翰内斯堡举行的可持续发展世界首脑会议，阐明中国促进经济增长、社会发展、环境保护的可持续发展主张。同时，这一阶段我国民间环保组织也开始参与环境保护。1994年3月，我国第一个民间环境保护组织——"自然之友"②成立，标志着我国环境保护的责任主体已开始从政府、企业、科学家向社会公众和中介团体拓展。

这一阶段虽然是以可持续发展战略为主导的生态文明融入经济建设加速推进阶段，但由于这一时期可持续发展经济制度和政策还未形成体系，散见于零散的政策文件和试点实践中，从粗放型向集约型经济发展方式转变依然受到严重制约，经济建设面临的资源约束、环境污染、生态退化等形势仍然日趋严峻，亟待进入科学发展阶段。

---

① 参见赵凌云等《中国特色生态文明建设道路》，中国财政经济出版社2014年版，第126页。

② 英译为"FRIENDS Of NATURE"，于1994年3月经我国政府批准成立的中国第一个群众性民间环保组织，以开展群众性环境教育，倡导绿色文明，建立和传播具有中国特色的绿色文化，促进中国的环保事业为宗旨。它是以"建设公众参与环境保护的平台，让环境保护的意识深入人心并转化成自觉的行动"为使命，以"以大自然为友，尊重自然万物的生命权利，真心实意，身体力行"为核心价值观，以"在人与自然和谐的社会中，每个人都能分享安全的资源和美好的环境"为愿景。官网为：http://www.fon.org.cn/

## 五 科学发展阶段（2003—至今）

21世纪以来，我国经济建设面临新的机遇和挑战，经济发展与资源约束、环境污染、生态退化之间的矛盾更为尖锐。随着党和国家相继提出贯彻落实科学发展观、建设资源节约型和环境友好型社会、构建社会主义和谐社会等重大战略，我国开始进入以科学发展观为引领的生态文明融入经济建设阶段，促进经济科学发展成为这一阶段的主题。具体来看，主要表现为转变经济发展方式、发展循环经济、"两型社会"构建、主体功能区和生态功能区建设、环境保护标准体系与制度体系建设、生态文明建设法治化以及水土污染状况调查等实践，逐步形成了生态文明融入经济建设的"中国方案"。

### （一）以发展循环经济促进经济发展方式转变

2003年3月，中央人口资源环境工作座谈会在北京召开，胡锦涛同志提出："将循环经济的发展理念贯穿到区域经济发展、城乡建设和产品生产中去。"这一时期开始高度重视循环经济在企业建设、区域发展、产品生产和社会建设方面的突出地位。2005年以后，国务院相继发布了《关于加快发展循环经济的若干意见》《关于组织开展循环经济试点（第一批）工作的通知》，国家环境保护总局也发布了《关于推进循环经济发展的指导意见》，明确了我国发展循环经济的指导思想、基本原则、主要目标、工作重点。在此基础上，国家环境保护总局又编写了《循环经济城市规划指南》《生态工业园区规划技术指南》等征求意见稿，对不同行业和综合类循环经济示范区试点工作稳步推进提供科学指导。2006年，环境保护总局又制定和发布了《行业类生态工业园区标准（试行）》《综合类生态工业园区标准（试行）》和《静脉产业类生态工业园区标准（试行）》，我国首次明确了生态工业园区循环经济建设、管理和验收标准，对循环经济实践加以规范和引导。2007年年底，胡锦涛同志在中央经济工作会议上进一步指出："要大力发展循环经济，逐步改变高耗能、高排放产业比重过大的状况，努力在优化结构、提高效益、降低消耗、保护环境的基础上，完成现代化的历史任务。"① 2008年8月，《中华人民共和国循环经济促进法》颁布，循环经济进入法制化和规范化发展轨道。党的十八大以后，"发展循环经济，促进生产、流通、消费过程的减量化、再利用、资源化"②，已成为转变经济发展方式的基本途径之一。

### （二）构建资源节约型和环境友好型社会

针对资源约束、环境污染和生态破坏等现实矛盾，在以科学发展观为指导的经济建设过程中，也要同时引领资源节约型和环境友好型社会建设。党的十六届五中全会提出要加快建设资源节约型和环境友好型社会。党的十七大进一步强调要把建设"两型社会"放在工业化、现代化发展中的突出位置，加快形成资源能源节约和生态环境保护的产业结构、经济增长方式和消费模式。党的十八大以来，党和国家将资源节约型和环境友好型社会建设作为全面建成小康社会的目标之一，构建"两型社会"为生态文明融入经济建设、转变经济发展方式、促进绿色产业发展提供了良好的社会基础。

### （三）生态功能区和主体功能区规划建设

党和国家历来十分重视经济发展规划和环境保护规划在社会主义现代化建设中的作用。2004年，国家环境保护总局编制完成了《全国生态功能

---

① 《十七大以来重要文献选编》（上），中央文献出版社2009年版，第78页。
② 《十八大以来重要文献选编》（上），中央文献出版社2014年版，第31页。

区规划(初稿)》和《全国重要生态功能保护区建设规划(讨论稿)》,开启了以生态环境保护规划先行引领经济发展的新路。次年,国家环境保护总局又会同相关部门编制完成了《国家重点生态功能区规划(2006—2020年)(送审稿)》,明确了推进生态功能区建设的指导思想、基本原则和实施重点。在生态功能区规划实施的基础上,为适应我国工业化、城镇化与农业现代化的同步发展要求,2011年又公布了《全国主体功能区规划(2010—2020年)》,对全国新型城镇化格局、农业现代化格局、生态安全格局进行了全面部署,对低碳技术和循环经济、"两型社会"建设、生态空间保持、国家重点生态功能区保护和修复做了相应规定。近年来,各省、直辖市、自治区及资源环境部门均致力于以生态功能区和主体功能区规划来推动地方经济绿色发展转型。

(四)环保标准体系建设与制度创新全面推进

环境保护标准体系建设进入新阶段。"十一五"时期,我国发布502项国家环境保护标准,增幅前所未有。截至"十一五"末期,我国已累计发布环境保护标准1494项,其中现行标准1312项;共有国家环境质量标准14项,国家污染物排放标准138项,环境监测规范705项,管理规范类标准437项,环境基础类标准18项,基本形成了国家级标准、地方级标准"两级"和环境质量标准、污染物排放标准、环境监测规范标准、管理规范类标准、环境基础类标准"五类标准"。[①] 同时,以科学发展观为指导的生态文明融入经济建设的制度机制和法制建设也取得重大进展。从建立地方政府生态文明融入经济建设的实践机制来看,国家于2007年12月正式批准武汉城市圈和长株潭城市圈成为资源节约型和环境友好型社会建设综

---

① 参见杨志等《中国特色社会主义生态文明制度研究》,经济科学出版社2014年版,第65—66页。

合配套改革试验区,为全国生态文明建设积累了经验;2008年5月,我国第一部环境信息公开综合性规范文件,即《环境信息公开办法(试行)》正式颁布实施,也为社会公众行使环境保护参与权、监督权提供了制度保障。党的十八大既是建立生态文明制度体系的新起点,也是生态文明融入经济建设制度创新的新起点。现阶段我国资源环境相关法律、法规及制度日趋完善。

(五)开展环境污染调查和启动城乡生态文明建设

这一阶段,我国环境污染状况调查逐渐从水源、土壤、大气、产业向经济建设各方面和全过程全覆盖转变。2005年以前,环境污染防治的重点在水体和大气,对土壤污染防治重视不够。对此,2005年国家环境保护总局组织编制了《全国土壤现状调查及污染防治专项实施方案》,对典型区域土壤环境质量、菜篮子基地环境质量、受污染场地环境监测与控制、农产品安全生产环境保障技术、农产品产地环境污染控制、农用化学品环境安全评价与监控、重金属对土壤生物特性影响等多项土壤环境质量展开专项研究。次年,国家环境保护总局正式启动全国土壤环境污染状况调查。2007年年底,国务院决定开展全国性污染源普查工作,对我国环境污染排放的工业污染源、农业污染源、生活污染源和集中式污染治理设施进行全面调查。上述环境污染调查为后续经济建设中的环境保护和生态修复提供了重要数据参考。同时,随着经济快速增长,我国环境污染覆盖面也开始从城市、工业领域向乡村地区扩散。因此,2008年7月,在国务院召开的新中国成立以来第一次农村环境保护工作会议上,专项研究了农村环境综合治理问题。同年10月,党的十七届三中全会进一步提出,到2020年我国农村要基本形成资源节约型、环境友好型农业生产体系,农业农村生态环境明显改善。随后,国务院办公厅又转发了《关于实施"以奖促治"加快解决突出的农村环境问题的实施方案》，要求国家环境保护部积极开展农村环境综合整治和乡村生态示范建设。到 2014 年，《国家新型城镇化规划（2014—2020 年）》也明确提出要走以人为本、四化同步、优化布局、生态文明、文化传承的中国特色新型城镇化道路。至此，开启了我国城乡建设绿色化转型的新时代。

## 第二节　新中国成立以来生态文明融入经济建设的基本特征

从新中国成立以来生态文明融入经济建设的实践历程来看，我国经济建设实现了从注重速度到速度、结构、质量和效益并重的演化，生态文明实践的定位也经历了"从基本国策到可持续发展战略，重点从偏重污染控制到污染控制与生态保护并重，方法从末端治理到源头控制，范围从点源治理到流域和区域的环境治理，手段从以行政命令为主导到以法律、经济手段为主导"[①]。具体讲，生态文明融入经济建设的实践历程具有"五大特征"，凸显了行为主体多元化、融入手段多样化、融入方法过程化、融入范围扩展化和融入重点明晰化。

### 一　从政府主导向政府、企业和公众协同转变

在中国经济现代化进程中，新中国成立至改革开放这一时期，主要是以计划经济体制主导的经济现代化，具有高度集中管理特征的政府成为这一时期推动经济现代化的责任主体和实施主体；随着改革开放政策的实

---

① 张坤民：《中国环境保护事业 60 年》，《中国人口·资源与环境》2010 年第 6 期。

施，高度集中的计划经济体制逐渐向社会主义市场经济体制转变，经济现代化也由政府管制型向市场活力型转变。在这一转变过程中，由政府高度集中管制所主导的经济建设已发生了巨大改变，企业逐步成为社会主义市场经济体制下经济建设的主体；社会公众的责、权、利意识也在社会主义文明现代化进程中全面提高，逐渐具备了参与各项事务的能力。

就生态文明融入经济建设而言，从新中国成立初期政府在经济建设中的主导作用和生态环境责任的缺失，到改革开放初期政府在主导经济建设中开始重视生态环境危机的影响以及确立作为市场经济主体的企业在应对生态环境危机的责任，再到新世纪新阶段全面建成小康社会和实现中华民族伟大复兴时期强调政府、企业、公众、社会组织等多元主体从事经济建设的过程中肩负的生态文明建设责任，逐步明确了生态文明理念、原则、目标融入经济建设的责任主体和实施主体。只有主体责任清晰明确，才能在科学发展理念引领下展开经济建设具体实践。目前，在政府职能改革中，政府主导的内容、方式、途径、范围都已进行了重大调整，但政府仍是主导新常态下中国经济建设和经济发展方式转变的领航者，特别是在推动经济绿色发展、循环发展、低碳发展中发挥着不可替代的作用。同时，除了政府进行生态文明体制改革、政策制定、法律法规完善外，也需要企业和社会公众的积极参与。现阶段，中国社会主义市场经济体制逐步完善，政府与市场的关系逐渐明晰，高度集中的政府管制方式已不能适应经济发展的客观现实，强化市场机制的决定性作用将成为促进经济发展方式根本性变革的关键。因此，生态文明融入经济建设实践，不能忽视生产企业、消费者等市场经济主体和细胞的重要作用。企业在产品设计、生产、售卖以及终端服务等产业链中，都需要重视环境责任和生态安全，落实政府主导的清洁生产、生产责任者延伸制度、限期治理制度以及污染付费制度等政策法规。社会公众也开始积极主动遵循生态文明的理念、原则和目标，响应政府促进经济绿色发展的配套政策，践行绿色生活方式和消费方式，形成了以企业为主体、政府宏观引导、社会公众全员参与协同推进生态文明融入经济建设的实践过程。

## 二 从行政管制向以法律法规和经济政策为主转变

改革开放前后计划经济和市场经济两个不同时期，生态文明经济建设的政策手段呈现迥然差异。新中国成立至十一届三中全会改革开放时期，经济建设主要以行政管制手段为主，政府行政管制贯穿于这一时期经济建设各方面和全过程，从觉醒到行动的环境保护事业是以政府管制型为特征的，由政府主导。十一届三中全会至今的社会主义市场经济体制下，行政管制型政策手段难以适应新型经济体制发展现实，单一性的行政管制在经济建设和生态文明建设中的作用限度日趋凸显；同时，随着中国特色社会主义现代化建设的全面展开，经济建设和生态文明建设领域中的法律法规和政策手段日趋完善。因此，推进生态文明的理念、原则、目标深刻融入和全面贯穿于经济建设各方面和全过程，促进经济发展方式绿色变革和转型，除了需要政府加强行政管制型政策手段的制定、修正和完善，也要求政府尊重市场经济基本规律，充分利用社会主义市场经济条件下的财政、税收、产业、规划、分配等经济政策手段，推动经济绿色发展、循环发展和低碳发展。可见，中国生态文明融入经济建设各方面和全过程，行政管制型手段将不断弱化，但不会消失；体现社会主义市场经济发展规律的法律法规和经济政策将逐步成为推动中国经济发展方式绿色转型的主导性手段。从20世纪90年代开始，我国政府将环境保护写入《宪法》，先后颁布了《环境保护法》《固体废弃物污染环境防治法》《可再生能源法》《循环经济促进法》以及土壤污染、水污染、大气污染、资源综合利用等方面的法律法规；在经济政策方面，开始针对企业、产业、园区等实施环境保护财政支持、污染排放税收、碳排放市场交易、生态利益补偿、环保产业投融资等政策措施，激励企业、产业和园区实施绿色发展、循环发展和低碳发展。截至目前，我国已基本上建成了以法律法规和经济手段为主，推进生态文明融入经济建设的法治化和政策化治理框架。

### 三　从末端治理向源头治理和过程治理协同转变

实践经验表明，从融入和贯穿方法来看，生态文明的理念、原则、目标融入和贯穿到经济建设各方面和全过程，经历了从重视末端治理到注重源头治理，再到源头治理和过程治理并重的转变过程。从20世纪70年代末开始，因应新中国成立以来重化工业优先发展战略主导的经济建设所造成的资源、环境和生态压力，经济建设实践中的环境保护开始觉醒并走向实践。到20世纪80年代中期，我国通过了《国家经委关于开展资源综合利用若干问题的暂行规定》，开始提出企业生产和环境污染的末端治理，开始注重废弃物综合回收利用，消除企业、产业生产活动产生的末端废弃物排放带来的环境污染。进入20世纪90年代和21世纪初期，我国先后通过和颁布了《关于推行清洁生产的若干意见》和《中华人民共和国清洁生产促进法》，标志着在对末端环境污染和固体废弃物排放进行治理的同时，开始探索清洁生产的源头治理。党的十六大召开以后，在科学发展观的指导下，我国经济建设开始转入坚持以科学发展为主题、以转变经济发展方式为主线的新阶段，绿色经济、循环经济和低碳经济逐渐成为经济发展方式转变的重要形态和基本途径。这些生态文明型经济实践形态以资源高效、集约、节约和循环利用为核心，注重资源利用的"减量化、再利用和资源化"，以低消耗、低排放、低污染、高效率为特征，尝试改变过去"大量生产、大量消费、大量废弃"的传统经济增长方式，降低经济发展的环境代价，推动我国经济发展走上生产发展、生活富裕和生态良好的道路。以循环经济为例，它将传统经济增长的"资源—产品—废弃物"单向线性物质流动方式，转变为由创新和绿色发展的生态经济理念指导，将经济实践过程组织为"资源—产品—再生资源"的闭环反馈式经济发展模式，突出经济过程的"减量化、再利用和资源化"。因此，从新中国成立以来，特别是改革开放以来，我国生态文明的理念、原则、目标融入和贯穿到经济建设各方面和全过程，从初期对废弃物综合回收利用的末端治理，伴随着对生态文明的认识提升，逐步开展清洁生产，注重源头控制。进入21世纪，为推动绿色发展、循环发展和低碳发展实践，《循环经济促进法》颁布实施，向注重经济建设各方面和全过程环境污染治理和清洁生产转变，突出源头治理和末端治理。党的十八届三中全会首次明确提出从"源头严防、过程严管、后果严惩"进行生态文明制度体系建设思路，主张建立健全源头严防、过程严管和后果严惩的三类制度体系，阐述了生态文明制度体系的构成及其改革方向、重点任务。[①] 总之，从废弃物综合利用到实施清洁生产再到资源节约型、环境友好型、生态安全型经济建设，生态文明融入经济建设经历了一个从重视末端治理到注重源头治理再向源头治理和过程治理并重的转变过程。

## 四 从资源循环利用向经济、社会、资源、环境科学发展转变

从实施重点和关键环节来看，我国生态文明融入经济建设实践经历了从注重经济建设中的环境保护到重视经济建设中的资源集约节约利用，再到促进经济、社会、资源、环境科学发展的过程。可见，我国生态文明融入经济建设的实践历程是一个经济建设生态文明化转型实施重点不断清晰、覆盖范围逐步扩大的过程。在生态文明融入经济建设萌芽初期，几乎

---

① 参见杨伟民《建立系统完整的生态文明制度体系》，《光明日报》2013年11月23日第2版。

不存在生态文明和可持续发展理念，仅有环境保护意识。随着我国经济建设面临的资源约束、环境污染和生态退化等问题凸显，开始以环境保护为重点来缓解环境污染和资源约束压力。之后，逐步认识到环境保护的关键在资源利用方式的转变和资源利用效率的提升，又将经济建设中环境保护的重点转移到资源循环利用上来。与之相适应，国家把发展资源节约型、环境友好型、生态安全型经济作为资源利用和环境保护的主要途径，将政策手段调整到资源利用和环境保护上来。21世纪以来，随着我国经济发展生态文明化转型的理论和政策研究不断深入，党和国家已从战略层面上认识到，着力推动我国经济绿色发展、循环发展和低碳发展是转变我国经济发展方式的根本途径。因此，我国生态文明融入经济建设已从整体上转到经济社会资源环境科学发展、统筹把握和重点实施的新阶段，必须超越一般性的环境保护和资源循环利用，实现资源节约、环境友好、生态安全的全面统筹。"十三五"时期，协同推进我国新型工业化、信息化、城镇化、农业现代化和绿色化，就不能把战略目标停留于环境保护和资源利用上，需要从整体文明现代化的高度加强生态文明融入经济建设的顶层设计，推动城乡、产业、区域等经济社会资源环境科学发展和绿色发展。

## 五 从企业向产业、园区、区域、社会和国家层面扩展

从融入和贯穿的范围来看，新中国成立以来生态文明融入经济建设是一个从企业微观层次到产业、园区、区域中观层次再拓展至国家和社会宏观层次的过程。新中国成立至改革开放，在以重化工业优先发展战略主导的经济建设中，从环境保护的启蒙觉醒到环境保护事业的跟进，环境保护长期依附于经济建设。这一时期也并未明确提出生态文明融入经济建设的理念、原则和目标层次，融入经济建设的范围相对模糊，集中体现为重化工业企业生产中的环境保护，如工矿企业"三废"排放污染治理和"三同

时"制度安排等。改革开放以后一段时期,虽然我国拉开了以社会主义现代化为主导的建设序幕,但并不能从根本上摆脱强化工业化主导经济建设的特征。归根结底,虽然从政府与市场权力配置上逐渐摆脱了高度集中的计划经济体制,并朝着建立和完善社会主义市场经济体制目标前进,但在经济建设的具体实践上仍是以重化工业为特征所主导的工业化发展进程。到目前,我国仍处于工业化中后期阶段,以重化工业为特征的经济现代化建设,必然成为生态文明理念、原则、目标等融入和贯穿的重点难点。因此,20世纪70年代末以来,尽管长期是以环境保护作为主线来推动经济建设生态文明型转变,但在一定程度上开启了由环境污染末端治理逐渐向环境污染源头治理和过程治理的实践转型。而后,又逐渐开展企业清净生产、生态产业园区试点、区域产业集群、"两型社会"建设试点等,尝试将生态文明的理念、原则、目标等逐步拓展到"三次"产业体系、"三次"产业园区、区域产业集群、"资源节约型、环境友好型"社会以及国家宏观经济战略。可见,我国生态文明融入经济建设的实施范围并非是政府、企业、公众的单一主体,并非是产业链条中的生产、交换、流通、消费的单一环节,也并非是经济建设的微观、中观和宏观单一层次以及人口、资源、环境和生态单一要素。我国生态文明融入经济建设的推进范围是一个从企业到产业、从产业到园区、从园区到产业集群、从产业集群到经济区域、从区域到社会的拓展过程。当前,我国生态文明融入经济建设,要结合企业、产业、园区、区域、社会、国家等不同层次经济建设的具体情况,把生态文明的理念、原则、目标等融入和贯穿到企业、产业、园区、区域、社会、国家发展规划等经济建设各方面和全过程,才能为建设美丽中国和实现中华民族永续发展奠定发展基础。

第三章

## 生态文明融入经济建设：认识误区与现实困境

"搞生态省建设，好比我们在治理一种社会生态病，这种病是一种综合征，病源很复杂，有的来自不合理的经济结构，有的来自传统的生产方式，有的来自不良的生活习惯……既有环境污染带来的'外伤'，又有生态系统被破坏造成的'神经性症状'，还有资源过度开发带来的'体力透支'。"①

——习近平

目前，我国经济建设面临资源短缺、环境污染、生态失衡等严重问题，资源环境承载力已逼近极限。中国目前的环境问题，是现行的经济发展方式的结果，而这种经济发展方式又是特定发展阶段的产物。② 同时，这与对经济建设和生态文明建设二者关系存在认知误区分不开，经济增长遮蔽了经济增长的资源环境代价。因此，在认识上消除生态文明建设与经济建设的认识误区，在实践上揭示经济发展方式绿色转型面临的现实困境，才能为实现生态文明融入经济建设提供理论和实践上的可能。

---

① 习近平：《之江新语》，浙江人民出版社2013年版，第49页。
② 参见蔡昉、都阳等《经济发展方式转变与节能减排内在动力》，《经济研究》2008年第6期。

## 第一节　生态文明建设与经济建设的认识误区及批判

经济建设既是社会实践的基础,也是社会发展的前提。生态文明融入经济建设是以经济建设为中心,人们对生态文明建设与经济建设的关系认识,决定了生态文明融入经济建设的深度、广度和效度。但在现实实践中,确实大量存在要么认为生态文明建设与经济建设是非此即彼的二元对立关系,要么认为现代化发展等同于经济建设。我们可以看到,前者割裂了经济系统与生态系统的关系,后者忽视了现代化发展所蕴含的生态文明含义,缺乏对经济发展的代价学分析。因此,全面呈现生态文明建设与经济建设的认识误区,有助于矫正人们在经济建设实践中的错误思维和发展观念。

### 一　经济建设与生态文明建设二元对立

目前理论界、科学界与政策界对经济建设与生态文明建设具有不同看法,认为二者和谐共生者有之,认为二者二元对立者有之。人们对经济建设与生态文明建设的二元对立认识误区主要源于三个方面:一是,改革开放以来我国业已固化的传统经济模式"破坏性创造"了经济持续增长的事实,让人们忽视了经济增长背后的资源环境代价;二是,长期以来我国实施"发展是硬道理""发展是解决所有问题的关键"等经济主导战略,强化了经济建设中心导向,弱化了经济建设与生态文明建设的平衡;三是,全球工业革命开启了资本主义"破坏性创造"和发展中国家"落后追赶型"的经济增长过程,"先污染、后治理"的狭义认知和实践道路强化了经济建设与生态文明建设的割裂。

与之相反，对经济建设与生态文明建设的二元对立认识，进一步反向强化了经济建设与生态文明建设实践。一方面，在脱离环境保护的实践中推进经济建设，资源约束趋紧、环境污染严重、生态系统退化等严峻形势将继续恶化，直至突破生态极限和经济系统崩溃；另一方面，离开经济建设推进生态文明建设，资源节约、环境保护和生态修复便失去稳定的物质基础，又会继续陷入唯经济中心论。因此，重构经济建设与生态文明建设的关系认知至关重要。目前学术界尝试以环境库兹涅茨曲线描述环境污染与经济发展的关系，论证国家经济增长、国民收入增长与环境改善的相关关系，认为中国在进入工业化后期阶段，如果继续按照既有经济增长模式和发展路径，中国将在遭遇和经历更为严重的环境污染阶段之后，会出现环境整体改善的趋势。可见，"一个国家或地区的经济发展初期不可避免地出现一定程度的环境恶化，随着人均国民收入的提高和经济增长将有助于环境的改善"[1]。但已有研究表明，单纯的经济增长和国民收入提高并不足以支撑环境库兹涅茨转折点的到来。发达国家"环境库兹涅茨曲线"成立的一个重要前提，就是发达国家的环境改善是在发展中国家环境恶化的过程中实现的，现有研究中的"环境库兹涅茨曲线"是以某一个国家、某一个区域在工业化阶段某一期间为研究对象，讨论的只是某一可见环境指标的变化；从长期、全局、环境综合状态的角度来看，生态环境状态是随着人类社会经济发展而不断退化的，一些指标的改善并不代表其他指标的改善。[2] 实现经济发展与环境保护双赢在短期可行，很难实现长期保持。也有研究表明，我国东部地区虽然超越了环境库兹涅茨转折点，但我国东

---

[1] Panayotou T, *Environmental Kuznets Curves: empirical tests and policy implications*, Harvard University, 1992.

[2] 参见钟茂初《"可持续发展"的意涵、误区与生态文明之关系》，《学术月刊》2008年第7期。

部发达地区仍存在省际差异，处于环境污染排放的高水平阶段，经济建设与环境保护并非一致，存在空间和阶段差异。① 在一定程度上，环境保护和环境改善更依赖于经济发展方式的转变及其相关激励政策的驱动，绿色经济、循环经济、低碳经济等实践活动只能降低经济生产活动对自然资源环境的负面影响。

同时，我国目前呈现的经济建设与生态文明建设二元对立认识，是与经济发展阶段和生态文明建设要求之间的矛盾、经济建设中心地位与技术路径落后之间的矛盾分不开的。一方面，资源环境问题既是工业文明带来的客观后果，又是文明形态发展不成熟的客观表现；另一方面，我国是最大的发展中国家，发展仍然是第一要务，没有一定的经济发展作为支撑，其他许多问题就无从下手、难以寻求解决之道。因此，对经济建设与生态文明建设的二元对立认识误区，既源于对经济发展的错误认知和生态经济学的发展局限，也取决于对经济建设和生态文明建设在社会主义现代化建设中的战略定位。

## 二 现代化发展与经济建设一元等同

目前，在生态文明融入经济建设实践中，由于继续强化经济建设的中心地位，也存在将经济建设等同于现代化发展或把现代化发展单一化理解为经济建设的认识倾向，呈现出现代化发展与经济建设一元对等的认识误区。这种认识倾向和误区主要是由在中国特色社会主义现代化语境下对现代化发展范畴的理解决定的。长期以来，我国社会主义现代化进程与以重化工业战略为导向的经济建设进程相伴并行，这在认识上难免会出现将现

---

① 参见蔡昉、都阳等《经济发展方式转变与节能减排内在动力》，《经济研究》2008年第6期。

代化发展单一化理解为经济建设的思维。

国内学术界对现代化含义和范畴进行界定，以罗荣渠教授的概括为经典。他将现代化含义概括为四大类①：第一，现代化是指在近代资本主义兴起后的特定国际关系格局下，经济上落后的国家通过大搞技术革命，在经济和技术上赶上世界先进水平的历史进程；第二，现代化实质上就是工业化，是落后国家实现工业化的进程；第三，现代化是自然科学革命以来人类急剧变动过程的统称，这种变动不仅发生在工业领域或经济领域，同时也发生在知识增长、政治发展、社会动员、心理适应等各个方面；第四，现代化主要是一种心理态度、价值观和生活方式的改变过程，是代表我们这个历史时代的一种"文明的形式"。以此为基础，罗荣渠教授认为现代化具有广义和狭义之分。广义而言，现代化是一种世界性的历史过程，是人类社会自工业革命以来所经历的以工业化为动力，推动传统农业社会向现代工业社会的全球性转变过程，工业文明和工业主义渗透到社会的经济、政治、文化、思想等各个领域。狭义来看，现代化则是落后国家通过有计划地采取经济技术革新手段和学习先进文明成果，带动社会广泛改革而实现对先进工业国家赶超的过程。可见，"现代化是世界范围内的、以工业化为发端的、以一个民族实体为载体的整个社会的变革"②，具有"自觉性（理性选择性）、科技性（科技带动性）、整体转变性（科技应用于生产进而导致经济社会和政治结构的根本转变）"③三个属性。同时，何传启研究员提出了两次现代化理论，认为第一次现代化（经典现代化）是指农业时代向工业时代、农业经济向工业经济、农业社会向工业社会、农业文明向工业文明的转变过程及其深刻变化；第二次现代化（新现代化）

---

① 参见罗荣渠《现代化新论——世界与中国的现代化进程》，商务印书馆2004年版，第9—17页。
② 吴忠民：《渐进模式与有效发展——中国现代化研究》，东方出版社1999年版，第33—36页。
③ 马崇明：《中国现代化进程》，经济科学出版社2003年版，第10页。

是指从工业时代向知识时代、工业经济向知识经济、工业社会向知识社会、工业文明向知识文明的转变过程及其深刻变化。① 随着经济社会现代化实践和人们认识的深化，现代化被看成是一个综合性范畴，从不同学科、层次和视角去理解现代化的理论与实践，有助于把握现代化的本质。

中国特色社会主义事业"五位一体"总布局和全面深化改革总目标，赋予了中国特色社会主义现代化丰富的内容。经济治理现代化、政治治理现代化、文化治理现代化、社会治理现代化、生态治理现代化构成了社会主义现代化的核心内容。因此，生态文明融入经济建设各方面和全过程是实现中国特色社会主义现代化的重大目标之一。

从这个意义上讲，那种认为现代化与工业化等同、传统与现代彻底决裂、现代化与现代性等同、现代化与经济建设等同的认识误区，将会影响人们对生态文明建设在中国特色社会主义"五位一体"总布局中的战略定位，制约生态文明融入经济建设各方面和全过程的广度、深度和效度。一是，将现代化等同于工业化，工业化是现代化的唯一标准。虽然工业化是传统社会向现代社会转变的标志，工业化在社会文明演进过程中具有重要地位和作用。但这种认识误区突出了工业文明与现代化进程的并列等同，认为工业文明是人类现代文明的最高形态，极大地阻碍了一种超越工业文明、主导经济发展的新模式和新文明形成。二是，将现代化视为一次与传统社会彻底决裂的过程，认为传统社会与现代化发展格格不入，传统社会中不存在任何现代化要素。这种认识误区割断了社会文明演进的连续性因素。中国特色社会主义现代化是一个社会文明不断演进和不断超越的连续过程，超越工业文明而形成生态文明的新形态，不可能彻底割裂工业文明社会向生态文明社会转变的一切积极因素。三是，认为现代化等同于现代

---

① 参见中国现代化报告课题组、中国科学院中国现代化研究中心《中国现代化报告2001》，北京大学出版社2001年版，第79页。

性，把现代化的结果与现代化的过程等同起来。这种认识误区把现代化看成一个静态目标，忽视了现代化是一个动态过程。生态文明融入经济建设、实现经济发展方式生态化转型，是现代化过程与现代化目标的有机统一，忽视生态文明融入经济建设的过程性和目标性，就无法从根本上理解中国特色社会主义整体文明现代化的理论内涵和实践特性。因此，简单地认为现代化发展与经济建设是一元等同关系，既缩小了现代化丰富的内涵，也夸大了社会主义经济现代化的中心地位，这就要求在世界观与方法论的辩证统一中走出认识误区。

### 三 走出误区：生态文明建设与经济建设的辩证逻辑

随着经济社会的全面发展以及人民日益增长的物质、文化和生态的需求拓展，对经济建设内涵的扩展和经济发展质量的深化，将修正和矫正经济建设与生态文明建设二元对立、现代化发展与经济建设一元等同的认识误区。这要求我们在世界观与方法论的辩证统一中走出误区，辩证审视生态文明建设与经济建设的正向互动关系。

#### （一）世界观与方法论前提：经济建设与生态文明的辩证统一

世界观是人们对客观世界的总体看法和根本观点，主要回答"是什么"的问题；方法论是人们认识世界和改造世界所运用的方法和手段的总和，主要解决"怎么办"的问题，世界观与方法论辩证统一。对于经济建设与生态文明建设而言，之所以存在经济建设与生态文明建设二元对立、现代化发展与经济建设一元等同的认识误区，既与经济行为主体的世界观有关，也与经济行为主体解决问题的方法论相关。我们认为，坚持经济建设与生态文明的辩证统一，是走出认识误区的世界观与方法论前提。马克思主义生态观从历史维度阐释了自然与历史的有机统一，认为自然的历史与历史的自然是自然不断人化和人不断自然化相统一的历史过程。人类物质生产活动以自然界为前提,自然界的人化过程就是物质生产活动的实践过程,二者构成了人与自然之间的和谐共生关系。由人类中心主义主导的自然价值效用第一性所决定的经济活动,既能在人类控制自然和超越农业文明对自然的依附中凸显人的本质力量,也能造成资源消耗、污染加剧和生态链失衡:"野生地区从城市中心中隔离开来,农田被舍弃以用于满足城市的不断膨胀,科技工具取代真实的价值和体验。"[①] 同时,由自然统领经济、环境抵抗发展的生态主义中心论者所倡导的敬畏自然、反对人为干预自然,也可能背负"环境法西斯主义"的骂名。可见,无论是人类中心主义还是生态中心主义,都是形而上学地在发展与环境之间偏执一端,对待经济发展与生态文明缺乏辩证思维。因此,经济建设与生态文明并非非此即彼的关系。从环境史与人类史相统一以及从现实的人与实践相统一出发,以科学的经济发展观匡正和矫正人类经济实践活动及其人与自然之间的关系,才能以经济发展促进生态文明、以生态文明谋求经济发展,实现"人—自然—社会"在社会物质生产活动和精神生产活动的统一。总之,要超越经济建设与生态文明之间二元对立论或一元等同论,"绝不是说不要现代而要回到传统,不要都市生活而要固守乡村,不要市场而继续由政府大包大揽,不要法制而或者有法不依或者无法无天;恰恰相反,既然是超越,就是要破除'要么这个,要么那个'的非此即彼格式"[②],这是生态文明融入经济建设的思维前提。

---

[①] Elizabeth Skakoon, *Nature and Human Identity*, Environmental Ethics, Vol. 30, No. 1, (2008).

[②] 转引自雅克·鲍多特等《与地球重新签约》,吴小英等译,黄平选编,人民文学出版社2003年版,编者前言第7页。

## （二）生态文明融入经济建设是以经济建设为中心

在当下中国特色社会主义现代化语境下厘清生态文明与经济建设的关系，是生态文明融入经济建设的认识论前提。从中国特色社会主义现代化的文明构成要素来看，生态文明与经济文明相互并列，但从中国特色社会主义现代化文明的各构成要素相互关系来看，生态文明是经济建设的前提条件，而经济建设是生态文明的物质基础。生态文明的理念、原则、目标深刻融入经济建设各方面和全过程，经济建设是中心，这是由我国社会主义初级阶段的国情决定的。因而，推进生态文明融入经济建设，必须毫不动摇地坚持经济建设这个中心。在经济建设过程中，必须更加清楚地认识到生态文明建设和资源环境问题的解决需要依赖于经济发展的物质基础，要认识到"环境保护工作是发展进程的一个整体组成部分，不能脱离这一进程来考虑"①，经济发展中面临的资源约束趋紧、环境污染严重和生态系统退化问题，必须通过经济发展方式的变革加以解决。

## （三）生态文明融入经济建设是以生态文明为引领

从中国特色社会主义现代化的文明形态来看，生态文明是超越工业文明而形成的文明新形态，在生态文明融入经济建设实践中具有牵引作用。具体来讲，虽然生态文明融入经济建设是以经济建设为中心，但经济建设中心是以生态文明的理念、原则、目标为引领。长期以来，我国经济发展的目标、过程和绩效极度简化为由经济生产活动资源要素投入与产出所表征的 GDP 增量，由物质财富累积与创造所表征的经济增长和由人均国民收入与福利增加所表征的社会进步。这种物化发展思维和经济增长偏好主导

---

① 《联合国环境与可持续发展系列大会重要文件选编》，中国环境科学出版社 2004 年版，第 123—124 页。

着人们对经济效益、经济利润和经济竞争力的理性偏好,使经济主体的行为选择缺乏社会理性(社会效益)和生态理性(生态效益)的前提性思考。因此,推进生态文明融入经济建设需要对以经济建设为中心进行前提性规约和对经济发展的道路和目标进行设定,即以生态文明的理念、原则、目标引领经济发展方式转换。就经济发展道路选择而言,以生态文明引领经济建设有别于过去"先污染、后治理"或"只污染、不治理"的"黑色道路",是一条经济绿色发展、循环发展、低碳发展的"绿色道路";就经济发展目标设定而言,以生态文明引领经济发展不单是以经济增长为目标和以GDP增长为发展评价,而是把经济发展目标拓展为速度、结构、质量和效益的统一,突出经济发展对人类经济社会永续发展能力的关注。因此,以生态文明融入经济建设,既要强调经济增长的速度和规模,又要凸显经济发展的结构、效益以及经济发展与人口、资源、环境和社会进步的协调度,实现从过去只关注经济系统平衡向关注经济系统与生态系统平衡转变。

## 第二节 中国生态文明融入经济建设面临的现实困境

现阶段,中国经济开始进入从高速增长向中高速增长的速度换挡期、从重化工业产业主导经济结构向创新驱动经济结构的调整阵痛期以及经济增长刺激政策的消化期、经济发展方式转换的关键期"四期叠加"阶段,坚持以科学发展为主题、以转变经济发展方式为主线、推进生态文明融入经济建设,将成为"十三五"乃至今后一定时期经济发展的必然选择。中国资源约束趋紧、环境污染严重、生态系统退化等问题凸显,有着"极为复杂的根源,为一系列战略、制度、结构、模式、压力的复合作用造成,包括：国家主导型的高速赶超的现代化战略；以 GDP 为核心的政绩考核制度；以重化工业为主导的产业结构；高耗能、高排放、高污染的工业增长模式；数量赶超型的追赶模式；巨量人口形成的巨大生态压力；'村村冒烟'的乡镇企业发展模式；蔓延式和满天星斗式的城镇化模式；等等"①，生态文明融入经济建设遭遇"一连串"客观现实困境。

## 一 政府权力配置、地方竞争与政企合谋

中国在 20 世纪 90 年代初期实施的财税体制改革所引起的政府财政权力与事务权力在中央与地方之间、地方政府各层级之间的非均衡配置，一方面调动了地方政府加快经济发展和现代化建设的积极性，为 21 世纪经济增长提供了坚实的物质基础；但另一方面，各级政府财权与事权的非均衡配置又导致了一系列非常规性后果，如地方债务规模持续扩大和地方政府"为增长而竞争"的公司化运行，地方债务打破了经济增长的短期与长期平衡，政府的公司化运行导致经济增长偏好而忽视对资源、环境、生态的保护。中国经济增长方式难以一时实现根本性变革的根源就在于此。从根本上讲，"投资驱动型增长方式、低端经济格局、与可持续发展目标相背离的政绩考核制度和财税体制，是导致我国大范围资源环境形势恶化的主要根源"②。因此，要重新实现政府权力在央地之间、地方之间的均衡配置，就需要梳理政府权力非均衡配置的发展因应、地方政府竞争的实践逻辑以及解构政企利益合谋的地方经济增长机制。由此，我们便能清晰地看到中央与地方政府权力配置、地方政府竞争、政企合谋对资源消耗、环境污染和生态退化的影响机理（如图 3-1 所示）。

---

① 何爱国：《当代中国生态文明之路》，科学出版社 2012 年版，第 15 页。
② 戴星翼、董骁：《"五位一体"推进生态文明建设》，上海人民出版社 2014 年版，第 11 页。

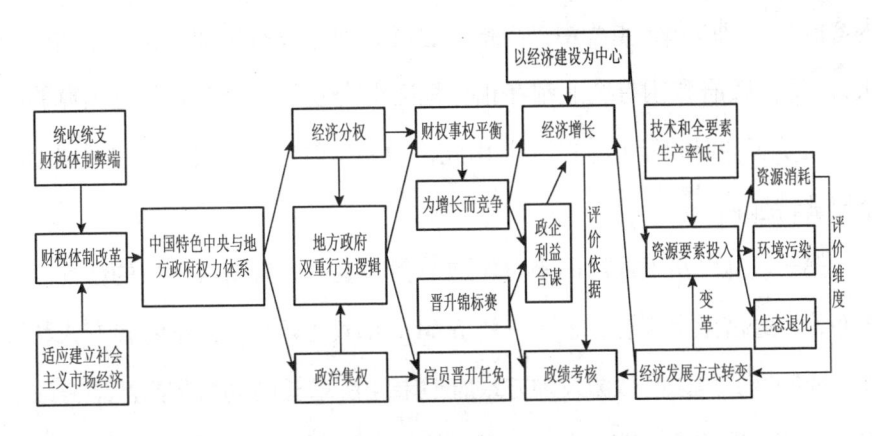

图 3-1　中央与地方政府权力配置、地方政府竞争、政企合谋
对资源消耗、环境污染和生态退化的影响机理

### （一）政府权力非均衡配置的现实因应

为适应建立社会主义市场经济体制的目标，中国逐渐对改革开放以前"统收统支"的基本财政制度进行了全面改革，经济体制从社会主义集权型计划经济体制向社会主义市场经济体制转型，逐步形成了具有中国特色的中央和地方政府权力体系。在改革开放以前"统收统支"的财政体制下，财政收入集中于中央政府，并由中央政府制定覆盖地方政府和国有企业的统一预算，地方政府和国有企业只能执行中央统一财政预算。中央政府对财政收支具有高度垄断权，一方面压制了地方政府进行经济建设的积极性，另一方面又与建立社会主义市场经济体制的目标相悖。因此，随着改革开放的序幕拉开，"统收统支"的财政体制很快就被一种新的"分灶吃饭"体制取代。虽然"分灶吃饭"体制激发了地方政府参与经济建设的积极性，增强了地方政府财政实力，但却削弱了中央政府的财力和对经济建设的调控。所以，在党的十二大确定建立社会主义市场经济体制目标的导向下，1994年开始实行了以划分中央政府与地方政府财权与事权为基本

内容的分税制改革，重构中央与地方之间、地方政府之间的关系。这样一来，"地方政府和国有企业都在相当程度上变成了一个具有独立预算的主体，改变了各自的行为方式"①。由此，中央与地方政府权力配置呈现出两个显著特征：

第一，从经济发展层面来看，这一制度设计具有财政分权的特征。一方面，从经济激励来看，采用以经济 GDP 增长为重点的政绩考核方式和税收分成制度，可以有效激发地方政府追求经济增长的动力和激活地方政府参与经济发展的积极性；另一方面，从信息非对称性来看，中央与地方财政分权体制下能够调动地方政府开展经济建设的积极性，还在于地方政府比中央政府更多地掌握地方经济情况，灵活地决定地方经济发展速度、结构和规模等。

第二，从政治和社会稳定层面来看，这一制度设计又具有政治集权的特征。分税制改革带来的一个重大变化是中央政府对地方政府的治理权力上收、中央政府对地方政府经济发展的财权事权下放，即"中国的财政分权改革在实现中央和地方政府经济分权的同时，保留了政治上的中央集权"②。因此，尽管地方政府可以根据财税分成制和掌握地方发展的事务权力推动地方经济发展，实现地方财政收支平衡，但中央政府在地方政府官员任免和晋升中拥有绝对权力。所以，地方政府官员为了职位晋升，在以经济 GDP 增长的政绩考核牵引下，地方政府官员必然会围绕经济建设这个中心开展工作，进而形成职位"晋升锦标赛模式"③。总之，在中央与地方政府权力配置过程中，财税分权体制运行对激发地方经济增长动力具有重

---

① 杨其静：《市场、政府与企业：对中国发展模式的思考》，中国人民大学出版社 2010 年版，第 9 页。
② 张璟、沈坤荣：《财政分权改革、地方政府行为与经济增长》，《江苏社会科学》2008 年第 3 期。
③ 周黎安：《中国地方官员的晋升锦标赛模式研究》，《经济研究》2007 年第 7 期。

要作用。但同时，中央政府与地方政府的财权与事权非均衡化配置引致的地方政府"为增长而竞争"和地方官员"晋升锦标赛模式"对中国经济增长中的资源消耗、环境污染和生态破坏带来了诸多负效应和负价值。

（二）地方政府竞争的实践逻辑

财税分权体制形成了地方政府"为增长而竞争"的经济行为模式，成为理解中国经济持续高速增长和面临诸多问题的切入点。一方面，中央政府通过行政决策权下放和财税分成方式，赋予地方政府展开辖区经济实践和管理辖区公共事务的权力，给地方政府发展经济提供了灵活选项；另一方面，中央政府通过干部人事任免和晋升权力的集中，可以根据其政绩考核来任免、奖惩和晋升地方政府官员。由此，便形成了现阶段具有中国特色的"经济分权"与"政治集权"相结合的政府权力结构和治理结构，成为地方政府竭尽所能推动经济增长的基本动因。[①] 在基于"经济分权"和"政治集权"相结合政府权力结构和治理框架下，GDP 增长指标成为地方政府考评的核心依据，使得地方政府在地方行政区域之间形成竞争态势，争夺有利于本地区经济增长的流动性要素和自然资源，进而导致资源过度消耗、环境污染日趋严重和生态系统加速退化等问题。同时，在地方政府竞争过程中，为了促进地区经济增长、保证政绩考核目标实现和地方官员职位升迁，地方政府日渐呈现出"公司化经营"特征，在产业引进、企业引进过程中降低产业和企业投资门槛、弱化产业和企业引入的环境要求等，进一步造成地方政府与企业之间形成利益合谋，为产生新的资源、环境和生态问题带来隐患。

---

[①] 参见王颂吉、白永秀《分权竞争与地方政府城市偏向：一个分析框架》，《天津社会科学》2014 年第 1 期。

## （三）政企利益合谋的增长机制

由财税分权体制下的"经济分权"和"政治集权"所主导的经济增长和政府治理结构存在多元主体的多层代理，导致中央政府、地方政府、企业等经济主体之间的代理关系模糊，经济建设中长期存在政企不分、政府过度干预市场主体的现象。本质上，政府干预市场主体经济活动，是在中央政府政绩考评体系和地方政府经济增长机制下实施的一种优先行为方式。一方面，中央要以经济增长作为地方政府政绩考核和官员晋升的依据，另一方面，地方政府又要面对向辖区提供公共产品供给的公共事务。在两难困境下，地方政府作为主导地方经济建设方向的主体，不可避免地存在对产业、企业的干预，而这种干预方式只有通过经济主体利益博弈来实现。因此，政府与企业之间的代理关系逐步转向一种经济利益"合谋"的关系。

从政企"合谋"的动力来看，一方面，地方官员作为地方政府"人格化"代理人，其行为选择与自身利益捆在一起，当自身利益与政府利益发生冲突时，便可能以利己之心冒险与企业家产生"合谋"；以 GDP 论英雄的考核体系引导地方政府官员在任期内主要倚重于"短、平、快"经济项目为自我获取晋升机会，而这种"短、平、快"项目往往存在生产方式粗放、技术落后和生态效益低的特点。另一方面，对于企业来讲，投资资源节约、环境保护和生态修复类公共产品，单个企业往往存在搭便车心理，企业节能减排的集体行动困难；同时，企业通过技术改进实现经济发展方式转换需要较高成本，可能影响企业短期收益，企业偏重于选择以资源要素投入驱动经济增长的道路。因而，地方政绩考核、地方官员晋升及企业利益最大化偏好，是政企合谋的动力来源。

从政企"合谋"的条件来看，"在制度层面，环保监管和激励的不完全性是合谋问题产生的主要原因"①。在财税分权体制下，地方政府具有经济建设自主性，中央政府、地方政府、企业的委托代理关系存在明显的信息不对称，经济建设和环境污染监管需要高昂成本才能完成，层级的增加为经济建设中的环境监管带来了巨大挑战。同时，地方政府在企业、产业等项目的引进上具有行政审批权和对环境污染排放监管的自主裁量权，为企业寻租、政府腐败滋生提供了制度缺口。因此，当政府和企业合谋所产生的利益预期高于政府和企业博弈所产生的利益预期，就成为政企"合谋"的重要条件。

从政企"合谋"的结果来看，"环境污染是政企合谋的必然结果"②。地方政府"为增长而竞争"和地方官员晋升，既可以通过引进高消耗、高污染、高排放但成本低的产业或企业，也可以引进低污染、低排放但成本高的产业或企业。一般而言，以制造业为主的化工、塑胶、造纸等行业会引起严重的环境污染，对这类行业进行环境技术改造成本较高，需要大量人力、物力和资金投入。就企业来说，提高环境技术改造成本会降低企业收益，进而影响地方经济增长。因此，对于中央政府或上一级地方政府而言，若经济增长比社会和谐稳定、未来可持续能力更重要，地方政府就可能对引进高污染、高排放和低成本的产业或企业表示默许和鼓励，形成"破坏性创造"的经济发展方式，一面是经济高速增长，一面却是严重的环境污染。

## 二 传统粗放型经济增长方式固化和强化

在中国政府权力体系、政府治理结构下形成的地方政府"为增长而竞争"的粗放型经济增长"锦标赛模式"，依托长期以来的资源要素的投入

---

① 卢现祥、王宇等：《低碳转型中的政企合谋行为及其破解机制》，《攀登》2012年第2期。
② 聂辉华：《政企合谋与经济增长：反思"中国模式"》，中国人民大学出版社2013年版，第98页。

和消耗不断加以强化和固化。本质上讲，中国目前所形成的粗放型经济增长模式属于制度层面的问题，是包括政府、企业、公众在内的市场主体在一系列经济社会约束条件下所做的必然选择。那么，改革开放以来社会主义市场经济体制的建立和完善为什么反而强化和固化了这种粗放型经济增长模式，它是中国经济发展的特有现象还是与特定经济发展阶段密切关联？历史经验表明，粗放型增长与特定的经济发展阶段相联系，并决定于一定的动力结构，而政府行为及其制度供给只是固化了粗放型增长的内在动力结构，延缓了动力结构调整和转换的时间。[①] 这与政府权力配置、地方政府竞争与政企利益"合谋"具有内在逻辑的一致性。

因此，在中国特定政府权力体系和政府治理结构下分析中国粗放型经济增长方式固化和强化的具体表现，才能为经济发展方式绿色转型提供依据。一方面，中国粗放型增长表现为投资驱动和消费驱动为主，出口驱动弱化和创新驱动不足（如图3-2所示）。

如图3-2所示，2001年以来，投资、消费对中国经济增长的贡献较为突出。2001年投资、消费对经济增长的贡献分别为4.1%和4.2%，而在金融危机后的2009年投资和消费对经济增长的贡献分别为81%和46%，出口对经济增长的贡献为-35%；到2013年，投资和消费对经济增长的贡献分别为50.4%和42%，出口对经济增长的贡献有所回升。总体上，出口、消费和投资对中国经济增长的贡献结构演变为投资和消费驱动为主、投资驱动占主导，这也反映了中国经济增长依靠创新驱动的水平较低。这将预示着今后一定时期的中国经济增长仍以投资驱动为主，可能使中国经济陷入产能过剩和供需失衡状况，造成资源浪费和生态恶化。

---

① 参见李永友、沈坤荣《中国粗放型增长方式的成因与强化》，《学术月刊》2009年第2期。

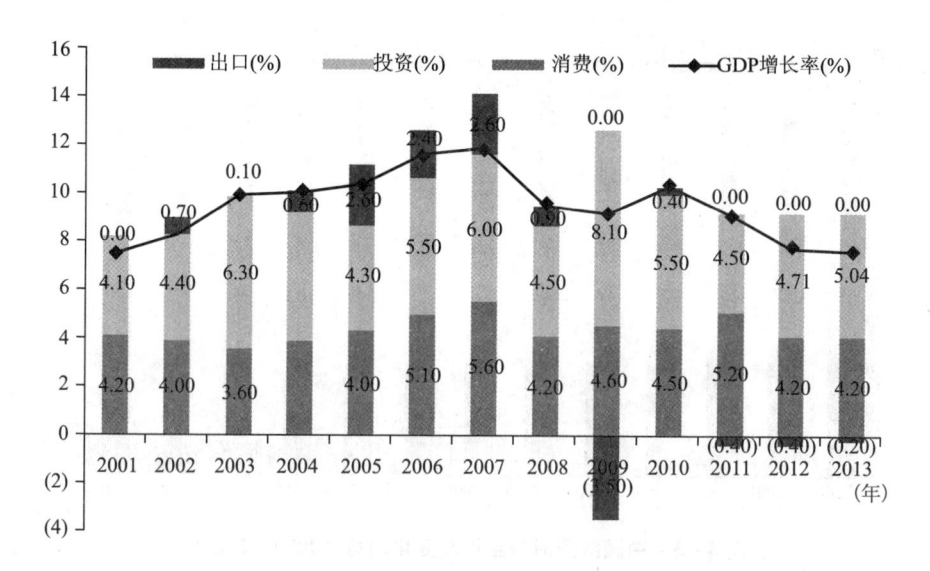

**图 3-2  中国投资、消费和出口对经济增长的贡献率变化（2001—2013）**

数据来源：根据《中国统计年鉴（2002—2013）》统计数据计算得出；2013 年数据根据我国国民经济和社会发展统计公报计算得出。

另一方面，从经济增长的资源能源消耗结构来看，按照发电煤耗计算法，煤炭消耗占能源的大头，石油消耗其次，天然气、水电、比重较小（如图 3-3 所示）。从 2000 年以来，我国能源消费一直处于快速增长中，其中 2003 和 2004 年比上一年消费增长 15.3% 和 16.1%，2012 年比上一年消费增长仍在 3.9% 左右；同时，虽然中国煤炭、石油消费在整个能源消费中的比重有下降趋势，2012 年与 2000 年相比，分别从 69.2%、22.2% 下降至 66.6% 和 18.8%，分别下降仅 2.6 和 3.4 个百分点，同期天然气、水电等消费比重有所上升，但上升比重较小。这进一步表明，经济增长中的煤炭、石油等能源的巨大消耗是中国生态恶化和环境污染的主导因素。因此，传统粗放型经济增长方式短期难以实现根本改变，这给推进生态文明融入经济建设带来了巨大困难。

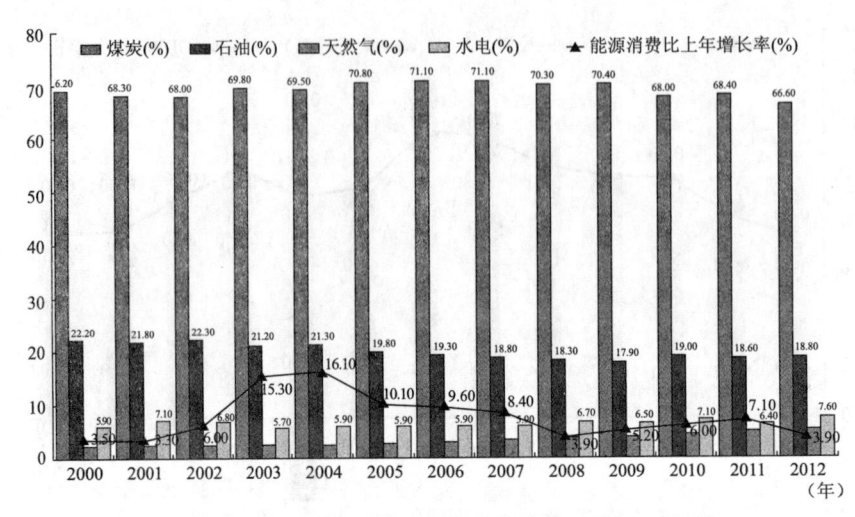

图 3-3 中国能源消费结构及变化趋势（2000—2012）

数据来源：根据《中国能源统计年鉴》计算数据绘制。

## 三 生态资源市场化与政府治理能力不足

"与环境保护明显对立的、占社会主导地位的工业生产、市场机制、资本逻辑、消费理念、增长方式、价值观念和自然伦理"[①]，是生态文明建设成效的重要变量，本质上反映了政府与市场的关系问题。目前，由于我国还未建立起体现自然价值、反映稀缺程度的生态产品和自然资源市场体系，政府生态责任边界模糊和生态职能转换滞后，生态文明融入经济建设面临市场和政府的"双失灵"。

### （一）生态资源市场发育滞后，市场机制的决定性作用受限

市场化是否一定带来经济增长还需进一步验证，但市场化机制能更好地促进资源优化配置和提升经济效率已成为基本共识。当然，在发挥市场

---

① 张秀冰、刘福：《生态环境持续恶化的深层原因何在？》，《环境保护》2009 年第 18 期。

化机制在自然资源配置中的决定性作用时，也可能存在"市场失灵"的情况，因此必须更好地发挥政府的调控作用。目前，由于中国经济建设行政区划明显，全国尚未形成一体化市场体系，区域性市场占主导。一般而言，自然资源的市场范围或市场半径主要取决于自然资源的流动空间，自然资源的市场化半径对经济建设具有重要作用。但在我国社会主义公有制基本经济制度框架下，人们主要从公共产品的视角出发，对自然资源的认识主要停留于国家所有和全民所有的意识形态认知上，这导致人们对自然资源的所有权、经营权、使用权等产权细分不够，这是中国自然资源市场化发育滞后的主要因素。在这种情况下，既造成了现有自然资源产权无法适应市场经济发展需求，又引起各级政府对自然资源的过度干预。在计划经济主导的中国经济建设时期，自然资源相对富足且属于国家所有，自然资源的利用主要依靠政府的强制性配置，人们在经济建设中并未看到自然资源的价值性、稀缺性和有限性。随着中国社会主义市场经济体制的建立、完善以及逐步融入世界市场体系，自然资源的价值性日渐凸显，市场主体主要通过市场交易机制获取自然资源，市场化机制在自然资源配置中的作用日趋重要。目前，中国自然资源产权模糊、市场区域分割，自然资源资产统一确权登记颁证制度也处于试点探索阶段，统一、有序、竞争、开放的自然资源市场体系和生态产品有偿使用制度、竞争机制、价格体系未完全形成，极大地限制了市场机制对自然资源和生态产品优化配置的决定性作用。

（二）经济主体行为过度干预，政府调控的生态治理能力不足

中国在坚持以经济建设为中心和建立健全社会主义市场经济体制的过程中，各级政府对自然资源和生态产品具有的"经济价值"较为关注，由资源、环境和生态所支撑的生产空间、生活空间和生态空间日益被GDP导

向的经济增长蚕食和挤压，极大地弱化了自然资源和生态产品的"生态价值"。同时，这也是由生态市场发育与生态型政府治理能力提高脱节所造成，政府"主要运用生态环境管理的强制手段，较少运用市场经济手段，以私有产权为基础的生态市场尚未发育成熟"[1]，政府生态治理偏离市场化要求的强制性手段。可见，促进经济建设中的资源节约、环境保护和生态修复，需要同时构建一个生态型政府和生态型市场。生态型政府发挥生态治理能力，必须以生态市场发育为前提，通过建立产权清晰的自然资源和生态产品市场体系，发挥市场机制对自然资源和生态产品配置的决定性功能。在此基础上，生态型政府还需构建起有利于生态产品市场有效运行的制度机制以及规制政府自身行为的生态发展伦理。就生态型市场而言，需要政府职能的生态转型，政府职能发挥要以市场化手段为基本方法。目前，中国政府生态经济治理体系和生态治理能力还难以承担与生态市场发育程度相称的角色，需要进一步界定政府、市场、社会在生态型政府和生态型市场建设中的边界，规制政府生态治理行为，激发市场主体活力。

## 四 企业行为趋利化与生态伦理责任限度

企业是社会主义市场经济的微观主体，是经营具体业务的营利性经济组织。但在现实具体经济活动中，企业总是把利益最大化作为经济决策的主要依据，这导致企业长期忽视其获取经济收益所应承担的生态责任。企业生态经济系统协调发展是整个人类社会可持续发展的微观基础。[2] 因此，在日渐重视实现"经济—社会—生态"综合效应的经济实践中，就需要

---

[1] 黄爱宝：《生态型政府构建与生态市场培育的互动关系》，《河南大学学报》（社会科学版）2007年第2期。

[2] 参见梁俊国、胡运权、张庆普《企业生态经济投资的动态演化与行为协调》，《哈尔滨工业大学学报》2000年第6期。

平衡微观主体生态投资与经济投资的比例。企业保持生态投资与经济投资的结构和比例动态平衡，一定程度上决定了企业参与推进生态文明融入经济建设的程度，影响企业生态经济系统的建立。目前，企业主体推进生态文明融入经济建设主要面临企业行为趋利化和生态伦理责任限度双重约束。

### (一) 企业微观经济行为的经济利益偏好

企业微观经济特性决定了企业微观经济行为，而企业微观经济行为具体表现为经济利益偏好。经济利益偏好是企业微观经济行为决策的决定性因素。与一般经济实体不同，企业在面对市场竞争时，必须在"成本—收益"的比较中参与到市场利益的分配，否则企业将会面临兼并或破产。可见，企业经营的首要目标是获取维护其发展壮大的经济利益。既然社会承认了企业要独立经营、自负盈亏，那么社会也应承认企业通过降低生产成本、缩减社会公共支出、延长资金增殖链条等方式而获得的企业盈利。由此，企业为获取利益最大化、巩固市场地位，就会采用诸如买卖、竞争、联合等连锁性经济行为，保持企业再生产的统一、协调和持续运转。因此，在企业经济利益偏好行为决策过程中，不可避免地会产生损害市场经济环境、损害其他经济主体利益、忽视经济持续发展的短期经济行为，企业职工只关注工资、奖金的发放而忽视企业内生发展能力的锻造。同时，在推进生态文明融入经济建设实践中，由于科学技术创新所带来的经济效益周期较长，企业促进经济绿色发展的技术投资积极性较低，加之我们长期强调企业的营利性，极大地弱化了企业承担公共责任的社会性，强化了企业短期经济行为和利益偏好。

## （二）企业微观经济行为的生态价值限度

企业是"解决能源环境生态问题或生态经济发展问题的主体"①，这就要求发挥企业家和企业家观念在解决资源环境和经济发展问题的要素作用。但是，企业经济利益最大化偏好以及企业家生态文明认知限度，使得企业微观主体做出趋向于反生态伦理的经济行为抉择。具体而言，在经济发展过程中，少数企业主体采用包括偷排"三废"、拒缴环境排污收费等各种反生态伦理和反自然价值的手段，掠夺自然资源和破坏生态环境，实现企业财富积累。在这一过程中，我们不能仅停留在对企业经济行为的"非道德""反生态"批判，需要进一步明确和划分企业推进经济绿色、循环、低碳发展的生态责任和生态伦理边界。只有当企业选择善的行为方式在总体上并不减弱企业的经济竞争力，相反，能够给企业带来实利时，企业在经济行为选择中才能自觉选择善的行为方式。② 随着中国经济发展升级，就需要将企业单项经济目标指向拓展至社会效益、生态效益等目标指向。因此，合理划定企业微观经济行为决策的生态责任和生态边界，对企业从事绿色技术、循环技术、低碳技术等技术研发提供成本支持和政策激励，在确保企业稳定发展的基础上强化企业生态文明的价值引导和实践引导，才是规制企业趋利化经济行为和重构生态化经济伦理的根本出路。

## 五 绿色、循环、低碳科技支撑能力较弱

推进生态文明的理念、原则、目标深刻融入经济建设，需靠科技创新驱动。没有科技创新和进步，经济绿色发展转型就没有持续动力。现阶

---

① 孙步忠、曾咏梅、张乐天：《企业家观念及行为模式对生态经济发展的影响》，《江西社会科学》2009 年第 1 期。
② 参见高兆明、管华《企业经济行为选择中的道德边际》，《学术研究》2000 年第 11 期。

段，无论是从国际社会引进绿色技术、循环技术、低碳技术进行消化吸收再创新，还是国内绿色技术、循环技术、低碳技术的自主创新，都还处于较低水平。虽然中国基本形成了较成熟的农业技术体系和工业技术体系，但要形成以生态文明为价值导向和以生态优先为基本原则的生态技术体系还有很长的路要走。同时，中国发展绿色经济、循环经济、低碳经济尚处于起步阶段，在绿色技术创新方面仍面临资金投入不足、核心技术不强、科研人才单薄、技术研发与运用脱节、环保技术产业化配套政策供给不足等问题。

（一）绿色、循环、低碳技术创新缺乏整体规划

新中国成立以来，为促进经济发展，中国在引进国外先进技术和设备的同时也注重科技自主创新培育，先后制定了包括"星火计划""火炬计划""973 计划""863 计划"等科技创新规划，实现了中国在航空航天、军事工业等领域取得重大突破。但现阶段，在推进经济发展方式绿色、循环、低碳转型领域，绿色、循环、低碳技术创新还处于起步阶段，缺乏对应专门规划和总体规划。目前中国既制定了包括《循环经济法》《可再生能源中长期规划》和大气、水、"三废"污染防治法，也出台了《全国生态保护"十三五"规划纲要》《全国农业现代化规划（2016—2020 年）》《可再生能源发展"十三五"规划》《太阳能发展"十三五"规划》和《节能与新能源汽车产业发展规划（2012—2020 年）》等，明确绿色技术创新方向和绿色技术创新重点。但是，欧美等发达国家制定了发展绿色经济、循环经济、低碳经济的技术支持长期规划，如欧盟相继实施的"欧盟研发框架计划"（EU Research Framework Programme）、"环境技术行动计划"（ETAP）、"竞争力与创新框架项目"（CIP）、"战略性能源技术计划"（SET-Plan）和"绿色创新行动计划"（Eco-innovation Action Plan）等；美

国也从20世纪90年代相继发布了"国家环境技术战略""面向可持续发展的未来技术报告""重塑美国能源科学与工程学优势教育计划"等,都从国家整体战略高度规划了绿色创新技术的目标、重点、政策和措施。所以,虽然在2013年由国务院颁布实施了中国首部循环经济发展规划《循环经济发展战略及近期行动计划》,但中国仍缺乏促进经济绿色发展的技术创新引导规划。

（二）绿色、循环、低碳技术创新缺乏稳定投入

绿色、循环和低碳的技术创新孕育着巨大市场潜力,将成为新的经济增长点。2012年德国联邦环境部在其发布的《绿色技术德国制造3.0》中指出,自2007年开始全球绿色环境技术市场规模以年均11.8%的速度增长,2012年已达到2万欧元,预计2025年,将达到4.4万欧元；而据中国绿色科技组织（2009）预测,中国绿色科技的市场价值每年可达5000亿甚至1万亿美元,到2013年约占GDP的15%。[①] 尽管"十一五"期间国家科技计划累计安排节能减排研发经费超过100亿元；环境保护公益行业科研专项支持经费达到7.8亿元；水体污染控制与治理科技重大专项投入资金112.66亿元；2004—2012年间对中国可再生能源投资累计达2573亿美元,2012年新增投资660亿美元,成为全球最大可再生能源投资国。[②] 但总体上,绿色、循环、低碳科技创新投入的总量上升并不意味着用于绿色、循环和低碳技术创新的专项投入比例增加。据国家统计数据分析,2012年与2008年相比,R&D经费支出从4616.0亿元增长到10298.4亿元,增长1倍多,但2012年R&D经费支出占国内生产总值（GDP）的比

---

[①] 参见中国科学院可持续发展战略研究组《2014中国可持续发展战略报告——创建生态文明的制度体系》,科学出版社2014年版,第167页。

[②] 同上书,第176—177页。

例仅为1.98%，倘若进一步分解到绿色、循环和低碳技术创新领域，科技支出占比微乎其微。与发达国家科技投入强度相比，中国长期徘徊在较低水平线上（见表3-1）。

表3-1　中国与欧美发达国家R&D经费占GDP比重对比　　（单位:%）

| 年份\国家 | 中国 | 美国 | 日本 | 德国 | 瑞典 | 新加坡 |
| --- | --- | --- | --- | --- | --- | --- |
| 2005 | 1.32 | 2.62 | 3.32 | 2.48 | 3.60 | 2.30 |
| 2008 | 1.47 | 2.84 | 3.47 | 2.69 | 3.70 | 2.65 |
| 2009 | 1.70 | 2.90 | 3.36 | 2.82 | 3.60 | 2.24 |
| 2010 | 1.76 | 2.83 | 3.26 | 2.82 | 3.40 | 2.09 |
| 2011 | 1.84 | 2.77 | 3.39 | 2.88 | 3.37 | 2.23 |

数据来源：根据《中国科技统计年鉴（2013）》计算。

同时，由于绿色、循环、低碳技术创新是一项前期投资巨大而见效周期较长的科技活动，投融资相对困难。据清华大学气候政策研究中心数据来看，近90%的能效投资投向了工业领域，交通领域、建筑领域的能效投资占全社会能效投资的比重分别为1%和4.3%，工业领域的能效投资主要用于支持节能技术，占全社会能效投资的82.3%，对于淘汰落后产能的资金投入仅占全社会能效投资的3.7%；而中国在保持"十一五"能效投资规模的基础上，面临4134亿元的资金缺口，其中来自合同能源管理推广工程、节能技术示范工程和节能产品惠民工程的资金缺口分别占总资金缺口的34.6%、35.1%和19.6%。[①] 据国家统计数据计算，中国2012年投入基础研究和应用研究的比重分别为4.84%和11.28%，而用于已有知识创造

---

① 参见齐晔《中国低碳发展报告（2013）——政策执行与制度创新》，社会科学文献出版社2013年版，第155—156、179页。

新应用增加新科技的试验研究高达 83.88%；且政府投入占 21.57%，远低于企业投入占科技总投入的 74.04%。可见，绿色科技创新投入不仅在量上存在差距，而且在投入结构上也极为不合理。

### （三）绿色、循环、低碳等核心技术落后和科研人才单薄

经济绿色、循环、低碳发展，既需要相应核心技术支持，也需要相应科研人才和后备梯队支撑。按联合国计划开发署发布的《中国人类发展报告（2009）》所确定的技术路线图来看，中国要实现低碳经济发展目标，需要掌握 62 种关键技术，但中国还未掌握其中 43 种关键技术的核心技术部分。[①] 从分布领域来看，中国在风力发电设备、太阳能光伏电池技术、燃料电池技术、生物质能技术及氢能技术等新能源技术方面，汽车燃油经济性问题、混合动力、新能源动力等交通技术方面，冶金、化工等领域的增能提效、系统控制技术方面，以及建筑节能方案设计和建筑节能技术等，与发达国家仍有较大差距。同时，虽然中国科技人力资源总量达到全球第一，但具有创新性的科技人员，尤其是在绿色、循环、低碳经济领域中创新性人才严重不足，呈现"知识有余而创新不足"。据中国科技统计数据分析，中国每万人就业人员中从事 R&D 活动的人员仅为 60 人，日本、德国、瑞典、俄罗斯分别为 136 人、134 人、170 人、119 人。尽管我国已经从人才资源相对匮乏的国家发展成为第一人力资源大国，到 2010 年年底，我国人才资源总量已达 1.2 亿人，但同时我国流失的顶尖人才数量居世界首位，其中科学和工程领域滞留率平均高达 87%。[②] 由于国内外科技创新水平、环境以及待遇存在巨大差异，在中国本土与国外人才竞争中，

---

① 参见联合国开发计划署《中国人类发展报告（2009）：迈向低碳经济和社会的可持续未来》，中国对外翻译出版公司 2010 年版，第 13 页。

② 参见《我国流失顶尖人才数居世界首位》，《人民日报》2013 年 6 月 6 日第 9 版。

大量本土优秀科技人才向国外流失,科技创新后备人才不足。

(四)技术研发与运用脱节,技术异化倾向明显

绿色、循环、低碳的技术研发只有通过运用,才能为转变经济发展方式发挥作用。只注重技术研发、不重视技术运用与推广,就会造成人力、物力和财力浪费。目前,在中国的科研体制中,仍存在技术研发与推广运用脱节的现象,科技成果转化率较低。一是,高校和科研院所存在重理论轻应用、重专利申请轻专利技术转化的倾向,造成科学技术创新与市场需求的分离,科学技术成果转化意识不强。二是,作为市场主体的企业尚未成为科技自主创新的主体,产学研体制机制不健全。三是,科技创新考评体系存在局限,偏重于科研从业者的论文数量、论文级别和获奖等级,轻视科研成果运用和转化。同时,在科技成果转化运用中,也存在技术异化问题。"在现代工业社会里,社会与它所依赖的生态系统之间的最重要联系就是技术"①,而技术创新可能与其相联系的生态系统发生冲突,进而产生环境污染、生态破坏等负价值。从生态学角度来看,这正是"技术出现了系统偏差"②。因此,在科技创新和成果转化过程中,仍需要"通过干预和调节技术发展方向、重塑人性、重建精神文明等途径"③,抵御技术异化现象。

(五)绿色、循环、低碳技术产业化发展政策体系有待完善

绿色、循环、低碳技术创新需要完善的产业化政策体系支撑。目前,由于中国绿色经济、循环经济、低碳经济起步较晚,与之对应的技术创新

---

① [美]巴里·康芒纳:《封闭的循环——自然、人和技术》,侯文蕙译,吉林人民出版社1997年版,第141页。
② 肖巍:《可持续发展进行时——基于马克思主义的探讨》,复旦大学出版社2013年版,第177页。
③ 王伯鲁:《技术异化及其消解的可能性问题新解》,《兰州大学学报》(社会科学版)2013年第1期。

尚未形成完整的产业链条，技术创新产业配套设施落后，严重制约了绿色、循环、低碳技术的整体进步。比如，中国由光伏发电技术支撑的多晶硅产业比较发达，但太阳能电池组件、太阳能发电机等研发和制造相对落后。同时，受绿色、循环、低碳技术发展的产业化配套政策体系制约，极大地限制了促进经济绿色发展的技术创新以及新型能源技术的开发、运用和推广。

## 六 公众过度消费和生态文明价值观缺失

社会公众的消费观念、行为及其生态文明价值观等是影响生态文明融入经济建设质量和效果的重要环节。培养文明的消费观念和消费行为，才不会"为了某种异己的、怪诞的、虚假的目标去消费"[①]。目前，随着人们经济生活水平逐步提高以及新型消费方式的不断涌现，提前消费、分期消费等观念和行为在公众生活中普遍存在。同时，社会公众的生态文明价值观并未随着国家整体文明进步而发展，公众生态伦理和人格缺失。

### （一）公众过度消费的行为方式泛滥

消费是经济社会再生产的关键环节，在经济生活的方方面面扮演着举足轻重的角色，适度消费由适度生产来支持，过度消费则需更多的生产资料和资源要素的投入。当然，我们也应看到，过度刺激消费既可以引起生产增长，也可能产生产能过剩，引发经济停滞或倒退。可以讲，刺激消费不一定带来经济繁荣，但消费不足一定不会带来经济增长。2008年金融危机以后，我国采取了一系列促进经济增长、刺激国内消费的政策手段，一定程度增强了国家经济发展后劲，但也造成了诸多产业、行业产能过剩的

---

① 赵玲：《科学消费观与文明消费方式的养成》，《毛泽东邓小平理论研究》2008年第2期。

问题，再次陷入"大量生产—消费不足—大量浪费"的怪圈。同时，对于社会公众而言，在经济全球化、文化多元化的时代大势下，西方国家所倡导的"消费主义"文化价值观日渐渗透到人们的日常生活，传统节俭型消费观念发生巨大嬗变，诸如"花钱才能赚钱""人生在世，吃喝二字"等消费观念逐渐成为社会公众坚守的生活信条。当整个社会被一次性消费、及时行乐式消费、享乐主义消费等充斥或成为人生目的时，消费就成为背离人的本质、张扬人的物质欲望和挤压人的精神追求的异化力量，影响着人们的消费行为。目前，在消费主义影响下，我国社会公共生活领域中开始出现过度消费行为的泛滥之势。一是，享乐主义的代际传递与攀比行为在青年一代较为突出；二是，汽车时代公众出行方式从"出门靠走"向"出门靠车"转变，大量污染废气的排放成为城市重要的环境污染源；三是，大数据时代的在线消费方式使消费形式和支付形式隐蔽化，降低了社会公众消费欲望的控制。从个人网络购物的经历来看，倘若没有较强的消费欲望控制能力，那种"想买就买"的消费心理和行为最终就会演化为过度消费。因此，过度消费的行为泛滥，必然需要大量生产要素和资源要素投入，进而会引起资源、环境和生态问题。

## （二）公众生态文明的价值伦理缺失

虽然我国环境保护理念、可持续发展理念在20世纪已初步形成，但生态文明的价值伦理仍处在起步阶段。以科学发展观主导的生态文明价值伦理内涵丰富，其完善和丰富是一个与时俱进的过程，而生态文明的价值伦理塑造也是一个实践过程，需要以生态文明建设实践来增强生态文明价值伦理的进化发展。目前，我们在一定程度上存在过度重视生态文明建设实践的倾向，突出工业化、信息化、城镇化与农业现代化的生态文明实践，反而对生态文明的价值伦理培育有所忽视，未能在国民教育体系中逐渐建立起贯串从小学到大学、从乡村到城市、从企业到社区的生态文明价值伦理教育体系,更未将生态文明纳入社会主义核心价值观的内容中。实际上,仅从实践上强调生态文明在工业化、信息化、城镇化、农业现代化实践中的功能、作用及其建设试点,不从根本上转变经济行为主体的价值体系和思维方式,不将生态文明的价值伦理内化于心,形成持久和稳定的生态人格和生态素质,生态文明建设就会大打折扣。因此,社会主义生态文明价值伦理观培育对推进经济绿色发展至关重要。

## 七 国土空间格局和经济产业结构不合理

国土是经济建设与生态文明建设的空间载体,生态文明融入经济建设就是国土开发的空间布局和空间优化问题。一个国家或地区国土空间开发强度、地理空间格局是否合理以及在国土空间上形成的产业结构是否合理,取决于国土空间资源环境容量和生态资源承载能力。国土空间开发超过地理空间上的生态资源容量、环境自净能力和生态阈值,便可能会对该地理区域带来严重的资源、环境和生态约束。目前,随着我国经济区域协调发展战略的实施,主要采用"城市群为核心、发展轴为引导、政策区为重点、多种开发形态复合叠加"的空间开发模式,形成了"三极多核、三轴四区"为主体的多核、多轴、片区型的国土空间开发格局。① 正是这样的国土空间开发格局为创造经济的"中国奇迹"提供了空间支撑。但与此同时,国土空间开发格局和产业布局不匹配、国土空间自然区位与国土空间规划脱节以及行政区、经济区和生态区矛盾叠加、区域经济非均衡发展、城乡空间二元分割、生产力布局错位也日渐成为资源约束趋紧、环境

---

① 参见肖金成、申兵《我国当前国土空间开发格局的现状、问题与政策建议》,《经济研究参考》2012 年第 31 期。

污染严重和生态系统退化的直接因素。

(一) 国土空间规划与国土自然区位脱节

发展规划在经济建设中扮演着重要角色。中国国民经济和社会发展是在特定预设的计划或规划引导下具体实施的，规定了不同国民经济发展阶段在经济总量指标、人均指标、社会指标、文化指标、生态指标各方面的预期性和约束性目标。同样，作为国民经济和社会发展总体规划重要构成内容的国土空间规划，对不同空间区域经济发展目标、要求、产业结构、空间布局等做了一定规划引导，控制区域国土空间开发强度。但是，从目前来看，由于各级地方政府形成了粗放型经济增长"路径依赖"和不断强化的"为增长而竞争"和"官员晋升锦标赛"的运行机制，地方政府往往会趋向于选择有利于地方经济增长的空间布局。这必然会造成地方政府忽略对本区域自然区位、资源禀赋、环境状况、生态系统的优先统筹考虑，经济增长偏好使得国土空间规划与国土自然区位严重脱节，难以实现生态文明的理念、原则、目标等深刻融入经济建设实践。

(二) 国土空间规划与经济产业布局脱节

产业结构、产业布局不仅与国土空间自然区位相关，也与国土空间规划相关。中央政府合理的国土空间规划部署是地方政府区域空间规划制定、实施的基本依据，但我们经常会看到，地方政府区域空间规划落地实施呈现出区位优势与产业优势的错位，难以借力区位优势发展优势产业，造成国土空间规划与经济产业布局脱节。我国东部地区是工业化起步较早区域，经济基础好，但该区域也是人口密度最高的地区，人口、产业、资源、环境是否协调，人口是否充分就业以及区域是否能够率先实现现代化，都是地方政府重点关注的变量因素。因此，该区域地方政府在按照国家主体功能区规划制定地方主体功能区规划的过程中,把实现经济增长支撑的产业布局作为首要因素,从而造成包括人口、产业、资源、环境、生态、文化、社会等丰富内容的区域空间规划对产业布局的过度偏重,经济产业布局与区域空间规划出现脱节。我国西部地区的这一状况更为突出。西部地区不仅经济发展落后,而且区域生态脆弱。一方面,西部地区要加快经济发展步伐,追赶东部、中部地区经济增速;另一方面,社会公众又对经济增长、收入增长和摆脱贫困有着较高预期。在这双重推力作用下,产业发展、企业引入成为地方政府实施国土空间开发和实现经济增长的主要途径,各省(自治区)、市(州)、县(区)、镇(乡)政府纷纷建立起以重化工业为主体的产业园区。据相关调查,在146家工业园区的2523个土壤点位中,超标点位占29.4%;在调查的188处固体废物处理处置场地的1351个土壤点位中,超标点位占21.3%,以无机污染为主,垃圾焚烧和填埋场有机污染严重。① 由此,在经济追赶型发展区域,地方政府往往对生态环境的重视不足,国土空间规划与产业布局脱节,使区域陷入"经济贫困—环境污染"陷阱。

(三)行政区、经济区和生态区的矛盾突出

经济发展和生态建设具有超越行政区划的空间特征,表现出行政区、经济区和生态区的重叠。众所周知,行政区、经济区和生态区之间既存在目标指向的差异,也存在责任分担的差异,不同区域矛盾重重。具体而言,表现在三方面:一是,行政单元内经济增长的单一指向与生态功能弱化的矛盾。地方政府为平衡行政单元内经济社会事务收支平衡,呈现出对经济增长的单一指向,导致本需耗费巨大人力、物力、财力的绿色循环低

---

① 参见环境保护部、国土资源部《全国土壤污染状况调查公报》,《环境教育》2014年第6期。

碳技术创新、环境保护、生态系统修复等活动难以展开,生态功能进一步恶化。二是,行政单元之间经济发展异质性与环境保护责任统一性的矛盾。尽管地方政府具有"为增长而竞争"的共同指向,但不同行政单元由于初始条件和自然区位存在差异,不同行政单元经济水平呈现出较大异质性。在推进经济发展过程中,不同行政单元却又要承担共同的环保责任,造成各行政单元在经济发展中搁置环保责任的行为现象。三是,行政单元形成的经济区域内生态利益补偿矛盾。在行政单元经济发展异质性与环保责任统一性矛盾下,由行政单元构成的经济区域便涉及区域性生态利益补偿的矛盾问题。由于我国在相当长时期存在将经济发展中的自然资源和生态产品视为"零成本""无价格"的误区,生态产品的利用和保护便缺乏相应的价格机制和补偿机制,造成资源能源消耗者无需补偿资源能源生产者、环境污染破坏者无需补偿生态环境保护者、河流上游污染排放者无需补偿河流下游污染受害者等情况,加剧了区域间生态环境恶化和自然资源消耗。因而,不同经济区域之间要建立以生态利益补偿为核心的协调机制,突破经济区、行政区和生态区之间的矛盾。

### (四) 城乡二元割裂、区域非均衡发展与生产力纵向布局

新中国成立以来,形成了较为固化的城乡二元结构和空间布局。到目前,这种城乡二元分割状态仍未得到根本改变。同时,城乡二元结构催生了环境保护的城乡二元分化,它直接体现在环境保护的社会资源分配、基础设施、资金投入、技术条件乃至环境法制、环境保护意识等方面的城乡差异。[①] 一方面,由工业化引起的城市环境污染加速向乡村转移,"一些新型的环境问题,如持久性有机污染物污染、农业生态系统的外来有害物种

---

① 参见柯坚《城乡二元结构背景下的农村环境问题》,《中国科学报》2014年11月21日第6版。

侵害、农村地区深层地下水污染、农村水、土、气复合污染、农村快速城镇化引发的系列问题,都直接影响着农村环境"①。另一方面,我国正处于城镇化加速推进阶段,是否能将《国家新型城镇化规划(2014—2020年)》规定的生态文明深刻融入新型城镇化的各方面和全过程,关系到城乡生态环境的全面改善。同时,区域非均衡发展和生产力纵向布局对我国生态环境产生了重大影响。新中国成立以来,我国经历了从均衡、非均衡到协调发展的演变过程,但目前西部大开发、中部崛起、东北振兴和东部率先发展的实施战略构成了我国非均衡发展的四大纵向生产力布局空间。这种生产力布局在一定程度上促进了区域经济发展,但也导致了"先进生产力偏离资源和区位,造成远距离大规模原燃料输送,导致原燃料产区的大规模无序的资源开发;隔断流域经济关系,制约大江大河环境治理;为污染转移留下空间"②等一系列生态后果。总之,由于我国国土空间经济格局、生态格局、产业格局、城镇化格局还未完全形成,国土空间规划仍然是制约生态文明深度融入经济建设的重要因素。

## 八 制度政策创新滞后和整合型机制缺位

推进生态文明融入经济建设,离不开制度、政策及体制机制的创新。但目前尚未形成与生态文明融入经济建设、实现经济绿色发展相适应的制度政策体系和体制机制,如存在绿色经济制度滞后、绿色经济政策手段缺失、绿色经济治理体制机制缺位以及正式制度与非正式制度脱节、制度与机制脱节等问题。

---

① 冯永峰:《警惕工矿污染与城市污染向农村转移》,《光明日报》2009年6月10日第4版。
② 赵凌云等:《中国特色生态文明建设道路》,中国财政经济出版社2014年版,第318—319页。

## (一) 绿色经济制度创新滞后

长期以来,人们更多地将生态文明融入经济建设作为政府的责任,过度强化政府行政权力、行政手段对推进生态文明融入经济建设的功能和作用。在这种倾向下,生态文明融入经济建设的制度创新表现出明显的政府管控思维,缺乏从市场机制、公众参与的角度对生态文明融入经济建设进行制度设计,从而造成促进经济绿色发展的制度供给不足。在法律制度层面,虽然我国已初步形成了资源环境法律体系,但法律法规的重叠交叉、"部门立法"等情况仍然存在,既造成了法律体系的内在冲突,又增加了生态环境治理的司法成本与行政成本。在资源、环境、生态与经济建设方面,各级政府在规划编制和政策制定中,重视经济增长指标的预期性、弱化资源环境指标的约束性,地方政府呈现出"为增长而竞争"的"公司化"倾向,难以从资源、环境、生态协调统一的视野建立起全面体现经济效益、社会效益和生态效益的综合绩效评价制度。在促进利益协调、激发市场主体参与经济绿色发展的活力方面,尚未建立起资源产权制度、资源价格制度、生态利益补偿制度,对可纳入市场并采取市场定价的自然资源及生态产品,仍是采取政府定价,严重扭曲了市场价格,市场机制在资源配置中的决定性作用大打折扣。在激活社会公众参与经济绿色发展方面,同样缺少内化于心、外化于行的引导性制度。

## (二) 绿色经济政策手段不健全

与经济绿色发展的创新制度滞后对应,促进经济绿色发展的政策手段也不健全。目前,在我国资源、环境和生态治理过程中,行政手段、法律手段较多,市场手段或经济手段较少,尚未形成经济绿色治理的政策体系,极大地限制了经济绿色发展的持续能力。在资源环境管理运作中,市场机制作用主要运用于国有土地使用权、工矿企业开发权出让和转让，而其余大都是以行政规划、行政许可、行政监察、行政强制、行政审批等行政手段为主加以管控。以财政、税费、价格、信贷、产业、贸易等促进经济绿色发展的经济手段较为细碎分散，对资源利用、环境保护、生态修复的调节功能明显弱化。同时，目前所试点的排污权收费、资源费、资源税等，在一定程度仍被看成是政府获取财政收入的基本途径，严重制约了经济绿色发展政策的功能发挥。

## （三）绿色经济治理体制不完备

绿色经济治理体制不完备，主要体现在管理部门的职能重叠交叉、管理执行利益部门化和基层生态治理体系缺位。绿色经济发展的制度和政策体系具有系统性、完整性和协调性，但在实际管理体系中，不仅绿色经济制度和政策的制定、实施呈现部门化和碎片化倾向，而且绿色经济管理的部门设置也呈现出部门化和碎片化趋势。生态文明融入经济建设是一个系统工程，涉及了包括环境保护部、国土资源部、经济发展与改革委员会、水利部、住建部、农业部、林业局在内的多个职能部门，从中央政府到地方政府更是部门林立。比如环境保护部，对环境数据信息的管理分属于不同司局的环境监测、环境统计、排污申报核定、污染物减排、污染源普查等五套数据分列构成的信息体系，每一套数据信息的收集、处理、上报、审批和生成都是在各个司局内部进行，不可避免地就存在不同数据之间的交叉和不一致，各司局之间的职能进而出现"分散交叉、权力虚置的问题"[①]。同时，生态文明融入经济建设，不仅要重视宏观层面的管理体系，还要找准中观和微观层面管理体系的存在问题，如城乡绿色经济管理二元

---

① 王曦、邓旸：《从"统一监督管理"到"综合协调"——〈中华人民共和国环境保护法〉第7条评析》，《吉林大学社会科学学报》2011年第6期。

化、企业内部绿色管理体系缺乏、基层经济绿色管理体系缺位以及基层经济绿色治理人才缺失等。

(四) 绿色经济整合型实施机制缺位

生态文明融入经济建设，要处理好政府、市场与社会的关系，建立政府、市场与社会整合的实施机制是促进经济绿色发展的关键。生态文明融入经济建设覆盖了经济、政治、社会、文化、生态各方面，涉及宏观、中观、微观各层次，包括人口、资源、环境、生态各要素，单靠制度规制、利益协调或社会参与，难以实现经济绿色发展。目前，由于经济绿色发展的体制机制不健全，导致我国还未形成一个跨越学科边界和跨越政府、市场与社会边界来看待问题的方式，总是过度强化政府、市场、社会之间的明确职能界限。在这种情况下，不可避免地就会造成促进经济绿色发展的正式制度与非正式制度脱节以及政府作用、市场机制和公众参与的脱节，更不可能形成整合型实施机制。

除此以外，中国生态文明融入经济建设还需要以中国与世界的关联性为视角，分析我国与发达国家、发展中国家在促进经济绿色发展中履行环境保护公约、承担生态环境责任、实施环境治理国际合作等方面面临的困难与挑战。

第四章

# 生态文明融入经济建设：国外实践与经验启示

"当一个人已在一种独特的文明里生活了很长时间，并经常试图找到这种文明的源头及其所由发展的道路的时候，他有时也禁不住朝另一个方向侧瞥上一眼，询问一下该文明未来的命运以及它注定要经历什么样的变迁。"①

——西格蒙德·弗洛伊德

如何让经济发展摆脱生态危机和跳出"资源诅咒"怪圈，是全球面临的共同话题。生态文明融入经济建设虽是一个具有"中国特色"的理论话语和实践命题，但是，部分发达国家或新兴经济体（如"金砖五国"）早已开始为破解经济发展中面临的资源、环境和生态约束制定应对方案，为探索经济绿色发展、循环发展和低碳发展进行了广泛实践。因此，以横向空间比较为视角，以美国、英国、德国、日本等发达国家和巴西、南非、印度等新兴经济体为对象，从政策法规、产业经济政策、科技创新、管理体制、公众参与等方面全面展示不同国家探索经济绿色发展、循环发展和低碳发展的全部图景，可以为中国生态文明融入经济建设提供借鉴和启示。

---

① ［奥］西格蒙德·弗洛伊德：《论文明》，徐洋、何桂全译，国际文化出版公司2001年版，第1页。

## 第一节　生态文明融入经济建设的国外实践

尽管不同经济体因经济水平、资源禀赋、文化价值等差异选择了不同经济模式，但在面对全球性公共生态危机时，无论是发达国家还是发展中国家，都采取了各种政策措施应对公共生态危机，引导经济绿色化发展。

### 一　发达国家生态文明融入经济建设的实践与政策方案

发达国家是率先实施工业化和城市化的国家。在工业化中后期阶段，发达国家逐渐认识到经济增长对自然资源和生态环境的影响，逐步形成了"政府主导模式、社会参与模式和双轨模式"[①] 等生态环境建设模式。发达国家通过市场化、财政、税收等经济手段，制定法律法规以及激发社会公众参与等方式，促进资源循环利用、污水处理、环境保护、绿色产业以及新型低碳能源技术创新，形成了由绿色经济、循环经济和低碳经济支撑的经济发展模式。

**美国实践与政策方案**

美国政府十分重视本国循环经济的发展，建构起以政府为中心、企业为依托、公民为保证的循环经济发展模式，通过制订计划、规划，引导企业参与，同时注重培育公民发展循环经济的意识，进而促进循环经济的快

---

① 王伟中、郭日生、黄晶：《国际可持续发展战略比较研究》，商务印书馆2000年版，第122页。

速发展。① 同时，美国在"资源节约型社会建设"②和"环境友好型社会建设"③方面也取得了重大进展。具体来看，美国为推进经济绿色化发展制定和实施了包括法律法规、技术创新、企业引导和公众参与等实践和政策方案。

1. 制定发展规划和法律体系

为促进经济绿色、循环、低碳发展，美国政府先后制定、颁布和实施了一系列发展规划和法律法规，对资源循环利用、节能减排和新能源开发等提出了明确的法律约束和相关指标控制。早在1976年，美国就已制定了旨在循环利用末端固体废弃物的《固体废弃物处理法》，后经多次修订，颁布了《资源保护和回收法》，奠定了废弃物循环再利用的基本法理基础。同时，美国各州也根据各州具体情况制定了资源循环再利用的法律法规体系，截至2012年年底，新泽西、威斯康星、罗德岛、俄勒冈等超过半数的州都已制定了资源循环再利用法律法规。1990年美国《清洁空气法》的颁布实施，对空气污染预防和污染源明确了标准。2000年美国《有机农业法》的颁布实施，对发展农业循环经济产生了重要影响，以至于在《2002年农场安全与农村投资法案》中进一步对农业生态环境保护提出了新要求。2005年美国颁布实施了《能源政策法》奠定了综合性能源实施政策的法律基础，2007年美国参议院颁布了旨在促进低碳能源技术开发和应用的《低碳经济法案》，2009年美国众议院又通过了支持清洁能源技术和低碳经济发展的《美国清洁能源安全法案》，以法律形式把低碳经济提到前所未有的战略高度。除此，美国联邦政府还制订了各种行动计划，如在全国发

---

① 参见郝永勤等《循环经济发展的机制与政策研究》，社会科学文献出版社2014年版，第28页。
② 焦必方、杨薇：《美国资源节约型社会建设的经验及启示》，《经济纵横》2008年第4期。
③ 焦必方、薛超俊：《美国环境友好型社会建设的评析与启示》，《经济问题探索》2008年第8期。

起的提高城市固体废弃物回收再利用比例的行动计划。这些法律法规和行动计划对奠定美国发展低碳技术和绿色经济具有重要引导作用，引导着经济行为主体的价值选择和行为取向。

2. 推动绿色技术研发与创新

长期以来，美国鼓励和支持科研机构和科研院所加强对资源循环利用技术、低碳排放技术、绿色创新技术的创新研发。一是，对从事资源循环利用技术、低碳技术、绿色技术研发与创新的科研机构设立研发基金，提供资金支持；二是，重视节能减排和能源效率提升技术创新，制定资源循环利用和低碳排放技术开发计划，成立专门性的国家级低碳循环经济研究机构，为从事相关研究的机构、企业提供技术指导和研发资金，从国家层面统筹推进绿色、低碳和循环技术的研发和产业化推广工作；三是，构建循环农业经济发展的技术支撑体系，加大对精准农业技术、高效施肥技术、灌溉技术以及无公害植物保护技术等先进技术的研发投资。同时，美国政府将技术研发和创新的重点放在发展可再生能源和清洁能源方面，将可再生能源研发作为节能减排的重要措施。对此，奥巴马政府于2009年签署了以发展新型能源为核心的"美国复兴和再投资计划"，并设立"清洁能源研发基金"，用于太阳能、风能、生物燃料和其他清洁可替代能源项目的研发和推广，推动包括光电池、集成太阳系统在内的光电技术研发，实现了"绿色能源技术开发、低碳经济的战略布局、全球气候变化的应对与经济振兴进行战略对接"[①]。

3. 强化经济绿色发展的政策引导

从20世纪60年代开始，美国一直将资源循环和固体废弃物再利用

---

[①] 陈亚雯：《西方国家低碳经济政策与实践创新对中国的启示》，《经济问题探索》2010年第8期。

作为经济建设的重要政策,极大地提高了资源利用效率,提升了经济持续发展能力。一是,运用经济政策杠杆对化石能源燃料征收国家碳排放税,实施碳排放市场化交易政策,对实施清洁生产和绿色生产的企业给予税收优惠和财政补贴激励,对节能环保型建筑和住宅实施税收减免政策。二是,重视新能源和可再生能源的开发,确定可再生能源在能源消费中的比重,利用财政、税收、"绿色补贴"等经济政策支持基础性和创新性绿色工艺、低碳技术和循环方法的开发。三是,实施垃圾倾倒和处理预缴金制,将其用于废弃物回收处理和回收新技术的研发。美国环保机构的研究表明,每袋 32 加仑的垃圾收 1.5 美元的费用,将使城市垃圾数量减少 18%。① 四是,实施"绿色新政"和"绿色复兴计划",在"今后 10 年,每年向可再生能源、清洁煤技术、二氧化碳回收储藏技术、环保车等低碳技术、绿色能源领域投资 150 亿美元,共计 1500 亿美元,创造 500 万个新的就业机会,以发挥促进美国经济再生、创造就业和市场需求的作用"②,通过制定和实施经济绿色化发展的政策,降低对化石能源燃料的依赖。

4. 明确企业绿色责任和动员公众绿色参与

明确企业绿色责任和引导公众绿色生活是美国经济绿色发展的重要途径。一是,明确企业经济绿色发展的主体责任及其相应财政税收优惠政策,有助于推动企业参与绿色科技创新和绿色产品研发,提升企业品牌价值和社会生态效应。二是,引导和鼓励公众参与绿色消费、循环利用和低碳社会的公共教育培训,利用媒介载体向社会公众进行环境保护宣传。从 1997 年开始,美国将每年 11 月 15 日定为"循环利用日",提高企业、非

---

① 参见汤天滋《主要发达国家发展循环经济经验述评》,《财经问题研究》2005 年第 2 期。
② 蓝虹:《奥巴马政府绿色经济新政及其启示》,《中国地质大学学报》(社会科学版)2012 年第 1 期。

营利性机构、个人参与循环经济发展的意识，让循环发展意识融入公众内心和行为方式。三是，制定和实施《环境教育法》，细化环境保护管理机构设置、学校环保教育教学内容以及提供环保教育经费保障等，为全社会实施环境教育、落实环保责任、引导环境参与提供了法律根据。

### （二）英国实践与政策方案

英国是最先启动工业革命的国家，工业文明为其带来了巨大物质财富和经济成就，但与此同时，也遭遇到工业革命洗礼带来的环境污染和生态破坏问题。化石燃料的大量开采和利用使得英伦半岛陷入烟尘和烟雾包裹之中，"狭窄的河流……时而泛起它那红色的波浪，急速地奔过烟雾弥漫的工厂建筑和棉纱遍布的漂白工厂"[①]，"用现代的标准来衡量，当时人们居住的大小城镇都是些可怕的地方，充满了令人厌恶的景象和气味，促进健康和幸福的东西几乎样样都缺"[②]。正是由此，从20世纪中叶开始，英国成为最先启动生态环境治理的国家之一。在这个过程中，英国逐步认识到经济增长与生态环境治理的辩证关系，对促进绿色经济和低碳经济发展进行了实践探索。

1. 法制和规划优先

科学立法和科学规划是规范政府、企业和公众行为的主要手段。自1863年英国成立第一个环境监察机构以来，先后在1875年、1876年、1972年、1974年和1981年分别颁布了《公共健康法》《河流法》《有毒废物处置法》《污染控制法》《野生动物和乡村法案》。2003年英国在官方发布的《我们未来的能源——创建低碳经济》白皮书中首次提出了低碳经济

---

① 《马克思恩格斯全集》（第1卷），人民出版社1956年版，第493页。
② ［英］罗伊斯顿·派克编：《被遗忘的苦难——英国工业革命的人文实录》，蔡师雄、吴宣豪、庄解忧译，福建人民出版社1981年版，第279页。

发展目标；2005年提出"碳减排技术战略"，实施"零碳城市计划"；2007年英国通过了旨在提高能源效率和发展低碳技术、低碳经济的《能源白皮书》；2008年又颁布实施了《气候变化法案》，并成立英国能源和气候变化部，成为全球第一个针对温室气体排放立法的"碳预算"国家。之后，英国政府于2009年又相继出台了《英国气候变化战略框架》和《英国低碳经济转型发展规划》，进一步提出经济低碳发展行动计划，并出台了《英国可再生能源战略》《英国低碳工业战略》《英国低碳交通战略》等配套战略规划，扶持海上风力发电、水力发电、碳捕捉与封存等低碳技术，启动包括清洁化石燃料替代计划、超级发电计划等方案，为经济低碳发展提供导向。

2. 低碳政策引导低碳发展

为配合立法和发展规划，英国制定了包括气候变化税、碳税、碳基金及税收优惠、碳排放交易、节能减排监测等经济政策，引导经济低碳发展。英国实施可再生能源配额政策，对所有已注册电力供应商强制规定一定比例可再生能源法定配额，供应电力中必须有一定比例是来自于可再生能源，且配额逐年增加。为此，也对强制可再生能源电力供应强制配额提供一定财政补贴，对可再生能源不征收任何能源税种，对投资于可再生能源开发项目的个人也免征个人所得税。同时，企业在与政府自愿签署气候变化协议后，若企业能达到协议所规定的能效和减排标准即可减免80%的碳税。英国正是以经济政策手段激励低碳经济发展。

3. 科技创新支撑低碳发展

低碳科技创新是低碳产业、低碳经济发展的支撑。2001年，英国政府为扶持和鼓励低碳技术研发而设立的"碳基金"正式生效。碳捕获与碳封存技术是低碳技术创新研发的关键。依托碳捕捉与碳封存技术，既可以对排放的二氧化碳进行捕获，又可以通过地底深层封存技术实现二氧化碳减排目标。同时，英国发挥其海洋优势，加大海上风能、水能、海藻能源等低碳清洁能源技术研发。目前，"英国已成为全球拥有海上风力发电站最多、总装机容量最大的国家"①，并建立了全球第一个海洋能源中心和第一个并入公共电网的商业波浪能低碳发电站，优化了英国经济低碳发展的能源结构。

（三）德国实践与政策方案

德国生态文明融入经济建设，集中体现在20世纪80年代末期以来兴起和实施的循环经济实践。由于德国当时正进入消费型社会的工业化后期阶段，生活消费和特殊工业的废弃物处理是需要面对的首要任务。因此，德国循环经济是把生活消费和工业废弃物的再利用与处理作为主线，"强调从废弃物循环利用入手，通过生产责任者延伸制度将循环经济向生产领域扩展，通过物质流管理，最终推动可持续生产和消费模式的建立"②，最终实现"废弃物处理的法制化、废弃物处理的责任制、废弃物管理的规范化、废弃物清除的标准化、废弃物使用的市场化、物质流管理的效益化、环境意识的社会化、清洁技术的超前化、监督与保障的体制化"③。

1. 制定循环经济法制体系

德国是世界上最先进行循环经济立法的国家，循环经济法律体系层次分明、结构完备，涉及社会各行各业。1972年，德国制定和颁布了强调废

---

① 徐冬青：《发达国家发展低碳经济的做法与经验借鉴》，《世界经济与政治论坛》2009年第6期。
② 周国梅等：《发展循环经济的国际经验和对我国的启示》，《中国人口·资源与环境》2005年第4期。
③ 柴金艳、黄海峰：《中、德循环经济发展的比较研究》，《经济纵横》2007年第2期。

弃物排放末端治理的《废弃物处理法》，又在1986年修订颁布的《废弃物限制及废弃物处理法》中开始将废弃物末端处理向生产源头延伸。进入20世纪90年代，德国于1991年和1992年相继发布了《包装条例》和《限制废车条例》，对包装物循环再利用和汽车制造商义务回收废旧汽车进行了法律规定。在1994年首次提出"循环经济"概念的《物质闭合循环与废弃物管理法》基础上，1996年实施的《循环经济与废弃物管理法》，标志着德国循环经济法律法规体系基本成形，确立了废弃物产生最小化原则、生产者责任原则和政府与社会公众合作原则，明确了政府、企业、社会公众在废弃物生产、处置中的责任和义务。其中，由《循环经济与废弃物管理法》所确定的生产者责任制，不仅要求生产者对产品性能负责，还应对产品使用和废弃所产生的环境影响负责，成为德国循环经济的核心制度。在《循环经济和废弃物管理法》总框架下，又制定了包括《避免和回收包装品垃圾条例》《废木料处理办法》《废旧汽车处理规定》等不同行业的循环经济具体法以及旨在促进清洁能源研发和使用的《优先发展可再生能源法》。

2. 建立循环经济政策体系

德国在促进循环经济发展过程中，形成了包括废弃物收费、财税绿色补贴、金融、环保专项基金、政府绿色采购等循环经济政策体系。一是，实施垃圾等废弃物收费政策，坚持"谁污染、谁付费"原则，按户或按量对城市居民和生产者征收垃圾处理费，倒逼生产者通过技术改进提高资源利用率。二是，制定"绿色规划"，对直接和间接使用可再生和不可再生的生态产品征收生态税，促使生产企业或生产厂商改进生产工艺，优化产业能源消费结构。三是，利用市场机制实施抵押金返还政策，如针对一次性可随意丢弃的饮料容器引入抵押金制度，可以使随意丢弃情况减少。四是，设置环保、能源、新型材料、新技术专项研发基金和研发中心，以卡斯鲁尔研究中心为例，每年联邦政府和州政府向其投入的科研经费就高达2.7亿欧元。除此以外，德国还实施了污水处理收费、废弃物处理企业问责制和政府绿色采购制。

3. 形成垃圾处理与垃圾循环利用回收体系

与杜邦化学公司单个企业内部物质循环和卡伦堡生态工业园相关产业链物质循环不同，德国循环经济主要是把覆盖了生产、流通、交换、消费各环节所形成的"自然资源—产品—再生资源综合利用"作为运转方式，形成了德国垃圾回收处理和垃圾循环利用再回收的双元回收系统模式（DSD）。德国双元回收系统是由产品生产厂商、包装物生产厂商、垃圾回收部门共同组成的一个专门从事废旧物回收处理和利用的非政府组织。由于投资巨大和政府财力有限，德国政府将垃圾处置视为全民事业，探索了一条垃圾处理和垃圾循环利用再回收的市场化途径。这种双元回收系统模式，一方面，通过接受企业组织委托对废弃物进行分类，为缺乏垃圾处理技术的生产厂商提供废弃物回收再利用服务；另一方面，为已建成垃圾回收处理系统的生产厂商提供技术服务，既弥补了政府在循环经济发展中的不足，也满足了企业对垃圾处理的现实需求。

4. 构建循环经济发展监督反馈机制

为促进循环经济发展，德国构建了"包括经济利益驱动机制、社会需求拉动机制、技术进步推动机制、政府支持的促进机制等"[①] 实施机制。除此之外，监督反馈机制在德国循环经济发展中也扮演着重要角色。为此，德国成立了从事企业废弃物回收、循环经济相关法律执行的专门监督机构，让生产厂商和企业在产品生产、流通、消费、废弃等各环节承担起生产者延伸责任。同时，生产厂商和企业需事前向专门监督机构准确汇报产生

---

① 王朝全、杨霞：《论循环经济的动力机制》，《科学管理研究》2008年第3期。

垃圾的种类、规模和处理方案。通过构建循环经济监督反馈机制，引入中介组织和社会机构，加强对企业废旧物回收和垃圾回收再利用进行有效监督，逐步形成了政府、市场、社会协同推进循环经济发展的体制机制。

（四）日本实践与政策方案

日本是一个面积狭小、人口众多和资源缺乏的岛国，国内生产空间、生活空间和生态空间有限，支撑经济增长的外部依赖性较大。21世纪以来，面对全球化市场能源价格、原材料价格波动的不确定性风险，日本启动了以发展环保产业、循环经济和建设循环型社会为主要内容的发展战略，在资源利用、环境保护、循环型社会建设方面取得了巨大成效。因此，中国建设资源节约型和环境友好型社会、推动经济循环发展与日本发展循环经济、建设循环型社会具有方法上的共通性，对中国具有重要参考价值。

1. 建立工业和生活废弃物回收利用体系

日本是以工业、生活废弃物的处理和循环再利用为主线，以废弃物安全处置和循环再利用"静脉"产业为重点，推进生态文明理念、原则、目标深深融入经济社会方方面面，形成了与生产领域物质利用的"动脉"产业协同发展格局，改变了以往"大量生产、大量消费、大量废弃"的经济发展模式。一方面，开展对废旧汽车、家电、船舶等物资的回收，如车主向厂家交纳处理费，厂家负责回收处理废旧汽车；厂家或厂家委托的交易场所负责回收空调、电视机、电冰箱、洗衣机等"家电垃圾"。另一方面，对废旧资源综合利用实施了新举措，各市、镇、村积极实施《垃圾减量化计划》，提高生活垃圾中的塑料容器资源回收率，倡导市民持"环保袋"购物，减少临时性塑料包装对环境的污染；制定和实施《建筑副产品适当处理纲要》和《建筑材料再利用推进计划》，规定施工单位加大对建筑工程废弃物的综合利用。

2. 构建完善的法律法规体系

为推动循环型经济社会发展，日本制定和实施的法律法规体系主要包括三个层次：以《日本循环型社会形成推进基本法》为主体的基本法；以《废弃物处理法》和《资源有效利用促进法》为主体的综合性法律；以《家电再生利用法》《汽车再生利用法》《建筑材料再生利用法》《容器包装再生利用法》《食品再生利用法》《绿色采购法》为主体的专项法。① 在基本法、综合法和专项法基础上，重视能源利用法律法规体系的完善，2008年通过了《能源合理利用法》和《推进地球温暖化对策法》修正案。同时，日本也加强能源利用与研发的体系建设和能力培养，2008年发布了《通过推进研发体系改革强化研发能力及提高研发效率》，至此，日本形成了以能源政策基本法为指导，以煤炭、石油、天然气、电力、原子能立法为中心的能源法律法规体系。

3. 制定循环型社会建设的政策体系

以2000年制定颁布的《日本循环型社会形成推进基本法》为标志，日本实施了以建设循环型社会为目标的经济社会发展模式。为促进循环型社会健康发展，日本政府制定和实施了系列强力政策措施。一是，为激发市民参与资源回收再利用积极性，政府设置资源回收奖，通过向积极参与回收废旧报纸、硬纸板等社区、学校集体发放奖金，极大地改善了城市环境。二是，实施资金支持政策，如环境省和经产省实施生态工业园区补偿金制度，对生态工业园区发展提供资金支持，对发展循环经济并取得重大突破的企事业以及对废弃物技术研发、生态工业示范建设提供资金支持。三是，在专项法框架实施包括家电、废旧汽车、企事业单位等废弃物处理

---

① 参见孙仁中《日本发展循环经济的政策、经验及启示》，《现代日本经济》2006年第1期。

费缴纳政策。四是，增加对新兴环境保护和资源再生"静脉"产业投资，对其实施税收减免政策，促进工业垃圾、生活垃圾变废为宝和循环利用。五是，为确保经济政策落实，日本政府将原来分散于多部门执掌的资源回收与废弃物管理职能统一划归环境省。

4. 调动官产学民建设循环型社会的合力

在《日本循环型社会形成推进基本法》指导下，依照《新环境基本计划》"实现中央、地方政府、企业及个人共同参与"的基本方针，日本形成了官产学民建设循环型社会的合力。一是，发挥政府主导作用，发挥经产省振兴生态产业、促进产业环保化、构建废弃物再生利用产业链、发展生态工业园等职能作用；重视环境省在"废弃物的减量化、再使用和循环利用以及无害化处置"① 方面的作用；同时，不断健全地方政府相关职能部门，如北九州市环境局重新设置了负责城市循环经济发展规划、宣传教育、生活垃圾资源化利用的环境政策部，负责生态工业园建设和管理工作的环境经济部，负责垃圾分类和处理工作的废弃物事业部。二是，实施企业生产者责任延伸制度，明确企业在循环经济发展和循环型社会建设中的权利和义务，引导企业通过实施源头控制措施提高利用效率、加强产品绿色设计延长产品使用生命周期、降低产品终端废弃物排放和污染产生。三是，实施消费者责任延伸制，形成公众节约资源和保护环境的生态意识和社会氛围，引导公众形成清洁生活、垃圾分类投放等自觉行动，并提高对政府和企业的监督能力。四是，各类中介组织是联结政府、企业和公众的桥梁和纽带，要发挥其在信息咨询、技术培训等领域的作用，为政府和企业提供决策参考，对公众进行环境教育引导。五是，推进国际环境合作②，

---

① 诸大建：《中国循环经济与可持续发展》，科学出版社2007年版，第28页。
② 参见杨书臣《新世纪日本循环经济发展浅析》，《日本问题研究》2007年第1期。

促进新型清洁能源技术合作和经验分享,实施"清洁亚洲""清凉地球伙伴计划"等国际环保倡议,倡导建立多边基金促进节能减排,加强环境保护资金国际援助。

5. 开展多领域和多层次环保教育

早在 1965 年,日本就出台推进学校环保教育的《学习指导要领》,分年级、分阶段地详细规定有关环境教育的方法和内容。[①] 自 2003 年颁布《增进环保热情及推进环境教育法》以来,日本政府运用各种教育手段和宣传媒介加强对不同阶层的环境意识培养和教育,通过环保教育实现了全社会从环保理念、环保意识到环保行动。一是,加强政府、企业、公民、社会团体的协作,从单位、学校、家庭等不同场所推动环境教育和环保意识培养。二是,加强对不同年龄段、不同工作领域等行为主体的环境教育。三是,运用现代信息技术手段,加强电视、广播、报纸、杂志等各种在线媒体和线下媒体的融合,丰富环境教育和宣传手段。

## 二 发展中国家生态文明融入经济建设的实践和政策方案

以巴西、俄罗斯、印度、中国、南非等新兴经济体形成的"金砖五国"在全球化进程中扮演着日趋重要的角色。在全球化进程中,新兴经济体为实现工业化和城市化的赶超,不断地学习、借鉴甚至是复制西方发达国家经济模式,导致新兴经济体不可避免地面临与西方发达国家相类似的生态环境危机。因此,20 世纪 80 年代以来,发展中国家开始"在维持快速经济增长的前提下适当考虑自然生态尤其是资源的可持续性"[②],也积累了一些经济绿色发展的实践经验。

---

① 参见赵凌云等《中国特色生态文明建设道路》,中国财政经济出版社 2014 年版,第 449 页。
② 郇庆治:《国际比较视野下的绿色发展》,《江西社会科学》2012 年第 8 期。

## (一) 巴西实践和政策方案

在经济赶超战略导向下,以巴西为代表的拉美国家大力推进工业化,积极发展资源密集型产业,导致资源消耗、环境污染、生态退化等问题凸显。由此,拉美国家也积极实施了一些协调经济建设与生态环境保护关系的有力措施。以巴西为例,在经济建设实践中主要采取了以下系列措施。

### 1. 法律法规保障

巴西在协调经济建设与生态环境保护关系时,是以基本法和专门法协同为其提供法治保障。巴西在借鉴德国相关法律基础上,制定和实施了《环境基本法》,并在新修订的宪法中将生态环境保护作为单篇独立章节,凸显了生态环境保护的基本国策定位。同时,巴西也颁布实施了旨在"规定各州政府有义务采取减缓全球气候变暖影响的措施,相关企业有义务减少二氧化碳排放或因二氧化碳排放向有关方面提供经济补偿"[①] 的《气候变化和环境法》,赋予了政府、企业在生态环境保护方面的责、权、利。

### 2. 雨林生态修复

亚马孙地区是巴西最大的自然宝库,"总面积700万平方千米,其中约550万平方千米分布于巴西境内的9个州,即罗赖马、阿马帕、亚马孙、阿克里、朗多尼亚、帕拉、马腊里昂、托坎廷斯和马托格罗索州,有5.5万种不同的植物,生物约占全球生物总数的1/3"[②]。因此,为保护亚马孙地区生物多样性,以及应对亚马孙区域始于20世纪60年代末70年代初"修筑大量公路、往亚马孙河地区移民、进行砍伐森林变牧场以及修建水

---

① 曾思育等:《巴西的可持续发展》,《世界环境》2001年第1期。
② 莫鸿钧:《巴西亚马孙河流域生物多样性和生态环境的保护对策》,《中国农业资源与区划》2004年第3期。

电站等直接的经济开发活动"① 带来的雨林生态破坏,反思亚马孙地区实施的自然资源开发支持现代化建设的实践,巴西政府于2006年颁布了《亚马孙河地区生态保护法》,对该地区各州森林管辖和雨林修复提出了明确要求。

3. 国家投入与公众参与

为应对资源消耗和环境恶化,巴西政府加大了国家对资源节约和环境保护的投入。在保护大西洋沿岸森林带方面,巴西政府除了通过自身筹措1.5亿美元用于今后3~5年内实施的大西洋沿岸森林保护计划外,也吸引了荷兰和德国参与这一行动计划。巴西政府还在全国建立了40多个国家森林公园和生态保护区。② 同时,巴西政府也十分重视培育公众的资源节约和环境保护意识,并颁布了《环境教育法》,对全国从小学至大学的各阶段学校开展环保教育进行了具体规定,明确了公民参与环境保护的权利和义务。除此之外,巴西政府及各州政府加大了对生态城市建设的投入,积极探索生态城市建设和发展模式,其中位于巴西南部的库里蒂巴所进行的生态城市建设实践,是世界上最接近生态城市样板的城市。

4. 生物能源战略

为促进新能源的开发和利用,巴西政府提出了"2030年国家能源发展计划",成为应对国际能源价格波动、适应全球低碳能源发展潮流和利用本国丰富资源、生物多样性实施可再生清洁能源开发的国家战略。在国家能源发展计划中,生物能源开发是其核心战略,不仅得到政府相关部门的政策支持,也从国家经济社会开发银行获取扶持生物能源开发的专项贷款;并加强用于生物能源开发的基础设施建设,解决生物能源如酒精燃料

---

① 吕银春:《巴西的经济发展与生态环境保护》,《拉丁美洲研究》1992年第4期。
② 参见吴惠忠《巴西:保护世界之肺——造福全球环境》,《科学时报》1999年6月7日第3版。

的运输问题等。同时，巴西政府也加强了同美国、日本、中国、俄罗斯、印度等国家在生物能源开发方面的技术合作，开拓生物能源利用的国际市场，为全球能源生产和利用提供技术借鉴，为全球能源消费提供更多选项。

### （二）南非、印度实践与政策方案

南非、印度在工业化和城市化进程中同样面临资源约束、环境污染、生态退化等突出矛盾，在促进经济发展中也在不断探索摆脱生态危机的实践道路和政策方案。

#### 1. 南非实践与政策方案

近年来，南非在经济建设过程中开始注重生态环境保护，与发达国家一样，在完善相关法律法规、经济政策体系、环境教育体系等方面进行了努力。2010年南非政府适时推出了创新经济发展模式和转变经济发展方式的"新增长路线"[①]，尝试通过发展绿色技术和绿色产业，推动南非经济持续健康发展。为确保"新增长路线"的落地和实施，南非政府制定了一系列政策措施，包括对发展太阳能、氢燃料电池等绿色产业项目给予税收优惠；提高废弃物回收利用率，据统计，南非关于废旧纸张、废旧塑料制品的回收率分别达到37%、17%，高于欧美的一些发达国家[②]。

#### 2. 印度实践与政策方案

印度在经济高速增长中付出了沉重的生态环境代价。对此，2008年印度政府成立了"气候变化委员会"，制定和颁布了包括"太阳能计划、提高能源效率计划、可持续生活环境计划、水资源保持计划、喜马拉雅生态

---

① 马海亮：《南非推出"新增长路线"》，《经济日报》2011年4月6日第8版。
② 参见李建民《南非生态环境保护为世人称道》，《中国社会报》2011年4月25日第2版。

保护计划、绿色印度计划、农业可持续发展计划和建立气候变化战略知识平台计划"① 等内容在内的"气候变化国家行动计划",作为推进印度经济绿色化发展的国家宣言。印度在推进绿色建筑方面取得了重大进步,其中,位于新德里西部卫星城古尔冈工业园32区的红色大楼把绿色建筑理念、建筑用水循环利用、太阳能能源利用、建筑材料与资源利用、室内环境质量和环境设计等全面统筹考虑进去,被誉为印度绿色建筑的地标,美国绿色建筑委员会甚至认为该绿色建筑已达到当今世界绿色建筑的最高级——白金级。印度各大城市正积极普及绿色建筑理念,引领建筑未来方向。截至目前,印度已有8座建筑获得美国绿色建筑委员会"绿色建筑评估体系"认可。同时,印度也制定了一套用于评估绿色住房的"综合人居绿色评估体系"。除此之外,印度在加大对新能源开发力度的开发投入、提出绿色印度项目等方面采取了一系列措施,推动印度低碳经济发展。②

## 第二节 国外实践对中国生态文明融入经济建设的启示

在梳理发达国家和发展中国家促进经济绿色化探索的基础上,我们要进一步揭示发达国家应对生态危机的实践本质,剖析发展中国家生态危机的产生根源,认清发达国家和发展中国家进行生态文明建设的本质区别,才能在推进经济绿色化变革中捍卫经济发展自主权和生态治理话语权,才能制定和实施与之对应的制度、政策和行动。

---

① 任洪波:《亚洲农业期待第二次绿色革命》,《中国科技论坛》2009年第7期。
② 参见胡雪萍、周润《国外发展低碳经济的经验及对我国的启示》,《中南财经政法大学学报》2011年第1期。

## 一 发达国家应对生态危机的实践本质

从西方发达国家生态文明建设的进程和效果来看，20世纪60年代开始被生态环境危机困扰的西方国家，经过20年来自各方面的努力，到80年代它们基本控制了污染，普遍较好地解决了国内环境问题。[①] 20世纪90年代以来，发达国家开始在经济建设中融入可持续发展理念，制定了诸多经济绿色化政策和策略，促进了生态环境保护、废弃物回收循环利用、经济绿色循环低碳发展，为人类社会正确认识和处理人与自然之间关系提供了可供参考方案。

但是，我们必须认清发达国家在经济发展过程中应对生态环境危机的实践本质。发达国家在工业文明主导的现代化进程中，依靠先进科学技术和经济政策手段，极大地改善了国内生态环境危机。不过，西方发达国家由于"长期以来受发展理念的制约，资本主义制度的局限性，内部环境政治现状的局限性"，"不可能彻底改变人类与自然之间的不和谐状态"。[②] 因此，我们要看到"发达资本主义国家经历的是先发展后环保、先破坏后修复、先污染后治理，以牺牲环境换取经济增长的消极性生态文明发展模式"[③]。在资本主义制度框架内探索生态文明融入经济建设和促进经济绿色化转型，不可能从根本上摆脱资本主义生产方式的剥削本性和反生态性。资本的逻辑导致环境破坏却不能从中产生积极的保护环境的逻辑来。[④]

---

① 参见梅雪芹《环境史学与环境问题》，人民出版社2004年版，第188页。
② 王宏斌：《西方发达国家建设生态文明的实践、成就及其困境》，《马克思主义研究》2011年第3期。
③ 周生贤：《进一步提高可持续发展能力》，《经济日报》2009年11月12日第7版。
④ 参见［日］岩佐茂《环境的思想——环境保护与马克思主义的结合处》，韩立新等译，中央编译出版社2006年版，第148—149页。

一是,"资本主义是反生态的社会制度"①,资本逻辑与生态逻辑存在根本性冲突。资本主义生产总是在追求无限增长这一目的下不断进行自我扩张,但是自然界既无法进行自我扩张,其发展的周期和节奏也不能和资本保持同步,同时为了获取更多的利润和剩余价值,资本总是倾向于通过技术革新和降低工人阶级的再生产成本来实现资本积累,其必然结局是对自然资源越来越高的耗费和对自然界越来越严重的污染。② 正如福斯特所言:"生态和资本主义是相互对立的两个领域,这种对立不是表现在每一个实例之中,而是作为一个整体表现在两者之间的相互作用之中。这种观点与以往将当前全球性危机主要归咎于人类固有的本性、现代性、工业主义或经济发展本身的认识不同,它以真凭实据说明人类完全有望在克服最严重的环境问题的同时,继续保持着人类的进步。但条件是,只有我们愿意进行根本性的社会变革,才有可能与环境保持一种更具持续性的关系。"③ 因此,仅对现存资本主义制度进行适当修补,既无法克服资本的增殖本性,突破资本主义生产方式的内在矛盾;也无法化解资本逻辑与生态逻辑的根本冲突,推动人类社会文明形态跃迁。二是,发达国家促进经济绿色、循环和低碳发展,主要是发挥以私有产权为基础、以资本逻辑为主导的市场机制和经济政策工具的作用,一定程度上削弱了政府和公众主体促进经济绿色化转型的协同性功能。三是,发达国家在发展国内环保产业的同时,存在将高投入、高消耗、高排放的重化工业产业向国外发展中国家转移的问题,试图通过产业、企业发展的自然资源成本转嫁和环境污染转移改善自身国内整体生态质量,进而促进经济结构转型升级,发达国家

---

① [美]约翰·贝拉米·福斯特:《生态危机与资本主义》,耿建新、宋兴无译,上海译文出版社2006年版,第3—4页。
② 参见王雨辰《走进生态文明》,湖北人民出版社2011年版,第75页。
③ [美]约翰·贝拉米·福斯特:《生态危机与资本主义·前言》,耿建新等译,上海译文出版社2006年版,第1页。

生态殖民主义倾向值得关注。四是，虽然发达国家重视致力于全球生态环境改善和可持续发展的国际合作与交流，但在国际环境外交事务中，都是"以服务本国经济发展为出发点、以牺牲发展中国家的经济利益和生态环境为代价、以巩固和提高其国际社会地位为重要目标"①，往往借助于自身强大的话语权力向发展中国家展示其话语霸权，争夺国际环境保护的话语权和国际生态合作的主导权。对中国而言，认清发达国家应对生态危机的实践本质，一方面有助于防止中国在经济结构转型升级的关键期引进发达国家向国内进行资源成本转嫁和环境污染转移的"洋垃圾"；另一方面有助于中国在国际社会建立起中国特色社会主义经济绿色发展的话语体系和积极形象。

## 二 发展中国家生态危机的产生根源

发展中国家在经济发展中产生的生态危机与西方发达国家有着本质区别。透视发展中国家推进经济生态文明化转型的典型实践和政策方案，揭示发展中国家生态危机的产生根源，有助于维护和提高发展中国家的经济发展自主权和生态环境话语权，摆脱由发达国家所实施的自然资源成本转嫁和环境污染转移带来的"资源环境—经济贫困"陷阱，逐步让发展中国家自主地走上生产发展、生活富裕、生态良好的可持续发展之路。

发展中国家是相对于率先实现现代化的欧美资本主义发达国家而言。现代化起源于英国、法国等老牌资本主义国家，随后扩展至德国、美国等后发型资本主义国家。发达资本主义国家实现现代化的主要动力来源于内部工业革命和技术革新，是一种"先发内生型"现代化国家。发展中国家

---

① 赵凌云等：《中国特色生态文明建设道路》，中国财政经济出版社2014年版，第466—467页。

是在发达资本主义国家进行殖民扩张、打开和建立世界市场体系过程中追赶欧美发达资本主义国家现代化脚步的国家，由于现代化建设起步较晚，且现代化的动力主要来源于外部，往往被称为"后发外生型"国家。"后发外生型"国家大都实施经济发展赶超战略，在经济总量和经济实力不断提升的同时，日益呈现出较为严峻的资源约束、环境污染和生态退化等问题。当资源约束、环境污染和生态退化等严峻危机不断演化为一个全球性生态治理和生态文明问题后，西方发达国家总是把生态危机的产生根源归咎于发展中国家所实施的追赶型现代化战略，并要求发展中国家对生态危机承担更多的责任，进而影响到发展中国家经济发展自主权和生态环境话语权。实际上，我们从现代化进程的先后序列来看，不难发现，全球性生态危机正是从发达资本主义国家实施的现代化实践中逐渐呈现出来的，并随着资本主义社会高投入、高消耗、高排放企业和产业向发展中国家进行成本转嫁和污染转移而集中爆发。

因此，发展中国家参与全球生态治理所承担的责任和义务及其大小，要依据发展中国家生态危机的产生根源确定。无论是发达国家还是发展中国家，都不能忽视各自经济发展方式带来的环境污染和资源代价，逃避应对生态危机的全球性责任和义务。这就要求全球经济体树立共性生态治理价值和原则，逐渐构建发达国家与发展中国家关于生态治理"共同而有差别"的责任与义务对话机制和磋商平台。总体来看，发展中国家生态危机产生的原因包括两个：一是，西方发达资本主义国家工业文明主导的现代化和资本全球化是发展中国家生态危机产生的根本原因。由工业文明主导的资本主义国家现代化是与资本主义殖民扩张密不可分的，从落后经济体掠夺自然资源和获取工业原料，一方面摧毁了落后经济体的民族工业基础和社会政治经济关系，另一方面又为资本主义国家自身的工业化开辟了世界市场，落后经济体被迫纳入由资本主义所主导的世界体系之中，从而被资本主义国家所控制。同时，发展中国家或地区在由工业文明主导的现代化进程中长期处于世界市场分工链条的最低端，经济发展既是以资源密集型和劳动密集型产业为主，也是以自然资源的巨大投入和消耗为支撑；发达国家在资本全球化运动中又不断地向发展中国家或地区转移"高投入、高消耗、高排放"低端产业。从根本上讲，由工业文明主导的资本主义现代化是以对落后经济体的殖民扩张、资源掠夺和市场占领为支撑和代价的。二是，在追赶型经济增长中，发展中经济体对"现代化"的认识误区以及在此基础上的经济发展模式选择是其生态危机产生的重要原因。西方发达资本主义国家认为，发展中国家或地区经济滞后主要是受制于内部传统落后因素，实现以工业文明主导的现代化，应抛弃内部传统落后因素而走全盘西化的经济发展道路。在这种思想影响下，发展中国家或地区为获得促进经济发展的科学技术和原始资本，逐步走上了一条"依附型"经济发展道路，沦为发达国家实现现代化的原料产地和商品销售市场，为生态危机爆发提供了可能。同时，发展中国家或地区为了尽快摆脱经济落后状况和实现经济增长，对"现代化"的认识存在误区，认为单向度的经济增长就是现代化的全部内容，逐步形成了以资源和资本要素投入为方式、以GDP增长为评价指标的粗放型经济模式，不可避免地造成严重的生态危机，成为制约落后经济体持续发展的"短板"。

## 三 国外实践的经验启示

概括来讲，国外实践和政策方案对推进中国生态文明融入经济建设、促进中国经济绿色化转型具有八项重要经验启示。

### （一）树立正确立场，落实经济绿色化发展新理念

目前我国生态文明理论研究主要还停留在"后现代研究范式"和"可

持续发展方式"上。① 这两种范式的共同缺陷是"单纯从抽象的价值观的视角探讨生态危机的根源及其解决途径,既不可能认识到生态危机的本质,也找不到解决生态危机的可行之道"②。因此,中国在借鉴国外生态文明实践经验的同时,要突破西方生态中心论或现代人类中心论的话语霸权,进而转向从制度和生产方式切入的"历史唯物主义研究范式",才能抵制建立在资本利益基础之上的人类中心主义价值观和冲破生态中心论在自然价值论上的神秘主义和相对主义,建立起科学的生态自然观和经济发展观。只有站在科学的生态文明认知和价值立场上,才能牢固树立和落实绿色发展新理念,围绕经济发展方式转变这条主线,不断优化经济产业结构和空间布局,把生态文明的理念、原则、目标融入经济建设各方面和全过程,实现中国从常规性环境保护向实施生态文明整体战略转换、从粗放式数量型经济增长模式向内涵式集约型经济发展方式转换、从"物本经济"发展观向"人本经济"发展观转换,增强中国经济永续发展能力。

### (二) 立足中国国情,明确经济绿色化建设重点

从域外实践来看,不同国家都是根据各国自然禀赋、国土空间、经济水平、公众参与等基本国情来确定经济建设的重点和思路,如德国从废弃物回收和垃圾处理等"静脉"产业入手重点发展循环经济,日本则把废弃物循环利用的"静脉"产业与环保型"动脉"产业结合起来建设循环型社会。因而,中国在促进生态文明融入经济建设实践中,也应立足具体国情,研判国民经济发展趋势,明确经济建设重点和思路。目前,中国经济发展进入增长速度转型、动力支撑转换和结构优化升级的关键阶段,就需

---

① 王雨辰:《略论我国生态文明理论研究范式的转换》,《哲学研究》2009 年版第 12 期。
② 同上。

要突出经济新常态下经济建设的重点难点和优先次序，把生态产业发展、国土空间格局优化、资源集约节约利用、生态环境治理、生态系统修复以及绿色化新型城镇化建设、绿色化制度创新和绿色化政策体系作为重点难点，把新型能源开发、生态产业园区建设、资源综合利用等列为生态文明建设示范项目优先发展。

（三）法律法规先行，建立经济绿色化运行体系

国外实践证明，完善的法律法规体系是生态文明深度融入经济建设、促进经济绿色发展的根本保证，对利益相关主体的话语表达和行为方式进行规范性引导也至关重要，如日本在循环型社会的建设中制定和实施了一套包括"基本法、综合法、专门法"三个层次的法律法规体系，对中国制定、颁布和实施相关法律法规具有重要启发。一是，重视法律法规的覆盖面，既要关注废弃物处理、回收及再生循环利用，又要考虑新能源开发与利用问题；二是，注重法律法规的实践操作性，法律法规的制定和实施不能一步到位，要先易后难；三是，对包括政府、企业、公众、非政府组织等行为主体的生态环境责任、权利和义务要进行明确法律法规界定，从而建构起一套涉及生产、消费、流通和资源循环利用等领域，涵盖基本法、综合法和专门法各层次的法律法规体系，推动中国生态文明融入经济建设和经济绿色化发展法治化和制度化。

（四）强化科学管理，形成经济绿色化发展机制

科学的管理体制和高效的推进机制是保证中央政府与地方政府、地方政府各部门之间分工协作、系统整合、功能集成以及促进经济发展转方式、调结构、上水平的总抓手。因此，中国在推进生态文明融入经济建设、促进经济绿色化转型过程中，也要更好地发挥政府的作用，建立科学

的管理体制和高效的推进机制。一是，各级政府要转变职能，强化政府治理体系的健全和治理能力的提高，制定适应社会主义市场经济发展要求的激励性政策措施，矫正市场主体行为偏差；二是，建立自然资源资产管理体系和企业生态生产责任管理规则，逐步加大生产设备绿色化更新与绿色技术创新投入，制定和实施"生产—消费"两端相结合的生产者责任延伸制度和消费者责任制度；四是，构建绿色国民经济核算体系，将环境污染成本和资源消耗成本纳入国民生产总值计算；五是，综合运用多种治理手段，通过政府直接管理、市场利益激励和社会公众参与，形成政府主导、企业作为主体、多方参与、全民行动的工作格局和管理体制。

### （五）健全配套政策，构建经济绿色化政策体系

经济绿色发展、循环发展和低碳发展离不开配套政策体系的支持。美国、德国、日本以及巴西、印度等国充分运用法律、法规、财政、税收、金融、投资等政策工具，建立了覆盖生产、流通、消费、回收及废弃物循环和利用等领域的经济政策体系，促进了经济绿色、循环、低碳发展和循环型社会建设。对中国来讲，应逐步建立促进经济绿色循环发展的政府强制性制度、市场激励性制度和社会引导性制度，围绕价格、财政、税收等经济杠杆，不断完善"生态工业政策（产业结构调整政策、生态工业园区建设政策、清洁生产政策）、生态农业政策、废弃物回收与再利用政策、资源化和无害化产业政策、绿色消费（包括政府绿色采购）和绿色服务业政策、环境友好型产品标识政策、资源节约型和环境友好型基础设施和建筑政策、环境保护政策、再生能源和资源能源节约政策"[①] 等，形成经济绿色化转型发展的政策体系。

---

① 郝永勤等：《循环经济发展的机制与政策研究》，社会科学文献出版社 2014 年版，第 37 页。

### （六）实施创新驱动，增强经济绿色化发展能力

传统粗放型经济增长模式已成为美丽中国建设的短板。结合国外经济绿色、循环、低碳发展实践和配套政策来看，中国经济发展方式绿色化转变已成为必然趋势和选择。因而，中国推进生态文明融入经济建设，就要让科技进步和创新成为经济发展的源泉和动力，实现经济发展方式由要素驱动型和投资驱动型向创新驱动型转变。这就要求建立经济绿色化技术创新科研体制和科技投入机制，加快经济绿色、循环、低碳发展的技术支撑体系建设，把减量化技术、再利用技术、资源化技术、新能源替代技术作为科技研发与运用的重点。一是，鼓励高校科研院所与企、事业单位紧密合作，促进经济绿色、循环、低碳发展关键领域和重要行业的技术联合攻关和综合创新；二是，建立绿色技术、循环技术和低碳技术人才教育体系，加强专业人才培养；三是，搭建经济绿色、循环、低碳发展的信息服务平台和服务网络，将科技创新贯穿于资源能源开发、加工、运输、利用、回收循环再利用、终端处置等各方面和全过程，提升经济绿色发展能力。

### （七）倡导公众参与，集成经济绿色化发展合力

生态文明融入经济建设，既涉及经济再生产各环节，又覆盖公众消费各领域，需要全社会公众共同参与，集成经济发展合力。没有社会公众对生态安全、环境安全和资源安全行使信息知情权、决策参与权和执行监督权，就难以对政府主体、企业主体的生态责任形成约束。发达国家或发展中国家通过政府有为、企业自律和公众参与的协同途径，推动了经济绿色、循环和低碳发展。日本积极引导社会公众参与循环型社会建设、英荷皇家壳牌集团生态工业园区建设、丹麦卡伦堡生态模式已成

为全球绿色发展的实践样板。因此，对中国来说，不仅要全民普及生态文明价值观，把生态文明价值观内化为政府、企业、公众、非政府组织的共同行动，倡导绿色消费和低碳出行，激发社会公众参与绿色、循环、低碳经济发展活力，为生态文明融入经济建设形成良好社会氛围和群众基础；还要遵循市场规律，发挥市场机制配置资源的决定性作用，规范企业主体经济行为和经济决策，依托生态企业发展、生态产业园区建设调动企业主体参与生态文明融入经济建设的积极性和主动性，形成经济绿色化发展合力。

（八）加强国际合作，搭建经济绿色化对话平台

生态危机已成为全球性问题。水污染能在公共的河流、湖泊和海洋中传输、气流能把空气污染带到很远的地方；大的事故，尤其像核反应堆或有毒物质的工厂或仓库发生的事故，能造成广泛的区域性影响。[①] 单靠任何一个国家或地区的力量是难以推动全球生态治理和环境改善的，更不可能走上生产发展、生活富裕和生态良好的发展之路。任何相互指责、推卸责任都于事无补，为了维护人类的整体利益和长远利益，实现可持续发展的途径，实际上只有一条，那就是进行广泛持续并互有"回报"的合作。[②] 从发达国家或发展中国家的实践来看，都在致力于经济绿色化对话平台的搭建，注重生态治理、生态技术、绿色政策等领域的国际合作与交流，为本国经济绿色化发展提供了外部条件。因此，中国生态文明融入经济建设也要加强绿色技术、法律法规、绿色政策以及循环型社会建设等领域的国际合作，为中国经济绿色化发展提供国际经验。

---

① 参见世界环境与发展委员会《我们共同的未来》，王之佳等译，吉林人民出版社1997年版，第46页。

② 参见肖巍《可持续发展进行时——基于马克思主义的探讨》，复旦大学出版社2013年版，第266页。

第五章

# 生态文明融入经济建设：战略框架与运行系统

"要加强宏观思考和顶层设计，更加注重改革的系统性、整体性、协同性。"①

——习近平

党的十八大政治报告将生态文明建设纳入中国特色社会主义"五位一体"总布局框架，提出包括理念、方针、原则、目标、要求、路径等内容的中国特色社会主义生态文明建设的具体框架；党的十八届三中全会进一步强调，生态文明制度体系建设是生态文明建设的根本保障，为推进生态文明融入经济建设、建设美丽中国提供了理论和实践方向。因此，一方面，急需从"五位一体"总布局视域出发，阐释生态文明建设在中国特色社会主义现代化建设中的地位，厘清生态文明融入经济建设与融入其他"三大建设"的逻辑关联；另一方面，亟待从"国家治理现代化"总目标视域出发，论证生态文明融入经济建设是国家治理现代化的重要内容，是经济治理能力和生态治理能力的融合。基于此，从战略高度建构中国生态

---

① 习近平：《以更大的政治勇气和智慧深化改革　朝着十八大指引的改革开发方向前进》，《人民日报》2013年1月2日第1版。

文明融入经济建设的战略框架、解构中国生态文明融入经济建设的运行系统至关重要。

## 第一节 "五位一体"总布局视域中的生态文明融入经济建设

党的十八大政治报告指出："建设中国特色社会主义，总布局是五位一体"，在实践中要"全面落实经济建设、政治建设、文化建设、社会建设、生态文明建设五位一体总体布局"，"大力推进生态文明建设"就要"把生态文明建设放在突出地位，融入经济建设、政治建设、文化建设、社会建设各方面和全过程，努力建设美丽中国，实现中华民族永续发展"。① 这就要求站在中国特色社会主义整体现代化的高度和中国共产党对社会主义建设规律认识深化的高度，深刻理解中国特色社会主义生态文明深刻融入和全面贯穿经济建设各方面和全过程对建设中国特色社会主义"五位一体"总布局具有的战略基础地位和战略牵引功能。

### 一 "五位一体"总布局是对社会主义事业建设规律的认识深化

党的十八大政治报告将生态文明建设同经济建设、政治建设、文化建设、社会建设一道确定为中国特色社会主义事业总布局的重要组成部分，标志着中国共产党对中国特色社会主义伟大事业的建设规律和发展规律的认识深化。

---

① 《十八大以来重要文献选编》（上），中央文献出版社2014年版，第30—31页。

## (一) 从"两个文明"到"五位一体"

改革开放以来,尽管经济社会发展的阶段各异、建设的重点不同,但总体上,中国共产党始终围绕经济建设这个中心,不断探索实现国家富强、民族振兴、社会进步和人民幸福的道路,推动了建设中国特色社会主义总布局从"两个文明"向"五位一体"的动态演进。从"两个文明""三位一体""四位一体"发展到"五位一体"的中国特色社会主义建设事业总布局,正是对中国特色社会主义事业建设规律和发展规律的准确把握。1979年叶剑英同志在庆祝中华人民共和国成立30周年大会上指出:"我们要在建设高度物质文明的同时,提高全民族的教育文化水平和健康水平,树立崇高的革命理想和革命风尚,发展高尚的丰富多彩的文化生活,建设高度的社会主义精神文明。这些都是我们社会主义现代化的重要目标,也是实现四个现代化的必要条件。"① 这是对"物质文明"和"精神文明"概念的首次表达,并初步认识到物质文明与精神文明都是实现社会主义现代化目标的必要条件。1979年10月30日,邓小平同志在《中国文学艺术工作者第四次代表大会上的祝词》指出:"我们要在建设高度物质文明的同时,提高全民族的科学文化水平,发展高尚的丰富多彩的文化生活,建设高度的社会主义精神文明。"② 可见,建设高度的物质文明离不开建设高度的精神文明。随后,党的十二大政治报告提出:"物质文明的建设是社会主义精神文明的建设不可缺少的基础。社会主义精神文明对物质文明的建设不但起巨大推动作用,而且保证它的正确发展方向。两种文明的建设,互为条件,又互为目的。"③ 因而,"在社会主义国家,一个真

---

① 《十一届三中全会以来重要文献选读》(上),人民出版社1978年版,第80—81页。
② 《邓小平文选》(第2卷),人民出版社1994年版,第208页。
③ 《十一届三中全会以来重要文献选读》(上),人民出版社1978年版,第489页。

正的马克思主义政党在执政以后,一定要致力于发展生产力,并在这个基础上逐步提高人民的生活水平,这就是建设物质文明。过去很长一段时间,我们忽视了发展生产力,所以现在我们要特别注意建设物质文明。与此同时,还要建设社会主义的精神文明,最根本的是要使广大人民有共产主义理想,有道德,有文化,守纪律"①,如果"经济建设这一手我们搞得相当有成绩,形势喜人,这是我们国家的成功,但风气如果坏下去,经济搞成功了又有什么意义?会在另一个方面变质,反过来影响整个经济变质,发展下去会形成贪污、盗窃、贿赂横行的世界"②。

党的十二大政治报告强调物质文明和精神文明一起抓的同时,也论述了社会主义政治建设的极端重要性。社会主义的物质文明和精神文明建设,都要靠继续发展社会主义民主来保证和支持。③党的十二届六中全会进一步将社会主义建设布局表述为:"以经济建设为中心,坚定不移地进行经济体制改革,坚定不移地进行政治体制改革,坚定不移地加强精神文明建设,并且使这几个方面相互配合、互相促进。"④经济建设、政治建设和精神文明建设"三位一体"的中国特色社会主义建设布局日渐清晰明确。党的十六大上,正式将经济建设、政治建设、文化建设"三位一体"的社会主义建设布局写进党的政治报告加以确立下来。

党的十四大以来,随着建设社会主义市场经济体制的目标提出,包括经济发展、政治生活以及个体状态都发生了巨大变化,"这必然会给我国的政治、经济、社会、文化生活带来深刻影响,给我们党执政和领导各项事业提出新的更高要求"⑤。社会建设的重要性开始凸显,其主要内容也不

---

① 《邓小平文选》(第3卷),人民出版社1993年版,第28页。
② 同上书,第154页。
③ 参见《十一届三中全会以来重要文献选读》(上),人民出版社1978年版,第496页。
④ 《十二大以来重要文献选编》(下),人民出版社1988年版,第1173页。
⑤ 《江泽民文选》(第1卷),人民出版社2006年版,第16页。

断地嵌入经济建设、政治建设、文化建设之中。因此，党的十六大政治报告将"社会更加和谐"作为全面建设小康社会的奋斗目标，更加彰显了社会建设在中国特色社会主义建设事业布局的战略地位。2005年，胡锦涛同志在省部级主要领导干部提高构建社会主义和谐社会能力专题研讨班上进一步提出："随着我国经济社会的不断发展，中国特色社会主义事业的总体布局，更加明确地由社会主义经济建设、政治建设、文化建设三位一体发展为社会主义经济建设、政治建设、文化建设、社会建设四位一体。"① 党的十七大政治报告按照这一总体要求和发展趋势，更是提出"建设社会主义市场经济、社会主义民主政治、社会主义先进文化、社会主义和谐社会，建设富强、民主、文明、和谐的社会主义现代化国家"②的战略目标，中国特色社会主义"四位一体"总布局完整确立。

随着中国面临的"经济增长—环境代价"发展陷阱日益凸显，资源约束、环境污染、生态退化已经成为制约经济、政治、文化、社会全面发展的最大瓶颈。中国共产党不得不重估和研判中国特色社会主义建设事业面临的新情况、新问题和新趋势，进一步丰富和发展社会主义建设的内涵和外延。因此，党的十八大以来，在协同推进新型工业化、信息化、城镇化、农业现代化和绿色化发展中，将生态文明建设作为摆脱"经济增长—环境代价"发展陷阱的根本出路，形成了中国特色社会主义经济建设、政治建设、文化建设、社会建设、生态文明建设的"五位一体"总布局。

(二)"五位一体"总布局是中国特色社会主义整体文明现代化

中国特色社会主义"五位一体"总布局是经济、政治、文化、社会、生态文明等各项内容构成的一个相互联系、不可分割的有机整体，是马克

---

① 《十六大以来重要文献选编》（中），人民出版社2011年版，第696页。
② 《十七大以来重要文献选编》（上），人民出版社2009年版，第9页。

思主义关于联系和发展的唯物辩证法观点在当代中国的新发展,更是在对工业文明主导的现代化实践进行反思的基础上对中国特色社会主义文明体系的认识和深化以及对中国特色社会主义本质内涵的丰富和拓展。从文明构成要素来看,中国特色社会主义"五位一体"总布局表征着物质文明、政治文明、精神文明、社会文明和生态文明等文明要素构成的整体文明;从文明形态演变来看,中国特色社会主义"五位一体"总布局表征着超越于工业文明主导的现代文明崭新范式。

因此,中国特色社会主义"五位一体"总布局是对社会主义现代化整体文明实践形态的升华。生态文明建设在"五位一体"总布局中的突出地位和先导功能,决定了生态文明已成为中国特色社会主义现代化整体文明形态的理论话语,也决定了生态文明建设急需深刻融入和全面贯穿于经济建设、政治建设、文化建设、社会建设各方面和全过程的实践要求。中国特色社会主义"五位一体"总布局建设事业具系统性、整体性、层次性、结构性和开放性特征。对中国特色社会主义"五位一体"总布局的认识是一个从静态分析到动态演化、从认识到实践再到认识深化的完整过程,不可能一蹴而就。随着中国特色社会主义伟大实践的深化和拓展,中国特色社会主义总布局的内涵和外延将更加丰富。中国共产党只有从系统性、整体性和动态性的视角出发,才能真正把握社会主义建设的基本规律,才能在中国特色社会主义整体文明现代化实践进程中为全面建成小康社会和实现中华民族伟大复兴奠定基础和提供动力。

## 二 生态文明建设在"五位一体"总布局中的逻辑必然与战略地位

党的十八大政治报告将生态文明建设纳入中国特色社会主义"五位一体"总布局框架,是中国共产党在中国特色社会主义现代化建设实践中把握发展规律、创新发展理念、破解发展难题的根本性战略抉择。

## （一）生态文明建设纳入"五位一体"总布局：理论与实践的逻辑必然

党的十八大政治报告将生态文明建设纳入中国特色社会主义"五位一体"总布局，体现了中国共产党对社会主义现代化有机整体的深化认识，反映了当代中国人民对生态权益诉求的新期待，具有理论和实践逻辑必然。

首先，中国特色社会主义"五位一体"总布局，本质上是中国特色社会主义经济现代化、政治现代化、文化现代化、社会现代化、生态现代化构成的整体文明的现代化。马克思主义创始人在考察社会及其文明形态时，始终是以整体世界观和方法论为基础，将社会作为一个有机整体加以考察。对马克思主义而言，"归根结底就没有独立的法学、政治经济学、历史科学等等，而只有一门唯一的、统一的——历史的和辩证的——关于社会（作为总体）的发展的科学"①，"总体范畴，整体对各部分的全面的、决定性的统治地位，是马克思取自黑格尔并独创性地改造成为一门全新科学的基础的方法的本质"②。马克思主义对社会发展的整体认识构成了对社会发展的整体文明观。文明是人类社会所创造的并反映社会进步状态的各种积极成果的总和，是包含多种要素构成的有机系统，既有物质的、精神的内容，也有政治的、社会的内容，还包括自然界和生态环境的内容。因而，从文明的构成要素来看，文明是包括物质文明、精神文明、政治文明、社会文明和生态文明等内容构成的有机整体。由此，将生态文明建设纳入中国特色社会主义"五位一体"总布局"不仅是社会主义建设事业的现实需要，同时也是马克思主义社会结构理论和社会整体文明理论的

---

① ［匈］卢卡奇：《历史与阶级意识》，杜章智等译，商务印书馆1996年版，第77页。
② 同上书，第76页。

继承和发展"①，蕴含着中国特色社会主义现代化建设实践主体遵循自然规律、经济规律、文化规律、全面发展规律以及遵循马克思主义关于社会发展整体文明观的理论逻辑必然。

其次，生态文明与科学发展观的本质契合，将生态文明建设纳入中国特色社会主义"五位一体"总布局，具有明确的现实指向和实践指向。马克思认为："全部社会生活在本质上是实践的。"② 面对当前我国经济快速发展带来的资源约束、环境污染、生态退化等现实客观情势，大力推进生态文明建设已成为必然选择，也是贯彻落实科学发展的必由之路。生态文明与科学发展观具有本质上的一致性，均把人的权益作为核心立场，突出经济发展对政治、文化、社会、生态改善的基础性，重视统筹城乡、统筹经济社会的全面协调发展。因此，将生态文明建设纳入中国特色社会主义"五位一体"总布局，是落实科学发展观、促进经济发展方式转变的根本要求，是实现中国特色社会主义经济、政治、文化、社会、生态文明协调发展和整体现代化的现实选择。

再次，生态文明建设纳入"五位一体"总布局是满足人民日益增长的生态产品需要的必然要求。马克思主义认为，自然界是人类社会有机体形成和发展的前提，是社会构成的基本要素。在改革开放初期，为了摆脱极端贫困的现实现状，经济建设和经济发展的主要目标在于满足人民日益增长的物质需要，随着物质需要得到极大满足又相应产生了精神文化需求。但随着物质财富增长、民主政治发展、精神文化繁荣，却伴生着资源的消耗、环境的污染与生态的退化，环境危机和生态危机逐渐显现，甚至威胁到人类自身健康和生命。在这种背景下，人们日益关注个人的生态权益，

---

① 包双叶：《论生态文明建设纳入"五位一体"总体布局的逻辑原点》，《广西社会科学》2013年第12期。
② 《马克思恩格斯选集》（第1卷），人民出版社1995年版，第56页。

关注生态环境变化，能否吃上放心安全的食品、能否喝上干净清洁的水、能否呼吸到清新的空气成了重大而现实的民生问题。站在民生导向的高度，把生态文明建设纳入中国特色社会主义"五位一体"总布局，正是对人民日益增长的生态环境权益和环境保护要求的积极回应。

最后，生态文明建设成为社会主义现代化建设的总布局之一，是顺应全球可持续发展的必然趋势。自近代以来，工业文明主导的人类社会发展，创造了比过去一切社会时期创造的物质财富总和还要多得多的物质财富。人们长久地沉浸于丰富的物质财富喜悦之中，消费主义和享乐主义盛行，却罔顾财富增长的背后是对自然资源不加节制的掠夺、消耗以及对环境的破坏。随之而来的是，生态环境危机、能源资源危机以及气候变化等日渐成为全球性公共问题。为应对这一全球性公共问题，国际社会逐渐认识到传统经济发展方式、消费模式及生活方式急需得到根本性改变，绿色发展、循环发展、低碳发展及可持续发展已成为全球发展共识。中国作为最大的发展中国家，巨大的经济体量需要巨大的环境容量作支撑，必须顺应全球可持续发展、科学发展、绿色循环低碳发展的趋势和潮流。因此，生态文明建设适时提出并纳入中国特色社会主义"五位一体"总布局，正是顺应全球可持续发展潮流的"中国行动"和"中国方案"。

### （二）生态文明建设："五位一体"总布局的战略基础

离开经济社会发展谈文化建设和生态文明建设，无异于缘木求鱼；离开生态文明建设讲经济社会发展，无异于竭泽而渔。良好的生态环境和丰富的自然资源是人类社会永续发展的根本基础。因此，社会主义生态文明建设是中国特色社会主义"五位一体"总布局中的战略基础。

第一，社会主义生态文明建设是根基和条件。中国特色社会主义整体文明的现代化不仅反映人与自然之间的和谐状态，还要求人与人、人与社会之间达成一种和谐共生的均衡状态，更是体现经济发展、政治民主、文化繁荣、社会和谐、生态友好的进步状态。党的十八大政治报告"把生态文明建设放在突出地位"，体现了社会主义生态文明建设在中国特色社会主义"五位一体"总布局中的基石地位和基础条件。可以说，"生态文明建设是其他建设的自然载体和环境基础，并渗透、贯穿于其他建设之中而不可或缺，一切发展建设都应以不损害生态环境为底线"[①]，没有社会主义生态文明建设，经济建设就会与自然再生产、社会再生产失去平衡，进而制约经济建设、政治建设、文化建设和社会建设。因此，建设美丽中国，是关乎民族长远发展大计的根基和条件。

第二，社会主义经济建设是中心和前提。人类文明形态的演进，归根结底是由生产力的全面发展决定的。本质上讲，中国特色社会主义生态文明建设的中心和前提仍然是经济发展的问题。没有全面生产力的发展和经济发展水平的提高，政治建设、文化建设、社会建设、生态文明建设就缺乏强大的物质基础，"四大建设"犹如无源之水和无本之木。基于此，党的十八大政治报告仍然强调："以经济建设为中心是兴国之要，发展仍然是解决我国所有问题的关键。只有推动经济持续健康发展，才能筑牢国家繁荣富强、人民幸福安康、社会和谐稳定的物质基础。"[②] 因此，以持续健康的经济发展为中心和前提，既是中国特色社会主义生态文明建设的物质基础，更是中国特色社会主义事业全面现代化的物质基础。

第三，社会主义政治建设是保障和方向。以生态文明建设引领的中国特色社会主义整体现代化，必须以中国特色社会主义政治建设为保障和方向。社会主义生态文明建设是中国特色社会主义道路的具体展开，是以中国特色社会主义理论体系为行动指南，以中国特色社会主义制度为根本保

---

① 王春益等：《生态文明与美丽中国梦》，社会科学文献出版社2014年版，第3页。
② 《十八大以来重要文献选编》（上），人民出版社2014年版，第15页。

障，中国特色社会主义道路、理论体系和制度共同决定了中国特色社会主义生态文明建设伟大实践的正确方向。同时，社会主义政治建设是社会主义经济建设的集中体现，是在一定经济、文化、社会、生态环境基础上发展和完善起来的，并反作用于经济建设、文化建设、社会建设和生态文明建设。党的领导、人民当家做主、依法治国有机统一的中国特色社会主义政治发展道路，可以有效发挥和调动广大人民群众参与经济建设、文化建设、社会建设和生态文明建设的创造性和积极性，使全社会迸发出巨大活力。

第四，社会主义文化建设是灵魂和血脉。文化是一个民族历史传承的血脉和人民共有的精神家园。社会主义文化建设是中国特色社会主义"五位一体"总布局的灵魂和血脉，源源不断地为经济建设、政治建设、社会建设、生态文明建设提供精神动力。文化繁荣与文化发展是一个国家或地区经济、政治、社会和生态的集中反映，对经济建设、政治建设、社会建设、生态文明建设具有重要的价值。同时，文化建设是国家综合国力的重要组成部分，建设社会主义文化强国才能增强国家的文化自觉和民族的文化自信。因此，大力实施科教兴国战略和科技创新战略，才能为经济建设、政治建设、社会建设、生态文明建设提供良好的文化氛围和精神支撑，经济建设才能从要素投资驱动型转向创新驱动型、政治建设才能发展高度的政治文明、社会建设才能有更加良好的道德风尚和文化涵养、生态文明建设才能有健康的生活方式和消费方式支撑，才能显示出文化建设对"四大建设""润物细无声"的强大功能。

第五，社会主义社会建设是纽带和支撑。社会是连接国家、集体、个人的重要纽带，是由一切经济利益、政治利益、文化利益、生态权益等构成的社会关系总和。社会建设需要其他"四大建设"系统的支持：经济建设为社会建设提供物质基础和民生保障，政治建设为社会建设提供运行机制和建构治理秩序，文化建设为社会建设提供道德准则和思想支撑，生态文明建设为实现人与自然、人与人、人与社会关系和谐共生提供现实路径。同时，社会建设对经济建设、政治建设、文化建设、生态文明建设具有反作用，社会主义和谐社会的构建、资源节约型和环境友好型社会的建立，对转变经济发展方式、提升民主政治水平、促进文化繁荣、引导生态文明建设全员参与具有重要作用。

### 三 融入经济建设与融入其他"三大建设"的逻辑关系

党的十八大政治报告提出："把生态文明建设放在突出地位，融入经济建设、政治建设、文化建设、社会建设各方面和全过程，努力建设美丽中国，实现中华民族永续发展。"① 可见，生态文明建设的具体"融入"包括四个层面的"融入"，即融入经济建设、融入政治建设、融入文化建设、融入社会建设各方面和全过程。这就要求深入剖析和全面阐释生态文明建设融入经济建设、生态文明建设融入政治建设、生态文明建设融入文化建设、生态文明建设融入社会建设四者之间的相互逻辑关系。本书围绕研究主题，重点剖析生态文明建设融入经济建设与生态文明建设融入政治建设、文化建设、社会建设"三大建设"之间的逻辑关系，揭示生态文明建设融入经济建设对于融入其他"三大建设"的基础性、战略性和先导性地位。

#### （一）率先推进生态文明融入经济建设是理论与实践的逻辑统一

马克思主义认为，人类经济社会活动的"第一前提"是生产物质生活本身，这是产生新需求以及生产人自身的基本前提；同时，人类社会又是

---

① 《十八大以来重要文献选编》（上），人民出版社2014年版，第30—31页。

沿着两个层次的互动关系展开,第一个层次是人与自然界的互动关系,以生产力发展形成社会生产关系,即经济基础;在第一层次基础上,从不同社会生产关系中的不同主体的矛盾和利益出发,即人与人的互动关系出发,又形成了包括政治、法律、道德规范在内的上层建筑。人类社会活动最本质的是由经济活动形成的经济关系,所有政治的、文化的、社会的都是在其上的逻辑展开。因此,如果说马克思主义关于社会发展有机体理论和整体文明观是生态文明建设纳入中国特色社会主义"五位一体"总布局的理论逻辑原点,那么,辩证唯物主义和历史唯物主义便为我们共同展示了人类社会进化的全部图景,即生产力决定生产关系、经济基础决定上层建筑的社会发展动力,也就是率先推进生态文明融入经济建设的理论逻辑前提。因此,只有率先推进生态文明融入经济建设各方面和全过程,才能为生态文明融入政治建设、文化建设、社会建设提供坚实的物质基础。

从实践逻辑来看,社会主义生态文明建设是经济建设的根基,是保障社会主义市场经济健康持续发展的基本条件。生态文明融入经济建设对形成良好的经济社会持续发展的局面具有基础功能。在当代中国,发展是最大的实际,以经济建设为中心是兴国之要,经济社会全面发展需要建立在较高的生产力水平之上;但以经济建设为中心,并非是继续沿着传统工业文明主导的低质量、粗放型的经济增长模式展开,而是开辟一条实现代内公平与代际公平结合的经济绿色发展之路。因此,率先推进生态文明融入经济建设,其本质是以科学发展为主题,以经济发展方式转变为主线,引领社会主义现代化建设在生产方式、生活方式、消费方式、空间布局以及决策方式方面发生根本性绿色变革,进而影响政治发展、文化繁荣、社会建设的各方面和全过程。这从根本上也符合中国特色社会主义"五位一体"总布局长期以经济建设为中心和牵引,进而带动政治上层建筑、思想上层建筑和社会建设的各方面协调发展的实践逻辑。

## （二）率先推进生态文明融入经济建设是历史与现实的逻辑统一

从中国共产党对经济发展与生态文明建设的认识历程来看，经济发展的历史进程及其每一阶段矛盾问题产生都会引起经济发展观念和思维的转变。中国特色社会主义现代化建设的历史进程同样遵循类似的演化规律。新中国成立以来，尽管发展有过动摇和动荡，但始终是围绕经济建设这个中心来探索中国实现社会主义现代化的建设道路。新中国初期，坚持以重工业和国防工业为主推动经济建设，对自然环境和资源能源攫取和消耗并未带来资源环境的快速恶化。但历史每向前一步，呈现的问题和关系就越复杂。随着经济建设过程中环境污染的爆发、资源能源过度消耗等问题的逐渐凸显，经济建设中的生态文明建设问题开始受到重视，并置于党和国家发展的战略高度。因此，从历史的维度来看，推进生态文明融入经济建设各方面和全过程，正是对社会主义现代化建设规律认识深化的集中体现。

同时，从现实维度来看，中国今天面临的资源能源紧张、环境污染严重、生态系统退化等突出问题，主要源于不可持续、非健康、低质量的经济发展方式。一方面，经济建设和经济活动带来的生态环境问题最为突出，诸如大量工业废水、废物、废气的排放以及扩张型的城镇化建设带来的资源环境变化；另一方面，中国正处于工业化后期发展阶段，产业转型和技术更新能力较弱，大量高能耗、高污染、高排放产业和企业成为推动经济快速发展的主力军。两大现实因素叠加在一起导致中国经济结构不合理、经济发展动力不足、经济发展可持续能力较差。因此，在协同推进新型工业化、信息化、城镇化、农业现代化和绿色化发展过程中，不能继续走"先污染、后治理"的老路，不能等工业化、城镇化完成之后才来解决生态环境问题，急需同步推进经济发展与生态文明建设，在经济建设中深刻融入和全面贯穿生态文明建设的理念、原则、目标和要求。

(三) 率先推进生态文明融入经济建设是融入其他"三大建设"的物质基础，具有战略的先导性、功能的牵引性和实践的样本性

中国特色社会主义生态文明建设的优先地位及其所表征的中国特色社会主义整体文明现代化的实践新形态，决定了率先推进生态文明融入经济建设各方面和全过程具有战略的先导性、功能的牵引性和实践的样本性。生态文明融入经济建设，紧紧抓住了经济建设这个中心，体现了经济发展的生态文明导向，对社会主义政治建设、文化建设、社会建设具有决定性意义。因此，将生态文明融入"四大建设"的各方面和全过程，首先必须将生态文明融入经济建设各方面和全过程。没有人与自然、人与人之间和谐共生的自然生态前提和主体关系前提，社会主义市场经济运行必然会出现紊乱，不仅会破坏自然生产力，也会破坏了社会生产力，进而影响全面生产力对经济社会可持续发展具有的强大物质能量。因而，我们"必须立足于我国长期处于社会主义初级阶段这个最大实际，坚持发展仍是解决我国所有问题的关键这个重大战略判断，以经济建设为中心，发挥经济体制改革牵引作用"①，率先推进生态文明融入经济建设，加快形成资源节约和环境保护的空间格局、产业结构、生产方式、生活方式及消费方式，才能全面巩固党和国家治国理政的战略地位，提高党和国家治国理政的能力。

显然，率先推进生态文明融入经济建设的战略先导性决定其功能牵引性，二者又共同决定了率先推进生态文明融入经济建设实践的样本性。具体而言，战略部署的先导性是由发展是解决我国所有问题的关键决定的；功能的牵引性是由融入经济建设才能更好地为融入其他"三大建设"提供

---

① 《十八大以来重要文献选编》（上），人民出版社2014年版，第513页。

强有力的物质保障决定的；而实践的样本性在于：通过率先推进生态文明融入经济建设的研究，可以为生态文明融入政治建设、文化建设、社会建设提供理论和实践参考，最终为中国特色社会主义现代化生态文明转型提供样板。

## 第二节 "国家治理现代化"视域中的生态文明融入经济建设

党的十八届三中全会以马克思主义宽广视野科学谋划了中国在进入改革攻坚期和深水区之后全面深化改革的美好蓝图，提出"全面深化改革的总目标是完善和发展中国特色社会主义制度，推进国家治理体系和治理能力现代化"①，在"完善和发展中国特色社会主义制度"基础上推进"国家治理现代化"。经济体制改革和生态文明体制改革是全面深化改革的重要组成。社会主义经济建设和生态文明建设也必须纳入全面深化改革总目标框架下加以深刻阐释，揭示生态文明融入经济建设与国家治理现代化的内在逻辑，全面认识在推进"国家治理现代化"进程中促进生态文明融入经济建设也是"实现社会主义现代化的应有之义"②。

### 一 国家治理现代化的内容构成

现代化是人类社会向前发展的普遍趋势和目标追求。新中国成立以来，中国共产党对社会主义现代化进行了艰辛探索，从党的八大通过的

---

① 《十八大以来重要文献选编》（上），人民出版社2014年版，第512页。
② 同上书，第547页。

《中国共产党章程》提出"使中国具有强大的现代化的工业、现代化的农业、现代化的交通运输业和现代化的国防","在 20 世纪内全面实现农业、工业、国防和科学技术的现代化"[①],现代化主要表现为经济发展的现代化。改革开放以后,在逐渐实现党和国家工作重心的转移、推进经济体制改革的进程中,实现了从计划经济向市场经济转轨、从相对封闭的乡土中国向更加开放的城乡中国转变、从高度集中的权威型政治管理体制向强调市场效率和社会参与公共性政治治理体制转变。与之对应,国家产业结构、社会阶层结构、区域空间结构均发生了巨大变化,中国面临经济发展方式亟待转变、资源环境约束亟待破解以及社会治理水平亟待提升等更大风险和挑战。因此,"要破解发展面临的各种难题,化解来自各方面的风险和挑战,更好发挥中国特色社会主义制度优势,推动经济社会持续健康发展,除了深化改革开放,别无他途"[②]。党的十八届三中全会因应党和国家面临的内外时局变化,提出"推进国家治理体系和治理能力现代化",这是中国特色社会主义道路自信、理论自信、制度自信和文化自信的根本体现,具有特定的内容构成。

(一)国家治理现代化的构成与本质

从人类社会的发展进程看,为了缓和日益复杂的社会事务与相对集中的公共权力之间的矛盾,从 20 世纪 80 年代开始,世界上许多国家和地区开始尝试重新配置公共权力,试图通过向社会组织、私营部门等开放权力的方式来提高国家管理的弹性与韧性。[③] 这股潮流被学术界总结为由"统

---

[①] 《周恩来选集》(下卷),人民出版社 1984 年版,第 439 页。
[②] 《十八大以来重要文献选编》(上),人民出版社 2014 年版,第 508 页。
[③] 参见郑言、李猛《推进国家治理体系与国家治理能力现代化》,《吉林大学社会科学学报》2014 年第 2 期。

治"向"治理"的转变。① "治理"是与"统治""管理"具有本质区别的概念。从治理的主体来看，具有多元性，既包括政府和国家公共权力机构，也包括企业主体、社会公众及非政府组织。从权力来源的性质来看，治理可以是强制性的，也可以是协商性的，既可以是强制性的法律法规，也可以是非国家强制的契约。从权力运行的方式来看，治理的方式是自下而上的。从作用的范围来看，治理的范围更加宽广，以公共领域为边界，而统治和管理是以政府权力所及领域为界限。可见，在社会公共政治生活中，"治理是实现一定社会政治目标的手段"②，逐渐成为人类追求政治文明和社会进步的新理念和新思路。

中国共产党适时提出了国家治理体系和治理能力现代化命题，但对何谓国家治理体系和治理能力现代化，学术界众说纷纭。国家治理现代化是以"现代化"和"治理"等"元问题"概念为前提。借鉴于张培刚教授对工业化的科学定义③，胡鞍钢等认为，现代化是指"全社会范围，一系列现代要素以及组合方式连续发生的由低级到高级的突破性的变化或变革的过程"④，是包括土地、资源、资本、劳动、教育、技术、信息、知识、制度、法律等现代要素及其组合方式发生整体性变革过程。江必新认为："国家治理体系和国家治理能力的现代化，就是使国家治理体系制度化、科学化、规范化、程序化，使国家治理者善于运用法治思维和法律制度优势转化为治理国家的效能。"⑤ 俞可平则提出衡量国家治理体系现代化应当

---

① Stoker G. "Governance as theory：Five propositions"，*International Social Science Journal*，1998，50（155）pp. 17—28.
② 俞可平：《论国家治理现代化》，社会科学文献出版社 2014 年版，第 2—3 页。
③ 张培刚教授将"工业化"定义为："国民经济中一系列基要的生产函数（或生产要素组合方式）连续发生由低级到高级的突破性变化（或变革）的过程。"参见张培刚《发展经济学通论（第 1 卷）——农业国工业化问题》，湖南出版社 1991 年版，第 190 页。
④ 胡鞍钢等：《中国国家治理现代化》，中国人民大学出版社 2014 年版，第 82 页。
⑤ 江必新：《推进国家治理体系和治理能力现代化》，《光明日报》2013 年 11 月 15 日第 1 版。

至少包括五个标准:"其一是公共权力运行的制度化和规范化,它要求政府治理、市场治理和社会治理有完善的制度安排和规范的公共秩序;其二是民主化,即公共治理和制度安排都必须保障主权在民或人民当家做主,所有公共政策要从根本上体现人民的意志和人民的主体地位;其三是法治,即宪法和法律成为公共治理的最高权威,在法律面前人人平等,不允许任何组织和个人有超越法律的权力;其四是效率,即国家治理体系应当有效维护社会稳定和社会秩序,有利于提高行政效率和经济效益;其五是协调,现代国家治理体系是一个有机的制度系统,从中央到地方各个层级,从政府治理到社会治理,各种制度安排作为一个统一的整体相互协调,密不可分。"①

中国共产党对现代化的认识和把握是从经济现代化逐步拓展至政治现代化、文化现代化、社会现代化、生态文明现代化的过程,形成了超越于物质现代化的现代化内涵与外延。习近平同志指出:"国家治理体系和治理能力是一个国家制度和制度执行能力的集中体现。国家治理体系是在党领导下管理国家的制度体系,包括经济、政治、文化、社会、生态文明和党的建设等各领域体制机制、法律法规安排,也就是一整套紧密相连、相互协调的国家治理;国家治理能力则是运用国家制度管理社会各方面事务的能力,包括改革发展稳定、内政外交国防、治党治国治军等各方面。国家治理体系和治理能力是一个有机整体,相辅相成,有了好的国家治理体系才能提高治理能力,提高国家治理能力才能充分发挥国家治理体系的效能。"② 可见,中国共产党领导下的国家治理现代化,主要是国家制度体系和制度能力的现代化,"即制度和法律作为现代政治要素,不断地、连续

---

① 俞可平:《衡量国家治理体系现代化的基本标准》,《北京日报》2013年12月9日第17版。
② 习近平:《切实把思想统一到党的十八届三中全会精神上来》,《人民日报》2014年1月1日第2版。

地发生由低级到高级的突破性变革的过程"①，形成一整套系统完备、成熟定型的经济制度、政治制度、社会制度、文化制度、生态文明制度，并在制度体系实施中不断提高制度执行能力。综合不同层面的概念阐释，国家治理体系是指在党领导下由国家在经济建设、政治建设、文化建设、社会建设、生态文明建设等诸领域的制度构成的制度体系；国家治理能力则是指在党领导下国家统筹协调经济建设、政治建设、文化建设、社会建设、生态文明建设等诸领域主体和力量的治理水平、质量和效果。

国家治理体系和治理能力是一个有机整体，推进国家治理体系的现代化与增强国家的治理能力，是同一个政治过程相辅相成的两个方面。② 国家治理体系决定国家治理的政治属性和类别，决定国家治理机制的价值取向和目标取向，国家治理能力则是在国家治理体系框架下促进治理体系发挥作用的途径和方法，具有从属性。这就要求正确处理国家治理"体系"和"能力"之间"骨骼"与"血肉"的辩证关系，使其成为包含国家治理体系决定国家治理能力、国家治理能力从属国家治理体系、治理体系与治理能力协同整合的国家治理"整体现代化"。

一般而言，"体系"健全，"能力"就强，"能力"较强得益于"体系"的完备成熟。但在实践中，我们要注意两种情形：一是，"体系"健全，缺乏"能力"，制度会徒有虚名；二是，具有一定"能力"，完备成熟的"体系"缺乏，"能力"可能会被滥用。因而，除了"体系"和"能力"之外，还应当从制度、价值、体系、能力层面拓展中国特色社会主义国家治理现代化的内容和本质。在制度层面，必须坚持中国特色社会主义政治制度，坚持党的领导、人民当家作主和依法治国的有机统一，明确中国国家治理现代化与西方治理现代化的本质差异，即"不可

---

① 胡鞍钢等：《中国国家治理现代化》，中国人民大学出版社2014年版，第88页。
② 参见俞可平《论国家治理现代化》，社会科学文献出版社2014年版，第5页。

过度地解释国家治理现代化,而忽视国家制度建设"①;在价值层面,国家治理现代化是在中国特色社会主义政治制度下形成的一种新的执政理念和思路,必须形成与国家治理体系相匹配的国家价值体系和治理主体道德支撑体系,即除了"包括制度、结构、功能和手段等'硬件部分',也必然离不开治理价值和理念等'软件要素',否则就会沦为失去'灵魂'的空壳"②;在体系和能力层面,形成围绕发挥国家治理机构和治理主体作用功能的运行系统建构制度体系,并将其转化为国家行使治理职能的综合能力。

## (二)国家治理现代化的着力点

国家治理现代化是一项复杂的系统工程,主要包括治理主体、治理机制和治理效果,不仅关涉国家经济、政治、文化、社会、生态文明等诸多领域,也涵盖多元治理主体进行市场治理、政府治理和社会治理的全部过程。国家治理现代化的基本着力点关键在于全面激活治理主体、适时创新治理机制和科学评价治理效果。

第一,从治理主体来看,国家治理现代化突出治理行为主体的多元共治。与管理和统治相比,治理主体多元化,形成了主体层次明晰的多元共治状态。治理作用的空间是整体性国家,既包括政府与市场的关系处理,又包括政府与社会的关系处理,是市场行为主体、政府行为主体、社会行为主体共同作用的发挥。具体来看,在社会主义市场经济条件下,随着市场经济活力的释放以及行为主体的经济参与、政治参与、社会参与能力的提升,党和国家不可能再像过去那样,全力依托国家权力机关和政府机构

---

① 虞崇胜:《制度建设是国家治理现代化的题中应有之义》,《福建论坛》(人文社会科学版) 2014 年第 2 期。
② 张雅勤:《论国家治理体系现代化的公共性价值诉求》,《南京师大学报》(社会科学版) 2014 年第 4 期。

以强制性管制或强制性统治方式来实现对整体国家和社会进行管控。从微观的家庭、社区、学校、企业到中观的地方政府、社会组织再到宏观的中央政府、区域性组织、国际性组织，都日益显现出参与国家治理的积极性和主动性。在这个意义上，推进国家治理现代化必须以培育治理主体为前提，运用制度化、规范化和程序化方式积极发挥多元主体参与国家治理的"合作力"，消解国家权力机关、市场行为主体、社会公众及非政府组织在国家治理中的"离心力"。

第二，从治理机制来看，国家治理现代化强调政府治理、市场治理与社会治理的协同配合。国家治理能力具体表现为规范政府行为的政府治理能力、规范市场行为的市场治理能力和规范社会行为的社会治理能力。显然，政府治理、市场治理、社会治理并非截然分开，政府承担社会公共管理和公共服务供给，并不意味着其对包括社会治理、市场治理的取代和排斥，三者协同配合构成了国家治理现代化的核心机制。处理好政府治理、市场治理和社会治理之间的关系是推进国家治理现代化的关键。党的十八届三中全会进一步明确了政府与市场的边界，提出"使市场在资源配置中起决定性作用和更好发挥政府作用"，一方面突出了市场配置资源的经济规律，优先尊重和发挥市场配置资源的原则，另一方面强调政府在促进宏观经济稳定、提供公共服务、建立公平竞争环境、发挥市场监管等方面的责任。表面上看，政府和市场发挥着完全异质的功能和作用，但在实践中，只有政府和市场紧密衔接、协同配合，才能推动社会主义市场经济健康有序发展。同时，随着社会主义市场经济的发展和政府治理方式的转变，社会流动性加快，社会成员拥有更多的资源获取机会和更大的行动空间，社会阶层分化和社会利益诉求多元化加速。为应对这种社会结构变迁带来的不确定性，党和国家急需进行包容性的社会治理创新，整合社会多元分层结构和多元利益诉求，实现政府治理与社会治理的有效衔接，建立适应新趋势的利益整合型社会治理机制。因此，中国共产党应该"通过建立一种长期、持续、平等、开放、包容的国家治理机制，社会各个主体可以通过理性的交流和互动，超越个体自我利益与局限，超越经济理性的束缚，逐步形成清晰明确的公共理性"①，形成党领导下的政府治理、市场治理、社会治理协同的国家治理新格局。

第三，从治理效果来看，国家治理现代化覆盖中国特色社会主义"五位一体"总布局的治理现代化。国家治理现代化是适应中国特色社会主义现代化建设的实践需要，是将各方面、各层次制度优势转化为国家治理能力的动态过程。由此，国家治理现代化的效果必须通过中国特色社会主义经济建设、政治建设、文化建设、社会建设、生态文明建设的质量和水平具体体现，国家治理现代化不能仅停留在国家制度体系的建构层面，完备、成熟、定型的制度体系只有作用于中国特色社会主义现代化建设实践才能展现出强大功能。中国特色社会主义经济建设、政治建设、文化建设、社会建设、生态文明建设是国家治理现代化的重要内容。以经济建设为内容的经济治理体系与治理能力现代化、以政治建设为内容的政府治理体系与治理能力现代化、以文化建设为内容的文化治理体系与治理能力现代化、以社会建设为内容的社会治理体系与治理能力现代化、以生态文明建设为内容的生态文明治理体系与治理能力现代化，才是衡量国家治理现代化水平的重要标尺。

就生态文明融入经济建设而言，生态文明建设和经济建设水平和质量是国家治理现代化水平和质量的具体体现；推进国家治理现代化必须实现经济治理和生态治理的现代化。因而，破解经济发展与生态文明建设的矛盾，把生态文明融入经济建设各方面和全过程，就需要明确市场主体的市

---

① 郑言、李猛：《推进国家治理体系与国家治理能力现代化》，《吉林大学社会科学学报》2014年第2期。

场伦理、明确政府主体的政府责任、回应社会主体的生态诉求,在促进经济绿色转型中实现生态环境改善和生态质量的提升。

## 二 国家治理现代化:经济生态伦理之维

生态文明的理念、原则、目标等深刻融入和全面贯穿到经济建设各方面和全过程,说到底还是关于经济发展方式转变的问题。而经济发展问题,其核心是经济利益的实现问题,经济利益成为经济运行和经济活动的内在动因。在社会主义市场经济条件,市场是资源优化配置、实现最佳经济效益的决定性力量。然而,基于经济理性对经济利益的灵敏反应,使得利益成为驱动一切市场主体进行经济活动的核心,罔顾经济活动产生的负面效应。因此,在推进国家治理现代化过程中,经济利益的实现和经济伦理的培育都应成为其核心内容,人类的生存与发展不应完全由"私利"和"金钱"控制。经济的发展要避免自发运行过程中产生的经济混乱或经济危机,需要确立法制经济观念。① 这是国家治理现代化框架下促进社会主义市场经济发展的题中应有之义。法制经济观念和经济伦理观念理应成为认识社会主义市场经济以及市场行为主体进行经济活动的重要维度,有助于改变不顾资源消耗、环境污染和生态破坏的传统经济增长线性思维。生态文明融入经济建设各方面和全过程,更是需要实现经济利益和经济伦理、生态伦理的结合,矫正经济建设仅作为"纯经济"活动的片面认识,把市场主体的伦理道德、价值观念、发展思维以及由此形成的人与自然、人与人和谐共生关系作为国家治理现代化框架下审视生态文明融入经济建设的重要维度。

---

① 参见王小锡《道德资本与经济伦理》,人民出版社2009年版,第2页。

(一) 经济利益与经济伦理

经济利益与经济伦理是一对矛盾体。市场经济以经济利益为核心旨趣。作为市场行为主体的企业，无不是以追逐和获取利益为宗旨。企业的逐利性，一方面是为了扩大社会再生产的客观需要，另一方面是企业自身发展壮大的本质特性。在资本主义市场经济条件下，经济利益表现为资本家对剩余价值的无限追逐，并通过资本积累、加速资本周转、扩大社会再生产，保证剩余价值的实现。作为"人格化资本"的资本家对经济利益的无节制追逐，对自然界过度索取，资本主义社会工人阶级生存、生活以及工作环境的急剧恶化，集中反映了资本主义市场经济的本性。在社会主义市场经济条件下，经济利益的获得仍是市场行为主体从事经济活动、扩大社会再生产的动力源泉，但社会主义国家的性质决定了市场经济利益获取的途径、方式及其分配与资本主义市场经济有着本质不同。社会主义市场经济首先必须是法制的市场经济，依靠法律、法规、政策、准则规范市场主体行为及保障市场有序运行；同时，社会主义市场经济不完全是市场主体追逐经济利益的"空间场域"，不是只把"赚钱"作为唯一目的。社会主义市场经济对资源要素的合理优化配置，最核心的目标还是在于促进人的素质提升和实现人的全面发展。因此，在社会主义市场经济条件下，对经济利益的追逐需要统筹考量经济伦理和经济道德的命题。在促进企业成长、产业更新、区域经济发展过程中，尝试对自然界、对人与人之间关系增添道德关怀和伦理观照，而不能再像过去那样，将经济发展的一切旨趣归为对物质财富增长的偏爱、对资源环境的极度蔑视。经济伦理是通过经济活动加以呈现，诸如勤奋的劳动伦理、企业经营的社会责任伦理、公正分配的分配伦理、适度消费的消费伦理，贯穿于经济社会再生产的各个环节和全部过程。当下，保证社会主义市场经济健康发展，必须要将经济利益与经济伦理有机结合，在坚持"发展是党执政兴国第一要务"的前提下，要更加注重市场行为主体经济伦理的培育，尤其是加强以绿色发展、循环发展、低碳发展为主要内容的生态伦理的培养。

### （二）以重塑经济生态伦理推进国家治理现代化

国家治理现代化是在中国经济发展进入新常态之后，党和国家治国理政的新理念、新思想和新战略。不可否认，过去近40年的高速经济增长与国家政治体制转型和市场经济体制建立存在必然联系，从高度集中的政府管控型体制迈向社会主义市场经济体制，极大地释放了压抑已久的政治活力、市场活力、社会活力，各类资源要素高速流动为社会主义经济建设注入了强大动力，市场在资源配置中的决定性作用日益凸显。

因此，在推进国家治理现代化进程中，要继续破除一切不利于生产要素有序流动、高效利用和优化配置的机制体制障碍。但也要看到，在一个不确定性因素和风险不断增多、信息极不对称的真实世界，新自由主义所倡导的经济理性在现实实践中具有局限性，单纯依靠市场机制以及市场化改革并不能促进经济发展与社会发展的整体利益实现。诸如关涉公众切身利益的教育、医疗、卫生等，通过市场化改革可能会诱发损害公众利益、影响社会稳定的危机。具体到生态文明融入经济建设各方面和全过程，一方面要更加重视经济发展的质量和效益，促进发展方式的绿色、循环、低碳转型；另一方面，政府主体、市场主体和社会公众也必须以科学发展观为基本遵循，坚持自然资本与自然价值相统一的原则，重视行为主体的经济伦理和生态伦理的培育。当然，作为生产力组成部分的自然界，具有价值和使用价值，我们应该辩证认识到生态产品和资源产品市场化改革带来的利弊，特别是受制于长期以来形成的以经济建设为中心和"发展是解决所有问题的关键"的思维定式，行为主体可能会存在为经济增长而破坏生态环境的短视行为，也可能因资源产品价格高企和生态环境污染危及社会公众利益，影响经济持续发展。面对上述矛盾，就需要在社会主义市场经济条件下，加快推进国家治理现代化，促进市场机制与政府职能的衔接和协同，丰富和拓展社会主义市场经济建设对社会公正、经济效益、可持续发展、生态安全以及社会稳定等经济伦理的目标追求。

### 三 国家治理现代化：政府生态责任之维

生态文明融入经济建设各方面和全过程，必须更好地发挥政府职能、反映政策过程和体现政府责任。各级政府的发展理念、经济行为、制度安排和政策方案共同作用于经济建设各方面和全过程，决定经济发展的质量和效益。因此，推进国家治理现代化必须强调政府治理能力的提升，促进政府治理经济、政治、文化、社会、生态等各项事务在治理观念、原则、方式、途径以及制度设计、政策方案的全面现代化。现代国家治理所追求的核心价值内涵，不仅是通过市场规律来激活社会的生产力，更重要的是要在这一基础上实现公平正义的政治理念。[①] 可以说，在生态文明融入经济建设各方面和全过程中，依托于政府治理能力现代化进行的制度建设具有根本性，它与政府治理的伦理观念、价值取向共同决定了生态文明融入经济建设的程度和水平。因此，积极提升政府治理能力、明确政府生态责任，对于将生态文明的理念、原则、目标深刻融入和全面贯穿到经济建设各方面和全过程至关重要。

---

① 参见韩冬雪《衡量国家治理绩效的根本标准》，《人民论坛》2014年第4期上。

## (一) 政府职能与政府责任

政府是一个国家或地区履行国家意志和行使国家权力的执行机关。在单一制国家政权体系中,从分层来看,有中央政府与地方政府之分,中央政府通过权力重新配置和地方政府通过权力落地执行共同构成国家政府体系。地方政府行使的诸多权力是在中央政府权力配置的框架下进行并对中央政府负责。在一定时期,中央政府与地方政府、地方政府与地方政府之间在权力配置上存在较大差异,直接影响政府职能发挥。政府职能是指政府履行国家意志并运用国家权力从事经济、文化、社会、生态、安全等诸多公共事务的职责和功能,保障国家经济安全、政治安全、文化安全、社会安全、生态安全等。由此,政府按照一定权力配置和制度安排行使发挥政府职能的过程就是政府责任实施的过程,政府职能的内容决定了政府履行职责的权限和范围。虽然"市场体制在资源配置的使用上,往往在特定的时间段中更有效率,并且随时更具创新性"①,但政府需要在其适当的职能边界内确立和发挥市场机制在资源配置中的决定性作用。政府职能提升和政府责任落实,就在于及时根据市场机制作用后果弥补市场经济条件下的"市场失灵",依靠健全的制度体系、政策方案和严格的制度执行与政策执行,增强"政府干预"经济、文化、社会、生态等公共事务的能力和效果,促进经济社会全面发展。

## (二) 以强化政府责任推进国家治理现代化

国家治理现代化是规范行为主体行为的制度和政策创新过程及其制度和政策执行能力现代化的过程。国家治理现代化是中国共产党在新时期新

---

① [美] 查尔斯·沃尔夫:《市场,还是政府——不完善的可选事物间的抉择》,陆俊、谢旭译,重庆出版社2007年版,第116页。

阶段提出的治国理政新理念、新思想和新战略，必须上升到关乎政党存亡和政权兴衰的战略高度。一般来说，政权与政府应有所区分，不必将政府责任强加于政权之上。但在当前，中国特色的国家治理现代化本质上已内在地包含了政党治理现代化和政府治理现代化，政府治理现代化是国家治理现代化的重要组成部分。因而，在总体方向上，不能将政府治理现代化与国家治理现代化截然分开。恰恰相反的是，强调政府治理体系和治理能力的现代化，从实践操作层面来看，更加凸显政府在经济建设、政治建设、文化建设、社会建设、生态文明建设等社会主义现代化建设各领域中肩负的具体责任和职能。

具体到生态文明融入经济建设而言，长期以经济建设为中心的中国特色社会主义现代化实践，强化了经济建设对于稳定国家政权、繁荣先进文化、构建和谐社会等方面的先导性和基础性作用。现阶段，经济发展仍是解决所有问题的关键，为治国理政提供了坚实的物质基础，是政府最为重要的责任。正是在这样的战略背景下，导源于 20 世纪 90 年代的分权体制改革，使得政府在经济建设中一定程度上打上了"发展型政府"的烙印，尤其是地方政府基于财权与事权的非均衡配置，呈现出"为增长而竞争"的发展态势和特征，日益固化和强化了中国高投入、高消耗、高排放的传统型经济增长模式。可以看出，政府的发展理念、发展主线、战略抉择对经济和社会发展起着决定性作用，影响深远。因此，人口、资源、环境问题并非是其本身的问题，也不能简单归为经济发展方式的问题，它与政府的发展理念、发展主线、战略选择具有十分紧密的关联。归根结底，政府的功能边界、作用方式、制度安排、政策选项对生态文明融入经济建设各方面和全过程，具有决定性作用和影响。

在当前"建设美丽中国，实现中华民族永续发展"的战略要求下，无论是中央政府，还是地方政府，都需要深化对中国特色社会主义经济建设和经济发展内涵与外延的认识，在遵循社会主义市场经济伦理的基础上，承担起主导经济发展方式转变，促进经济绿色发展、循环发展和低碳发展的责任，着力把经济发展转变到更加科学、更加健康和更为持续的正确轨道上来。对政府自身而言，必须转变经济发展观念和发展思维，深入贯彻和落实科学发展观，科学认知经济建设与生态文明建设之间的辩证关系。在这一前提下，建构一套既有利于社会主义市场经济健康发展的制度规则体系，又能依托国家自主创新能力培育和创新驱动战略实施，实现经济发展方式从要素驱动、投资驱动向创新驱动转变，提高资源利用效率、开发新型能源、降低污染排放、彻底变革"三高"型传统经济增长的模式。可以说，无论是从实现中华民族永续发展的高度，还是从全面深化改革总任务的高度，生态文明融入经济建设各方面和全过程，促进国家经济绿色转型，既是中央和地方政府的重大使命和责任，又是坚持和完善中国特色社会主义制度、推进国家治理体系和治理能力现代化的题中应有之义。

## 四　国家治理现代化：公众生态诉求之维

在实现经济快速发展的基础上，为人类提供集约高效、宜居适度、山清水秀的生产空间、生活空间和生态空间以及随处可呼吸的新鲜空气、可获取的洁净水源、可吃上的安全食品等，这是人类生存与发展的共同夙愿。面对当代中国经济高速持续增长与资源过度消耗、环境严重污染和生态持续恶化的"发展悖论"，只有不断深化和协同经济体制改革与生态体制改革，才能在推进国家治理现代化进程中回应社会公众对生态环境和生态产品权益的共同诉求。

## （一）利益诉求与生态诉求

利益是指人们满足自身需要的物质财富和精神财富的总和。从这个意义上来看，利益既可以表现为对人的好处，强调作为利益客体的"物"对作为利益主体的"人"的积极意义，又体现为利益满足既定状态下不同利益主体之间利益实现的人与人之间的关系；前者强调利益的"自然属性"，后者突出利益的"社会属性"。完整的利益概念是上述两个层面的综合，需要满足是利益形成的自然前提和存在基础，社会关系是利益形成的展开方式和社会基础。① 在现实生活中，人们的需求具有多样性和层次性，决定了利益诉求的多样性和层次性：既有物质利益诉求，又有精神利益诉求；既有经济利益诉求，又有政治利益诉求、文化利益诉求以及生态利益诉求等。无论从哪一个层面去理解利益的多样性和层次性，都体现出人们对满足自身需要——诸如物质资料、劳务、休闲、信息、环境及价值所表现的多样性诉求。

近 40 年的改革开放，不仅促进了中国经济结构的急速调整，也使中国社会结构发生了深刻转变，社会流动性比以往任何时期都要强。在这一背景下，利益主体的多样化、利益诉求的多元化以及利益本身的分化成为不争的事实。近年来，随着人民物质生活水平的提高，多样化的利益诉求更为凸显。人们在为中国经济发展取得巨大成就而欢欣鼓舞的同时，也看到了中国经济健康发展的可持续性和持续能力问题。对社会公众而言，一方面表现为对中国经济体永续发展的担心，另一方面表现为生命个体对其工作和生活的生产空间、生活空间及生态空间的担忧。这无疑表明，社会公众除了对与个人紧密关联的经济利益的关注和重视，也逐渐开始将个人利

---

① 参见洪远朋等《利益关系总论——新时期我国社会利益关系发展变化研究的总报告》，复旦大学出版社 2011 年版，第 57 页。

益诉求拓展到诸如文化利益诉求、生态权益诉求等领域。尽管在这些诸多利益构成的"利益束"中，经济利益仍起着"指挥棒"作用，引导着人口、资源、技术、资本等要素的流动和流向，但随着人们对生活质量、生活环境、生态权益的要求提高，社会公众的生态权益诉求满足日益成为政府职能和经济行为统筹考量的重要维度。所以，基于生态利益诉求的满足、经济主体行为的规范、制度约束体系和激励机制的构建已成为构成推进生态文明建设领域治理现代化的基本要件和主体内容。

(二) 以满足公众生态诉求推进国家治理现代化

国家治理现代化包括价值、制度、体系和能力四种构成要素。价值系统在国家治理体系和治理能力现代化进程中，决定着治理现代化的目标方向和价值取向。同时，推进国家治理现代化是在中国特色社会主义道路实践、理论体系和制度框架下进行的，就必须在中国特色社会主义现代化建设实践中阐释国家治理现代化蕴含的价值取向和追求。

就生态文明融入经济建设来看，传统管控型政府管理方式难以适应当前中国特色社会主义事业"五位一体"总布局建设需要，传统政府职能在引导经济持续健康发展、保持政治体系稳定、促进文化繁荣发展、维护社会秩序和谐等方面存在局限，尤其是在生态环境保护、公民福利保障、科技创新发展等新兴公共事务领域显得力不从心。因此，从国家宏观制度层面推进国家治理体系和治理能力现代化势在必行。一方面，在建立和完善社会主义市场体制过程中，市场在资源配置中不能起决定性作用的情况时有发生，生产资源要素市场发育滞后、生态产品市场不健全、竞争机制不完善等等，都制约着经济整体发展方式的转变，影响经济发展质量和效益。本质上讲，这是由对全能主义政府管控模式的过度信仰、对"政府理性"的过度迷恋和对"市场理性"的背离所造成。另一方面，长期形成的

"先污染、后治理"生态治理思维以及对经济增长数量和对物质财富积累的传统发展观,造成行为主体在对自然界的生态环境价值观认知上出现严重错位。所以,从重塑生态环境价值观、科学认识自然界的角度来看,推进生态文明融入经济建设,促进生态文明建设领域的治理现代化,实现经济绿色发展、循环发展、低碳发展,可以有效满足社会公众在经济建设领域提出的生态权益诉求。

总而言之,"国家治理现代化是对工业化、城市化、信息化、市场化、全球化浪潮冲击的一种积极的和主动的回应。若无这种积极和主动的回应,则可能出现全面的、系统的国家治理危机甚至导致国家治理失败,现代化进程将因此而中断"[1]。从国家治理现代化的视域来审视中国生态文明融入经济建设的价值意蕴,既可以拓宽对生态文明融入经济建设的认知视角,也可以为经济绿色发展转型提供操作路径和思路。

## 第三节 生态文明融入经济建设的战略框架

在对生态文明融入经济建设的历史阶段进行梳理及其特征进行归纳、对当前中国生态文明融入经济建设存在的认识误区和现实困境深入分析的基础上,借鉴国外实践经验教训,结合中国特色社会主义"五位一体"总布局和推进"国家治理现代化"全面深化改革总任务,急需重构中国生态文明融入经济建设的战略框架,明确生态文明融入经济建设的目标层次、框架体系、战略前提、战略主线、实施原则及基本思路。

---

[1] 何增科:《理解国家治理及其现代化》,《马克思主义与现实》2014年第1期。

## 一 目标层次和框架体系

率先推进生态文明融入经济建设,必须立足当前、把握长远,面向实现中国特色社会主义整体文明现代化,确定阶段性、层次性总体目标。以此为基础,形成中国生态文明融入经济建设各方面和全过程的框架体系,确保总体目标分阶段、分层次逐一实现。

### (一) 生态文明融入经济建设的总体目标层次

美丽中国是生态文明融入经济建设的总体目标,生态文明融入经济建设是建设美丽中国的必由之路。生态文明融入经济建设与实现中国特色社会主义整体文明现代化、实现中华民族伟大复兴是同步相伴的。这在一定程度上决定了中国生态文明融入经济建设也具有顺次递进的阶段性层次目标构成。

第一层次目标:实现生产发展、生活富裕、生态良好的目标。党的十七大政治报告明确提出,到2020年我国应当建成为生产发展、生活富裕基础上的生态良好国家。从这一论述中,中国生态文明融入经济建设也应在2020年全面建成小康社会之时实现生产发展、生活宽裕基础上的生态良好的阶段性目标。按照党的十八大政治报告,到2020年全面建成小康社会,实现"生产发展、生活富裕基础上的生态良好"目标,主要体现在经济发展平衡性、协调性基础上的可持续性增强,基本形成主体功能区布局、初步建立资源循环利用体系,生态文明融入经济建设的制度机制得到建立健全,形成人与自然和谐发展的社会主义现代化建设新格局。这是根据党和国家发展战略提炼而出的第一层次目标,是实现更高层次目标的基础。实现生产发展、生活富裕基础上的生态良好具有"三个适应"和"三个良性循环",即"生态环境适应生态自身的发展需求，实现生态环境自身的良性循环；适应人的生态需求，实现人与生态的良性循环；适应经济社会发展的生态需求，实现经济社会发展与生态环境的良性循环"①。可见，第一层次目标是以生态系统内部良好、人与生态关系良好、经济社会与生态环境关系良好为标准。当前中国要达到这一目标，就必须把生态文明融入经济建设各方面和全过程，避免经济发展再次破坏生态环境；必须加大生态自然修复，提高环境自身修复和自我净化能力；同时要建立能够实现人与自然和谐、经济发展与环境保护协同的制度机制。

第二层次目标：建成社会主义生态文明强国。生态环境的好坏、生态文明程度的高低是衡量一个国家或地区重要综合竞争能力的重要标志。这就要求将生态文明作为国家综合能力的构成内容，将生态文明建设作为中国特色社会主义现代化建设和实现中华民族伟大复兴目标的重要维度，逐渐摆脱中国迈向经济强国引发的"资源威胁论"和"环境威胁论"等国际舆论。基于此，急需推进生态文明融入经济建设，在建设社会主义经济强国的同时加快建设社会主义文明强国，以回应国际舆论。建设社会主义生态文明强国与中国特色社会主义整体文明的现代化进程具有一致性。因此，作为第二层次目标，建设社会主义生态文明强国主要包含两个具体层次：在 2020 年全面建成小康社会时实现小康意义意义上的生态文明强国目标；在 2050 年实现中华民族伟大复兴时实现民族复兴的生态文明强国梦。基于这样的层次目标要求，建成社会主义生态文明强国必须实现"四个突破"：一是拥有基本的生态资源、生态要素、生态产品、生态空间等生态财富，这是生态文明融入经济建设、建成社会主义生态文明强国的禀赋条件；二是拥有巨大的生态存量空间、生态

---

① 赵凌云等：《中国特色生态文明建设道路》，中国财政经济出版社 2014 年版，第 153 页。

发展空间等生态潜力空间,这是建设美丽中国、实现中华民族永续发展的潜在能力;三是逐渐建立起满足公众生态需求的生态文化福利体系,重视生态休闲、生态旅游、生态文化等生态文化福利的培育;四是拥有强大的生态产业、生态空间、生态科技、生态产品等生态竞争力,形成以生态文化、生态产业、生态城市、生态科技、生态产品衡量建成社会主义生态文明强国的标志。

第三层次目标:实现生态文明主导的整体现代化。作为世界上发展速度最快、经济体量最大的发展中国家,应率先实现生态文明主导的整体现代化,为世界发展中国家实现经济持续发展与生态文明建设提供理论框架和实践经验,彰显中国生态文明型现代化大国的追求和形象。因此,探寻发展中经济体实现经济持续发展、实现生态文明型整体现代化目标,构成了中国生态文明融入经济建设的第三层次目标,即将经济现代化、政治现代化、文化现代化、社会现代化等纳入生态文明主导的整体现代化发展轨道,使中国在社会主义文明发展进程中达到现代化程度,甚至超越发达国家的现代化程度。所以,到2050年基本实现现代化之时,中国特色社会主义现代化建设不仅要在国内形成一条包容经济发展、政治民主、文化繁荣、社会公平、生态共享的绿色现代化新模式,还要成为国际社会促进绿色规划、绿色产业、绿色城镇、美丽乡村等绿色发展新样板。

中国特色社会主义生态文明融入经济建设要实现的三个目标层次相互衔接、顺次递进、阶段推进,具有明确的战略导向性。中国共产党将围绕三个目标层次,努力建设美丽中国,实现中华民族永续发展,开创社会主义经济绿色发展的新时代。

(二)生态文明融入经济建设的战略框架体系

在社会主义初级阶段,为实现人与自然、人与人、人与社会关系的和谐共生,我们不能如同生态中心论者那样崇尚"回到丛林去"的浪漫、过"田园牧歌式"的生活和建立"生态乌托邦"社会而停下现代化脚步、回到工业文明前现代化状态;我们也不能将生态文明建设视为经济发展中的理想,把生态文明"悬置"起来看作"未来式",不顾及传统工业文明现代化主导的经济发展对生态环境的破坏;我们更不能像发达的工业国家通过"产业与资本转移"和"环境污染成本转嫁"战略来缓解国内生态危机,把工业文明主导的现代化所造成的资源消耗、环境污染和生态退化等种种负面效应"转移""转嫁"到其他国家和地区去,让他人为我们承受自然界对人类的惩罚。① 因此,中国在以经济建设为中心的社会主义初级阶段,唯一的战略选择就是实施以生态文明为导向的经济现代化发展模式,将生态文明的理念、原则、目标深刻融入和全面贯穿到经济现代化的各方面和全过程。显然,以生态文明为导向的经济现代化战略,既不是回到由工业文明主导、以"高投入、高消耗、高排放"为特征的经济现代化战略,更不是对发达国家普遍采用的向发展中国家"转移"和"转嫁"的战略模仿,它是一种立足于"转变"的发展战略,既包括经济发展理念、发展理论和发展方法的转变,也包括经济运行方式、体制机制、绩效评价的系统性转变。因此,在确定生态文明融入经济建设各方面和全过程总体目标层次的基础上,结合党的十八大以来生态文明建设新理念、新思想和新战略,提出生态文明融入经济建设的战略框架(如图 5-1 所示)。从宏观层面来看,生态文明融入经济建设的战略框架体系主要包括战略背景、战略前提、战略主线、战略原则、战略方针和要求、战略任务、战略保障及总体目标。

---

① 参见陈学明《在中国特色社会主义的旗帜下建设生态文明的战略选择》,《毛泽东邓小平理论研究》2008 年第 5 期。

## 第五章 生态文明融入经济建设：战略框架与运行系统

**生态文明融入经济建设的战略框架体系设计**

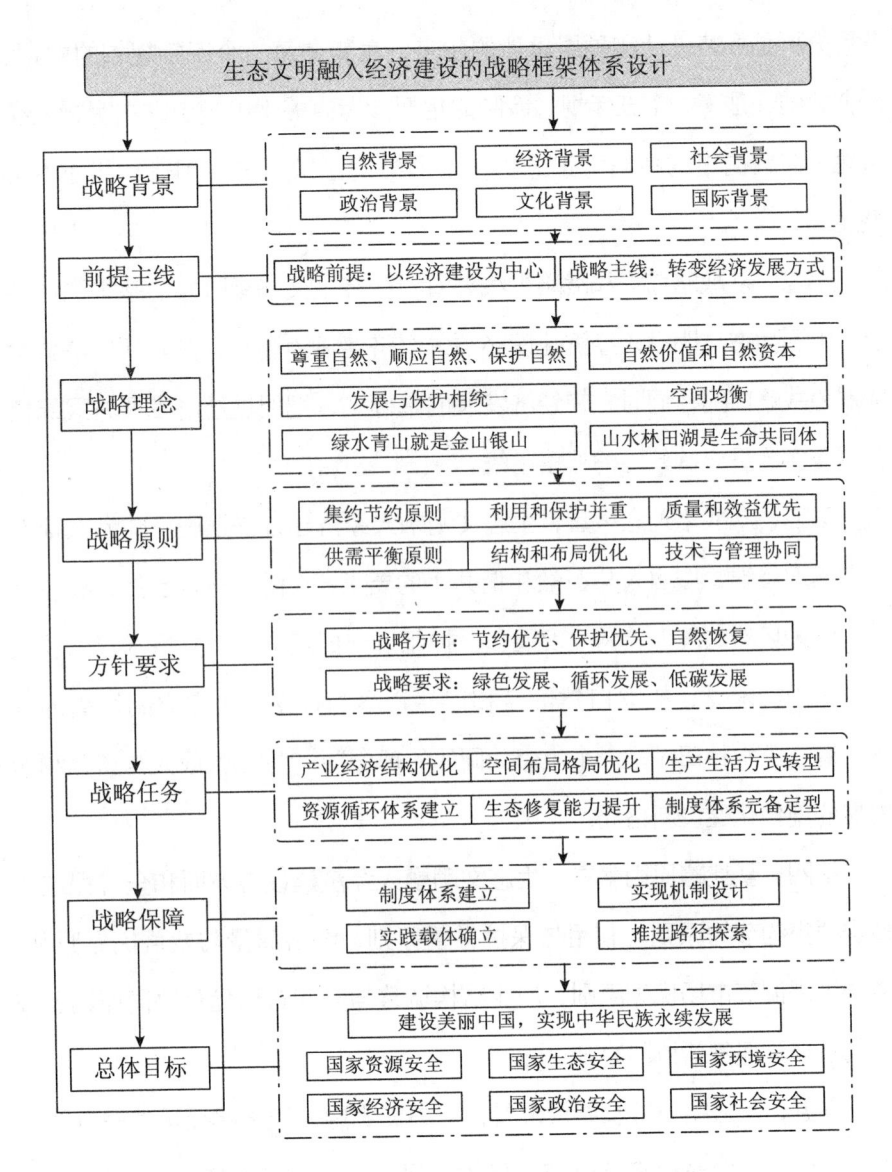

- **战略背景**：自然背景、经济背景、社会背景、政治背景、文化背景、国际背景
- **前提主线**：战略前提：以经济建设为中心；战略主线：转变经济发展方式
- **战略理念**：尊重自然、顺应自然、保护自然；自然价值和自然资本；发展与保护相统一；空间均衡；绿水青山就是金山银山；山水林田湖是生命共同体
- **战略原则**：集约节约原则、利用和保护并重、质量和效益优先、供需平衡原则、结构和布局优化、技术与管理协同
- **方针要求**：战略方针：节约优先、保护优先、自然恢复；战略要求：绿色发展、循环发展、低碳发展
- **战略任务**：产业经济结构优化、空间布局格局优化、生产生活方式转型、资源循环体系建立、生态修复能力提升、制度体系完备定型
- **战略保障**：制度体系建立、实现机制设计、实践载体确立、推进路径探索
- **总体目标**：建设美丽中国，实现中华民族永续发展；国家资源安全、国家生态安全、国家环境安全、国家经济安全、国家政治安全、国家社会安全

**图 5-1 中国生态文明融入经济建设的战略框架体系**

第一，从战略背景来看，中国是一个发展中大国，人口、资源等相对不足，人地矛盾突出，资源能源刚性需求较大、生态环境破坏严重、生态自然修复能力不强等诸多自然因素、经济因素、社会因素、文化因素、国际因素又交织一体，使得率先推进生态文明融入经济建设势在必行。战略

背景分析是战略设计和顶层设计的起点，尤其是每一个五年规划的中期、后期总结，是下一个五年规划编制的重要参考。关于中国生态文明融入经济建设命题提出的战略背景分析，本书导论已做了详尽阐述，此处不再赘述。

第二，从战略前提和战略主线来看，社会主义初级阶段的基本国情决定了中国生态文明融入经济建设必须以经济建设为中心、以实现经济科学发展为战略前提；同时，在经济发展的基础上，把促进经济发展方式绿色化转变作为贯穿其始终的战略主线。

第三，从战略理念来看，生态文明融入经济建设需摆脱一味向大自然单向索取思维，按照人与自然和谐共生的要求，"树立尊重自然、顺应自然、保护自然的理念，树立发展和保护相统一的理念，树立绿水青山就是金山银山的理念，树立自然价值和自然资本的理念，树立空间均衡的理念，树立山水林田湖是一个生命共同体的理念"①，推动形成人与自然和谐发展的现代化建设新格局。

第四，从战略原则来看，生态文明融入经济建设各方面和全过程应坚持资源集约节约原则、利用与保护并重原则、经济质量与效益优先原则、资源供需调节市场优先原则、产业结构调整与空间布局优化协同原则、技术创新与治理创新协同原则。

第五，从战略方针和要求来看，生态文明融入经济建设虽然是以经济建设为中心，但必须坚持以节约优先、保护优先和自然恢复为主的方针。在资源利用上，实现资源集约利用和节约消费；在环境改善上，以保护优先防止重蹈"先污染、后治理"的覆辙；在生态建设上，以自然界自我调节、自我更新和自我修复为主。同时，以经济绿色发展、循环发展和低碳

---

① 中共中央国务院：《生态文明体制改革总体方案》，人民出版社 2015 年版，第 2—3 页。

发展作为生态文明融入经济建设的根本要求。

第六，从战略任务来看，生态文明融入经济建设要将产业结构调整优化、空间格局布局优化、生产生活方式转变、资源循环利用体系建设、生态修复能力提升、制度体系完备定型作为战略任务。

第七，从战略保障来看，生态文明融入经济建设要以制度体系建立、实现机制设计、实践载体细分、推进路径探索为保障支撑，确保战略目标的实现和战略任务的细化实施。

第八，在背景分析、前提和主线、理念和原则、方针和要求、任务、保障各层次中，必须要将生态文明融入经济建设的生态良好、生态强国、生态现代化三个层次目标贯穿始终，建设美丽中国，实现中华民族永续发展，确保国家整体安全。

## 二 战略前提和战略主线

生态文明融入经济建设，在本质上仍是一个经济发展的问题，经济建设是中心和前提，经济发展方式转变是主线和关键。因此，生态文明融入经济建设的战略前提是紧紧扣住以科学发展观为主导的经济建设这个中心，战略主线是坚持以科学发展为主题的经济发展方式绿色化转变。

### （一）生态文明融入经济建设的战略前提

生态文明融入经济建设是在中国正处于并将长期处于社会主义初级阶段、经济发展总量较大但人均国民收入水平刚上升到中等行列国家的总体背景下进行的，还不得不去面对经济快速增长的要求与资源集约节约利用、生态环境保护的尖锐矛盾。那么，在有限的资源硬约束下是继续推进创新驱动促进经济发展，还是一味加强环境保护、节约利用资源呢？显然，在中国社会主义初级阶段，经济发展脚步和工业化进程不能停滞不前，必须要在对有限资源高效集约节约利用、环境污染改善和生态系统修复的同时继续加快经济建设，其关键抉择就是改变传统经济增长模式和工业化生产方式。因此，推进生态文明深刻融入和全面贯穿到经济建设各方面和全过程，必须首先明确其战略前提。

首先，生态文明融入经济建设要以贯彻落实科学发展观为战略思维前提。无论是生态文明建设，还是经济建设都要贯彻落实科学发展观，生态文明融入经济建设要集中体现和反映科学发展观的第一要义、核心立场、基本要求和根本方法。就生态文明融入经济建设而言，必须把坚持经济发展作为第一要义，把以人为本作为核心立场，把全面协调可持续发展作为基本要求，把统筹兼顾作为根本方法，将尊重自然、顺应自然、保护自然、发展和保护相统一、绿水青山就是金山银山、自然价值和自然资本、空间均衡、山水林田湖是一个生命共同体等新理念全面贯穿到经济建设各方面和全过程，实现人与自然和谐共生与平衡共进。

其次，生态文明融入经济建设要以坚持经济发展为战略实践前提。贯彻落实科学发展观，第一要义就是坚持发展。对于当代中国，发展不仅是解决所有问题的关键，发展更是生态文明建设的物质基础。只有发展才能满足人类社会多样化需求、推动社会整体进步，也才能进一步为解决人口、资源、环境问题提供支撑。中国特色社会主义生态文明不是没有经济发展的生态文明，也不是停止现代化脚步的生态文明。中国特色社会主义生态文明必须是以高度发达的生产力和健康持续的经济发展方式作为物质前提和战略前提。从根本上讲，这是"发展才是硬道理""发展是执政兴国第一要务""发展仍是解决中国所有问题的关键"共同决定的。因此，经济发展是生态文明融入经济建设的战略实践前提，中国在发展中产生的资源能源过度消耗、环境污染严重破坏、生态系统持续退化等问题，也只有在促进经济发展中逐步加以解决，必须继续坚持在发展中保护、在保护中发展的辩证统一。

总之，要站在人类发展的长远和整体立场上，既要考虑当代人发展的需要，又要顾及人类长远发展的需要，在树立新的发展理念的基础上变革传统经济建设重"速度"轻"效益"、重"规模"轻"质量"的做法，逐渐转向实现经济发展速度、结构、效益和质量的统一，更加注重经济发展质量和效益。

### （二）生态文明融入经济建设的战略主线

中国特色社会主义生态文明作为优越于资本主义制度和超越于工业文明的一种新型文明形态，赋予了发展新内涵，发展是以科学发展观为指导、以转变经济发展方式为主线、以绿色创新驱动为支撑的发展，其中"转变经济发展方式是生态文明建设的先决条件"[①]。因此，中国生态文明融入经济建设是以贯彻落实科学发展观推进经济健康发展为战略前提，以坚持科学发展主题转变经济发展方式为战略主线。需要明确的是，生态文明融入经济建设是以经济发展为战略前提，并非唯经济建设论和唯经济增长论，而是强调经济发展方式的生态文明化转型，强调经济建设中心为推动中国特色社会主义整体文明现代化提供坚实物质基础。同时，在全面把握经济建设和经济发展这个战略前提的基础上，要更加注重经济发展方式转变这条主线，在经济发展中赋予发展生态化、绿色化内涵，真正将促进经济发展方式绿色变革与生态转型作为生态文明融入经济建设的战略主线和本质规定。

具体来看，生态文明融入经济建设各方面和全过程要以坚持科学发展

---

[①] 李宏伟：《当代中国生态文明建设战略研究》，中央党校出版社 2013 年版，第 81 页。

为主题、以转变经济发展方式为主线来展开。在产业链条上,形成集约节约、高效利用的生产方式,促进经济社会再生产各环节资源循环和低碳利用;政府要把绿色发展、循环发展、低碳发展的理念贯穿到经济政策方案和具体制度安排之中去;通过把生态文明教育纳入完整的国民教育体系,加大生态文明价值观念的宣传和引导,形成全社会适度合理的消费观念和行为方式,构建资源节约型和环境友好型社会。同时,围绕主体、规划、产业、空间、制度"五大载体",坚持以科学发展为主题,以转变经济发展方式为主线,走新型工业化道路、新型城镇化道路、新型生态高效农业发展道路,促进信息化与新型工业、现代农业、新型城镇的融合,通过生产空间、生活空间、生态空间的布局优化,使绿色经济、循环经济和低碳经济在整个国民经济结构中占较大比重,推动产业结构、空间格局、城乡格局等重大经济建设领域实现绿色转型,推动经济发展方式转变,为中国特色社会主义现代化奠定物质基础,发挥经济持续健康发展对社会主义现代化建设的牵引作用。

### 三 实施原则和基本思路

生态文明融入经济建设不仅是一个促进经济科学发展的理论议题,更是一个促进经济如何发展的实践命题。这就要求坚持科学的实施原则和基本思路,才能保证生态文明融入经济建设的水平、质量和程度。

#### (一)生态文明融入经济建设的实施原则

结合生态文明融入经济建设的内涵特征,其主要实施原则包括:

第一,经济发展与环境保护并重的原则。绿色富国,绿色惠民。长期以来,由于历史和现实等多种因素交织,使得我国在较长时期把经济建设中的经济增长放到了突出位置。为保证经济的快速发展，在实践中采取了一系列对资源消耗、环境破坏和生态退化产生较大影响的经济政策措施。作为关乎国家永续发展的重大战略，推进生态文明融入经济建设就不能再像过去那样，以牺牲生态资源环境为代价来实现经济非健康、非持续的增长。因此，生态文明融入经济建设必须首先坚持经济发展与环境保护并重的原则，既不能偏重于生态文明建设而弱化经济建设，尤其是弱化经济建设对社会主义现代化建设的基础作用；同样也不能过度强调经济高速增长，而忽视对经济发展质量和生态效益的评估。因此，将经济发展和环境保护有效协同起来，在经济发展中破解资源环境瓶颈约束，在经济活动中贯穿生态文明的理念、原则、要求和目标，才能促进经济发展与生态环境保护实现共赢。

第二，自然资源集约节约和高效利用的原则。自然资源是保持经济持续发展和实现社会全面进步的基础条件。生态文明融入经济建设各方面和全过程与自然资源利用方式具有紧密联系。一般来讲，经济发展方式决定资源利用方式，粗放型经济增长方式是以高投入、高消耗和高排放为主要特征，导致大量资源低效利用；粗放型和外延式的资源利用方式又会进一步强化和固化传统经济发展方式。因此，从自然资源集约节约来看，通过技术创新和技术革新，促进自然资源高效利用和优化配置，最大限度降低单位产出资源消耗和环境成本，不断提高资源利用率、产出率和对经济社会发展的支撑力，缓解经济发展面临的资源环境约束，成为生态文明融入经济建设的必然选择。

第三，空间的均衡性与发展的持续性相结合的原则。国土是生态文明建设和经济建设的空间载体，可持续发展战略是我国长期坚持的基本国策。这就要求既要重视国土空间上不同地理单元经济发展的空间均衡与协调，又要统筹经济发展对当代人代内发展的公平需要和后代人代际发展的公平需要，体现经济发展的空间均衡性和可持续性。在空间均衡性上，加强区域内资源综合开发利用和区域间生态利益补偿，即一个区域的发展不能以损害其他区域生态权益为代价，逐步建立区域间环境治理共治机制和资源利用风险共担机制。在发展的持续性上，突出人类在经济社会演进过程中对自然资源的代内和代际共享与利用、对环境污染和生态退化的代内和代际共治与共责。倘若一味在经济发展中损害人类持续生存和发展的自然基础和环境条件，经济发展本身便失去了意义。因此，坚持空间的均衡性与发展的持续性，才能为空间共享发展与人类永续发展提供可能。

第四，经济结构、质量和效益相统一的原则。生态文明融入经济建设本质上是关于经济建设理念、原则、目标、模式、途径等构成的新型经济发展系统。这就需要在遵循经济发展基本规律的基础上以新的发展理念、目标、要求对发展方式、途径及形式加以重构，对经济发展的内涵和本质、产业结构、空间布局以及发展质量和效益进行全面把握。从经济结构来看，将生态文明融入经济建设各方面和全过程，就要对产业结构、空间布局、投资结构、能源消耗结构等进行优化调整，逐步淘汰高投入、高消耗、高排放落后产业，优化生产、生活和生态空间的布局以及国民经济空间布局；从质量和效益来看，要不断拓展经济发展的质量内涵和质量指数，实现"从企业为主拓展到既有企业也有国民经济整体、从工业为主拓展到各类行业、从产品实体质量拓展到实体与环境两种质量、从国内范围的质量理念拓展到对外贸易质量和利用外资质量"①。经济发展的质量和效益不仅影响企业或个人，也关系经济永续发展、人民福祉和社会稳定。因此，在生态文明融入经济建设的实践过程中，必须要通过经济"运作方式

---

① 李晓西：《时代变迁中的求索与呐喊——改革开放30年回顾思考》，北京师范大学出版社2010年版，第153—163页。

的重组、发展规则的重组、发展中各种关系的重组"①,真正实现"融入"的结构、质量和效益的辩证统一。

第五,市场机制、政策调控与社会协同的原则。在社会主义市场经济条件下,必须充分发挥市场在资源配置中的决定性作用,更好地发挥政府的作用,激发社会公众的主动性、积极性和创造性,实现有为政府、有效市场和有机社会的协同。从目前来看,由于基于生态利益补偿和利益协调的生态环境税收、环境补贴、水权交易、排污权交易等激励型政策体系还不完善,生态产品和资源产品等要素的市场化程度也不高,导致市场机制的决定性作用发挥还具有一定局限,在市场和政府边界模糊化的情况下,政府的作用也受到诸多限制。当前,要更好地发挥政府在环境规则制定、政策调控及政策扶持等领域对生态文明融入经济建设各方面和全过程的重要作用,就要突出全国主体功能区规划落地对推进美丽中国建设提供持续生态财富、生态空间、生态潜力和生态竞争力的功能。同时,当前中国社会呈现出高度阶层分化和高速资源要素流动,社会公众、个体、社区、媒体、企业、非政府组织等在经济建设中扮演着日益重要的角色。充分调动全社会力量共同参与生态文明融入经济建设的实践,有助于形成多元主体共同参与的合力。

第六,"五化协同、三型引领、合作共赢"的原则。"十三五"时期,我国正处于协同推进新型城镇化、信息化、工业化、农业现代化和绿色化同步发展和建设资源节约型、环境友好型、生态安全型"三型"社会的关键阶段,如果继续因绿色技术落后、生态文明意识淡薄、企业生态责任缺失、生态文明制度滞后而无法及时转变粗放型经济发展方式,协同推进工

---

① 丰子义:《发展的呼唤与回应——哲学视野中的社会发展》,北京师范大学出版社2009年版,第10页。

业化、城市化、信息化,将会"给资源环境带来巨大压力"①。因而,"十三五"时期,要把推进生态文明融入经济建设各方面和全过程放在突出地位,研究"五化协同""三型社会"与生态文明建设的协同关系和实现机制,把"城镇化、工业化、农业现代化"作为载体,把"信息化"作为技术手段,把"绿色化"作为现代化的核心价值理念,加强政府、市场、社会多元主体合作,加快构建资源节约型、环境友好型和生态安全型社会。

(二) 生态文明融入经济建设的基本思路

基于对生态文明融入经济建设系统的目标层次、框架体系、战略前提、战略主线和实施原则的全面分析,推进生态文明深刻融入和全面贯穿到经济建设各方面和全过程,还需进一步明确发展思路。

第一,生态文明型经济发展方式。生态文明融入经济建设的战略主线是促进经济发展方式绿色化转型,探索生态文明型的经济发展方式,即实现经济绿色发展、循环发展和低碳发展。生态文明型经济发展方式是对现存生态破坏型、生态不文明的传统经济增长方式的超越,是实现中华民族永续发展、促进社会主义整体现代化目标的长远支撑。

第二,生态文明型经济产业结构。生态文明型产业结构是我国国民经济健康持续发展的重要载体和产业基础。中国特色社会主义现代化水平与产业结构是否优化有着紧密关系。以高投入、高消耗、高排放、高碳化、反生态、开环式、黑色化为主要特征的产业发展方式和

---

① 汪同三、齐建国等:《加快经济发展方式转变论》,社会科学文献出版社2013年版,第20页。

产业结构,是维系传统经济增长方式的基本支撑。因此,在经济发展进入新常态的新阶段,急需调整产业结构,把生态文明的理念、原则、目标等深刻融入产业各环节和全过程,发展低碳化、生态化、循环式、绿色型的新型产业,着力推进产业结构向绿色、循环和低碳转型。

第三,生态文明型城乡协同发展。生态文明融入经济建设各方面和全过程,必须落到具体建设空间上来,才能从实践上真正推动经济发展向着生态文明型转化。"十三五"时期,党和国家将新型城镇化作为激发经济发展潜力的基本抓手,就必须认真落实《国家新型城镇化规划(2014—2020年)》,大力推进绿色城镇化,合理控制城镇开发强度,防止城镇化进程中出现大拆大建、以建设"水泥森林"的数量和城市扩张面积来衡量城镇化水平等现象发生,"推动城镇化发展由外延扩张式向内涵提升式转变"[①];保护自然景观,禁止破坏城市发展的历史文脉和文化积淀,提升城镇化发展的文化内涵。在新农村建设过程中,要避免"重物质轻人文、重硬件轻软件"的倾向,要把转变农业生产方式和农民生活方式作为加快美丽乡村建设的主线,调整农业产业结构,逐步实现农药、化肥、地膜等在农业社会再生产各环节的退出,大力发展生态农业、循环农业,增加农业用地土壤有机质等,确保国家农产品生态安全和食品质量安全。因此,在城乡协同建设中,要同步实现生态文明的理念、原则、目标等融汇贯通深刻融入城镇建设和新农村建设各方面和全过程,探索中国特色的城乡绿色发展之路。

第四,生态文明型经济空间布局。国土是经济建设和生态文明建设的空间载体,经济行为主体从事的各类经济活动无一不是在国土空间上展开。合理的经济空间布局不仅能够有效缩减区域间产业链和物质生产资料

---

① 《十八大以来重要文献选编》(中),中央文献出版社2016年版,第489页。

的流通成本，还可以降低流通中能源资源的损耗和对沿途地方的污染。同时，合理的空间布局可以避免区域间经济发展结构趋同，有效遏制经济同质效应。因而，在经济建设过程中，必须贯彻落实主体功能区战略，健全国土空间规划体系，将生态文明的理念、原则、目标等融贯到经济空间布局中，以生态空间管控引导构建绿色发展格局，实现区域内和区域间经济持续协同发展。

第五，生态文明型科学技术创新。生态文明型科技创新既是生态文明有效融入经济建设的重要支撑，也是调整优化产业结构、发展绿色产业的技术前提。资源节约、环境改善必须依靠绿色科技创新。生态文明型经济发展方式、资源节约型和环境友好型社会是以循环利用技术、低碳发展技术、绿色发展技术为依托，通过生态文明型技术才能调整能源结构，推动传统能源安全绿色开发和清洁低碳利用，发展壮大节能环保产业，推进生物质能发电、生物质能源、沼气、地热、风能、海洋能等运用。因此，绿色科技创新将是促进经济绿色发展的重要内容之一。

第六，生态文明型文化和价值观培育。促进经济建设的生态文明型转型，关系各行各业、千家万户，需要发动人民群众的积极性、主动性和创造性，才能实现生活方式的绿色化，形成生态文明型的良好社会风尚。但必须基于一个重要前提，作为行动主体的各行各业、千家万户必须要以生态文化和生态价值观为行为导向。因此，生态文明融入经济建设各方面和全过程，中心是经济建设，但不能不重视生态文化、生态文明价值观的培育。必须通过提高全民生态文明意识，培育生态文化和生态道德，让生态文明不仅成为社会主流价值观，还要使之成为社会主义核心价值观的重要内容。同时，要"把生态文明教育作为素质教育的重要内容，纳入国民教育体系和干部教育培训体系。将生态文化作为现代公共文化服务体系建设的重要内容"①，培育社会公众的"生态人格"，谋划绿色人生，形成绿色生活方式，为生态文明融入经济建设提供思想和文化支撑。

第七，生态文明型社会结构和社会秩序。生态文明融入经济建设需要良好的社会秩序和社会氛围。生态文明融入经济建设各方面和全过程，不仅是一项关于经济发展的重大命题，也是一项重大的民生工程。资源节约型、环境友好型社会的建设是生态文明融入经济建设的社会基础，要求树立社会工程思维。在社会主义市场经济条件下，真正实现生态文明融入经济建设的各方面和全过程，就必须在整个社会经济再生产的生产环节、交换环节、流通环节、消费环节以及社会治理体制机制方面，逐渐建立起一套全面支撑资源节约型、环境友好型的社会规范和约束规则，保证生态文明融入经济建设具有稳定的社会结构和良好的社会秩序。

第八，生态文明型对外开放格局。在经济全球化、政治多极化、文化多样化、社会信息化的大背景下，面对全球气候变化、环境污染和生态危机，生态文明建设及其融入经济建设各方面和全过程，早已超出国家和地区界限，成为全球共识选择和发展潮流。"十三五"时期，在"开放发展"理念引领下，面对全球性公共生态环境危机，世界各国、不同地区必须共同协作，加强国家交流与合作，才能共同应对全球气候变暖条件下城乡经济社会面临的生态环境问题。党的十八大以来，把生态文明建设放在突出地位，提出将其深刻融入经济建设各方面和全过程，加快建设生态城市、美丽乡村和大力发展环保产业和绿色技术。这要求顺应全球共识选择，利用国际国内"两个市场、

---

① 《十八大以来重要文献选编》（中），中央文献出版社2016年版，第500页。

两种资源",既要积极发挥自身优势,也要借鉴域外先进实践经验和模式,承担起生态文明建设的大国责任,不断增强中国生态文明建设的国际影响力和竞争力。

第九,生态文明型经济制度创新。生态文明融入经济建设,制度建设带有根本性保障,绿色化的制度安排和政策设计成为必然选择。因此,通过绿色化制度的分类及其功能定位,逐步建立起以政府主导的强制性制度、市场利益导向的选择性制度、社会公众道德内化导向的引导性制度为基本内容构成的制度矩阵和制度体系,作为促进生态文明融入经济建设的根本保障。

第十,生态文明型经济理论创新。为适应和指导生态文明融入经济建设新议题和新实践,也需要不断创新经济绿色转型发展的科学理论体系。在过去很长一段时期,经济建设与生态文明建设实践存在严重分离,这种实践中的分离体现在理论创新和理论研究上,就显得更为突出。推进生态文明融入经济建设各方面和全过程,无论是在实践中表现出来的分离还是在理论创新上体现出的分离,都难以指导"十三五"时期"五大发展理念"引领的经济社会新发展、新战略。这就要求,以生态文明建设理论和实践研究,也要加强对经济发展的理论和实践观照,积极吸收和借鉴人文社会科学领域相关学科理论,顺应经济体制改革与生态文明体制改革总体要求,适时成立国家级经济体制与生态文明体制协同创新中心和"美丽中国"研究院,通过对生态文明融入经济建设的跨学科研究,逐渐形成具有中国特色的生态文明融入经济建设的基础理论框架和理论范式。

## 第四节 生态文明融入经济建设的运行系统

生态文明融入经济建设是一个复杂的巨系统,是在一个由不同层次、不同主体、不同环节、不同要素构成的总体运行系统中促进经济绿色转型和提升经济绿色质量的动态演化过程。因此,在对中国生态文明融入经济建设的战略框架进行全面剖析后,需进一步分析生态文明融入经济建设的运行系统,重点解构生态文明融入经济建设各方面和全过程的构成要件及其相互间运行机理,阐释不同构成要件在生态文明融入经济建设系统的不同地位和功能。以此明确生态文明融入经济建设系统的关键环节、重点领域和优先序列,才能为中国生态文明融入经济建设找到科学路径。

### 一 系统构成

经济建设、政治建设、文化建设、社会建设、生态文明建设各子系统共同构成了中国特色社会主义现代化建设总系统,且经济建设、政治建设、文化建设、社会建设、生态文明建设各子系统具有不同的建设目标、任务及路径。就生态文明融入经济建设而言,本质上是生态文明建设系统与经济建设系统两大子系统在系统要素和结构上的耦合协同。因此,促进生态文明融入经济建设各方面和全过程,可以将经济建设子系统与生态文明建设子系统同步分解为包含理念、原则、目标、任务、技术支撑、制度体系、实现机制、推进路径等构成要素。要实现生态文明建设子系统与经济建设子系统耦合协同,就必须促进构成要素保持一致性,才有助于增强要素层面的"融入"针对性和有效性,以此形成新型生态文明导向型经济建设系统(如图 5-2 所示)。

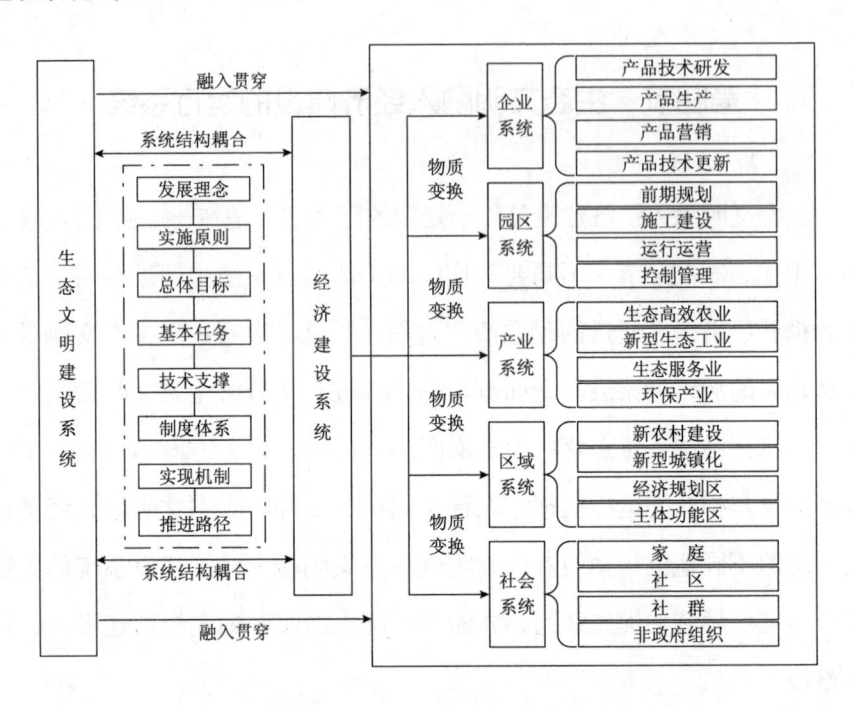

**图 5-2 生态文明融入经济建设的系统构成与融入过程**

如图 5-2,生态文明建设系统与经济建设系统在发展理念、实施原则、总体目标、基本任务、技术支撑、制度体系、实现机制、推进路径等要素层面表现出系统结构耦合特征,生态文明融入经济建设各方面和全过程进一步分解为生态文明建设融入经济建设各子系统,即融入企业系统、园区系统、产业系统、区域系统、社会系统等,实现经济建设各子系统各方面和全过程的生态文明化转型与绿色变革。所以,从生态文明融入经济建设的系统构成与融入过程来看,主要包含三个系统构成层次。

第一,宏观层次的系统构成主要包括生态文明建设系统与经济建设系统结构耦合内容,即生态文明融入经济建设的发展观念、实施原则、总体目标、基本任务、技术支撑、制度体系、实现机制和推进路径。这些构成要素在生态文明融入政治建设、文化建设、社会建设各方面和全过程也具有一般意义，不同的只是政治建设系统、文化建设系统、社会建设系统等子系统内部构成与经济建设子系统内部构成存在本质差异。从这个角度来看，生态文明融入经济建设、政治建设、文化建设、社会建设各方面和全过程具有异质的构成要件，融入的关键环节、重点领域、具体路径不尽相同。因而，从宏观层面科学认识生态文明融入经济建设的构成要素对进一步厘清中观层、微观层的构成要素具有先导性意义。

第二，中观层次的系统构成主要包括生态文明融入经济建设系统各子系统，即融入企业系统、园区系统、产业系统、区域系统、社会系统等各子系统。生态文明融入企业系统是突出作为市场经济行为主体的企业将生态文明的理念、原则、目标等深刻融入产品设计和技术创新等环节；生态文明融入产业系统是适应产业结构优化和产业链资源循环利用的要求；生态文明融入园区系统是适应地方加快建设高新技术开发园区、现代农业产业园区、文化创意产业园区等新型产业模式；生态文明融入区域空间系统是适应新农村建设、新型城镇化建设和重点经济区域建设的战略要求；生态文明融入社会系统是适应不同经济行为主体社会生活区域的更新要求，各中观子系统相互促进物质变换，保证了各子系统内部和各子系统之间的有序运转。

第三，微观层次的系统构成主要包括由企业系统分解的产品技术研发、产品生产和技术应用、产品营销及产品回收；由产业系统分解的生态高效农业、新型生态工业、生态服务业和环保产业；由园区系统分解的园区生态经济规划、园区生态经济建设、园区生态经济运行和园区生态经济控制管理；由区域系统分解的新农村建设、新型城镇化、经济规划区、主体功能区等；由社会系统分解的家庭、社群、社区和非政府组织等，这些微观系统相互交换着物质能量。

生态文明融入经济建设由以上三个层次系统构成，具体而言，生态文明融入经济建设形成的新型经济系统是"由若干清洁生产企业、循环关联产业、生态工业园区和多条生态工业链组成，企业、产业和园区之间，通过生态工业链网，建立物质交换关系，使系统中的物质和能源都得到充分利用，形成共生组合，实现整个生产系统的循环化和生态化转向"①。如果说宏观层决定了生态文明融入经济建设的性质和方向，那么中观层和微观层的实践推进就决定生态文明融入经济建设的成败。因此，要使生态文明建设在经济系统中发挥作用，促进经济系统持续健康发展，就必须立足于经济系统整体，统筹经济建设各子系统功能。

## 二 责任主体

在确定生态文明融入经济建设的战略框架体系和对生态文明融入经济建设系统进行分解之后，推进生态文明融入经济建设的落实、落细、落地是关键。因此，必须进一步明确生态文明融入经济建设的责任主体和主体责任，才能更好地保证生态文明融入经济建设有序、有节、分层次稳步实施和深入推进。从生态文明融入经济建设的"政府—市场—社会"整合分析框架和实现"政府—市场—社会"治理现代化框架来看，宏观上覆盖了政府主体、市场主体和社会主体及其主体责任，各级政府必须运用经济政策手段引导和规范市场主体行为和社会公众行为，加强政府自我行为监督和管控，三者协同保证生态文明融入经济建设各方面和全过程的落实、落细和落地。因此，促进经济、社会、人与自然和谐共生和平衡共进，除了"必须紧紧依靠人民群众的力量，充分发挥人民

---

① 徐玖平、赵勇、黄钢等：《循环经济系统论》，高等教育出版社2011年版，第72—73页。

群众在建设社会主义生态文明中的主体作用"① 外,还应从宏观层面明确政府、企业和公众三大责任主体在生态文明融入经济建设各方面和全过程中的主体责任及其协作关系。归根结底,推进生态文明融入经济建设,不能仅靠单方力量、单一路径,而是需要在党的核心领导下建立政府、市场与社会之间的协作机制,激活三方力量形成合力,协同参与和推动经济绿色发展。

### (一) 生态文明融入经济建设的政府主导和政府责任

政府在经济建设和生态文明建设中起着主导作用,对经济能否健康持续发展、对生态文明建设能否取得实效至关重要。生态文明融入和贯穿到经济建设各方面和全过程,离不开政府主体有效的制度安排、政策方案和积极推动。因此,要实现经济发展和环境保护同步推进、经济发展和生态保护协同双赢,就必须更好发挥政府职能,把发展观、执政观和自然观内在统一起来,从发展理念、发展原则、发展目标、体制机制、制度创新、推进路径等方面为生态文明融入经济建设提供持久保障。一是树立科学发展观念,建立与生态文明融入经济建设相适应的生态服务型和生态文明型政府,积极探索不同区域、不同行业、不同产业、不同主体、不同要素的生态文明发展新模式,充分发挥市场对资源配置的决定性作用,加强经济空间布局、经济结构优化、发展多样化生态产业形态,加快生态科学技术创新研发和管理,推动经济发展方式变革,在经济持续健康发展中不断提高生态环境质量,优化生产、生活与生态空间格局。二是加强科学规划,各级政府应根据地域空间、资源禀赋和生态环境等基础条件,制定科学合理的经济发展规划,把调整经济结构、转

---

① 张云飞:《实现"美丽中国梦"的主体选择》,《理论学刊》2014 年第 6 期。

变经济发展方式作为规划主线,积极开发和推广集约节约、循环利用的先进技术和新型能源,发展环保产业,推广清洁生产,大力发展绿色经济、循环经济和低碳经济。三是加强制定适应新时期、新要求和新变化生态文明融入经济建设的法律体系、制度规范和产业标准,使生态文明型经济建设制度化和法制化;同时,政府加大经济政策支持力度,完善信贷、税收、财政等经济政策体系。四是在经济社会再生产各环节和各方面,以法律体系、制度规章和产业标准为基本依据,政府加强对经济建设重点领域、关键环节、重点产业、主要产业园区的生态文明化监督和管理。

## (二) 生态文明融入经济建设的市场主体和企业责任

市场主体在社会主义市场经济发展中扮演着核心角色。企业作为市场经济运行系统和经济再生产各环节最为活跃的行为主体,是生态文明融入经济建设各方面和全过程的市场责任主体。企业在面对资源约束趋紧、环境污染恶化及能源供给紧张等现实问题时,为推动企业自身持续发展,必须将生态文明的理念、原则、目标、任务等深刻融入和全面贯穿到企业经济再生产过程中的产品与技术研发、产品制造、产品营销及产品回收利用等各环节。可以讲,企业是生态文明融入经济建设的重要微观环节。企业在生态文明融入经济建设中需要承担生态责任,即"企业在谋求股东利润最大化之外所负有的保护环境和合理利用资源的义务"[①]。企业履行生态责任,有利于树立良好的企业形象,是企业无形资产和无形财富,通过企业微观参与经济绿色发展、循环发展和低碳发展,能够提升企业在经济发展中的核心竞争力,提高国民经济整体质量。因此,作为市场主体的企业应

---

① 田景洲:《从生态文明看企业生态责任》,《南京林业大学学报》(人文社会科学版) 2008年第3期。

履行生态责任。一是树立企业生态文明和绿色发展理念，培育企业生态文化，制定绿色生产、循环生产和低碳生产行动计划，促进企业经济效益、社会效益和生态效益实现共赢。二是严格遵循国家相关法律法规和绿色产业、环保产业标准，创新企业治理体系和治理机制，加大诸如生物能源、太阳能技术、废弃物再生循环利用技术等环保技术、低碳技术的科技投入，主动建立企业自身环境监测和评估体系，增强企业生态责任意识。三是加大企业单位生态文明融入经济建设的价值观培育、技术能力培训和制度规范培训，使生态文明的理念、原则和目标真正贯穿到企业每个生产环节和企业每个员工头脑，才能将企业生态文明建设目标和责任真正落到实处和细处。

### (三) 生态文明融入经济建设的社会参与和公众责任

生态文明融入经济建设各方面和全过程，让人民群众生活在天蓝、地绿、水净的美好家园，创造宜居宜业的生活空间、工作空间和生态空间，离不开广大人民群众的共同努力和参与。个人、家庭、社区、社群、非政府组织、公益组织等社会主体通过健康、绿色、低碳的生活方式、出行方式、消费方式、生态公益等不同行动参与到生态文明融入经济建设各方面和全过程之中，由此形成人人参与生态保护、生态建设、生态监督和生态受益的良好社会氛围。因此，激发社会公众以主人翁意识积极参与生态文明融入经济建设各方面和全过程，需要在全社会宣传生态文明核心价值观念，培育社会公众生态文明意识、生态法制意识和生态行为意识，促使社会公众在公共生活和私人生活领域主动践行生态文明意识、法制和履行行为规范。同时，加强社会公众对生态文明融入经济建设中出现的各种反生态、非文明的行为监督；响应政府号召，拒绝铺张浪费、浮华摆阔等消费行为和消费方式，在全社会逐渐形成适度消费、绿色消费和低碳出行的生活方式和生态人格。

总而言之,生态文明融入经济建设犹如一列火车,政府是车头,指引前进的总体方向;企业是车身,承载着市场主体生态文明转型的根本要求;社会公众是车轮,没有全社会公众的共同参与,生态文明融入经济建设便失去了最广泛的社会基础。因而,从宏观战略层面来看,中央政府和地方政府必须在中国特色社会主义道路、理论体系和制度框架下,坚持以科学发展观为指导,牢固树立和贯彻创新、协调、绿色、开放、共享发展理念,结合生态文明融入经济建设的具体要求,因地制宜地制订不同层级发展规划,行使监督、治理和引导职能;运用经济职能,创新有利于生态文明融入经济建设的经济政策和财税方案,制定有利于市场行为主体主动转变经济发展方式的激励政策体系。在此基础上,企业要加快建立实现绿色发展、循环发展、低碳发展的资源循环利用和低碳利用的技术支撑体系,实现经济效益增长与生态效益同步发展。对于社会公众,要加强以道德内化教育引导的方式培育生态人格和生态伦理,调动全社会公众共建共享,形成资源节约和环境友好的生活方式、消费方式及出行方式等。

### 三 实施过程

生态文明融入经济建设各方面和全过程需要通过具体实施过程才能保证"融入"的质量、程度和效果。基于经济建设系统各子系统中生态文明建设"融入"的对象、方法、过程和路径的不同,生态文明融入企业系统、融入园区系统、融入产业系统、融入区域系统、融入社会系统等经济建设子系统,实际上形成了一个包容融入对象、融入方法、融入过程和融入效果的集成模型(如图5-3所示)。

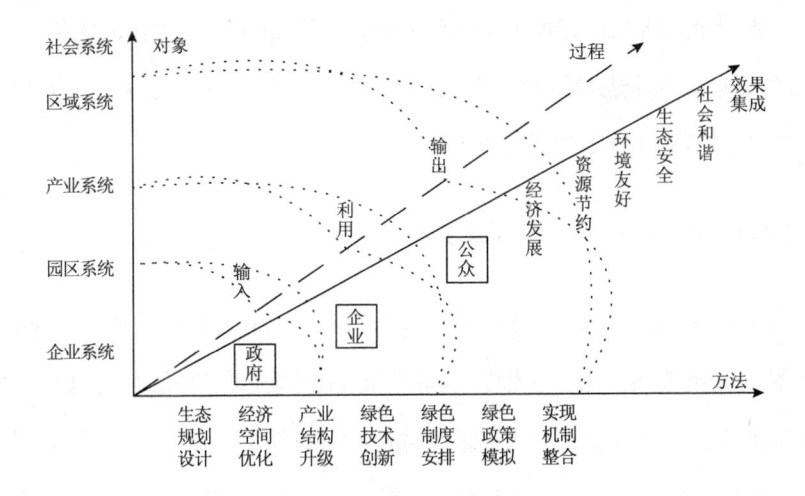

**图 5-3  生态文明融入经济建设的"对象—过程—方法—效果"集成模型**

## （一）生态文明融入企业系统的实施过程

企业是市场经济的微观主体，是经济建设系统的细胞，生态文明融入企业系统具有优先性。在经济建设中，推进经济供给侧结构性改革，限制高投入、高消耗、高排放产业，逐渐淘汰落后产能、落后工艺生产技术等，都是推进生态文明融入经济建设的重要途径。但必须从经济建设系统的微观尺度入手，"由小见大"，即率先推进生态文明融入企业系统，通过企业发展绿色经济、循环经济和低碳经济来实现产业转型，进而实现区域经济转型和国家经济发展方式转变。根据企业生产的一般环节来看，主要包括产品技术的研发、企业研发产品的生产、企业生产产品的营销、企业废弃物回收利用等四个具体环节以及贯穿企业再生产过程始终的企业管理等构成的有机系统。因此，生态文明融入企业系统，就是要将生态文明建设的理念、原则、目标等融贯到企业产品研发和技术研发、产品生产、产品营销、废物回收、企业管理等各方面和全过程，通过生态规划设计、企业空间布局、企业产品结构、企业绿色技术、企业绿色管理和企业绿色政策激励等方式，实现企业再生产过程中绿色产品研发、产品绿色生产和绿色包装、产品低碳流通、产品废弃物循环利用及企业产品绿色管理，最终实现企业经济效益提升、资源节约集约利用和公众生态诉求满足等综合效应。

## （二）生态文明融入园区系统的实施过程

园区一般是政府为实现特定经济目标在特定地域空间上建立起来的一种新型经济地域综合体，是地方经济发展的重要实现模式之一。园区的类型多种多样，其中工业园区是园区的重要发展形态，如免税区、出口加工区、自由贸易区、企业区、保税区、工业园、科学园、技术园、研究园、技术城等都是工业园区，因此在很多情况下，园区特指工业园区。[①] 当前，园区已拓展到一、三产业，各级地方政府为促进一、二、三产业融合发展，也在加快推进农业产业园区、旅游业园区等新型园区建设。由各级地方政府主导推动的经济产业园区，往往具有产业发展、政策支持、要素聚集和地域联动等独特优势，这些独特优势决定了经济产业园区在推动地方经济发展中的特殊地位。正是如此，牢固树立和贯彻落实绿色发展理念，就必须把生态文明建设的理念、原则、目标等贯穿到农业产业园区、工业产业园区以及旅游、服务等产业园区的规划、建设、运营及管理等各方面和全过程，以实现经济产业园区在建设前期有明确的规划原则、实施步骤、空间布局和产业内容，在经济产业园区的经济运行中建成生态良好的生态基础设施、物质能量循环流通和低碳交换体系等，最终确保产业园区生态绿色生产、资源循环再利用和园区系统低碳运行，进而形成高效绿色的生态经济运行与治理体系。

---

① Tsai Ming-Chih, Wen Chieh-Hua, Chen Chiang-Shin, "Demand choices of high-tech industry for logistics service providers: an empirical case of an offshore science park in Taiwan", *Industry Marketing Management*, 2007 (36), pp. 617—626.

### (三）生态文明融入产业系统的实施过程

在生态文明融入农业企业、工业企业、服务业企业以及融入农业产业园区、工业产业园区、第三产业园区的基础上，更重要的是实现三次产业整体绿色转型。生态文明融入产业系统是以融入企业系统和园区系统为基础，也是融入企业系统和园区系统在产业链上的延伸和拓展，实现生态文明与产业融合发展。生态文明融入产业系统，本质上是运用生态学、规划学、环境经济学等学科理论和方法，实现产业系统的生态文明化变革，形成生态化、低碳化和绿色化的新型产业体系。通过产业规划设计、产业空间布局、产业结构调整、产业绿色技术创新、产业绿色制度创新、产业绿色运作机制整合、产业绿色政策模拟等方法，实现生态文明理念、原则、目标、任务等融入农业产业、工业产业、服务业产业、环保产业等产业再生产各环节，实现生产过程、生产技术以及消费过程的绿色变革，最终形成以经济发展、资源节约、环境友好、社会和谐为基本特征和集成效果的绿色产业经济发展体系。

### (四）生态文明融入区域系统的实施过程

从生态文明融入企业系统、园区系统、产业系统再到融入区域系统，是一个不断向更高层次、更广范围递进的过程，前者是后者的基础，后者覆盖了前者的全部内容。区域系统不仅涵盖企业产品生产和园区企业的发展，还包括农业、工业、服务业和环保产业等产业体系，是一个从微观企业到企业集群的经济园区再到产业集聚的中观层区域经济系统。因此，将生态文明融入中观层的区域经济系统具有重要意义。一般来看，区域经济系统可分为城市区域、乡村区域、主体功能区域和行政区域。由于区域经济系统具有开放性和交叉性，决定了不能单从行政区域来划分区域经济系统。所以，生态文明的理念、原则、目标等融入区域经济系统，也需要打破行政区划局限，全面融入城乡区域、主体功能区域、经济规划区域和跨行政区域的各方面和全过程。在城市区域，新型城镇化是自然生态系统和人造生态系统的有机过程，生态文明融入城市区域主要是实现城市产业结构、生产方式、消费方式和管理模式的生态文明型转变，把城市空间的生产、交换、消费、废弃物处理和社会治理融为一个有机生态网络体系和生态治理体系。乡村地域是农业生产和农民生活的基本空间。单个来看，农业是自然再生产和社会再生产的有机整体，农民是从事农业社会再生产活动并居住于乡村地域空间的主体。因此，生态文明融入乡村地域空间，就是要把生态文明融入农业生产、农民生活和农村生态的各层面，发展农村生态农业、生态休闲旅游业、生态农业园区等，建成"产村相融、宜居宜业、生态优美、文化传承"新农村综合体。在功能区域，按照国家主体功能区规划及各级地方主体功能区规划，形成新型农业产业格局、新型城镇化格局和新型生态格局。经济规划区域是国家经济发展的战略支撑。因而，生态文明的理念、原则、目标等也要融入诸如环渤海经济圈、丝绸之路经济带、长江经济带、成渝城市群、京津冀一体化区域等经济圈、经济带、城市群、经济区等影响国民经济整体发展的规划区域。

(五) 生态文明融入社会系统的实施过程

社会是由人与人之间相互联系、相互合作并按照一定行为规范和制度规则构成的有机整体，这种相互联系、相互合作并按照一定行为规范和制度规则所建构的经济关系、政治关系、文化关系、社会关系和生态关系便构成了社会系统。小到个人、家庭、企业，大到社团、行会、城市、国家，均表现为一个层次分明的社会系统构成。婚姻关系和血缘关系构成家庭，家庭的要素是夫妻、父母、子女等；雇佣关系、聘用关系、产权关系、股东关系等形成公司，公司的要素是设备、技术、资金、员工、管理者等；国家的构成要素是政府、公民、公司和社会各类组织，它们之间存在经济、政治和文化的关系。① 因此，生态文明融入社会系统各方面和全过程是极其必要的。按照社会系统构成尺度，生态文明的理念、原则、目标等需要深刻融入和全面贯穿到家庭、社区、社群以及非政府组织所从事的经济活动、政治生活和精神生活的各方面和全过程，促进生态和谐家庭、生态和谐社区、生态和谐社群以及生态和谐社会团体等社会系统建设，共同营造全社会生态文明融入经济建设的良好氛围和社会基础。

## 四 制度机制

系统完整、成熟定型的经济制度和规则，是规范市场经济主体行为的根本约束；有序高效运行的经济系统是经济社会再生产和经济健康发展的重要保证。因此，只有完整的制度体系和运行稳健的运行机制才是确保生态文明的理念、原则、目标等深刻融入和全面贯穿到经济建设各方面和全过程的根本保证和基础条件。生态文明融入经济建设，从根本上就是要突破经济发展方式绿色转型的关键性制度体制和机制障碍。面对经济增长速度转变、经济结构调整和发展动能转换的新常态，经济绿色发展、循环发展和低碳发展呈现新趋势和新取向。可见，及时推进相关制度创新和机制整合，对保障生态文明融入经济建设尤为重要。

---

① 参见徐玖平、赵勇、黄钢等《循环经济系统论》，高等教育出版社2011年版，第181页。

## （一）生态文明融入经济建设的制度创新

如同由经济建设推动形成的物质文明和财富文明是人类文明体系中的重要组成部分一样，制度也是人类文明构成的题中之义。关于制度，有着不同的表述。凡勃伦认为："制度实质上就是个人与社会对有关的某些关系或某些作用的一般思想习惯"；"人们是生活在制度——也就是说，思想习惯的指导下的"；"今天的制度——也就是当前公认的生活方式"。[1] 道格拉斯·C. 诺斯认为："制度是一系列被制定出来的规则、守法秩序和行为道德、伦理规范，它旨在约束主体福利或效用最大化利益的个人行为"[2]，"制度提供了人类相互影响的框架，它们建立了构成一个社会，或更确切地说一种经济秩序的合作与竞争关系"[3]，"制度是一个社会的游戏规则，更规范地说，他们是决定人们相互关系而人为设定的一些制约"[4]。柯武刚、史曼飞认为："制度是行为规则，并由此而成为一种引导人们行动的手段。因此，制度使他人的行为变得更可预见。它们为社会交往提供一种确定的结构。"[5] 布坎南则认为："没有适当的法律和制度，市场就不会产生任何体现价值极大化意义上的有效率的自然秩序。"[6] 上述制度范畴，总体来看，制度是由正式的（法律、法规等）和非正式的（道德、伦理等）构成，具有"规范人们相互关系的约束"作用。但必须明确的是，上述制

---

[1] [美] 凡勃伦：《有闲阶级论——关于制度的经济研究》，蔡受百译，商务印书馆1964年版，第139页。
[2] [美] 道格拉斯·C. 诺斯：《经济史中的结构与变迁》，上海三联书店、上海人民出版社1994年版，第225—226页。
[3] 同上。
[4] [美] 道格拉斯·C. 诺斯：《制度、制度变迁与经济绩效》，陈郁、罗华平等译，上海三联书店1994年版，第3页。
[5] [德] 柯武刚、史曼飞：《制度经济学：社会秩序与公共政策》，陈朝华译，商务印书馆2002年版，第112—113页。
[6] [美] 布坎南：《自由、市场和国家》，平新乔、莫扶民译，上海三联书店1989年版，第127页。

度概念内涵是以国家制度体系中最基本的经济制度为根本依据。在不同社会形态下的基本经济制度基础上,产生并形成不同的政治关系和社会关系,即政治、法律和道德规范等。马克思从人类与自然界的矛盾出发,从生产力的发展导出了第一层次的制度的起源,即社会生产关系(基本经济制度——笔者注)的形成过程;进而又从社会生产关系中导出第二个层次的制度的起源,即包括政治、法律、道德规范等等在内的上层建筑。① 显然,马克思对制度起源的解释同样是将"制度分为两个层次,即经济制度和政治、法律制度。第二个层次的制度是以第一层次的制度为基础的,因而探寻制度的起源,实际上是要说明第一层次的制度起源,也就是生产关系或经济制度的起源"②。

在中国特色社会主义初级阶段形成、发展和完善起来的社会主义制度体系,内在的包括由其社会主义初级阶段生产力水平决定的基本经济制度及建立其上的正式的或非正式的政治和社会的制度。因此,在中国特色社会主义条件下构建生态文明融入经济建设的制度体系,就必须在坚持和完善中国特色社会主义基本经济制度基础上来推进生态文明建设领域的国家治理现代化。生态文明融入经济建设的制度体系是立足于中国特色社会主义道路实践、中国特色社会主义理论指导和中国特色社会主义制度框架,是中国特色社会主义基本经济制度基础上的正式制度与非正式制度的统一。同时,尽可能避免制度创新和制度供给过度限定在生产领域,避免对经济再生产环节的流通、分配和消费领域制度供给不足。这既"需要拓展制度供给领域,加强对流通领域中企业、政府采购行为的规范,对居民的消费给予合理引导,鼓励绿色采购和绿色消费,使终端的绿色消费引导前

---

① 参见林岗、张宇《马克思主义与制度分析》,经济科学出版社2001年版,第262页。
② 顾钰民:《马克思主义制度经济学》,复旦大学出版社2005年版,第13页。

端的绿色生产，从而形成经济过程的绿色化"①；又要发挥非正式制度的辅助功能，将生态文明融入社会主义核心价值观中，在全社会形成节约资源、保护环境、维护生态的良好氛围，以期实现经济、社会、生态整体效益。总之，"一项'好制度'必须满足几个基本要求：一是服务于主流价值目标的实现；二是能够获得法律赋权所表达的正当性；三是能够获得行为主体的社会认同与激励响应"②。

## （二）生态文明融入经济建设的机制整合

生态文明融入经济建设各方面和全过程，是一个由企业、社会公众、家庭、社区、政府和非政府组织等微观行为主体按照特定运行机制构成的复杂系统。由生态文明主导的经济绿色发展新形态和新方式，必然要在由上述各微观行为主体共同参与、各具体资源要素相互作用所组成的经济系统中运行。经济系统的高效运行是由经济机制来支撑和保证的，可以说，良好的经济运行机制是经济系统高效运行的基础和条件。一般认为，"经济机制是指一定经济机体内各构成要素之间相互联系和作用的制约关系及其功能。它存在于社会再生产的生产、交换、分配和消费的全过程"③。因此，生态文明融入经济建设各方面和全过程，除了剖析生态文明融入经济建设的制度约束和建立相应制度体系之外，还需进一步深入研究社会主义市场经济条件下生态文明融入经济建设的运作机制或实现机制问题，即在社会主义市场经济条件下，要探讨生态文明建设的理念、目标、原则、任务等构成要素与经济系统中各构成要素之间的相互联系、相互作用及其融入经济社会再生产的生产、交换、分配、消

---

① 陈银娥、高红贵：《绿色经济的制度创新》，中国财政经济出版社2011年版，第27页。
② 罗必良、凌莎、钟文晶：《制度的有效性评价：理论框架与实证检验》，《江海学刊》2014年第5期。
③ 谢莉：《经济运行机制与经济体制的关系》，《经济研究参考》1997年第Z3期。

费全过程的方式方法。同时，实现机制具有层次性和结构性，这种层次性和结构性是由经济系统本身具有的宏观、中观与微观层次决定的，具体表现为政府宏观调控机制、市场激励机制与社会参与机制三个方面。由此，必须将不同层次的具体机制按照一定方式和程式组合起来，才能发挥政府、市场和社会三大主体在生态文明融入经济运行系统的整体功能。

## 五 载体路径

生态文明融入经济建设，是发生在一定地域空间界面上，并由经济水平、社会基础、人文环境、承载能力、政策环境等诸多要素综合作用和协同演化的过程。倘若缺乏对特定地理空间区位上生态文明"融入"经济系统的载体研究，"就融入论融入"便会使"融入"失去依托平台或实践载体，"融入"质量和效果也会大打折扣。因此，除了重视生态文明融入经济系统的制度和机制，也要明确生态文明融入经济系统是载体路径。

"生态文明建设"与"经济建设"关联作用的实践中介和协作平台是确定生态文明融入经济建设载体路径的基本切入点。实践载体既可以是由国家经济、政治、文化、社会、生态等构成的宏观系统，也可以是特定地理区域空间上由政府、企业、公众、家庭、社区、非政府组织等微观主体。"十三五"时期，我国正处于协同推进工业化、信息化、城镇化、农业现代化、绿色化同步发展和全面建成小康社会的决胜阶段，建设美丽中国和健康中国，就要促进生态文明融入个人成长、企业发展、发展规划、产业结构以及城乡空间等实践载体的各方面和全过程。

生态文明融入经济建设各方面和全过程是一个实践命题，在明确实践载体的基础上需要进一步探索生态文明融入经济建设的推进路径。生态文明融入经济建设的推进路径是指在生态文明融入经济建设的战略框架下，能与制度安排、机制设计、实践载体相匹配、相协同的具体实践路径。这就需要把具体实践路径体现到生态文明融入经济建设的制度安排、实现机制、载体选择的各方面和全过程中去。从宏观战略层面来看，要在生态文明理念、原则、目标等融入企业系统、产业系统、园区系统、区域系统和社会系统各方面和全过程中探索具体实践路径；从微观载体来看，要在生态文明理念、原则、目标等融入主体、规划、产业、空间、制度各方面和全过程中探索具体实践路径，进而形成绿色生命周期、绿色规划、绿色产业、生态空间和绿色制度等多维实践路径。

第六章

# 生态文明融入经济建设：制度创新与机制整合

"我们越来越有可能学会认识并从而控制那些至少是由我们的最常见的生产行为所造成的较远的自然后果……我们也经过长期的、往往是痛苦的经验，经过对历史材料的比较和研究，渐渐学会了认清我们的生产活动在社会方面的间接的、较远的影响……为此需要对我们的直到目前为止的生产方式，以及同这种生产方式一起对我们的现今的整个社会制度实行完全的变革。"①

——马克思

党的十八大以来，党和国家围绕中国特色社会主义生态文明建设总体框架，进一步认识到要从制度体系和体制机制层面，推进经济体制和生态文明体制改革，才能突破传统粗放型经济增长方式，建立起与经济发展新常态相适应的经济绿色发展体系。这意味着生态文明建设从注重理念、理论建设进一步发展到制度建设和融入经济建设、政治建设、文化建设、社会建设各方面和全过程的新阶段。② 因此，围绕推进生态文明深刻融入经

---

① 《马克思恩格斯文集》（第9卷），人民出版社2009年版，第561页。
② 参见顾钰民《论生态文明制度建设》，《福建论坛》（人文社会科学版）2013年第6期。

济建设中心论题,就必须结合中国共产党领导的"政府—市场—社会"分析框架,坚持以经济发展为前提、以科学发展为主题、以转变经济发展方式为主线和以马克思主义"人与自然关系的社会制约论、生态危机的社会制度根源论、生态问题社会化解决的方法论"① 为支撑,构建一个由政府主导、企业主体、公众参与相结合的制度体系框架和整合机制方案,以协同性制度体系和整合型实施机制来激励和规制经济行为主体行为决策,为经济发展生态文明化转型提供制度和机制保障。

## 第一节 制度与机制是生态文明融入经济建设的核心要件

推进生态文明融入经济建设、建设美丽中国,制度是根本,"只有从制度的层面加以透析,才能透过现象把握事物的本质,通过科学的制度设计和制度创新,走出在生态环境危机问题上出现的边治理边污染,老问题解决了新问题又出现了的恶性循环的怪圈"②;同时,机制是保障,也只有运行高效的整合型机制,才能保证生态文明制度体系的落地实施以及生态文明建设取得成效。一般而言,"制度建设包含订立规则(法规)、确定执行和监督主体(体制)、建立不同主体间的互动方式(机制)、选择激励和约束方式(政策)等诸多内容。其中,体制涉及行政组织的静态权力配置结构,主要明确谁去做、谁有权去做等权力与责任的边界,而机制属于主体间的互动方式,重点解决如何做、如何有效做等资源整合问题"③。

---

① 张春华:《中国生态文明制度建设的路径分析——基于马克思主义生态思想的制度维度》,《当代世界与社会主义》2013 年第 2 期。
② 方世南、张伟平:《生态环境问题的制度根源及其出路》,《自然辩证法研究》2004 年第 5 期。
③ 赵细康:《健全生态环境保护体制机制》,《中国环境报》2013 年 11 月 20 日第 2 版。

现阶段，中国经济发展面临的资源约束、环境污染和生态退化等问题，不仅是由生态资源和生态产品市场化决定机制不健全的市场失灵造成，也是由政府生态治理能力低下的政府失灵和由公众生态意识淡薄的社会失灵造成。在传统经济增长模式下所形成的外延式经济发展体制和运作机制，政府与市场、社会的边界模糊，未形成包含政府主导、市场激励和社会参与的整合型实施机制，相关制度难以落实和落细。因此，需要从制度演化和实现机制双重视角，科学阐释制度创新和机制设计对于推进生态文明融入经济建设的核心要件功能。

## 一　制度创新与人类整体社会文明进步的逻辑同一性

### （一）制度文明是人类整体社会文明的重要维度

文明是人类实践活动所创造的一切物质文明、精神文明和制度文明的总和，是人类社会独有的本质属性。人类文明形态的演进本质上就是人自身文明程度的进化。从人类社会结构来看，文明包括经济文明、政治文明、文化伦理文明和社会组织文明；从社会生产力角度来看，人类整体社会文明历经了渔猎文明、农业文明、工业文明并开始向生态文明转型。就本书关于生态文明融入经济建设系统研究而言，人类整体社会文明既是文明形态的演进，又是由多种文明要素构成；既展现出人类社会文明形态已到了从工业文明向生态文明转型的阶段，也表达了生态文明融入经济建设系统的制度创新与人类整体社会文明的制度文明要素具有逻辑上的同一性。

同时，生态文明融入经济建设系统并非简单地表现为环境保护、污染防治和生态修复，环境质量改善也并非等同于生态文明水平提高。实际上，生态文明融入经济建设系统是生态文明系统与经济文明系统"两种文明"的融入,其重心始终是"文明",是人类物质的、精神的和制度的文明的整合与融合。从这个意义上来讲,人类社会的物质文明、精神文明和制度文明是人类生产行为与消费行为交互作用的产物,人类文明产生于人类主体行为并对人类主体行为形成有效反馈。作为有效调节人类行为规范和维护人类社会秩序的制度规则和制度文明,既是人类文明构成的基本要素,也是生态文明融入经济建设系统的核心内容。制度是否系统完备、是否成熟定型、是否具有先进性,不仅代表着生态文明制度体系、经济制度体系的文明程度,也表征着生态文明融入经济建设系统的制度水平高低。因此,生态文明融入经济建设系统的制度创新,是在中国特色社会主义基本经济制度和生态文明制度体系既有的框架下实现制度文明的演进和更新,包括寻求最优制度和实现制度演化两个方面。制度演化或制度变迁既是制度创新的基本途径,也是实现制度文明的重要方式。寻求最优化制度和不断推进制度创新,始终是人类社会文明演进的重要维度和主体线索,与生态文明融入经济建设系统的制度创新具有本质逻辑上的一致性。

### (二) 生态文明融入经济建设的制度创新原则

推进制度创新既要遵循特定的实施原则,又要体现人类特定的价值选择;不仅要强化正式制度规则层面的法律法规内容,也要考虑非正式制度层面的道德价值要求。

第一,公平与责任、惩罚与补偿相结合的原则。自然界对人类而言具有经济价值和生态环境价值,生态环境价值的公共性特征——"地球生态系统是所有地球人的生存环境,而不仅仅是某一个国家、地区、集团或个人的生存环境;同样,某一个国家或地区的局部自然环境,也不是这个国家或地区中的某些人的环境,而是这个国家或地区中的所有人的环境"①。可见，在大力推进生态文明建设时要坚持公平与责任相结合的原则，实现经济公平和环境公平、代内公平和代际公平，强调具有公共性特征的生态文明建设的主体责任和义务。同时，坚持公平和责任相结合的原则，要求对损害资源环境的相关行为主体进行惩罚，对保护资源环境的相关行为主体进行补偿和奖励。因此，除了坚持公平与责任相结合原则，也要坚持奖励与惩罚并举的原则。

第二，制度推动与制度驱动相结合的原则。制度推动是一种"自上而下"的制度建构模式，由上级设置制度框架而各地具体实施的制度过程；制度驱动是一种"自下而上"的制度建构模式，是在各地具体实践基础上对实践经验总结提升为制度规范的过程。"自上而下"的制度推动可以减少制度建设阻力，确保国家顶层设计的具体落实；"自下而上"的制度驱动可以有效发挥基层地方政府的主动性和积极性，增强制度创新的实效性和针对性，解决制度落地问题。因此，制度创新要发挥制度推动和制度驱动的各自优势。具体采取何种制度创新方式，应根据生态文明融入经济建设系统的制度属性及现实需求进行合理选择，如以国家政治权力为基础对相关主体行为进行政治约束的制度创新，就可以通过"自上而下"的制度创新方式加以强力推动；以市场交易为基础对相关主体行为进行经济激励的制度创新，就可以通过"自下而上"的制度建构方式加以渐进驱动；以行政科层治理为基础而又是现实经济社会发展急需的制度创新，就可以通过"上下联动"的制度建构方式稳步推进制度创新。在中国，生态文明融入经济建设系统的制度创新，应根据基本国情和各地方实际，以制度推动与制度驱动相结合实现"自上而下""自下而上""上下联动"的制度创新。

---

① 邓翠华、林光耀：《以制度体系建设推动生态文明建设迈上新台阶》，《福建行政学院学报》2014年第1期。

第三,制度创新与制度衔接相结合的原则。制度创新是基于生态文明融入经济建设系统的制度"碎片化"、制度"分散化"和制度"部门化"等制度缺陷及"制度红利"难以发挥而进行的。但是,制度创新是手段而非目标,不能"为了创新而创新"。这就要求在制度创新过程中,正确处理好制度创新与制度衔接的关系,注重把握制度与制度之间的稳定性和连续性。一方面,厘清生态文明融入经济建设系统的已有制度框架及现实情况对制度创新的需求,及时新建或修订相关"旧"制度;另一方面,从整体性上把握生态文明融入经济建设系统的制度创新,重视构成制度的基本要素、"旧"制度与"新"制度之间的关联性和协同性,发挥制度创新的整体效应,避免制度创新产生制度的二次"碎片化""分散化"和"部门化"。

第四,制度刚性与制度弹性相结合的原则。党的十八大以来提出了诸多严格的生态文明建设制度规则,传递出党和国家治理生态环境的坚定决心,体现了生态文明制度"最严格"的刚性特点。刚性制度更多偏重于考虑制度严格的标准和制度严厉的执行,往往会忽略刚性制度对现实和实践的匹配度和有效性。没有深入实际的社会实践调查而设计出的刚性制度,极易脱离现实实践需要。因此,在强调和突出制度刚性的同时,也不能忽视制度所具有的弹性特征。"环境资源既是人类的生活家园,也是人类的劳动对象;合理范围内一定数量污染物质的排放是人类从事正常生产与生活行为所必须的正当行为,其所隐含的生态环境风险也应理解为人类文明进步所必然付出的代价。"[①] 所以,生态文明融入经济建设系统并非要求人类回归"零排放"的原始社会,而是要通过对工业文明主导的生态环境制度进行反思,实现人与自然、人与人、人与社会关系的和谐共生。从政府

---

[①] 吕忠梅:《沟通与协调之途——论公民环境权的民法保护》,中国人民大学出版社2005年版,第263页。

规制的风险来看,以制度刚性进行过度生态环境治理威慑,可能造成政府对资源价格的扭曲、波动及社会的不稳定等一系列问题。在实践层面上,单纯强调制度设计的刚性需求,极易造成"从严"指导思想下的"一刀切"环境统一评价标准,进而陷入"过宽被指责、过严难执行"的困境。总之,要统筹适应不同领域、不同地区的实践情况和现实需要的刚性制度与弹性制度的关系,注重制度创新的统一化标准和特定化标准的优选问题。

生态文明融入经济建设系统的制度创新要有"体系化"思维,要兼顾自然、人、社会三重维度,协调正式制度与非正式制度,并重生产力、生产关系和生产条件三重要件,以生态文明作为引领经济制度创新的文明形态,宏观上坚持制度推动与制度驱动相结合的原则;中观上注重制度创新与制度衔接的结合;微观上坚持制度刚性与制度弹性相结合的原则,实现统一标准与特定标准、原则性与灵活性的统一,以适应生态文明融入经济建设系统出现的复杂实践。

## 二 机制整合与人类总体行为有序互动的实践统一性

### (一) 机制整合是人类总体行为互动的实践整合

人类整体社会文明进步是人类总体行为有序互动和交互作用的实践结果。同时,人类总体行为的有序互动和交互作用又是推动人类整体社会文明进步的基本动力。一般来看,人类社会实践活动是建立在人与自然、人与人之间的客观物质交往活动基础之上的,受制于一定社会历史结构,具有内在的发生和运转机制。可以说,人类社会实践过程是人类行为主体社会实践整合及其运转机制整合形成的范畴的具体体现。

整合是指人类总体行为有序互动的实践状态、过程、结构和功能的整体契合。整合机制是指人类社会总体行为在人与对象、人与人之间的物质交往基础上和在一定的社会历史实践结构制约下所发生的人类经济社会文化系统自我有序促动的整合型运转机制。同时，人类社会总体实践又是一种整体类化过程，如市场经济条件下的价值规律对整个社会进行自我调控。机制整合实际上就是实践整合，"是一种从主体活动出发的客观的总体化流转，是一种有结构引导的定向总体化过程，同时它也是一种随着历史实践功能度的改变而整体转换的历史性创化力量"①。因此，以人类总体行为有序互动的整体社会运转机制整合为导向的实践整合，体现了对经济、政治、文化、社会特有的选择功能，并使人与物的客观存在和人与人的活动关系在实践过程中找到最优结合点和均衡点。无数由人类个体构成的类群体在社会实践过程中表现出一种被实践整合形成的人类主体力量，推动着人类历史主客体互动和社会文明进程。

就生态文明融入经济建设系统的机制整合而言，一方面，作为人类整体社会文明构成要素的制度创新和演化需要人类总体行为有序互动和交互作用；另一方面，从整体行为结构来看，生态文明融入经济建设系统在不同层面表现出不同的实践形态。具体来说，在经济层面，是以绿色经济、循环经济、低碳经济为实践路径；在政治层面，是以政府追求经济公平、效率和法制兼容为实践要求；在文化层面，是以公众生态型核心价值观和道德观培育为价值基础；在社会层面，是以个人、家庭、社区的主观能动性参与为实践特征。总之，生态文明融入经济建设系统在本质上是实践的，它是人类总体行为有序互动和交互作用的实践整合过程，即无数由人类个体构成的类群体在实践整合过程中表现出一种被实践整合形成的人类主体力量。从政府、企业、公众等责任类群体出发，构建包括政府主导型

---

① 张一兵：《实践整合：人类总体行为有序互动的功能机制》，《求是学刊》1989年第5期。

的运行机制、市场激励型的动力机制、社会参与型的推进机制在内的整合型机制框架，形成发挥政府行为、市场行为和公众行为等人类总体行为的有序互动和交互作用的运作机制，保证生态文明融入经济建设系统的运行。可见，生态文明融入经济建设系统的机制整合与人类总体行为形成的主体力量有序互动的实践整合具有实践上的一致性。

（二）生态文明融入经济建设的机制整合原则

机制整合要遵循一定的实施原则或体现人类行为的实践整合，不仅要坚持横向的政府、市场和社会主体行为实践机制的互构原则，也要坚持纵向的不同层级、不同环节相结合的原则。

第一，横向的政府、市场与社会的互构原则。机制整合是人类总体行为有序互动的实践整合，人类总体行为的实践整合存在于行为主体的交互活动过程中，决定了人类总体行为的发生和运作机制并非机械式的刻板整合。从这个意义上讲，生态文明融入经济建设系统就要发挥人类总体行为的"交互主体性"[①]作用，突出政府、市场和社会等主体力量间交互作用的机制整合。同时，"整合机制本身是多样性的，不同的整合机制是与组织的任务环境和原有组织单元之间的相互依赖的属性有关。组织结构变革成功的可能性是与任务环境、相互依赖的属性以及整合机制三个变量的相互契合为条件的"[②]。因此，生态文明融入经济建设系统的机制整合又被视为，对基于不同行为主体构成的组织体系进行行为管理和干预的过程，包括对政府、市场与社会主体实施的经济绿色发展、循环发展和低碳发展的整体管理。以绿色经济为例，"能否实现绿色发展，关键在于能否实现有

---

[①] "交互主体性"英文为 intersubjectivity，国内学术界常常将其译为"主体间性"或"主体际性"，意指行为主体间相互作用的性质。
[②] 李文钊、蔡长昆：《整合机制的权变模型：一个大部制改革的组织分析》，《公共行政评论》2014年第2期。

效的绿色增长管理"①。总之,生态文明融入经济建设系统,实际上是一种以实现对政府、市场、社会等行为主体进行科学引导为目标的经济绿色化发展治理过程。

第二,纵向的不同层级、环节相结合的原则。由政府、市场、公众构成的经济行为主体在推进生态文明融入经济建设系统的实践中,需要对涉及宏观、中观、微观多个层次以及经济社会再生产各环节进行生态文明化的总体管理,既体现纵向不同层级,又关注经济再生产各环节。一方面,在宏观层面上,生态文明理念、原则、目标要深刻融入国家发展规划、国家环境管制制度、区域经济发展规划以及国民经济产业发展等经济建设系统;在中观层面上,生态文明的理念、原则、目标要深刻融入工业农业产业园区、产业集群发展带、城乡社区建设等经济建设活动;在微观层面上,生态文明的理念、原则、目标要深刻融入政府部门、企业主体、公众个体以及中介组织的经济行为实践。另一方面,生态文明的理念、原则、目标要深刻融入经济社会再生产系统各环节和全过程,促进经济生产方式、经济利益分配、资源流通方式和社会消费方式的生态文明化转型。总之,只有将生态文明融入经济建设系统的纵向不同层级和横向不同环节,推进形成资源节约和环境保护的城乡空间格局、产业结构以及生产方式、生活方式和消费方式,才能为建设美丽中国提供实践机制保障。

---

① 胡鞍钢等:《绿色发展:功能界定、机制分析与发展战略》,《中国人口·资源与环境》2014年第1期。

## 第二节　生态文明融入经济建设的协同制度创新

生态文明融入经济建设，是以人类社会所创造的物质文明、精神文明和制度文明的总和为基础，试图平衡和重构人与自然、人与人、人与社会之间的关系，以生态文明建设实现经济发展方式的文明化转型。本质上讲，这就是一种超越工业文明、以生态文明塑造的新的经济文明。从生产关系的角度看，经济文明是用社会制度、经济体制、经济运行机制、经济秩序、法制水平，以及社会文明道德的结构变迁或形态演变来判定的。[①] 因此，作为一种新的经济文明化方式，生态文明融入经济建设就必须在中国特色社会主义现有的物质文明、精神文明和制度文明的基础上，优化制度结构，建立适应经济生态文明化转型要求的制度体系，才能从根本上走出来源于政府、市场和社会的重重"制度陷阱"。

### 一　生态文明融入经济建设的制度分类

生态文明融入经济建设的制度创新和制度体系构建，是以明晰的制度类型和制度结构为前提。只有明确制度分类和结构，才能辨识和发挥不同类型制度的功能，也才能基于不同制度的结构类型和功能组合，构建起促进经济生态文明化转型的制度体系。

---

[①] 参见杨志、王岩、刘铮等《中国特色社会主义生态文明制度研究》，经济科学出版社2014年版，第128页。

## （一）生态文明融入经济建设的制度功能与分类

制度是人类文明题中之义，是人类为规范主体行为、协调主体利益关系、维护社会秩序的契约规则，"为社会交往提供确定的结构"①。关于制度内涵，凡勃伦、康芒斯、诺斯等制度经济学家做了相关论述。概括起来，制度不仅是一种"个人与社会对有关的某些关系或某些作用的一般思想习惯"②，突出"集体行动控制个体行动"③，而且是旨在约束行为主体个人行为和实现行为主体福利最大化的"规则、守法秩序和行为道德、伦理规范"④。制度是以一定社会形态的基本经济制度为前提的，完整的制度体系是包含基本经济制度及树立其上的政治的、社会的和文化的规则秩序和伦理规范，规范着个人、家庭、社区以及企业、政府等经济社会行为主体的行为选择。

具体来看，制度或规则具有正式制度（规则）和非正式制度（规则）两层内容。"正式规则包括政治（及司法）规则、经济规则和合约。这些规则可以作如下排序：从宪法到成文法与普通法，再到明确的细分，最终到确定制约的单个合约，从一般规则到特定的说明书。"⑤ 正式规则包括原则、法律、规章、条例等。非正式制度（规则）是来源于国家历史和文化传统的遗产，由习俗、惯例、行为准则和伦理道德构成。因此，制度的内涵和功能可分为三个层次：一是，以国家产权界定和控制为基本结构，完整确立生产、交换和分配的一

---

① ［德］柯武刚、史漫飞：《制度经济学》，韩朝华译，商务印书馆2002年版，第113页。
② ［美］凡勃伦：《有闲阶级论——关于制度的经济研究》，蔡受百译，商务印书馆1964年版，第139页。
③ ［美］康芒斯：《制度经济学》（上册），于树生译，商务印书馆1962年版，第87页。
④ ［美］道格拉斯·C. 诺斯：《经济史中的结构与变迁》，上海三联书店、上海人民出版社1994年版，第225页。
⑤ 同上书，第64页。

套政治、社会和法律规则，宪法秩序作为制度（规则）的第一层次处于核心地位，是其他制度安排和道德伦理规范的基础；二是，在宪法秩序框架下针对特定领域制定的一套约束人们行为规范的制度安排，这一层次制度（规则）可以是正式或非正式的，也可以是长期或短期的，旨在协调利益关系和降低交易费用，给予行为主体稳定的制度预期和持续激励；三是，以历史传统、文化传承、意识形态为背景形成的行为主体的道德伦理规范、行为准则和风俗习惯，是人们进行社会有效调控的重要手段。

从制度演化的动力来源来看，"正式规则也称为外在制度，具有确定性、稳定性和强制性。非正式规则也称为内在制度，内在制度不是出自任何人的设计，而是源于千百万人的互动，是社会发展过程中的文化积淀产物，承担着外在制度所不可替代的独特作用"[①]，外在制度和内在制度在经济社会变迁中扮演着不同角色，正如诺斯所言："我们必须关注那些非正式约束（informal constraints）。我们都知道行为习惯、习俗和行为模式对一个社会的运转起到关键作用。"[②] 非正式规则的内在制度，可能成为引导经济社会发展的内生动力。

从制度演化的适应对象来看，无论是正式制度与非正式制度，还是外在制度与内在制度，其适应对象大致包括政府主体、市场主体、社会主体，政府、市场、社会各领域的行为主体进行的制度协同创新构成了人类社会文明演进的重要内容。同时，适应和适用于不同对象的制度或规则，即政府治理制度、市场治理制度、社会治理制度不仅包括宪法秩序、制度安排和道德伦理规范的制度（规则）内涵，也覆盖正式制度（规则）和非

---

[①] 杨志、王岩、刘铮等：《中国特色社会主义生态文明制度研究》，经济科学出版社2014年版，第128页。

[②] ［法］梅纳尔主编：《制度、契约与组织——从新制度经济学角度的透视》，刘刚等译，经济科学出版社2003年版，第16页。

正式制度（规则）层次。

就生态文明融入经济建设系统而言，要正确处理经济行为主体之间及其与自然之间的关系，不能仅靠科学技术的进步，更需要依靠健全的制度体系"保驾护航"。从根本上讲，生态文明融入经济建设系统的制度创新是由高度社会化和高度市场化这两个现代社会发展的基本特征共同决定的。"'社会化的发展要求更加注重发展的整体性，社会化发展的效益只有在整体发展的条件下才能得到充分体现'，'市场化的发展要求更加注重发展过程中处理个体性的问题。在市场经济条件下，个体与个体之间、个体与社会之间的基本关系是经济利益关系'"①，生态文明融入经济建设系统就涉及个体发展与整体发展、个体利益与社会利益、个体成本与整体成本之间的关系。这些复杂关系的调整就必须依靠制度创新这一核心环节加以推进。因此，党的十八大提出"建立国土空间开发制度，完善最严格的耕地保护制度、水资源管理制度、环境保护制度"，"建立反映市场供求和资源稀缺程度、体现生态价值和代际补偿的资源有偿使用制度和生态补偿制度"，"加强环境监管，健全生态环境保护责任追究制度和环境损害赔偿制度"，对生态文明制度体系建设做出了顶层设计。党的十八届三中全会进一步提出"要健全自然资源资产产权制度和用途管制制度，划定生态保护红线，实现资源有偿使用制度和生态补偿制度，改革生态环境保护管理体系"，为生态文明融入经济建设系统的制度创新提供了明确方向。

从制度分类、功能以及党的十八大以来关于中国生态文明建设的顶层设计和已有研究成果来看，生态文明融入经济建设系统的制度框架可分为三种类型：第一类制度属于政府治理的管制性和救济性制度，比如国土空

---

① 顾钰民：《论生态文明制度建设》，《福建论坛》（人文社会科学版）2013年第6期。

间开发保护制度、耕地保护制度、水资源管理制度、环境保护制度、生态红线制度、用途管制制度、主体功能区制度、生态环境责任追究制度、环境损害赔偿制度等；第二类制度属于针对各类相关行为主体的市场交易形式来实施的制度，包括有偿使用制度、市场交易制度、碳排放制度、排污权制度、水权交易制度、资源产权制度、生态补偿制度等；第三类制度是针对全社会成员的道德自律制度，以宣传教育、节约意识、消费观念和良好风气等为主要内容。第一类制度是以政府主导进行经济绿色化治理、监管和救济的强制性制度，是一类刚性制度；第二类制度是以市场机制来推动市场行为主体通过自然资源和环境产权交易的利益协调来实现经济绿色化目标，是一类弹性制度；第三类制度通过对全社会公众、社会团体、非政府组织进行生态文明价值培育、生态道德重塑的引导实现经济绿色化发展目标，也是一类弹性制度。可见，生态文明融入经济建设系统的制度创新主要是要建立起发挥政府强制性、市场激励性、社会引导性复合功能的制度体系。

## （二）制度创新：政府、市场与社会的协同

生态文明融入经济建设系统的制度创新是由中国特色社会主义整体文明现代化实践创新决定的，是以促进人与自然、人与人、人与社会和谐共生、平衡共进以及实现中华民族永续发展为目标。生态文明融入经济建设系统的制度创新也是由中国历史传统、文化传承、经济基础、社会条件等因素共同作用和内生演化的整体性范畴，是统一于中国特色社会主义道路、理论体系、制度和文化的伟大实践创新。因此，在深刻反思工业文明主导的经济建设的基础上，生态文明融入经济建设的制度创新重点，就在于构建一个主体协同、层次分明、结构合理的制度体系。

具体而言，生态文明融入经济建设系统的制度创新是以厘清制度结构为前提。从根本上讲，这是由中国历史传统、文化传承、经济基础、社会条件等因素共同作用和内生演化的整体性范畴具有的系统结构性和层次性决定的。"社会整体"是由经济、政治、文化、社会、生态等子系统构成的巨系统。从社会文明整体结构来看，生态文明融入经济建设系统在中国特色社会主义整体文明现代化中具有牵引功能和基础地位，相应的制度创新也必然是支撑中国特色社会主义整体文明现代化的现实基础。同时，"生态文明建设中在政府推进层面、市场作用层面、公众参与层面遭遇的重重制度陷阱"①，就需要深度挖掘由政府、市场、公众为参与主体构成的"三位一体"生态文明融入经济建设系统的制度体系。因此，无论是从制度功能来看，还是从制度结构层次来看，都必须加强生态文明融入经济建设系统的制度创新；既要将制度创新覆盖到经济领域、政治领域、社会领域、文化领域和生态文明领域，又要发挥政府行为主体、市场行为主体、社会行为主体在制度创新中所扮演的职能角色。由此，生态文明融入经济建设系统的制度创新主要以政府、市场和社会三个层面为突破口，消除和避免生态文明融入经济建设系统的制度创新"碎片化"倾向，形成以政府主导的政府治理现代化制度、以市场决定的市场治理现代化制度和以公众参与的社会治理现代化制度，从而构成以政府、市场、社会之间相互衔接、协同配合的"三位一体"生态文明融入经济建设系统的协同性制度体系模型（如图 6-1 所示）。

---

① 刘登娟、黄勤、邓玲：《中国生态文明制度体系的构建与创新》，《贵州社会科学》2014年第 2 期。

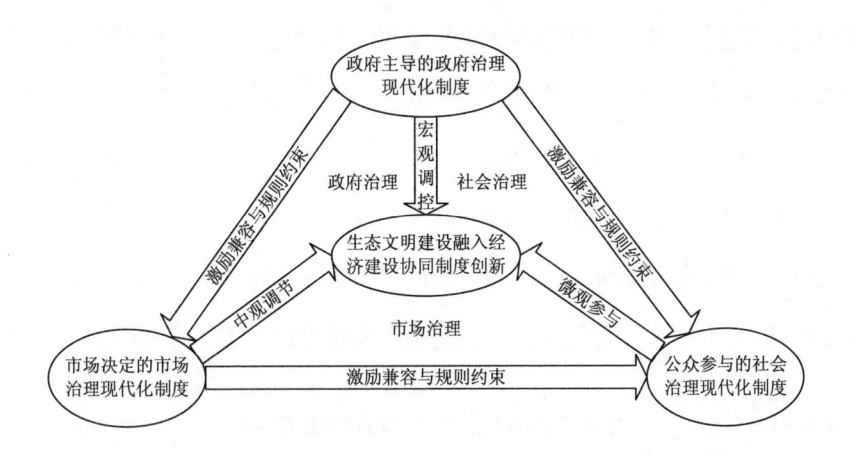

## 第六章 生态文明融入经济建设：制度创新与机制整合

图 6-1 "三位一体"生态文明融入经济建设的协同性制度创新模型

生态文明融入经济建设系统，在本质上就是经济建设系统的绿色化变革，而推动经济建设系统绿色化变革的主体力量就是政府、企业、家庭、社区以及非政府组织等多元化行为主体。这些行为主体的思维观念、行动方式、生活方式在经济活动中是否做到绿色化，是决定生态文明的理念、原则、目标等深刻融入经济建设系统的决定性因素。因此，如图 6-1 所示，政府责任主体、市场微观主体、社会公众主体等共同构成了生态文明融入经济建设系统的制度创新主体和制度执行主体。政府治理、市场治理和社会治理的现代化是国家治理现代化的重要构成，这是由政府主体、市场主体、社会主体共同的责任和义务决定的。要发挥政府主体、市场主体和社会主体在推进生态文明融入经济建设系统的功能和作用，就需要制定和创新规范经济主体行为的制度规则，加强对政府行为、企业行为、公众行为的激励与约束。需要明确的是，政府治理现代化制度是以严格管理的刚性制度为核心，对政府主体、市场主体和公众主体行为具有强制性；市场治理现代化制度是以利益协调为核心，对市场主体行为具有选择性；社会治理现代化制度是以公众道德内化为核心，对社会主体行为具有引导性。从而，中国生态文明融入经济建设系统的制度创新形成了以严格管理的强制性制度、利益协调的选择性制度和道德内化的引导性制度为内容的制度体系和制度矩阵,为促进经济建设系统绿色化变革提供了制度基础(见表6-1)。总体趋势上,生态文明融入经济建设系统的创新制度,需要向政府强制性和管控性减弱、市场的激励性和选择性增强、社会主动性和自觉性增强的基本方向发展,突出政府主导型制度创新是基础、市场激励型制度创新是主体、社会参与型制度创新是辅助的制度角色和功能。

表6-1　　　　生态文明融入经济建设的制度创新矩阵

| | 严格管理的强制性制度(基础) | 利益协调的选择性制度(主体) | 道德内化的引导性制度(辅助) |
|---|---|---|---|
| 政府主体 | 资源能源管理制度 | 财税补贴制度<br>金融优惠支持制度 | 生态文明培育制度 |
| 市场主体 | 环境保护与生态红线制度<br>产业行业准入制度<br>国土空间规划制度 | 环境税费制度<br>水权交易制度<br>碳权交易制度 | 适度消费引导制度<br>企业生态公益制度<br>公民环境权利制度 |
| 社会主体 | 责任追究和监测评估制度 | 排污权交易制度<br>生态利益补偿制度 | 环境信息公开制度 |

## 二　严格管理的强制性制度

生态文明融入经济建设系统是被当作整体性经济社会问题来看待的,"需要从全社会的视角对于涉及宏观领域的资源、环境、生态等问题,以立法和建立规章制度的形式,通过带有强制性的法律法规和规章制度来规范整个社会的行为"[①],这就必须发挥政府作为宏观战略决策者、法律规范制定者、规划实施推进者以及全程监管者在生态文明融入经济建设系统中

---

① 顾钰民:《论生态文明制度建设》,《福建论坛》(人文社会科学版)2013年第6期。

的重要作用。严格管理的强制性制度是一类由政府主导的规范政府主体、市场主体和社会主体对待自然资源和生态环境的行为的宏观刚性管理制度和救济性制度，涵盖了源头保护、过程监管和终端评估的全过程。中国可以围绕生态文明融入经济建设系统这一主题，借鉴美国、德国、日本法律法规经验，在及时修订《环境保护法》这个基本法基础上，修订和制定《循环经济促进法》《绿色经济促进法》《低碳经济促进法》《城乡生态文明建设法》等综合法，制定和修订《资源能源利用法》《功能区规划法》《废弃物回收利用法》等专门法，形成包括基本法、综合法和专门法的法律法规体系，为实施资源环境强制性管理制度提供依据。具体而言，严格管理的强制性制度主要包括：最严格的资源管理制度、最严格的环境保护与生态红线制度、最严格的产业环境准入制度、最严格的国土空间规划制度、最严格的责任追究和监测评估制度等。

## （一）最严格的资源能源管理制度

自然资源禀赋和能源利用效率是经济持续健康发展的基础条件。根据资源特性区分可再生资源和不可再生资源，对可再生资源要保证资源使用不超过资源再生的生态阈值，制定资源利用的限制性条款，从而有效限制可再生资源和能源的过度使用、超负荷开采和过度浪费。一是，实施严格的耕地管理制度。中国是一个人口众多、人均耕地面积较小、耕地分布不均的发展中大国，随着城镇化和工业化的快速推进，中国耕地面积逐年减少，特别是城乡结合部区域成为耕地资源减少速度最快的区域。中国耕地逐年减少的客观事实与确保国家粮食安全的战略目标成为现阶段中国现代化进程中不得不去正视的重大战略问题。近年来，中国实施了最严格的耕地保护制度，划定和严守18亿亩耕地红线；同时，大力推进全国土地综合整治和农村"空心化"治理，实现了农村耕地数量增加、质量修复提升和农村宅基地节约集约利用。二是，实施严格的水资源管理制度。要认识到中国水资源稀缺、分布不均等基本状况及其与国家用水安全、流域生态安全的关联度，加强对水资源供需管控。长期以来，中国在推进经济建设实践中，大都是从水资源供给端出发，强调工业、农业、城乡居民生活用水的供给管理，造成水资源浪费严重、用水缺口巨大。所以，要适时实现水资源供给管理向需求管理转变，根据经济建设系统水资源需求总量和利用效率，实施用水总量控制，加大对水资源的综合保护、节水防污、循环利用、生态保护，保障水资源利用的可持续性。三是，实施严格的能源管理制度。根据中国能源禀赋状况、消费结构、利用效率和利用后果等具体指标监控数据，在保证经济建设持续健康发展的前提下，也要控制能源消耗总量、调整能源利用结构、开发新型能源、设定能源污染排放"天花板"和能效标准，提高能源利用效率。

## （二）最严格的环境保护与生态红线制度

环境保护与生态红线制度是应对环境污染、生态退化的严峻形势而做出的战略性制度抉择。目前，我国已经制定了环境法6部、国务院和环保部法规100余件、国家环境保护标准400多项、地方法规1000多件，构建了环境管理八项制度，环保制度日益完善。[①] 基于中国诸如雾霾天气、水系河道污染等严重环境污染，以及工业化、城镇化快速推进引起的生态环境破坏、污染排放等问题，加大了对污染废弃物、排泄物的总量控制，确保大气环境质量、水体环境质量的整体改善；实施严格的温室气体排放制度，加强对工业化经济活动碳排放的监管监控，防止污染源扩散，实现中国温室气体排放从强度减排到总量减排转变，改善大气环境质量。同时，

---

① 参见钟水映、简新华《人口、资源与环境经济学》，科学出版社2007年版，第333—338页。

随着传统经济增长模式对生态环境安全形势的恶化和影响,实施生态红线制度成为全社会共识。在 2011 年发布的《国务院关于加强环境保护重点工作的意见》中,首次明确提出要在生态保护区域"划定生态红线";党的十八届三中全会再次强调要"划定生态保护红线"和实施"生态红线制度"。2014 年 4 月,在我国新修订的《环境保护法》中对生态保护红线制度进行了法律确认。由此,构建生态红线制度、严守生态安全底线、确保国土生态安全已成为生态文明融入经济建设系统制度创新的重要内容。目前,由于"生态红线"没有明确权威内涵界定,生态红线呈现出"部门化"特征,即环保部划定的生态红线包括生态功能区、生态脆弱/敏感区、生物多样性保育区三类红线;林业部发布的《推进生态文明建设规划纲要(2013—2020 年)》划定的生态红线包括林地和森林、湿地、荒漠植被、物种四条红线;水利部门划定的生态红线包括水资源开发利用控制红线、用水效率控制红线、水功能区限制纳污红线;海洋部门提出的海洋生态红线包括海洋生态功能区、生态敏感区和生态脆弱区等。无论是哪一个部门划定的哪一类生态保护红线,都表现出国家部委对生态红线制度的理性认同和实践认同。因此,推进生态文明融入经济建设系统,就需要形成全国统一的生态红线划分标准,构建生态红线保护制度,然后以此为基础,建立适应不同产业、不同行业、不同区域、不同主体的生态红线制度,确保生态红线制度落地落实。

### (三) 最严格的产业环境准入制度

想要从根本上转变中国长期形成和固化的粗放型经济增长方式,就必须实施最严格的产业行业准入制度,对环境污染严重、能源消耗巨大、生态系统退化等产业和行业实施退出机制,按照主体功能区制度要求,控制限制开发区和禁止开发区发展高污染、高耗能、高排放的产业和行业。在产业项目引进中,要将环境保护和生态安全门槛作为招商引资的优先条件;在产业转移过程中,跨区域的产业转移和引入必须以严格的产业环境准入标准为依据,按照相关环境保护标准和生态产业发展要求实施产业转移,摆脱"产业转移"陷入"污染转移"的困境;在新型工业园区、农业园区、服务创意园区等园区建设和发展中,及时严格加强园区内产业环境标准监管和评价,通过严格的产业行业的项目环评、环境准入和有效奖惩激励,倒逼和引导不同园区内企业不断更新技术,推动园区产业升级改造和生态化改造,避免园区建设成为新的污染源。各级政府在制定产业行业准入制度时,要进一步建立和完善相关规范制度,包括产业清洁生产制度、产业绿色消费流通制度、产业绿色贸易制度、产业绿色投资制度、产业绿色采购制度、产品绿色包装制度、产品绿色标识制度等,支持发展环保低碳产业,积极发展生态休闲和生态康养产业,推动区域循环经济园区和环保产业园区建设,加快生态工业园区和生态农业园区试点建设。同时,国家发展和改革委员会、统计局和环境保护部应加快环保产业界定和全国普查,逐步建立环保产业和绿色技术产业的备忘名单和目录。只有经济领域的产业和行业环境准入制度的建立和实施,才能使自然资源和能源在源头输入、过程运行和终端输出等经济社会再生产过程中实现资源循环利用,促进产业绿色发展。

### (四)最严格的国土空间规划制度

国土是国家经济建设的空间载体,特定空间区域内的环境容量和环境承载力与国土空间开发和规划有着紧密关系,国土空间的开发强度和区域经济非均衡发展,是造成生态环境破坏的空间因素。因此,实施严格的国土空间开发和规划制度对于推进空间区域经济规划和发展具有先导作用,能根据该区域空间环境容量大小确定经济建设规模和产业选择。中国国土空间开发和规划制度是根据《全国主体功能区规划》和《生态功能区规划》，以实现生产空间高效集约、生活空间宜居适度、生态空间山清水秀为基本准则，优化国土空间生产力布局和产业布局，增强国土空间开发的科学性。在国家宏观战略层面，空间开发和规划制度的主要表现为《全国主体功能区规划》《全国生态功能区规划》《全国生态脆弱区保护纲要》和《国家重点生态功能区保护和建设规划》等规划文件的颁布实施，初步形成了以主体功能区建设推动经济建设的国土空间格局，即以"两横三纵"为主体的城市化战略格局、以"七区二十三带"为主体的农业战略格局和以"两屏三带"为主体的生态安全战略格局，并按照开发方式的不同将国土空间分为优先开发、重点开发、限制开发和禁止开发四大分区，为生态文明融入经济建设系统提供了国土空间规划支持。同时，各级地方政府依据国家宏观层面的主体功能区规划和生态功能区规划等，对地方行政区划和跨行政区域进行国土空间规划、开发和利用，实现区域经济社会生态协调发展。以长江经济带为例，通过打破地方传统行政障碍，重构国土空间格局和功能分区，推动长江流域经济社会绿色化转型。因此，生态文明融入经济建设系统，必须重视空间规划制度创新的重要作用。

## （五）最严格的责任追究和监测评估制度

除了最严格的资源管理制度、环境保护与生态红线制度、产业环境准入制度和国土空间规划制度外，严格管理的强制性制度还包括对不同环境管理制度的实施后果和对不同主体行为后果的管理和评估，这是对强制性管理制度的有效补充，其目的在于规范环境损害者行为、明确环境损害者责任以及对环境受害者进行损害赔偿，发挥制度对不同利益主体相互关系的协调。实施最严格的责任追求制度，明确责任主体是前提。基于不同责任主体，可以建立包括政府责任追究制度、企业责任追究制度和公众责追究制度为内容框架的责任追究制度体系。落实各级政府的主体责任，就必须在设定政府责任目标的基础上把生态文明的理念、原则和目标全面纳入经济发展质量和水平评估体系中，建立领导干部自然资源离任审计制度。目前，党和政府主体责任虚化问题较为突出，"一旦出了环境保护事故，受到处罚的往往是政府系统的监管人员，而党委系统的领导则很难被追究到"①。因此，急需明确党政生态环境责任与分工，解决政府职能部门职责不清等问题，重塑党委与政府在生态文明融入经济建设系统中"共担责任"的终身责任追究制。同时，建立健全生产者责任延伸制度，强化企业环境保护的主体责任，让企业享有的经济权利和负有的生态责任对等平衡，对经济社会造成生态环境污染和生态权益损害的企业，实施环境损害赔偿制度；建立健全消费者责任延伸制度，强化社会公众的环境损害责任追究，把社会团体、中介组织的公共环境损害和公民个体的私人环境损害结合起来，共同列入环境损害赔偿范围，并设定相应责任赔偿鉴定等级，为损害赔偿提供依据；按照中共中央组织部2013年印发的《关于改进地方党政领导班子和领导干部政绩考核工作的通知》，加快建立反映中国经济绿色GDP增长的核算制度和指标体系，把生态环境资源的存量消耗与折旧、生态环境保护与损失费用、资源集约节约利用、生态系统修复、国土空间格局优化等内容全面纳入党政干部选拔和政绩考核体系中，为建立最严格的环境监测评估制度提供了参考，有助于形成科学合理的政绩观和执政观，适时实行"环境保护一票否决制"，为生态文明融入经济建设系统提供硬约束。

### 三 利益协调的选择性制度

现代经济社会是一个利益、利益主体、利益群体日益多元化的时代。

---

① 常纪文：《环境保护需党政同责》，《中国环境报》2013年12月3日第3版。

任何一项制度的建构、完善和执行都是相关利益主体利益再分配的过程。一般来讲，利益分配与利益协调包括两层内容：一种是发展成果的共享和分配；另一种是发展成本的分摊和分配。在中国经济发展过程中，人民对日益增长的物质文化需求的满足来源于对经济发展成果的共享和分配。但同时，中国经济持续增长又是以巨大的环境代价和资源消耗为支撑，经济发展的代价与成本也需要经济行为主体加以分摊和分配。"当前的生态环境问题表面上看是由于人们对环境资源的攫取和掠夺、人与自然的利益矛盾造成的，实质上是由人们追求利益过程中的利益冲突所致。人与自然的关系通过人们之间的利益冲突表现在生态环境上，经济利润被过度追逐，成本约束被弱化和虚化，导致资源耗竭、生态恶化成为必然的结果，从而在根本上削弱生态文明建设的基础。"① 因此，这就需要构建起以调整经济行为主体利益分配为核心内容的制度体系，来解决人与自然、人与人在经济利益实现与环境代价承担之间的矛盾。在社会主义市场经济体制不断完善的过程中，强市场化的制度创新在生态文明融入经济建设系统中扮演着决定性作用。强市场化的制度设计正是以实现经济利益协调为核心，以经济成本—效益比较为基础，以价格、财税、投资、金融等经济制度为手段构成的制度体系。

作为生态文明融入经济建设系统中利益关系协调者的政府，就必须向各类经济利益主体提供行之有效的经济激励，通过强市场化的制度设计和政策选择，形成对市场经济主体的利益分配和行为选择激励，促进经济行为主体发展绿色经济的成果共享和成本分摊，进而形成基于"利益—行为—制度—激励"的经济绿色化发展转型的政治经济学分析框架。② 可见，

---

① 张志敏、何爱平、赵菌：《生态文明建设中的利益悖论及其破解：基于政治经济学的视角》，《经济学家》2014 年第 7 期。
② 参见何爱平《发展的政治经济学：一个理论分析框架》，《经济学家》2013 年第 5 期。

基于行为主体利益协调和行为选择的制度创新是社会主义市场经济条件下推进生态文明融入经济建设系统的必要条件。

利益协调的选择性制度是针对经济行为主体制定的制度或规则，经济主体可根据自身条件、技术水平以及自身偏好、技术创新成本等做出相应行为选择。利益协调的选择性制度在国外发达的市场经济国家中得到广泛运用，主要通过实施绿色税收制度、水权交易制度、排污权交易制度以及对企业绿色生产、对消费者绿色消费进行税收补贴等来实现。在中国，利益协调的选择性制度设计主要是基于"庇古税"实施的生态环境财税制度和基于"科斯定理"实施的环境产权交易制度来展开，形成了生态环境"保护者受益"与"使用者付费"以及"谁污染、谁付费、谁治理"的制度架构，形成了对经济行为主体的激励和约束。具体来看，利益协调的选择性制度包括生态环境税费制度、生态环境财政支持制度、生态环境优惠补贴制度、水权交易制度、碳权交易制度、排污权交易制度和生态利益补偿制度等。

### （一）完善生态环境税收制度

推进生态文明融入经济建设系统，需要全面理清不利于生态文明融入经济建设系统的部分现行税收制度，突出"用市场效率的经济准则优化税制、用民主法治的政治精神规范税制、用公平正义的社会价值校正税制、用科学先进的文化元素美化税制、用生态文明的发展理念绿化税制，使得主体税和辅助税协调配合、中央税和地方税关系规范、直接税和间接税比例合理、资源税和环境税地位凸显"[①]，形成与中国特色社会主义"五位一体"总布局相衔接、相协调的税收制度体系。为实现人与自然、人与人、

---

[①] 马衍伟、冯曦明：《立足"五位一体"总布局完善税制改革顶层设计》，《税务研究》2013年第11期。

人与社会关系和谐共生目标，可以通过税种结构的细分与优化，以及厘清税收与生态文明融入经济建设系统的相互关系，逐渐将生态文明的理念、原则、目标等融入税收制度改革，促进税制和税种绿色设计。具体而言，一是按照环境污染者负担、资源使用者负担和生态受益者负担相结合的原则，完善税目税率设计，建立反映自然资源和生态产品的稀缺性，体现生态价值和代际补偿的资源税、环境税和生态税，把资源环境税费改革融入资源环境产品价格形成过程，建立反映资源环境损害成本的税收价格制度，促进由传统"黑色经济""线性经济"和"高碳经济"产生的环境污染外部性成本内部化解决。二是，针对中国主体功能区和生态功能区，制定和实施差异化税收制度和政策，根据不同开发区自然资源状况、经济水平和社会条件，优化税种和税制，以税收制度推动中国形成更为科学的城市化格局、农业发展格局、生态安全格局和自然岸线格局。三是，针对不同经济行为主体，形成有利于激励政府主体、企业主体、公众主体、中介组织等参与经济绿色发展的差异化资源环境税收制度体系。总之，完善生态环境税收制度体系，就是要形成以环境税、资源税、生态税和消费税为主体税种、其他税种相互配合的绿化税收制度，才能实现经济行为主体肩负的生态责任与拥有的生态权利的平衡、促进经济行为主体思维方式和行为方式转变。

### （二）改革生态环境财政补贴制度

围绕由分权制和分税制改革形成的中国财政体制机制，注重财权和事权在不同政府层级和不同行政区划之间的协调平衡，是解决地方政府长期陷入依托高投入、高消耗、高排放、高污染为特征的"为增长而竞争"经济发展模式困局的基本途径。改革生态环境财政补贴制度，其根本就在于优化财政体制机制、平衡地方政府财权和事权关系，通过政府财权和事权的对等配置，才能实现中国经济发展由资源、资本、财力等要素驱动和投资驱动转向由绿色、循环、低碳技术支撑的创新驱动的新阶段，从而从根本上解决"先污染、后治理""要经济、不要环境"的经济发展困局。

具体来看，改革生态环境财政补贴制度主要是发挥财政、金融和优惠补贴等经济手段的激励功能，以此形成对大力发展绿色经济、循环经济、低碳经济的产业、行业、部门、园区和区域进行财政支持、金融支持和补贴支持，对发展绿色经济、循环经济、低碳经济并产生正外部性的经济行为主体予以科技创新研发资助、生态补偿、消费补贴等。与推进生态文明融入经济建设系统的制度创新相适应，需要建立反映生态文明的理念、原则、目标的绿色财政补贴制度。一是，绿色财政是促进经济绿色发展、循环发展和低碳发展的直接政策工具，可以对绿色产业、绿色企业、绿色产品和绿色工业园区以及循环产业与技术、低碳产业与技术进行财政资助，增强经济绿色化发展内生能力。二是，绿色金融是促进经济绿色发展、循环发展和低碳发展的间接政策工具，通过金融贷款审批、金融融资平台搭建和金融优惠贷款等手段引导资本流向绿色经济、循环经济、低碳经济产业、部门和企业，促进绿色企业、产业和空间发展，但要降低绿色金融投资项目的生态风险。三是，对公众的绿色消费、低碳消费和循环消费生活方式予以适当补贴优惠，有助于调动社会公众参与绿色行动的积极性。

（三）推进资源环境产权交易制度

在中国特色社会主义市场经济实践进程中，推进反映社会主义市场经济体制要求的资源环境产权交易改革、建立健全经济生态化制度，具有必然性和可行性。生态是有价的经济资源，随着经济社会发展，生态资源日趋稀缺,"有偿使用生态资源是一种大势所趋"①。可见,具有价值属性的生态资源只有通过市场化方式进行优化配置,才能清晰地看到资源使用者、环境污染者和生态受益者等经济主体的责任与义务。

因此,要发挥市场化方式在自然资源配置和环境保护中的决定性作用,首要前提就是,明晰资源产权归属和明确造成环境污染、生态退化的责任归属。目前,中国资源环境产权归属模糊,资源环境所有者、代理者和使用者权责关系不明确,生态环境的责任主体缺失。虽然"法律上明确规定资源环境归国家或集体所有,但实际上归地方政府、部门或当地居民所有,导致为争夺开发权而使资源被掠夺式开发与浪费,生态环境遭到破坏"②。从根本上讲,这是由于中国资源环境使用的有偿性、排他性和交易性制度尚未建立健全造成的。为了适应社会主义市场经济发展的要求,让市场在自然资源优化配置和环境保护中发挥决定性作用,就需要从整体性视角完善包括水权交易制度、排污权交易制度、碳权交易制度在内的资源环境产权市场交易制度。

完整的资源环境产权交易制度主要包括总量控制、初始分配和市场交易三个部分。其中,总量控制是制度实施的前提,是以促进环境保护和资源高效利用为目标;市场交易是制度设计的终端,旨在让市场化机制成为环境保护和资源配置的决定性因素;初始分配是连接资源环境产权交易制度起点和终端的中间环节,既强调了总量控制下的初始分配,又突出了初始分配下的市场交易。具体来看,一是,基于水资源总量控制的水权交易制度,通过推行初始水权分配的有偿使用,实现总量控制下的水权在区域之间、行业之间、产业之间、企业之间、用户之间进行市场交易的过程,

---

① 沈满洪、谢慧明:《生态经济化的实证与规范分析——以嘉兴市排污权有偿使用为例》,《中国地质大学学报》(社会科学版) 2010 年第 6 期。
② 何爱平、石莹、赵菡:《生态文明建设的经济学解读》,《经济纵横》2014 年第 1 期。

提高了水资源利用效率。二是，基于废弃物排放总量和环境容量的排污权交易制度。中国排污权交易尚处于起步阶段，排污权交易制度"碎片化"，存在"立法或实践回避总量目标而关注排污权交易、忽视初始分配机制构建而强调交易"①的问题。所以，"不能简单地将排污权交易制度单纯理解为企业之间相互'买卖'排污指标的交易规则，而必须综合考虑排污权交易制度的整体性"②，促进排污权在不同行业、不同产业、不同企业之间进行有效交易，实现废弃物排放与环境容量相对称，进而提高资源利用效率和环境承载容量。三是，积极探索碳权交易制度。中国实现从"高碳经济"向"低碳经济"转变还有渐进发展的过程，经济发展过程中的碳排放会长期存在，大气质量受污染也很难得到控制。因此，探索碳权初始排放有偿制度和碳权在跨区域、跨产业、跨行业和跨企业之间的市场交易，可以优化温室气体排放容量，提高碳排放效率。

### （四）健全生态利益补偿制度

生态利益补偿制度是"建设生态文明的重要制度保障。在综合考虑生态保护成本、发展机会成本和生态服务价值的基础上，采取财政转移支付或市场交易等方式，对生态保护者给予合理补偿，是明确界定生态保护者与受益者权利义务、使生态保护经济外部性内部化的公共制度安排"③，是一种协调经济建设系统各行为主体生态环境权利和义务的重要方式。中国从 20 世纪 80 年代以来，初步建立和形成了覆盖森林、草原、湿地、流域、矿产资源、海洋和生态功能区、主体功能区等重要领域的生态利益补偿制

---

① 王清军：《我国排污权初始分配的问题与对策》，《法学评论》2012 年第 1 期。
② 陈海嵩：《中国生态文明制度体系建设的路线图》，《内蒙古社会科学》（汉文版）2014 年第 4 期。
③ 徐绍史：《国务院关于生态补偿机制建设工作情况的报告》，《第十二届全国人民代表大会常务委员会第二次会议》2013 年 4 月 23 日。

度框架,包括中央森林生态效益补偿基金制度、草原生态补偿制度、水资源和水土保持生态补偿制度、矿山环境治理和生态恢复补偿制度、重点生态功能区转移支付制度等。党的十八大进一步明确提出,要建立起反映市场供求和资源稀缺程度、体现生态价值和代际补偿的资源有偿使用制度和生态补偿制度。这就需要继续坚持和完善生态环境补偿制度。一是,可以设立国家生态文明融入经济建设系统的生态利益补偿专项基金,对促进资源节约型和环境友好型绿色产业、绿色企业和绿色产品实施绿色支持准备金制度。二是,对促进经济结构和产业结构升级且符合主体功能区规划的粮食主产区、生态涵养区的城镇、街道、村组以及农民给予适当生态环境保护补偿。三是,对主要粮食作物、湿地、公益林、市镇饮水、农村饮水的水源地给予利益补偿。四是,探索流域资源环境生态补偿制度,建立跨区域水质目标交接责任制度,可在推进"长江经济带"建设实践中进行先期试点流域上下游跨省区生态污染补偿。

## 四 道德内化的引导性制度

环境问题归根结底是发展问题,是由社会的生产结构、消费结构及其背后的财富理念、发展理念、生产理念、消费理念、行为模式共同导致的社会问题。① 推进生态文明深刻融入经济建设系统,就"不仅需要外在的、强制的法律手段,同时要配合以内在的、自觉的道德手段,也就是说,只有把有关环境的法制建设和道德建设结合起来,才能遏制住我国环境的严重趋势,实施经济、社会和生态的可持续发展战略"②。经济建设活动从来

---

① 参见廖才茂《"美丽中国"愿景与生态文明制度建设》,《中国井冈山干部学院学报》2013年第5期。
② 肖巍、钱箭星:《环境也要有"德治"》,《中国地质大学学报》(社会科学版)2001年第4期。

不是孤立的,"经济现象和经济制度的存在依赖于文化价值;并且,企图把共同的经济目标同他们的文化环境分开,最终会以失败告终"①。在生态文明融入经济建设系统中,"我们既要强调广义的公众自身环境友善行为和参与环境保护的宣传教育等参与活动的必要性,更要强调狭义的作为制度化的公众参与制度建设的必要性"②。

因此,被西方制度经济学界定为"隐性制度"或"非正式制度"也是制度创新的重要维度,对政府、企业、公众等行为主体的生态道德自觉和生态行为自觉具有引导作用。主体行为自觉是以主体道德自觉为前提的。一般而言,个体主体道德自觉是达成群体主体道德自觉和社会主体道德自觉的必备前提条件之一,是确证和完善主体性的重要内容。③ 道德内化的引导性制度是通过对生态文明融入经济建设系统相关经济行为主体的生态道德教育、生态文明培育并使之转化为经济行为主体内心信念和行为习惯的制度体系。本质上,这是一类基于行为主体生态环境价值观培育和生态文明化行为塑造的非正式制度安排,其目标在于构造全社会不同行为主体协同参与环境保护的"自律体系",实现从"他律"制度和"自律"制度的全面结合。具体来看,道德内化的引导性制度主要包括生态文明培育制度、适度消费引导制度、企业生态公益制度、公民环境权利制度、环境信息公开制度等。

(一) 生态文明价值观培育和教育制度

生态文明型发展理念和价值观念是推动和支撑经济发展的精神动力,包括经济发展价值、宗旨、目标、战略、策略以及对经济发展方式的合理

---

① [法] 弗朗索瓦·佩鲁:《新发展观》,张宁、丰子义译,华夏出版社 1987 年版,第 165 页。
② 邓翠华:《关于生态文明公众参与制度的思考》,《毛泽东邓小平理论研究》2013 年第 10 期。
③ 参见方世南《主体道德自觉:价值、功能与实现途径》,《江海学刊》2001 年第 6 期。

性予以价值评价的一整套关于经济发展价值观和伦理观构成的观念因素的总和。生态文明型经济发展观主要集中回答三个问题："什么是发展？——发展的含义、定位与目标；为什么发展？——发展的价值、功能与目的；如何发展？——发展的战略、策略和手段等。"① 因此，推进生态文明融入经济建设系统，需要从中央政府到地方政府、从企业到个人、从社区到家庭等经济行为主体全面转变经济发展观念、财富观念、物质观念、生产观念和消费观念，加强生态文明型经济发展观和价值观的理性认知和培育塑造，让生态文明型经济发展观成为经济建设系统的主导和主流意识形态。

具体而言，政府经济发展思维方式和行为方式是一个国家或地区生产力空间布局、产业布局、企业引进的主导性因素。通过加强政府自身绿色化价值观培育、规范政府经济绿色发展行为，可以形成资源节约和环境友好的生产力空间布局、绿色产业体系、绿色企业发展、绿色产品研发等绿色经济建设基础；将反映生态文明的理念、原则、目标的经济绿色发展观纳入社会主义核心价值体系和融入国民教育体系之中，"培育一种具有环境责任感的环境公民或居民，使之能够认识并关注环境及其相关问题，并在个体和群体层次上具备面向解决当前环境问题或预防新问题的知识、技能、态度、动机、承诺"②。同时，由于"我国公众的环境意识还比较低，不同地区、不同群体的环境意识存在明显差异。进一步加强环境宣传教育，提高全民族的环境意识仍是当前一项十分紧迫的任务"③。因此，在环境保护部颁布的《全国环境宣传教育行动纲要（2011—2015）》基础上，

---

① 方世南：《环境哲学与现代发展理念的转换》，《学海》2002年第3期。
② UNESCO. The International Workshop on Environmental Education, Belgrade, Final Report, IEEP, Paris, ED-76/WS/95, 1975.
③ 《新时期环境保护重要文献选编》，中共环境科学出版社、中央文献出版社2001年版，第437页。

把生态文明教育制度升格为国家立法。充分发挥各级学校（幼儿园、小学、中学、大学）生态文明道德观念和伦理观念的教育传播功能，以青少年生态环境教育和生态文明教育为重点，实现生态文明型价值观念、知识体系进教材、进课堂、进学校、进企业、进社区、进家庭，促进绿色发展观念成为全社会共识；运用包括影视、广播、报刊、手机、网络等新兴媒体和传播平台加强对生态文明价值观念的宣传；加强对企业法人代表的生态文明价值观培育，引导其形成绿色产品、绿色产业和绿色科技等绿色发展意识。

## （二）绿色消费引导制度

消费是经济社会再生产的重要环节，消费者的需要是一切物质和精神需要生产的最终调节者。科学的生活方式和消费方式是生态文明深刻融入经济社会再生产系统的重要体现。马克思主义经济学认为，消费在维持经济社会再生产运转中具有重要作用，一定的消费需求催生新的生产供给。可见，消费在一定条件下可以决定生产，进而引起生产方式和生活方式的转变。现代生活方式的建构是以实现人的全面发展和对资源环境永续利用为价值标尺，是以实现人与自然、人与人、人与社会之间和谐共生为价值目标，是一种绿色生活方式和消费方式的构建。长期以来，尤其是改革开放以来，以经济建设为中心，经济增长、财富增长的物质主义逐渐成为当代中国人的核心价值信念。一方面，政府不断强化和固化了高投入、高消耗、高排放的经济增长模式，忽视了经济增长的可持续性；另一方面，企业也受到绿色、循环、低碳技术创新的条件限制，长期处于产业链条底端，造成企业粗放型投入和低效益产出；同时，社会公众在物质主义和享乐主义的价值观念影响下，过度消费、提前消费以及铺张浪费等情景随处可见。因此，建构适度消费的引导性制度，通过适度消费、合理消费、科学消费的消费理念培育，有效引导各级政府坚持正确自然观、消费观、发展观和行动观，实施绿色采购；引导企业发展绿色产业、生产绿色产品、实施绿色设计、推进绿色技术创新和培育绿色增长点，培育企业生产资源节约意识、资源循环利用意识、绿色投资意识和绿色消费理念；引导社会公众形成与生态文明建设相适应的现代生活方式和消费方式，促进消费结构朝着绿色、循环和低碳转型发展，不断扩大绿色消费的内在需求，形成经济绿色增长和绿色发展的新动力。

### （三）企业生态公益制度

企业是市场经济的细胞，在社会主义市场经济发展中扮演着主体角色。在一定程度上，企业可以被视为人格的资本化，作为法人代表的企业家可以看作资本的人格化，显示出企业经济组织的逐利性特征。因此，在中国社会主义市场经济条件下，企业往往把对利润和收益的追求作为单一化目标，在经济建设实践中，企业可以绕开各种市场经济建设规范和环保环评标准，肆无忌惮地向自然界索取和向自然界排泄。企业生产的环境成本长期被忽略。随着社会经济发展的进步和人们对经济发展的深化认识，企业社会责任逐渐被纳入企业发展的整体框架。企业在创造收益和对股东利益负责的同时，也开始重视对所在社区公众消费者承担相应社会责任，包括环境保护、环境公益、社区公益等。无论是推进产业园区的生态建设还是推进企业系统的绿色化转型，都要强调园区内企业发展和企业系统内企业发展的生态环境责任意识。通过强化企业生态环境社会责任感和荣誉感，有助于增强企业生态公益意识和生态公益活动能力。加强对企业家和企业负责人的生态环境知识教育、绿色发展和可持续发展教育，激励企业家具有生态环境慈善之心。同时，借鉴德国、日本等发达国家生产者责任延伸制度经验，建立符合中国特色社会主义市场经济条件的企业生产者责任延伸制度，引导企业在产品设计、产品生产和产品使用整个链条中都充分体现产品的生态公共性。以企业生产责任者延伸制度引导和塑造的企业生态公益意识逐渐内化为企业产品绿色生产自觉意识和自觉行动，不仅推动企业在生产过程中考虑生态环境影响，也使企业自觉实施产品后期回收再利用行动。

### （四）公民环境权利制度

生态文明融入经济建设系统，需要社会公众的积极广泛参与。而社会公众是否积极参与不仅仅是由社会公众主观能动条件和能力决定，还与社会公众环境权利参与的制度密不可分。因此，生态文明融入经济建设系统的公众参与制度建立，是以公众参与主体条件为前提，需要社会公众参与主体的理念转变、参与能力的提高和公共精神的培育等。除此之外，公众参与制度的建立和完善还需要公众环境权利制度作为保障。公众环境权利与公众环境责任和义务相对，社会公众在生态文明融入经济建设实践中承担应有的环境责任和义务，也必须享有相应的生态环境权益。界定社会公众环境权益是社会公众积极参与经济绿色、循环和低碳发展，形成资源节约和环境友好的生活方式和消费方式的法律依据。公民环境权益是公民享有的一项基本法律权利，在环境权利束中，既有享有良好环境的权利、使用环境的权利等实体性权利，也有诸如参与权、知情权和救济权等程序性权利，"强调其中的任何一个方面都是不全面的"[1]，实体性权利的实现需要程序性权利作为支撑，通过公众的知情权、参与权和救济权等程序性权利的展开才能实现公众享有良好生态环境的实体性权利目标。我们可以考虑将公民环境权利写入宪法，并完善相关单行法律法规。将环境权利写入

---

[1] 李艳芳：《公众参与环境影响评价制度研究》，中国人民大学出版社2004年版，第115页。

宪法"能够提高环境权的权利位阶，加快环境权从应有权利向法定权利、实有权利的转变过程；在宪法中确立环境权，同时在单项法上把环境权进一步展开和细化，使公民正当环境权益得到维护，环境诉求能够通过合法途径得到主张，促进社会和谐稳定"①。所以，激发社会公众参与的积极性也需要有主张公众环境权利的制度保障。

（五）环保信息公开制度

环保信息公开是经济行为主体积极参与生态文明融入经济建设系统，推动经济绿色、循环和低碳发展的重要条件。环保信息公开主要包括政府行为主体和企业行为主体的环境信息和生态信息公开。环境信息公开可以实现社会公众及时准确掌握生态环境现状、生态系统状况、环境污染源、政府应对政策措施以及取得的相关成效，形成政府、企业和公众有序互动的环保信息沟通机制和沟通渠道。因此，建立健全环境保护信息公开制度，既可以加强对政府生态文明融贯经济建设系统的质量考核和水平评估，又可以形成社会公众对政府、企业经济行为的外在约束，进而转化为经济行为主体的自我生态道德约束和自我生态伦理意识。

## 第三节　生态文明融入经济建设的整合机制设计

协同性制度创新及系统性制度体系的形成是推进生态文明融入经济建设的基础和前提，但要发挥相应创新制度及制度结构优化基础上形成的制度体系的功能和作用，又需要构建保障制度体系落地实施的运行机制、动力机制

---

① 《生态文明建设和环境权入宪》，《中国环境报》2013年3月11日第1版。

和推进机制。从这个意义上讲,生态文明融入经济建设各方面和全过程的实施机制是一种基于特定目标实现的整合型或组合型的管理和调控方法,既有促进生态文明融入经济系统的实施机制,也有保障生态文明融入经济建设的相关创新制度体系落地的实施机制。因此,在社会主义市场经济条件下,必须基于不同经济主体的平衡和不同类型制度的实施,在机制分类、机制功能发挥的基础上建立多主体联动、多主体协同的实施机制整合框架。

## 一 生态文明融入经济建设的机制分类

生态文明融入经济建设的机制设计,是以明确机制分类和机制构成为前提。只有明确了机制的类型和结构,才能分析不同类型机制的功能以及不同类型机制之间的协同实施机理,这是促进生态文明深刻融入经济建设的实践保证。

### (一) 生态文明融入经济建设的机制功能与分类

生态文明融入经济系统是一个包括政府、企业、公众、家庭、社区和非政府组织等微观行为主体共同参与的经济运行系统,而运行良好的经济系统又是由政府、市场、社会构成的协同推进机制作为支撑和条件的。同时,中国特色社会主义经济系统又包括宏观、中观、微观等层次以及产业、空间、消费、要素等结构,"有效的环境公共治理机制,既涉及工业污染、农业污染以及居民生活污染的综合治理,也涉及企业、公民个人之间在污染治理以及环境保护中的受损或者受益,需要政府与利益相关者之间的良性合作互动"[①]。可见,政府、企业、公众、中介组织等经济行为主

---

[①] 卢友洪等:《外国环境公共治理:理论、制度与模式》,中国社会科学出版社2014年版,第6—7页。

体在促进区域经济、地方经济、产业经济的绿色化转型以及引导资源要素集约节约利用、产品绿色化设计与生产等方面扮演着重要角色。因此，可以把由政府、市场、社会等构成的经济行为主体，作为推进生态文明融入经济建设系统的实现机制分类依据。政府治理、企业责任和社会参与是推进经济健康运行的有机整体。只有构建以生态文明为导向的政府主导型、市场激励型、社会参与型经济运行整合机制，才能形成政府治理主体、市场责任主体和社会参与主体在推进生态文明融入经济建设实践中的巨大合力。

政府调控型实施机制是以政府主导运行的实现机制类型，包括各级政府在推进生态文明融入经济建设的实践中，对引导目标的设定、组织协调机构的建立、经济生态评价的确定、经济生态风险的防控、城乡生态建设联动等内容。政府调控型实施机制主要有两个功能：一是，对严格管理的强制性制度的执行和评估，需要一个行政管制部门机构和监督评估制裁系统，根据管制主体、管制范围和程度的不同，政府主导的调控型实施机制是由法律法制实施机制和行政执行实施机制构成；二是，针对经济建设系统中推进生态文明实践的职能部门"分散化"和制度实施"部门化"倾向，这就需要"整合职能相近的部门，由一个部门统一管理，实现组织层面的大部门体制；不能做到由一个部门管理的，要明确主次责任，由一个部门牵头，建立良好的跨部门协调机制，实现机制层面的大部门体制"①，由此形成推进生态文明融入经济建设系统的政府主导型运行体系。

市场激励型实施机制是以市场机制驱动的实现机制类型，强调在社会主义市场经济体制下正确处理市场与政府边界，发挥市场在资源配置中的

---

① 李文钊、蔡长昆：《整合机制的权变模型：一个大部制改革的组织分析》，《公共行政评论》2014 年第 2 期。

决定性作用,更好地发挥政府作用。市场机制是促进生态文明融入经济建设系统的主体推进机制,主要表现为价格机制、供求机制和竞争机制,共同引导着自然资源在社会主义市场经济中的优化配置。其中,经济利益驱动是市场机制在自然资源配置中发挥核心决定作用的核心机制,"利益是人们能满足自身需要的物质财富和精神财富之和,以及其他需要的满足"①。因此,推进生态文明融入经济建设,发挥市场机制在自然资源和生态产品优化配置中的决定性作用,就必须从自然资源所有权与经营权的产权改革入手,为形成自然资源节约型和环境友好型集约节约利用提供市场化配置前提。同时,从深化资源性生态产品的价格改革入手,构建反映资源稀缺程度、生态价值以及供求关系的价格形成机制,通过价格杠杆作用引导,加强对可再生资源产品和不可再生资源产品的价格杠杆作用实现对可再生资源生态产品和不可再生资源生态产品的高效集约利用;从产业结构优化升级入手,通过财政支持、税收减免、资金融通等方式大力发展资源节约型、环境友好型、生态安全型且具有巨大市场潜力和前景的生态产业和环保产业。总之,市场激励型实施机制是以市场利益协调和利益兼容方式核心,是推进生态文明融入经济建设系统的动力机制。

社会参与型实施机制是由社会机制推进的实现机制类型,强调包括政府、企业、公众、中介组织和社会团体等社会主体,对改善资源约束、环境污染和生态退化的现实迫切需求,这种生态需求既有社会组织的集体需求,也有社会公众的个体需求。随着社会主体对生活质量和对环境质量的要求提高,社会公众的个体需求和社会组织的集体需求逐渐转化为自觉行动。作为公众利益代表的政府组织,就有责任和义务倡导经济

---

① 洪远朋等:《经济利益关系通论——社会主义市场经济的利益关系研究》,复旦大学出版社 1999 年版,第 2 页。

绿色化发展、引导社会主体践行低碳生活和绿色消费，树立政府绿色发展形象，提高政府绿色治理能力。作为市场经济组织的企业，在获得经济利益的同时也要承担相应的资源环境代价，通过创新绿色生产技术，参与经济绿色发展、循环发展和低碳发展，满足公众对生态产品和环保产品的公共需求。社会公众是成长于一定社会关系中的鲜活生命个体，对能呼吸到新鲜的空气、喝到洁净的水、食到卫生的果蔬有着共同诉求，自然也会从自然生活方式出发，积极地参与到资源节约型、环境友好型、生态安全型的经济建设中来。最终，从社会层面上形成了包括政府公共引导、企业生态责任、公众生态诉求和中介组织环保倡议共同组成的社会参与型推进机制。

（二）机制整合：政府、市场与社会的衔接

生态文明融入经济建设系统是以绿色经济、循环经济和低碳经济为主导的新型经济形态和发展模式，是包含了政治、经济、技术、文化、生态、社会等因素的复杂系统。按照系统论一般原理，任何复杂系统的高效运行，都要以结构合理、协同配合的实践机制为基础条件。因此，推进生态文明融入经济建设、促进经济绿色化转型，不仅要在认知层面给予发展理念和规划的支持，还要在实践层面形成运行机制、动力机制和推进机制给予技术方法支撑，才能实现生态文明的理念、原则、目标等深刻融入于政府的经济行为、行政决策过程及企业、产业、园区、社区、区域、城乡建设等各方面和全过程。所以，这就需要整合各方参与力量、协调各行为主体关系，在一定法律、法规和制度框架下形成结构合理、功能互补、有机团结的整合型机制。

生态文明融入经济建设的机制设计需要清晰机制构成，才能把生态文明的理念、原则、目标内化为经济实践行动。经济机制是指经济系统运行过程中经济活动各相关主体、规划、产业、空间、制度等各相关要素相互联系、相互作用的方式及其促进经济系统高效运转的过程。具体来讲，经济机制类型划分是由经济运行系统不同要素和要件在其组合方式中占主导力量的经济主体属性决定的，即经济运行系统到底是政府主体主导运行、市场主体主导运行还是社会主体主导运行，是由参与经济建设的经济主体属性和地位决定的。生态文明融入经济建设系统的实现机制组合方式，也是由经济运行系统中不同层次的经济主体属性和地位决定的。只有经济运行系统中行为主体按照一定方式、结构和规律优化结合起来，才能发挥出实践机制在推进生态文明融入经济系统的整体效应和功能。

随着中国特色社会主义整体文明现代化建设深入推进，生态文明建设被纳入社会主义事业"五位一体"总体布局，既体现党和国家对社会主义现代化建设规律的深化认识，也反映了党和国家对社会主义国家现代化内涵和路径的拓展。这为推进社会主义生态文明深刻融入经济建设系统明确了基本方向，国家主导型经济绿色治理成为促进和实现社会主义经济绿色化转型的基本维度。由于市场经济是以获取经济利益为动力的经济运行体制，生态文明融入经济建设系统就要在国家主导和国家治理的基本框架下，以市场利益、经济激励为动力机制，运用价格机制、供求机制、竞争机制等驱动形成资源节约和环境保护的产业结构、空间格局、生产方式、生活方式和消费方式，实现经济绿色化的市场治理方式成为生态文明融入经济建设系统的主体维度。经济建设活动是由社会主体共同参与，经济发展的成果也应由社会主体共同分享，这决定了中国特色社会主义国家治理和市场治理框架下社会主体在推进生态文明融入经济建设系统中扮演着重要角色。因而，生态文明融入经济系统的实践机制应是由政府主导型政府治理运行机制、市场激励型市场治理动力机制和社会参与型社会治理推进机制构成的有机整体，形成基于"政府—市场—社会"机制分类基础上的整合型实施机制模型（如图6-2所示）。

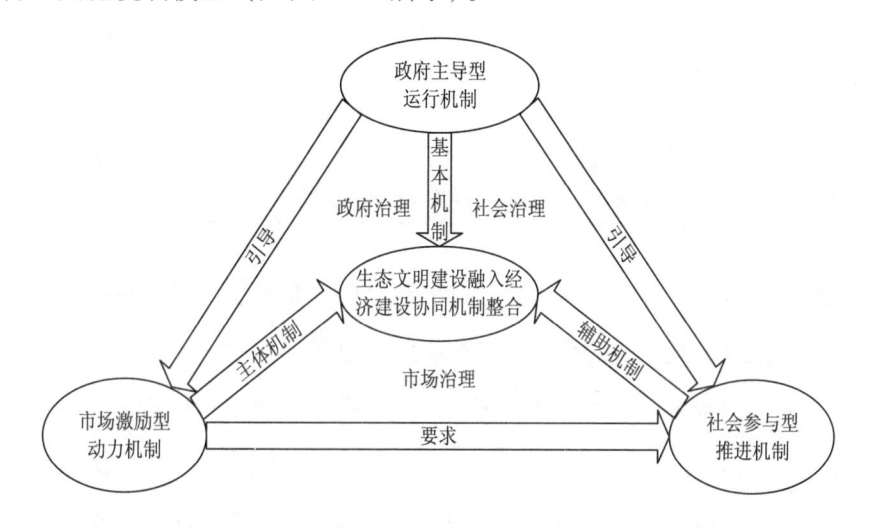

**图6-2 "三位一体"生态文明融入经济建设的整合型实施机制模型**

由图6-2可知，在中国特色社会主义市场经济框架下，生态文明融入经济建设的实践机制是内化于国家治理现代化目标之下的政府主导型运行机制、市场激励型动力机制和社会参与型推进机制"三位一体"协同整合机制，其中，政府主导型运行机制是基本机制和充分要件，为市场激励型动力机制和社会参与型推进机制确定市场和社会边界，提供引导性和规范性制度和政策条件；市场激励型动力机制是遵循市场经济规律的必然要求，是强化社会主义市场经济系统的动力机制和主体机制，为资源节约、环境友好、生态安全形成利益驱动和利益导向；社会参与型推进机制是以政府主导为方向引导、以市场激励为利益引导，是"政府—市场—社会"整合型实施机制的辅助机制，三者共同构成中国生态文明融入经济建设系统的整合型实施机制矩阵（见表6-2）。

表6-2　　　　　生态文明融入经济建设的机制整合矩阵

| | 政府主导型运行机制 | 市场激励型动力机制 | 社会参与型推进机制 |
|---|---|---|---|
| 政府主体 | 目标导向机制<br>目标责任机制 | 资源价格形成机制<br>生态产品竞争机制 | 政府参与推进机制 |
| 市场主体 | 组织协调机制<br>监管评价机制 | 生态资源供求机制<br>落后产能退出机制 | 企业参与推进机制<br>公众参与推进机制 |
| 社会主体 | 风险防范机制<br>城乡联动机制 | 资源投入约束机制<br>经济手段激励机制 | 中介参与推进机制 |

显而易见，由政府主导型的运行机制、市场激励型的动力机制和社会参与型的推进机制构成的整合型实施机制，纵贯经济建设系统的生产、交换、分配、消费等社会再生产各环节以及政府主体决策与执行、社会主体行为选择等各方面。对于不同主体、不同层次、不同产业、不同区域的生态文明融入经济建设系统而言，还应在一般性整合型实施机制框架下，构建适应不同主体、层次、产业、区域的具体实践机制，如基于不同经济发展程度的区域实践机制、基于不同产业部门的产业实践机制、基于不同产业园区和产业集聚程度的实践机制以及基于不同社会参与主体的实践机制。同时，生态文明融入经济建设系统的整合型实施机制具有结构性、动态性和适应性特征，能随着经济社会发展不断进行自我更新、调整和完善，吸收新的结构性要素以适应新的经济社会动态变化。

总之，推进生态文明融入经济建设系统是一场涉及价值观、生产方式、生活方式及发展模式的全方位变革的复杂系统工程，也是全社会共同推进、共同参与、共同享有的事业，需要最大限度地凝聚中国力量，形成政府主导、企业主体、多方参与、全民行动的推进格局和实践机制，各尽其责、各尽其能、各尽其力，才能建构起中国经济绿色发展、循环发展、低碳发展的美丽前景。

## 二 政府主导型的运行机制

政府主导型运行机制突出政府在生态文明融入经济建设的突出地位，它是市场激励型动力机制和社会参与型推进机制的实践前提。政府主导型运行机制并不是只看到了政府主体所扮演角色，而是明确了政府在生态文明融入经济建设系统中具有的目标引导、目标责任、组织实施、风险防范、监管评价以及城乡联动等功能作用，从而为市场激励型动力机制和社会参与型推进机制设定运行框架。可见，生态文明融入经济建设系统的政府主导型运行机制主要是从宏观战略层面来展开和提出相应整体制度框架的（如图6-3所示）。具体来看，由政府主导推进生态文明的理念、原则、目标深刻融入和全面贯穿于城乡企业、产业、园区、社区等不同层面经济建设系统的实施机制，主要包括目标导向机制、目标责任机制、组织协调机制、风险防范机制、监管评价机制和城乡联动机制等。

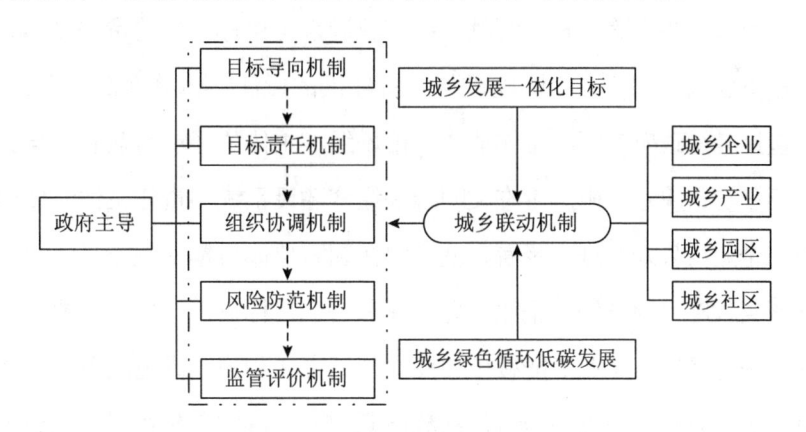

图6-3 生态文明融入经济建设的政府主导型运行机制

### （一）目标导向机制

政府目标设定是科学引导生态文明融入经济建设系统的首要前提，有了不同层次的目标，就有了明确的方向。政府目标设定应根据政府的层级确定，主要包括中央和地方两个层面的目标，中央宏观把握，地方根据中央设定的总体目标，确定与本地区具体经济发展实际相适应的地方目标，准确引导和推进地方生态文明融入经济建设系统，如生态文明融入产品、产业、企业、园区、社区、区域等不同层次，实现绿色产品目标、循环产业目标、循环企业发展目标、生态产业园区目标、绿色低碳社区发展目标以及区域绿色发展目标等，在此基础上建立健全各地方经济绿色化发展的目标目录，为目标责任落实奠定基础。因此，推进生态文明融入经济建设系统的各方面和全过程，建立健全中央与地方协同互动、有机统一的目标导向机制是其基本前提。

（二）目标责任机制

目标责任落实是政府目标实现的基本环节，仅有目标设定，没有责任落实，再好的目标也只会束之高阁。根据国家总体目标和地方具体目标设定，需要进一步明确生态文明融入经济建设系统目标实现的责任主体，落实目标责任。中国生态文明建设与经济建设的责任主体具有高度一致性，主要包括各级政府部门的工作落实、市场经济主体的经济实践和社会公众的广泛参与，决定了中国生态文明融入经济建设系统的责任主体主要也是政府、企业与公众。进一步看，就需要在国家总体目标和地方具体目标导向下落实政府目标责任、企业目标责任和公众目标责任，如政府绿色规划与绿色采购责任、企业节能减排与技术创新责任和公众绿色消费与低碳出行责任等。只有从中央到地方、从政府到企业、从城市到乡村、从生产者到消费者逐步建立起基于经济行为主体的目标责任机制，实现经济发展生态文明化转型才成为可能。

（三）组织协调机制

生态文明融入经济建设系统需要构建运行高效、组织有序的组织协调机制加以推进,这是实现导向目标和落实目标责任的组织条件和运行载体。近年来,每到秋冬季节,几乎覆盖整个中国城镇区域的极端雾霾天气,一再证明中国经济发展陷入了"治理赶不上污染""法律规范愈多而污染愈严重"的恶性怪圈。这既有经济发展目标导向不清晰、主体责任难落实的问题,更有行政部门未能形成资源节约和环境保护的组织协调机制以及政府经济发展与生态治理不协调和不平衡的问题。同时,一方面,中国"仍是一种半封闭的行政模式,政策的制定和执行更多的是政府领导决定,缺乏民主参与机制,政府回应以内部回应和被动的职能性回应为主"[1],相关政府职能部门在配套制度、规则制定及执行中"夹杂"部门利益,扭曲了配套制度规则制定和执行的真实意图;另一方面,在政府行政利益"部门化"管理体制下,更难形成全面体现政府公共利益的利益协同组织机制,不仅影响了相关法律法规的落实,也影响了目标责任的落实。因此,构建基于公共利益的组织协调机制,推进国土资源、环境保护、农业相关部门的大部制改革,整合资源、环境和生态相关部门职能,是推进生态文明深刻融入经济建设系统各方面和全过程的关键,它是有效连接目标导向、目标责任和风险防范、监管评估的中介环节和枢纽。

(四) 风险防范机制

在推进生态文明的理念、原则、目标深刻融入经济建设系统的过程中,既要监测和评估"融入"的质量、水平和绩效,又要关注"融入"带来的可能性风险。建立风险防范与预警机制至关重要。风险防范与预警机制包括三个层面的内容,即针对风险源、风险客体、风险结果管控的防范

---

[1] 陈国权等:《责任政府:从权力本位到责任本位》,浙江大学出版社2009年版,第83页。

预警机制,三者共同构成经济绿色化发展转型的风险防范预警机制整体。具体来看,一是,根据风险源的性质建立健全洪涝、水土流失、地震等自然灾害引起的生态风险防范机制和由重金属污染、化学物质污染等人类活动引起的生态风险防范机制,以及兼顾单一风险源和多重风险源引起的生态风险防范机制;二是,根据风险客体的集聚程度和风险结果发生的尺度,建立健全以种群、群落和生态系统为基本单元的风险防范机制,如建立以特定企业、园区、产业、社区以及特定生物种群、流域、湿地、湖泊为客体的生态风险防范机制。从生态风险源、风险客体、风险结果三个层面协同建立生态风险防范预警机制,才能使经济建设系统在生态文明化转型过程中减少和分散生态风险源、集聚生态正效应。

(五) 监管评价机制

监管评价是评估事物发展绩效、面临风险以及行为主体进行策略选择、策略制定和策略实施的重要步骤。在中国经济发展实践中,以政府、企业、公众等经济行为主体对经济体制和生态文明体制的响应与反馈、对经济运行活动的生态责任与诉求,是判断经济发展水平、质量和效益的重要依据。政府主导型的生态文明融入经济建设系统,必须加强对经济行为主体的监管以及对经济活动行为的绩效评估。因此,根据中国生态文明融入经济建设系统的总体战略框架,加快经济发展方式绿色化转变,需要构建反映资源消耗、环境损害、生态效益等体现经济发展质量和效益的具体指标,使其成为综合评价产品、企业、产业、园区、社区、区域等不同层次和领域生态文明化水平的约束和导向指标。同时,监管评价机制还涉及谁来监管、谁来评价的问题。随着社会主义市场经济体制逐渐完善,政府引导、市场决定、社会参与在经济建设实践中将更加明晰,监管评价的主体不可能完全由"政府说了算",必须引入市场监管评价主体和社会公众监管评价主体，按照裁判员和运动员分离的原则，形成生态环境监管、生态环境治理、生态环境监测相结合的组合型监管评价机制。

（六）城乡联动机制

城乡发展一体化是国家推进新型工业化、信息化、城镇化、农业现代化和绿色化同步发展的战略目标和根本途径。工业化、信息化、城镇化、农业现代化是中国经济建设的四大关键领域，工业是国民经济的主导产业，信息化是国民经济发展的重要支撑，城镇发展是国民经济建设的重大引擎，农业是国民经济建设的基础。一定程度上，绿色化是新型工业化、信息化、城镇化和农业现代化的核心理念。城乡统筹治理、保护环境是城乡一体化改革的切入点和历史任务，环境保护的外部性和外溢性决定了城乡统筹才能实现环境保护和可持续发展。[①] 因此，生态文明融入经济建设系统，要依托构建城乡联动机制促进生态文明融入城乡工业发展、农业发展、技术发展、城镇发展，把生态文明理念、原则和目标深刻融入城乡建设的"主体—规划—产业—空间—制度"等各方面和全过程作为城乡发展战略导向的基本内容。生态文明融入经济建设系统的城乡联动机制强调城乡之间、工农之间的物质能量交换以及资源均衡配置和要素自由流动，有助于协同推进中国美丽乡村和美丽城镇建设，形成城乡共建共享天蓝、水净、地绿的美好家园新格局。

### 三　市场激励型的动力机制

随着中国特色社会主义市场经济理论和实践的深化，经济行为主体逐渐摆脱了传统经济学将自然资源、生态产品、生态环境等看成是经济建设

---

① 参见杜受祜《城乡一体化新目标：城乡统筹建设生态文明》，《决策咨询通讯》2009年第4期。

系统运行的外部要素和条件的认识误区，将其视为经济建设系统的内在成本和稀缺性要素。这对市场机制在自然资源、生态产品的优化配置和重新组合中发挥决定性作用提出了更高要求。因此，由市场激励型的利益协调与利益兼容构成的动力机制是将经济发展中的自然资源、生态产品和生态环境成本内在化的根本机制。通过市场激励型的动力机制激活经济行为主体活力、引导经济行为主体转变经济发展方式，逐步消除传统经济增长方式带来的资源消耗、环境污染和生态退化等外部性影响。市场激励型的动力机制是指通过价格机制、供求机制、竞争机制和经济政策手段等作用方式引导自然资源和生态产品优化配置和重新组合的过程，是对市场经济规律的基本遵循。所以，推进生态文明深刻融入经济建设系统，就必须遵循市场经济规律，发挥由价格机制、供求机制、竞争机制以及经济政策手段构成的市场激励型的动力机制，将经济建设中的资源消耗、环境污染、生态退化等外部性影响成本内部化，形成有助于实现公众个体、企业主体、产业园区、产业集群、城乡社区等不同层次和不同主体之间利益兼容和利益协调的资源价格形成机制、生态产品竞争机制、生态资源供求机制、落后产能退出机制、资源投入约束机制、经济手段激励机制在内的市场激励型动力系统（如图6-4所示）。

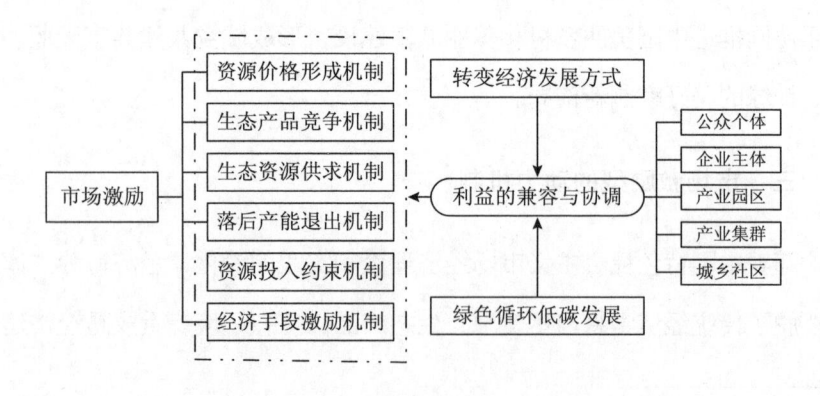

图6-4 生态文明融入经济建设的市场激励型动力机制

## （一）资源价格形成机制

社会主义市场经济体制的完善离不开生产要素市场的完善，而生产要素市场的完善离不开资源价格形成机制的市场化改革。① 由于长期受制于传统自然观误导和计划经济体制惯性依赖，中国目前尚未完全建立起反映市场供求关系和资源稀缺程度的资源价格形成体制机制，存在初级资源价格与资源成品价格倒挂、资源价格未体现稀缺程度和环境代价、资源价格形成机制缺乏配套政策、国内与国际资源价格形成相分离等问题。一方面，缺乏自然资源价格形成机制建立的体制基础。自然资源的开发、利用和保护分属于不同部门，且中央与地方各级政府对自然资源的开发、利用和保护又具有不同权利诉求，地方政府呈现出"公司主义"倾向，以廉价资源开发和利用价格吸引外来投资，形成"政企合谋"的经济增长模式，进一步扭曲了自然资源的形成价格。另一方面，自然资源价格的定价主体正处于由政府定价向市场机制定价的转换过程中，自然资源市场体系还不健全和规范，政府定价往往主导着市场定价，严重扭曲了自然资源的形成价格。可见，"扭曲的要素市场，非市场因素形成的资源价格，只会导致大量商品价格的扭曲，也不能充分反映商品的稀缺程度，不利于资源的有效配置"②，会进一步造成自然资源和生态产品流向高消耗、高排放、高污染产业。

因此，在社会主义市场经济条件下，要发挥市场机制对自然资源和生态产品的优化配置、要素重组的决定性作用，首要任务就是深化资源性生态产品价格改革，逐步建立能集中反映市场供求、市场规律和资源稀缺程度的资源价格形成机制。一是，遵循"代际公平、合理补偿"的原则，利

---

① 参见苏扬《由矿产资源价格形成机制引申》，《改革》2010年第8期。
② 杨志勇：《资源价格的改革取向》，《改革》2010年第8期。

用价格杠杆作用建立资源价格体系，既体现资源开发中的合理补偿，如能源税、资源税、环境税等，又体现资源开采、运输和使用中的直接投入成本以及资源消耗后期引发的环境污染治理成本等。二是，正确处理政府与市场的关系，让市场作为自然资源和生态产品的定价主体；理顺各级政府与市场在自然资源和生态产品定价中的作用边界，引导包括水、电、气、油、煤等资源市场定价能客观真实反映社会成本和社会公正，形成以市场形成价格为基础、以政府调控价格为辅助的自然资源价格形成机制。

## （二）生态产品竞争机制

竞争机制是社会主义市场经济的核心机制之一。自然资源和生态产品等要素的稀缺性和价值性，是社会主义市场经济竞争机制形成的决定性因素。在建立反映市场供求关系和资源稀缺程度的自然资源价格形成机制后，需要进一步形成一个统一、开放、竞争、有序的自然资源和生态产品市场竞争机制。一方面，在社会主义市场经济规律和政府宏观调控的共同作用下，自然资源和生态产品市场竞争机制可以有效实现自然资源和生态产品跨区域、跨行业、跨产业、跨企业的有序流动、有序竞争和高效利用。另一方面，有助于引导经济行为主体在社会主义经济建设实践中，充分考虑产品生产、产业发展、企业发展、生活消费的生态成本和环境代价，激发社会主义市场经济行为主体通过绿色技术、循环技术、低碳技术创新发展，更新产业循环发展、产品生产设计的技术工艺，生产出具有更高生态竞争力的绿色产品。

## （三）生态资源供求机制

供求机制是反映资源要素供给与需求之间相互关系的市场机制之一。以自然资源价格形成机制为前提、以生态产品市场竞争机制为运行条件的社会主义市场经济机制,实现了自然资源和生态产品的均衡配置和重新组合。但与此同时,在市场机制决定自然资源和生态产品优化配置和重新组合过程中,自然资源和生态产品的市场供给与市场需求发挥着重要调节功能,像"指挥棒"一样引导着自然资源和生态产品的优化配置。因此,市场激励型的动力机制也包括反映市场需求状况的供求机制。一方面,自然资源的价格形成是由自然资源的价值决定,并体现自然资源的价值;另一方面,自然资源的价格形成又受市场供求关系变动的影响,当市场需求大于市场供给时,自然资源的价格便高于其价值,反之则反。所以,由自然资源和生态产品的供求关系、供需状况形成的供求机制在自然资源高效利用中扮演着重要角色。尤其要注意的是,对关系国计民生的短缺性自然资源和垄断性资源能源产品,要在市场定价的基础上结合政府调控定价,确保供求均衡和供需平衡状态下自然资源和能源产品的价格在合理区间内浮动,有效遏制因其市场供需矛盾引起市场价格波动和市场紊乱,以及过度需求带来更加严重的资源消耗、环境污染和生态破坏等问题。

## (四)落后产能退出机制

转变经济发展方式、形成资源节约和环境保护的空间格局、产业结构、生产方式、生活方式和消费模式,必须发挥市场机制在资源优化配置和产业结构升级中的决定性作用。在资源价格形成机制、生态产品市场竞争机制、生态资源供求机制的基础上,要逐步建立健全反映市场经济效率、社会公平和生态效益的落后产能退出机制。资源价格形成机制的建立健全,摆脱了传统经济增长模式对自然资源和生态产品的认识缺陷,逐渐将生态资源成本和环境污染成本内部化为企业经营、产业发展的成本,对于高投入、高消耗、高排放的企业和产业而言,需要重新审视企业经营和产业发展的成本和效益问题;生态产品市场竞争机制的形成和建立,也促使产业结构优化升级和企业创新研发新的生态产品，对于传统型、落后型产业以及难以满足社会公众绿色生态需求的企业，也会在社会主义市场竞争中面临淘汰；生态资源供求机制也将引导自然资源和生态产品向经济效益更高、未来发展潜力更大的企业和产业流动。总之，市场价格、市场竞争、市场供求共同决定了新一轮经济发展和产业结构升级的方向和要求，突出清洁能源、可再生能源、新兴绿色产业、城乡绿色建筑和生态环境综合整治等新的经济建设重点和经济增长点，加快淘汰高消耗、高污染、高排放的落后产业，有助于扭转中国经济发展环境恶化的趋势。

### （五）资源投入约束机制

自然资源是经济活动展开的必备要素，自然资源要素的投入和利用方式，是决定经济绿色化水平和程度的重要评估变量。推进生态文明融入经济建设系统、实现经济绿色化转型，就需要建立新型自然资源要素投入约束机制。生产要素和自然资源投入约束机制是以自然资源有偿使用为前提和以严格的资源管理体制为保障的。因此，发挥市场机制在自然资源优化配置和生产要素重新组合的决定性作用，就必须以自然资源有偿使用为主导，以严格管理的政府调控为辅助。自然资源和生态产品有偿使用是以明确的产权归属为依据和以资源价格形成机制为条件的。以资源价格形成机制推动资源投入约束机制建立，推动自然资源和生态产品的有偿使用和有价使用，限制经济主体对资源环境的掠夺式开发。同时，以自然资源市场形成价格为依据，建立健全资源消耗安全投入与生态环境修复保证金约束机制，对那些因过度投入自然资源而引起的资源约束、环境污染和生态退化的企业、产业、工业园区等形成市场化约束机制，逐步建立针对高投入、高耗能、高污染、高排放的企业、产业、产业园区的自然资源和生态产品的量化投入约束机制，促进这些企业、产业和产业园区发展转型或产能淘汰。

### (六) 经济手段激励机制

推进生态文明融入经济建设系统，离不开市场激励型的经济手段加强对经济行为主体的行为引导和利益引导。在逐步建立和健全资源价格形成机制、生态产品市场竞争机制、生态资源供求机制、落后产能退出机制和资源投入约束机制的基础上，完善有利于促进经济绿色、循环、低碳发展的经济政策手段和激励机制，对加快转变经济发展方式具有重要补充作用。通过设置专项支持资金和财政支出机制、构建绿色税收机制、建立信贷融资机制等方式，形成对经济行为主体参与经济建设的激励体系，也是遵循市场经济规律、引导经济行为主体高效集约节约利用资源、加强生态环境修复的一种有效利益激励型动力机制。就政府而言，可以设置绿色技术研发、绿色产品设计等专项支持资金，在适度财政基础上按一定比例和规模提取财政支出资金专项支持国家和地方投入重大绿色经济、循环经济、低碳经济发展试点项目，并对环保企业、绿色产业、绿色消费给予税收优惠和投融资支持；就企业而言，企业内部同样可以设置绿色、循环、低碳等生态技术和生态产品研发资金，配额一定比例支持其重点绿色研发项目的工作开展等。总之，经济政策手段激励的主体既可以是政府，也可以是企业，但仍是以市场激励和经济利益方式予以呈现，所以经济政策手段激励机制也是市场激励型的动力机制之一。

### 四 社会参与型的推进机制

基于经济主体的共同责任和公共利益，推进生态文明融入经济建设需要微观经济主体的广泛参与和实践。一般而言，经济行为主体的广泛参与包括两个层面的内容：一是经济行为主体进行经济建设的思想观念参与；二是经济行为主体进行经济发展的实践行动参与。促进经济绿色发展、循环发展和低碳发展的微观经济主体，主要包括政府部门、企业、公众和中介组织等。习近平同志在浙江省担任省委书记时曾指出："不重视环境保护和生态建设的政府是不清醒的政府；不重视环境保护和生态建设的部门是不称职的部门；不重视环境保护和生态建设的企业是没有希望的企业；不重视环境保护和生态建设的公民是没有社会公德的公民。"① 就政府而言，它既是相关制度和政策安排的供给者，主导着经济绿色化转型方向；但政府又是代表社会公共利益的组织机构，是社会发展理念的引导者、行为的示范者和产品的消费者，在促进经济绿色化转型实践中，与社会公众具有共同的生态价值诉求。作为市场经济微观主体的企业，既是物质财富的创造者和技术进步的创新者，又是自然资源、生态产品的消耗者以及污染排放的责任者，激活企业参与经济绿色发展、循环发展、低碳发展以及绿色技术创新的活力和动力，对加快经济生态文明化转型至关重要。社会公众既是经济建设的参与者、经济发展成果的受益者和各类经济产品的消费者，也是资源消耗、环境污染和生态退化的直接受害者和面对者，主动维护其生活空间和生态空间以及主动转变生产生活方式成为社会公众的普遍选择。同时，中介组织、社会团体等非政府组织在生态文明融入经济建设系统中扮演着日益重要的社会监督、环境评价审核作用，绿色发展离不开非政府组织和第三方组织的参与。因而，推进生态文明融入经济建设，就需要激发政府、企业、公众和中介组织的参与积极性，形成政府参与、企业参与、公众参与、中介组织参与的社会参与型或经济主体组合型推进机制（如图 6-5 所示）。

---

① 习近平：《生态兴则文明兴》，《求是》2003 年第 13 期。

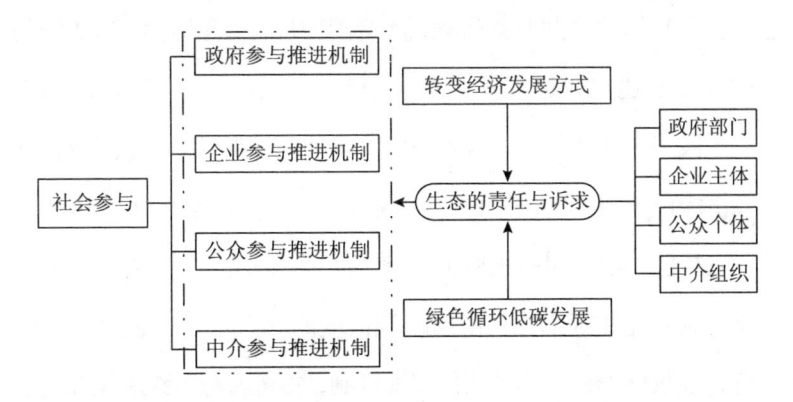

图6-5 生态文明融入经济建设的社会参与型推进机制

## （一）政府参与推进机制

良好的生态环境是最公平的公共产品，具有非竞争性与消费的非排他性，这就决定了政府是良好的生态环境这一公共产品的提供者。[①] 可见，政府的参与在促进经济绿色化发展中具有不可替代的作用。政府是象征一个国家各级政治权力的政治组织，是整个社会促进经济绿色化发展的公共利益代表者和为社会公众提供生态环境公共产品的提供者。这就要求，政府一方面要从自我做起，规范其经济行为，发挥政府在全社会的示范和引领作用，加强政府自身绿色采购机制、绿色预算机制、绿色审计机制和绿色评估机制的建设；政府部门和国家机构的办公产品、办公场所和设施要以节能环保、资源循环利用的产品和建筑为主，引导政府公职人员形成资源节约、环境保护的生态意识；对政府职能部门和公职人员的年终绩效考核，要把行政区域内资源节约、环境改善、生态修复以及城乡社区生态示范建设作为重要参评内容。另一方面，政府参与推进除了"管好自己"之

---

① 参见郗永勤等《循环经济发展的机制与政策研究》，社会科学文献出版社2014年版，第189页。

外，还要发挥其作为公共利益代表的政治组织和管理机构的职能作用。政府参与推进必须建立政策规划评估和更新机制、法律法规修正和完善机制、调控手段多元化支撑机制和绩效评估改进机制，以政策创新和规划引导推进经济绿色化发展的先期试点与规范运行；以明确经济主体法律权利与义务、发挥法律法规具有的强制、激励和引导功能推进经济绿色化发展的法治化、制度化和规范化；根据政府适度的财政水平，建立健全以专项资金支持、税收优惠支持等多元化支撑机制，推进资源节约利用和生态环境改善；并通过更新和改进政府对企业、产业、产业集群、区域经济等领域生态环境评估方案，把单位经济增长的资源能源消耗、单位经济增长的污染物排放以及城乡社区废弃物循环回收利用率和处理率等作为重点评估内容，发挥政府参与推进生态文明融入经济系统的自我规范和公共引导作用。

## （二）企业参与推进机制

企业参与推进生态文明融入经济建设系统，是由两个方面共同决定的。一是由企业社会责任的丰富拓展决定的。企业社会责任（Corporate Social Responsibility，CSR）是指企业在追求利润最大化和对股东负责的同时，兼顾员工、消费者等其他利益相关者的需求，以实现长期的经营战略。[1] 随着经济社会全面发展，企业对利润和收益的追求不再是唯一单项目标，企业主体逐渐从经济效益延伸到社会效益、生态效益，将社会目标和生态目标的实现作为其社会责任。从这个层面来讲，企业参与推进生态文明融入经济建设系统，需要更好地发挥企业在经济建设、公益服务和生态改善等领域的突出作用，实现企业社会责任的多元拓展。二是由企业所具有的创新精神和创新动力决定。企业是市场经济的微观主体，也是市场

---

[1] 参见吴军红《建立完善的企业社会责任体系》，《红旗文稿》2012 年第 3 期。

经济充满活力的源泉，不仅是物质财富的创造者，更是技术进步的承担者和创新者。经济发展方式的绿色化转型，归根结底还是企业、产业、园区、区域的经济生产方式的绿色化以及科学技术的绿色化。在这一过程中，作为市场经济微观主体的企业在生产要素和自然资源的重新组合与优化配置中具有决定性作用。因此，企业参与推进经济绿色化发展，需要激发企业所具有的技术革新精神和实现企业成本最小化的内在动力，通过技术创新、工艺改进生产出既满足市场需求和符合生产生活标准的绿色产品，又能实现企业资源消耗再利用、污染排放减量化，实现经济效益、社会效益和生态效益的有机统一。总之，企业参与经济绿色化发展转型，必须构建以科学技术创新为核心的企业绿色发展模式。

### （三）公众参与推进机制

作为拥有共同生态权益诉求的生命个体，社会公众是推进生态文明融入经济建设系统、实现经济绿色发展的社会基础和基本主体。社会公众既是经济建设的参与者和经济发展成果的受益者，又是生态环境污染的直接受害者。因此，社会公众在参与经济建设、分享经济成果的同时，也有义务和责任维护自身生态环境权益，积极参与到绿色经济、循环经济、低碳经济发展中去。社会公众在行使其参与推进经济系统生态文明化转型的参与权、知情权、监督权和诉讼权的同时，也在不断提升自身绿色消费、环境保护的生态文明思想意识和行动能力。显然，社会公众主动参与推进生态文明融入经济建设系统，是由社会公众环境保护意识和生态环境权益提升决定的，是在政府主导型和市场激励型推进经济绿色化发展中，以"自下而上"的形式参与推进经济绿色化发展的实践过程。但也要看到，社会公众对政府决策和政策实施监督具有局限性，表现在其生态文明意识的参差不齐和法律法规意识淡薄以及侧重于末端参与等，对社会公众参与推进经济绿色发展的范围、程序、方式、途径等都形成制约。因此，社会公众参与推进生态文明融入经济系统的推进机制，需要从参与意识、参与过程、参与程度、参与效果等方面予以统筹安排，构建生态文明融入经济系统的预案参与机制、过程参与机制、末端参与机制、行为参与机制、权益价值表达机制在内的公众参与推进机制。预案参与是一种政策性或立法性参与，社会公众参与到生态文明融入经济建设系统的政策、法律、法规的制定以及生态产业、生态园区发展规划制定全过程的一种参与形式；过程参与是一种监督性参与，公众对促进经济绿色化发展的法律法规执行、项目规划实施以及区域开发建设等进行监督，保证社会公众的知情权，确保各项工作和经济行为符合公众生态利益；末端参与是一种监督性救济参与和权利表达的重要方式，对经济主体造成的资源破坏、环境污染、生态权益侵害等行为进行举报和诉讼；行为参与是社会公众个体的自觉性和自律性参与，每一社会公众个体要求自己形成绿色消费、资源节约和环境保护观念，践行绿色消费、资源节约、环境维护的自觉行动。同时，社会公众可以通过环境文化培育，形成德治与法治协同推进的生态文明融入经济系统的协同参与推进机制。

（四）中介组织参与推进机制

推进经济建设生态文明化转型，不仅需要作为公共利益代表的政府参与和作为经济利益实现主体的企业参与，也需要社会公众的广泛参与，更需要发挥各类中介组织、社会团体、科研院所等非政府组织的重要作用。以科学发展观为指导、以科学发展为主题、以经济发展方式转变为主线的经济绿色发展、循环发展和低碳发展，赋予了中介组织、社会团体、科研院所新的角色和地位，拓展了非政府组织在资源集约节约利用、环境保护和生态修复中的实践空间，如针对政府提供法律咨询和政策咨询，针对企业提供废弃物交易信息、绿色技术支持和绿色培训与评估管理，针对社会公众提供绿色信息服务等。因此，具有上述功能的非政府组织和机构，可以承接政府无力承担、企业不愿承担却又关系资源利用、环境改善和生态修复的生态型公共服务项目。一是，积极发展废弃物回收利用的非政府组织，与企业形成委托—代理关系，对其产生的包装废弃物进行分类和回收再利用；二是，大力发展废旧物品交易信息发布的中介组织和情报网络，形成废旧物品交换和废品回收的情报服务网络，为政府、企业、公众提供废旧物交易信息，推动废旧物品减量化；三是，发展有效联动政府、企业和公众的政策咨询、技术支持和法律法规咨询的中介组织，加强与学校、研究机构、城市社区在生态环境改善和资源循环利用方面的合作。总之，要推进生态文明融入经济建设系统，就要注重培育以咨询评估、信息发布、监督管理为主要功能的非政府组织。

第七章

# 生态文明融入经济建设：载体选择与推进路径

"人的思维是否具有客观的真理性，这并不是一个理论的问题，而是一个实践的问题。"①

——马克思

生态文明融入经济建设是一个理论和实践结合的重大现实命题，不仅要从理论上分析其系统构成与运行机理，重视其战略目标导向、制度体系创新和实现机制整合；也需要从实践上优选生态文明融入经济建设的实施载体，探索可行路径。因此，面向"十三五"时期我国经济建设重大实践，立足于协同推进新型工业化、信息化、城镇化、农业现代化和绿色化"五化同步"发展战略，坚持实施主体功能区规划，以建设新型城镇化发展格局、农业现代化发展格局、生态安全格局和自然岸线格局为战略蓝图，把功能区规划、农业现代化、新型城镇化作为生态文明融入经济建设的重要切入点和突破口。本书主要以功能区规划、现代农业产业、新型城镇空间为实施载体，尝试提出生态文明融入经济建设的"规划—产业—空间"协同推进路径。

---

① 《马克思恩格斯选集》（第1卷），人民出版社1972年版，第16页。

## 第一节　生态文明融入经济建设的载体选择

推进生态文明的理念、原则、目标等深刻融入和全面贯穿到经济建设各方面和全过程，找到切入的实践平台和载体是关键。只有明确实践平台和载体，才能真正实现经济发展绿色化转型。

### 一　基于复杂特性的载体分类

#### （一）生态文明融入经济建设的载体特性

生态文明融入经济建设是一个覆盖经济、政治、文化、社会多个层面，跨越微观、中观、宏观多个层次，涉及政府、企业、公众、非政府组织的多个主体，贯串生产、分配、流通、消费多重环节，包含人口、资源、环境多种要素的系统工程。这决定了生态文明融入经济建设的实践载体和平台具有复杂特性。

第一，层次差异性。从经济建设的层次来看，既有国家宏观战略层，又有省域、市域、县域、镇域、园区、企业等地方中观和微观层。从经济建设的差异来看，不同层次和区域的经济建设对生态文明的要求、目标和路径具有层次差异性和区域差异性。因此，科学区分实践载体的层次差异性，针对不同层面、层次、主体、环节和要素提出具有针对性的融入原则、要求和思路，是推进生态文明融入经济建设的前提。

第二，复杂综合性。经济建设各方面和全过程所覆盖的层面、跨越的层次、涉及的主体、贯串的环节和包含的要素错综复杂、相互交织，这一基本事实决定了生态文明融入经济建设的实践载体具有复杂综合特性。试图绕开实践载体的复杂综合性特征，忽视经济建设各层面、各层次、各主体、各环节、各要素的协同性，单就经济建设的宏观、中观、微观层次或生产、流通、交换、消费环节或政府、市场、公众个体或资源要素利用等方面进行"绿色改造"，均不可能真正形成资源节约型、环境友好型和生态安全型的空间格局、产业结构、生产方式和生活方式。

第三，时空演化性。不同时期和不同空间经济建设的重点、难点和优先序不同，决定了以生态文明为导向的经济建设实践载体还具有时空演化性。科学把握这种时空动态演化特征，是促进生态文明融入经济建设的重要环节。以中国为例，新中国成立初期，为尽快恢复国民经济、打破国际封锁并建立完整的工业体系，实施了以发展重化工业为核心、以"大炼钢铁、毁林开荒"为支撑的经济战略，据此反思性地提出"植树造林、绿化祖国"的发展思路；当前，由工业化、信息化、城镇化、农业现代化深度实践带来的资源约束趋紧、环境污染严重和生态系统退化等严峻形势日益凸显，以产业、空间、技术为实践载体的绿色发展逐步提上议事日程。

## （二）基于复杂特性的载体分类

基于实践载体具有的层次差异性、复杂综合性和时空演化性特征，生态文明融入经济建设的实践载体可归为基于尺度综合和基于区域综合的实践载体（如图 7-1 所示）。

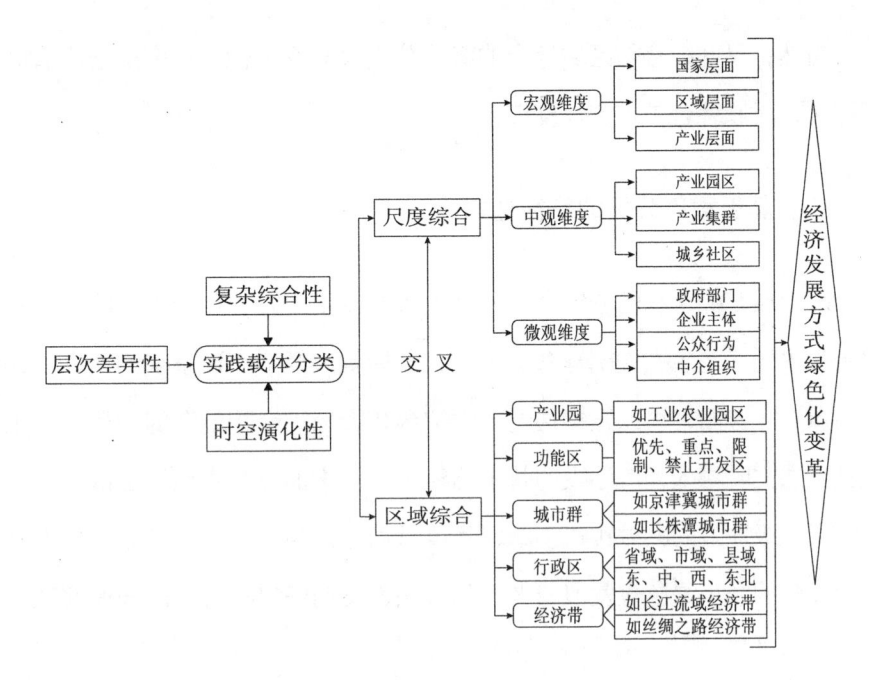

```
                          ┌─ 国家层面
               ┌─ 宏观维度 ─┼─ 区域层面
               │          └─ 产业层面
        ┌ 尺度综合         ┌─ 产业园区
        │      ├─ 中观维度 ─┼─ 产业集群
        │      │          └─ 城乡社区
复杂综合性│      │          ┌─ 政府部门
   │    │      └─ 微观维度 ─┼─ 企业主体
层次差异性─实践载体分类  交叉              ├─ 公众行为        经济发展方式绿色化变革
   │    │                 └─ 中介组织
时空演化性│      ┌─ 产业园 ── 如工业农业园区
        │      ├─ 功能区 ── 优先、重点、限制、禁止开发
        └ 区域综合├─ 城市群 ── 如京津冀城市群 / 如长株潭城市群
               ├─ 行政区 ── 省域、市域、县域 东、中、西、东北
               └─ 经济带 ── 如长江流域经济带 / 如丝绸之路经济带
```

**图 7-1 生态文明融入经济建设的载体分类**

第一，基于尺度综合的载体分类。从宏观维度来看，生态文明融入经济建设的载体决定于建设美丽中国和实现中华民族永续发展的战略要求，分解为国家层面、区域层面和产业层面，明确了生态文明的理念、原则、目标融入国家、区域和产业思路。从中观维度来看，生态文明融入经济建设的载体分为产业园区、产业集群、城乡社区等。从微观维度来看，生态文明融入经济建设的载体分为政府部门、企业、公众、中介组织、社会团体等各类具体行为主体。

第二，基于区域综合的载体分类。区域是生态文明融入经济建设的空间实践载体。随着产业分工合作、经济集聚效应和资源要素流动性增强，打破行政区划主导的经济发展惯性已成为市场经济发展的趋势。基于特定区域资源、环境、生态承载能力及由主体功能区制度规制形成的功能区、产业园、城市群、行政区、经济带等空间综合体，将是生态文明融入经济建设的重要载体。

当然，尺度综合与区域综合的载体分类具有交叉性，尺度综合中有区域综合，区域综合中包含尺度综合。

## 二 基于载体分类的路径选择

基于尺度综合和区域综合的分类载体构成了生态文明融入经济建设的平台和依托，是生态文明理念、原则、目标融入经济建设系统的切入点和着力点。一方面，可以直接通过尺度综合和区域综合相结合的载体分类来优化生态文明融入经济建设的基本路径。另一方面，基本路径是嵌入于和来源于各级地方的具体实践创新，又可以通过窥视各级地方推进以生态文明为导向的经济绿色化发展的内容和方法，反向确定具有全国普遍性意义的基本路径。

党的十八大以来，围绕协同推进新型工业化、城镇化、信息化、农业现代化和绿色化同步发展战略，明确了中国以生态文明为主导的产业、技术和空间绿色化路径。各级地方政府循此思路，积极开展以生态文明为导向的经济绿色化实践（见表7-1）。

表7-1　各省（市）积极推进生态文明融入经济建设的内容与方法①

| 省/直辖市 | 内　　容 | 主　要　方　法 |
| --- | --- | --- |
| 北　京 | 率先形成人与自然和谐发展的现代化建设新格局，建设国际一流和谐宜居之都 | ①《中共北京市委北京市人民政府关于全面提升生态文明水平推进国际一流和谐宜居之都建设的实施意见》<br>②统筹政府、社会、市民三大主体，统筹空间、规模、产业三大结构，调动主体生态文明建设积极性，形成绿色生产体系、绿色生活体系和绿色生态体系<br>③全面提升城市宜居性，建设美丽乡村 |

---

① 参见夏光《生态文明与制度创新》，《理论视野》2013年第1期。

续表

| 省/直辖市 | 内　容 | 主　要　方　法 |
|---|---|---|
| 浙江 | 在社会发达基础上，追求全面发展，建设"绿色、美丽、生态浙江" | ①《中共浙江省委关于推进生态文明建设的决定》《"811"生态文明建设推进行动方案》<br>②加强对推进文明建设工作的领导 |
| 江苏 | 在工业及社会发展良好的基础上，加强区域统筹、城乡统筹，加快推进建设"强、富、美、高"新江苏 | ①《江苏省委省政府关于加快推进生态文明建设的实施意见》《江苏省新型城镇化与城乡发展一体化规划(2014—2020年)》<br>②加强机制创新：《关于建立生态补偿机制的意见（试行）》，规定对基本农田建立耕地保护专项资金<br>③苏南地区节能减排、循环经济和产业转型升级方面的成熟经验向苏中和苏北拓展 |
| 山东 | 保持工业持续发展，大力发展高效农业，以农村发展为契机，推进生态文明建设 | ①围绕节能减排和环境保护，签订生态省建设市长目标责任考核书，加大责任追究力度<br>②发布《关于加强生态文明乡村建设的意见》，加大乡村建设生态文明力度 |
| 湖北 | 在发展经济的同时，改善经济发展方式，推进生态文明建设 | ①制定《湖北生态省建设规划纲要（2014—2030年)（草案）》《湖北生态文明建设考核办法(试行)》和防沙治沙和石漠化治理规划<br>②成立"湿地保护基金会"，落实节能减排任务，开展绿色电力活动 |
| 云南 | 依托生态优势，加强保护的基础上加强生态文明建设 | ①发布《七彩云南生态文明建设规划纲要（2009—2020年)》《七彩云南生态文明建设十大重点工程任务分解方案》等<br>②实施九大高原湖泊及重点流域水污染防治工程，以滇西北为重点展开生物多样性保护工程 |

续 表

| 省/直辖市 | 内　容 | 主　要　方　法 |
|---|---|---|
| 贵州 | 守住发展和生态两条底线,突出加强生态建设;调整产业结构发展循环经济,加快建设生态文明先行示范区 | ①国家批复全省以省为单位建立生态文明先行示范区<br>②发布《贵州省生态文明建设促进条例》《贵阳市促进生态文明建设条例》《贵阳市关于建立生态补偿机制的意见(试行)》<br>③加强石漠化治理 |
| 四川 | 把"两化"互动、产城融合、城乡统筹作为经济跨越发展的主路径和主引擎,建设生态四川,打造绿色天府 | ①制定《四川生态省建设规划纲要》,把"发展为要,环境优先"作为基本原则<br>②以《四川省主体功能区规划》为依据,对成都平原区、盆地丘陵区、川南山地丘陵区、攀西地区、川西高山高原区、川西北江河源区优先、重点、限制、禁止发展的领域及产业进行了科学规划<br>③提出包括生态经济体系的生态省建设的"五大基本体系",明确生态经济建设主攻方向 |
| 广西 | 拥有良好环境优势基础,加强生态文明建设 | ①坚持保护优先和自然修复为主,构建桂西生态屏障、北部湾沿海生态屏障、桂东北生态功能区等,形成生态安全格局<br>②建立生态文明示范区,制定工作部门联席会议制度<br>③坚持走产业生态化、生态产业化的发展路子 |
| 广东 | 在均衡发展的同时,追求加快生态文明建设 | ①制定《广东省生态文明建设规划纲要(2015—2030年)》<br>②着力解决经济发展与环境保护之间的紧张关系<br>③发挥市场机制,把环境标准与价格、费税结合起来,利用市场机制优化产业结构、迫使落后产能退出市场 |

资料来源:根据环保部环境与经济政策研究中心课题组的地方调研资料修改完善和补充而成。

截至目前，全国 16 个省（自治区、直辖市）开展了生态省（自治区、直辖市）建设，超过 1000 个县（市、区）开展了生态县（市、区）的建设，并有 55 个县（市、区）建成了生态县（市、区），近 3000 个乡镇达到国家级生态乡镇建设标准。从（表 7-1）来看，各省（市）结合省（市）情，正是按照国家"五化同步"发展和主体功能区规划的战略要求，通过制定绿色规划和实施产业绿色改造、美丽乡村建设、宜居城市建设等举措，促进了经济绿色转型。正是站在地方底层探索的基础上，我们才得以从地方实践中反向总结和提炼出以生态文明建设为主要内容的经济绿色化发展路径，即基本形成了由政府、市场、社会公众等行为主体贯穿其中的"规划—产业—空间"协同推进路径。

第一，规划推进路径。规划是政府有形之手的重要体现，是对经济建设的预期性和约束性指标进行科学设定的重要手段。以"多规合一"为载体的规划推进路径是生态文明融入经济建设的先导和基础。生态文明融入经济建设是理念、制度和行动的综合，且具有宏观、中观和微观的层次性，不仅需要地方性实践和底层规划，也需要从"黑色规划"向"绿色规划"转变，做好顶层设计，以科学规划重塑中国经济绿色化发展的经济地理版图。因此，以生态文明为导向的经济绿色化发展同样需要以顶层战略规划为先导，如国家层面制定了《推进生态文明建设规划纲要（2014—2020 年）》《全国主体功能区规划——构建高效、协调、可持续的国土空间开发格局》和《国家新型城镇化发展规划（2014—2020 年）》等，各级地方政府依据国家宏观规划，结合省（自治区、直辖市）情、市（自治州）情、县（自治县）情、镇（乡）情，整合地方现有土地利用规划、城市建设规划、乡村建设规划，制定蕴含和体现以人为本、产业支撑、布局优化、生态文明、文化传承、经济社会协同、相互衔接的"多规合一"绿色规划，以"一张蓝图干到底"的规划精神重塑地方经济空间布局和产业结构。近年来，随着主体功能区规划上升为统领全国国土空间优化布局的根本性约束制度后，国家性和地方性的规划实践已成为引导经济绿色发展转型的基本路径之一。

第二，产业推进路径。产业既是国民经济和社会发展的基本支撑，也是以生态文明为导向的经济绿色化的重要载体。当前我国正处于由农业社会向工业社会转型、由城乡分割向城乡一体跃迁的新阶段，以生态文明为导向的经济绿色化实践，仍需理性审视由农业文明、工业文明和生态文明支撑的三次产业结构优化升级，重视三次产业的绿色变革。以农业、林业、养殖业、渔业等构成的"大农业"本身就属于绿色产业，是含有农耕文明和生态文明的基础性、战略性的经济部门，是关涉大国生存、巩固农业基础地位和保障国家粮食安全的战略产业。工业是国民经济的主导，工业现代化需要构建绿色化的工业产业体系，着力"把生态文明的思想、理念、技术融入工业文明中，提高国民经济绿化程度和水平，巩固我国工业文明基础"[①]。随着我国三次产业的融合增强，必须以生态文明为导向，摆脱传统产业粗放型线性发展路径，促进产业向更高层级演进。因此，必须把生态文明的理念、原则、目标贯穿和融入三次产业的各环节、各方面和产业结构升级的全过程中，走生产发展、生活富裕、生态安全的产业发展之路。可见，各级政府已把产业绿色变革作为经济绿色化发展的常规性推进路径。

第三，空间推进路径。国土既是经济建设的空间载体，也是推进生态文明建设的空间载体。长期以来，"我们一般比较注重产业结构调整，没有把空间结构调整摆在重要位置"[②]，对国土空间的功能定位和布局优化不够重视。但在实践中，国土不仅作为国民经济和社会发展规划的空间承载，也是三次产业发展的空间承载，空间布局对各级地方政府规划的制定、生产力和产业的布局均具有传导影响功能。当然，"空间结构，有大尺度的国土空间

---

① 谢高地：《生态文明与中国生态文明建设》，《新视野》2013年第5期。
② 《十八大以来重要文献选编》（上），中央文献出版社2014年版，第597页。

结构，也有小尺度的城镇用地结构。要按照促进生产空间集约高效、生活空间宜居适度、生态空间山清水秀的总体要求，结合化解产能过剩、环境整治、存量土地再开发，形成生产、生活、生态空间的合理结构"①。无论是行政区、功能区，还是经济带、城市群、产业园，都是以国土为空间承载，并在国土空间优化的基础上进一步考虑产业结构布局、生产力布局、主体功能布局以及新型城镇化、农业现代化、生态安全建设格局。因此，在强化国土空间严格管控的宏观思路下，以国土空间布局优化作为各级政府推进经济绿色化发展路径，对重塑中国经济绿色化发展空间版图具有重要意义。

本书在载体分类和路径选择基础上，分别以主体功能区载体、农业现代化载体和新型城镇化载体为例，具体探索了以规划、产业、空间"三位一体"的生态文明融入经济建设的推进路径。

## 第二节　规划推进路径——以功能区规划为例

科学规划是国民经济与社会发展的战略导向，是一定时期内国家对经济、政治、文化、社会、生态等提出的统筹性发展规定和要求。就中国而言，对国民经济与社会发展起统领作用的除了国民经济与社会发展五年规划纲要以外，还包括关于农业、工业、服务业以及循环经济、粮食安全、生态文明、主体功能区等专项发展规划。从2002年在《关于规划体制改革若干问题的意见》中首次提出主体功能区构想以来，主体功能区逐渐从"战略"上升为"制度"。2011年《全国主体功能区规划》发布，标志着中国首个全国性国土空间管制规划正式出台，优化国土空间开发格局开始受到重视。党

---

① 《十八大以来重要文献选编》（上），中央文献出版社2014年版，第597页。

的十八大提出优化国土空间开发格局就要实施主体功能区战略；党的十八届三中全会把主体功能区制度作为建设系统完整的生态文明制度体系的核心内容，主体功能区规划由"战略"上升为"制度"。主体功能区规划与生态文明建设是在空间区域问题增多、区域矛盾与冲突日益复杂化、人地关系越来越紧张的特殊背景下提出来的，以主体功能区规划促进生态文明建设、引领经济绿色发展转型，将是我国今后相当长一段时期内经济发展的重点。[①] 因此，主体功能区规划是生态文明融入经济建设的实践路径之一，决定生态文明型城镇化格局、农业发展格局和生态安全格局的形成。

## 一 功能区规划与生态文明建设协同耦合

从主体功能区的构想、提出、实施及其功能演变来看，既体现了国家运用主体功能区规划对国土空间进行管控的方法论意义，又凸显了主体功能区规划自身具有的生态经济学意蕴。"十三五"时期，随着中国经济向纵深发展和公众生态文明诉求增强，国家在制定国民经济与社会发展规划时将生态文明的理念、原则、目标等内化为经济发展规划的构成要件。从根本上讲，在中国特色社会主义现代化建设遭遇生态环境危机的空间制约时，不能像资本主义国家那样，"要么通过殖民地拓展生态空间，要么依靠产业链条和国际分工，向别的国家转嫁生态负担，中国只能通过自身的空间合理布局，优化和拓展生态空间"[②]。主体功能区规划将生态文明的理念、原则、目标融贯于国土空间载体之上的三次产业、城乡空间和生态系统，集中反映了经济发展的生态文明程度，体现了生态文明与主体功能区规划的耦合协同。因此，对生态文明融入主体功能区规划的运行机理和实

---

① 参见邓水兰、洪敏敏《我国主体功能区生态文明建设研究》，《价格月刊》2009年第9期。
② 赵凌云、常静：《中国生态恶化的空间原因与生态文明建设的空间对策》，《江汉论坛》2012年第5期。

施过程进行剖析，有利于将生态文明的理念、原则、目标内化于国民经济发展规划的各方面和全过程，为各级各类发展规划提供实践样本。

（一）科学规划的复合生态系统与综合集成效应

科学规划是内含经济、社会、自然的巨系统工程，是科学开发的第一要素。凡事预则立，不预则废。没有科学规划，国土开发就失去方向；没有科学规划，经济建设就没有依据。在工业文明主导的工业化和城镇化进程中，经济社会发展规划往往是唯经济中心论，相关发展规划的制定、实施和更新很难把人与自然、人与人和人与社会看成一个有机整体，更缺乏从经济、社会、自然的复合生态系统维度加以综合审视，在经济建设实践中忽视社会建设和自然建设，忽略自然生态效应。这导致唯经济中心论导向下制定和实施的发展规划存在目标单一化和功能分散化缺陷，可能会引起更为严峻的资源、环境和生态问题。因此，在中国经济发展进入增速换挡、结构调整、动力转换的新常态阶段，经济发展科学规划的制定和实施亟须改变过去只见经济总量增长、不见资源节约和生态保护的状况。推动经济持续发展，必须强调科学规划的复合生态系统构成与综合集成效应（如图7-2所示），将科学规划置于由"经济—自然—社会"复合生态系统共同决定的绿色发展、资源节约、环境友好、生态安全的综合目标功能框架下，发挥科学规划引导经济发展的经济效应、社会效应和生态效应，实现美丽中国的目标建设。

（二）作为规划实践的主体功能区与生态文明建设协同耦合

主体功能区规划是具有中国特色的空间规划，是中国实施国土空间规划与空间开发的主体工具。空间规划是根据国民经济和社会发展的总体目标要求，按规定程序制定的涉及国土空间合理布局和开发利用方向的战略、规划或政策，突出特点是有明确的空间范围，规划内容包括资源综合

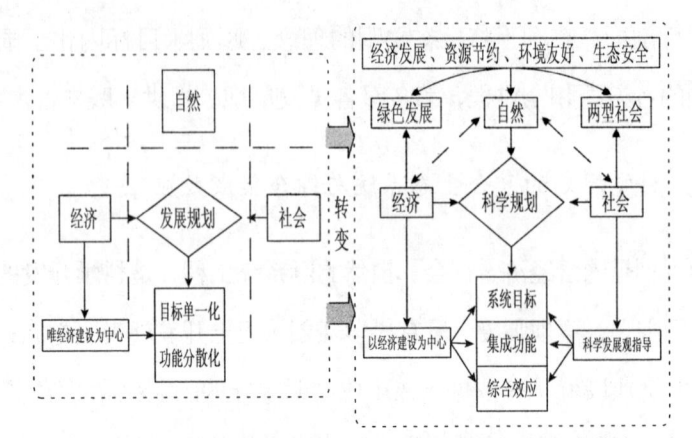

图 7-2　科学规划的复合生态系统构成与综合集成效应

利用、生产力总体布局、国土综合整治、环境综合保护等，规划的目的是优化空间开发格局、规范空间开发秩序、提升空间开发效率、实施空间开发管制。[①] 党的十八大政治报告将优化国土空间格局作为生态文明建设的首要任务，决定了生态文明融入经济建设实践也必须将优化国土空间格局作为首要任务，突出空间区域上的资源综合利用、生产力布局、国土综合整治和环境综合保护，规范经济地理区域空间开发格局、开发秩序、开发效率和开发管制方式。

由此，以生态文明为主导、以国土空间开发格局优化为手段的主体功能区规划实践，就对不同主体功能区提出了具体的生态文明建设要求。实际上，从规划实践理念、实践原则和实践路径来看，主体功能区空间规划实践与生态文明建设具有高度协同耦合性。在实践理念上，二者都强调"空间均衡的理念、根据资源承载能力开发的理念、提供生态产品的理念、调整空间结构的理念、控制开发强度的理念"[②]，实现空间单元内人口、经济、资源环境均衡和生产空间、生活空间、生态空间的平衡；

---

① 参见杨荫凯《国家空间规划体系的背景和框架》，《改革》2014 年第 8 期。
② 杨伟民、袁喜禄、张耕田、董煜、孙玥：《实施主体功能区战略，构建高效、协调、可持续的美好家园——主体功能区战略研究总报告》，《管理世界》2012 年第 10 期。

在实践原则上，以生态文明为指导的国土空间开发遵循着"以资源环境承载能力评价为基础，以集聚开发提升空间效益为重点，以点轴开发促进面上保护为主线，以重点开发促进区域均衡为目的，以促进陆海统筹和纵深开发为导向，以综合整治优化空间格局为平台，以节约集约环境资源瓶颈约束为手段"① 七大原则；在实践路径上，主体功能区规划与生态文明建设路径一致，都在国土空间分类基础上突出城市发展重点、产业发展重点、生态环境重点，国土空间开发具有明确的空间类型和主体功能（如图7-3所示）。

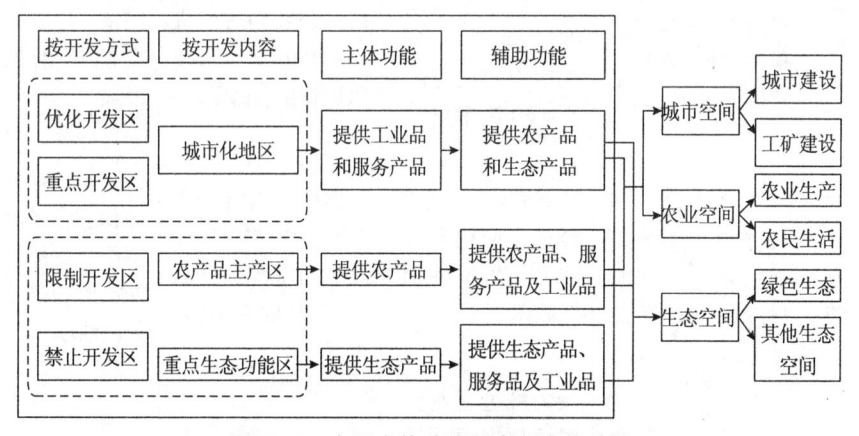

**图7-3 全国主体功能分类及主体功能**

资料来源：根据《全国主体功能区规划》修改完善。

同时，中国进行主体功能区规划时，进一步明确了优化开发区、重点开发区、限制开发区和禁止开发区等不同主体功能区的区域特征、地域类型、主体功能、发展方向和主要任务，细化了各主体功能区政绩考核方法、强化内容、弱化内容、主体指标和不考核指标（见表7-2）。从具体内容上看，主体功能区规划实践与生态文明建设的理念、原则、目标融入经济建设具有本质上的一致性。

---

① 胡存智：《生态文明建设的国土空间开发战略选择》，《中国国土资源经济》2014年第3期。

表7-2 不同主体功能区主体功能、特征、任务及政绩考核比较

| | 优化开发区 | 重点开发区 | 限制开发区 | 禁止开发区 |
|---|---|---|---|---|
| 区域特征 | 国土开发密度较高,资源环境承载能力有所减弱,经济和人口高度密集 | 资源环境承载能力较强,经济和人口集聚条件较好 | 资源环境承载能力较弱,大规模集聚经济和人口条件不够好,关系到全国或较大区域范围生态安全 | 依法设立的自然保护区域 |
| 地域类型 | 经济地域 | 经济地域 | 人文地域 | 自然地域 |
| 主体功能 | 物质财富生产;控制经济、人口的集聚规模,优化已有集聚经济、人口的结构 | 物质财富生产;增强人口、资源、环境和经济集聚规模,在经济和资源要素集聚中优化经济、产业和空间结构 | 兼顾物质财富和生态财富生产;限制人口、资源、经济的进一步聚集,推动环境保护和生态修复 | 生态财富生产;禁止形成经济、人口和资源要素的集聚 |
| 发展方向 | 转变经济增长模式,把优化经济增长结构和提高质量、效益放在首位 | 逐渐成为支撑全国经济发展和人口、资源要素集聚的重要载体 | 加强生态修复和环境保护,引导超载人口逐步有序转移,逐渐成为全国或区域性的重要生态功能区 | 依法实行强制性保护,严禁不符合主体功能定位的国土开发活动 |
| 主要任务 | 提高自主创新能力和产业技术水平;以发展循环经济为导向;化解资源环境瓶颈约束;提高经济对外竞争能力,使之成为全国经济发展龙头;加快转变经济发展方式,提高经济增长质量和效益 | 大力推进工业化、城镇化进程,引导人口、要素和产业合理聚集,形成产城融合的经济带;提高技术消化吸收能力;增强资金、技术吸纳能力;消化吸收优化开发区转移的成熟技术和产业;吸纳限制开发区和禁止开发区转移出来的人口、资源要素和无法长期承载的产业,推进循环绿色经济发展 | 引导人口向重点开发区域转移,逐步实现人退水进、人退林(草)进;围绕生态建设和环境整治、移民搬迁供给公共服务,匹配政府投资;在确定不对生态环境形成新威胁、造成新危害的前提下发展特色绿色循环低碳产业 | 控制人为因素对生态环境的负面影响;防止自然灾害对自然生态系统的影响;让自然生态规划充分发挥作用 |

续 表

| | | 优化开发区 | 重点开发区 | 限制开发区 | 禁止开发区 |
|---|---|---|---|---|---|
| 主体功能区政绩考核指标 | 考核方法 | 转变经济发展方式、优化产业结构和经济空间布局优先 | 工业化城镇化水平优先，综合评价经济增长、吸纳人口、质量效益、产业结构、资源消耗、环境保护以及外来人口公共服务覆盖面等内容 | 针对农产品主产区的限制开发区，要以农业发展优先；对生态功能区的限制开发要以生态保护优先 | 按照保护对象确定评价内容 |
| | 强化内容 | 经济结构、资源消耗、环境保护、自主创新及外来人口公共服务覆盖面等指标 | 经济增长、吸纳人口、质量效益、产业结构、资源消耗、环境保护以及外来人口公共服务覆盖面等内容，对中西部地区的重点开发区域，还要弱化吸引外资、出口等指标 | 农产品主产区（限制开发）：农产品保障能力；生态功能区（限制开发）：提供生态产品能力 | |
| | 弱化内容 | 经济增长速度、招商引资、出口等指标 | 投资增长速度等指标 | 对工业化城镇化相关经济指标 | |
| | 主要考核 | 服务业增加值比重、高新技术产业比重、研发投入经费比重、单位地区生产总值能耗和用水量、单位工业增加值能耗和取水量、单位建设用地面积产出率、二氧化碳排放强度、主要污染物排放总量控制率、"三废"处理率、大气和水体质量、吸纳外来人口规模等指标 | 主要考核地区生产总值、非农产业就业比重、财政收入占地区生产总值比重、单位地区生产总值能耗和用水量、单位工业增加值能耗和取水量、二氧化碳排放强度、主要污染物排放总量控制率、"三废"处理率、大气和水体质量、吸纳外来人口规模等指标 | 农产品主产区：农业综合生产能力、农民收入等指标；生态功能区：大气和水体质量、水土流失和荒漠化治理率、森林覆盖率、森林蓄积量、草原植被覆盖度、草畜平衡、生物多样性等指标 | 依法管理的情况、污染物"零排放"情况、保护对象完好程度以及保护目标实现情况等 |

续 表

| | | 优化开发区 | 重点开发区 | 限制开发区 | 禁止开发区 |
|---|---|---|---|---|---|
| 主体功能区政绩考核指标 | 不考核 | | | 农产品主产区:地区生产总值、投资、工业、财政收入和城镇化率等指标;<br>生态功能区:地区生产总值、投资、工业、农产品生产、财政收入和城镇化率等指标 | 旅游收入等经济指标 |

资料来源:根据《全国主体功能区规划》和《全国生态功能区划》主要内容编制而成。

由表7-2可知,把生态文明融入和贯穿于主体功能区的优化开发区、重点开发区、限制开发区、禁止开发区各方面和全过程,必须结合各主体功能分区的区域特征、地域类型、主体功能、发展方向、主要任务以及绩效考核指标设置等内容加以推进。对于优化开发区,就要坚持"做优存量"的原则,以转变经济发展方式为先导,促进经济绿色发展,加强对现有人口集聚、资源要素、城市空间、生态环境的优化;对于重点开发区,要加强该区域对优化开发区的资金、人才、技术的引进和消化,减少对限制开发区和禁止开发区的人口和产业的转移,突出本区域新型工业化和新型城镇化的建设;对于限制开发区,重点突出作为农产品主产区和生态功能区的战略地位,坚持实现农业现代化和生态保护优先的基本要求,确保国家农产品供给和生态产品的供给与安全;对于禁止开发区,要依法禁止一切非主体功能定位的经济社会活动,禁止人对自然界的一切主观能动性活动,尊重和发挥自然规律的作用。总之,生态文明融入经济建设各方面和全过程,首先就要把生态文明的理念、原则、目标等融入作为国家空间规划战略的主体功能区规划实践的方方面面,以主体功能区规划的实践引领不同主体功能区经济社会活动。

## 二 生态文明融入功能区规划的过程

根据《全国主体功能区规划——构建高效、协调、可持续的国土空间开发格局》的要求,全国主体功能区占全国国土空间面积的三分之一,省级主体功能区占全国国土空间面积的三分之二。只有省级和国家层面协同配合,才能实现主体功能区规划的全覆盖。因此,需要从国家和地方两个层次来推进生态文明融入主体功能区规划实践的各方面和全过程。从国家宏观层来看,生态文明建设与主体功能区规划实践在生态文明的理念、原则、目标等方面存在高度一致性和耦合协同性,不同区域的主体功能规划实践都要相应体现生态文明的理念、原则、目标等要求。从各级地方的中观和微观层来看,省域、市域、县域等都要结合上一级主体功能区规划制订适宜本区域经济社会发展与生态文明建设的主体功能区规划。可见,要推进生态文明深刻融入和全面贯穿于中国经济社会可持续发展的主体功能区规划实践,就必须制定生态文明融入全国和各级地方主体功能区规划的技术规程、操作路径和实施过程(如图7-4所示)。

如图7-4所示,生态文明融入主体功能区规划实践是一个自上而下和自下而上有机结合、聚类分析与主要因素交互结合以及定性分析与定量分析协同进行的过程。第一,以聚类分析法为依据,自下而上确定生态文明融入主体功能区规划的总体指标体系以及反映资源要素状况、产业结构、空间布局和生态环境的各单项指标;第二,从全国和地方两个层次,运用判别评价法、组合分层法等定性评价方法和空间平衡模型、中心外围模型等定量分析方法对国家或地方区域进行主体功能定位和适应性评价,获悉全国主体功能区分布地理位置;第三,对已经确定的主体功能区分布位置再次运用聚类分析和主导因素法对开发类区域、限制类区域、禁止类区域

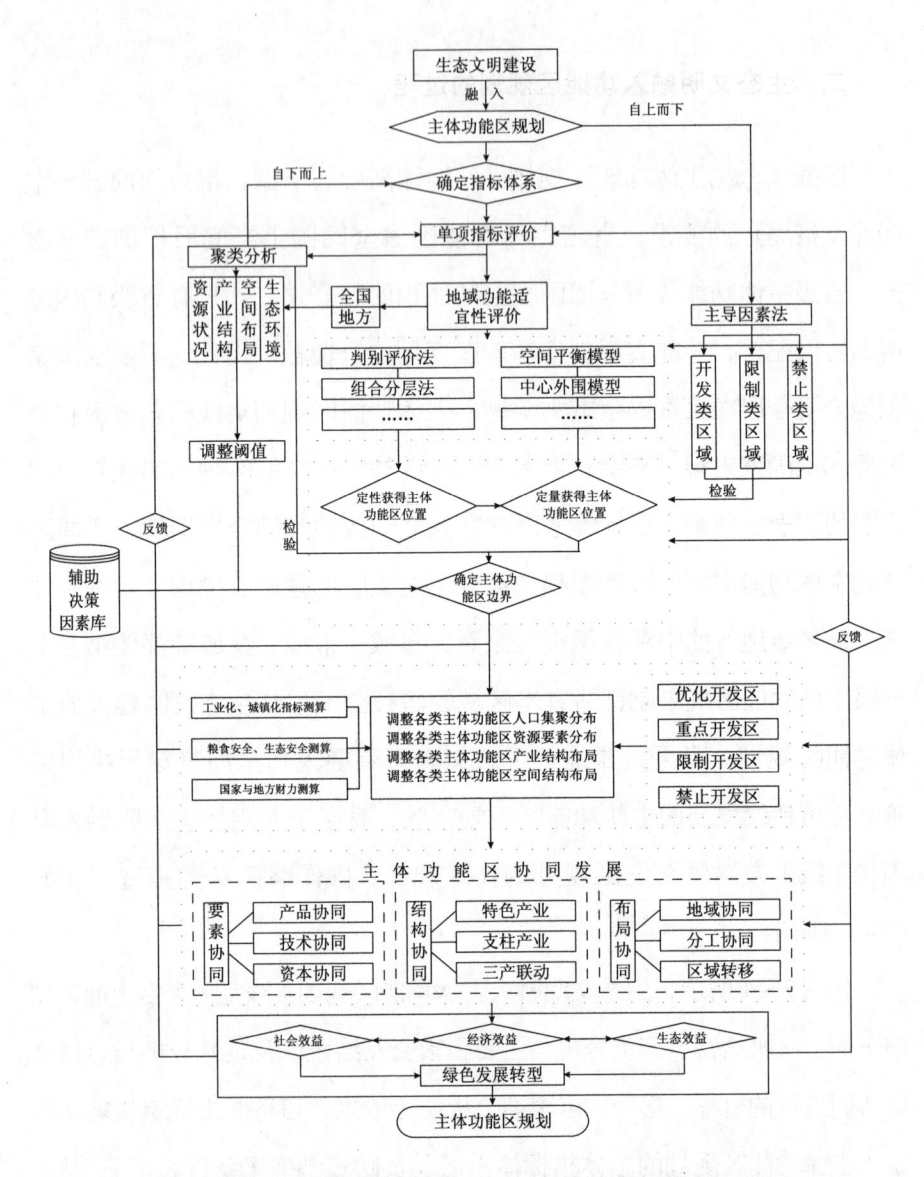

**图7-4 生态文明融入主体功能区规划的技术规模、操作方案与实施过程**

资料来源：根据樊杰、周侃、陈东（2013）修正完善。

进行有效检验，并借助外围辅助决策因素库最终确定各类主体功能区边界；第四，根据确定的主体功能区边界，对主体功能区域内的工业化和城镇化指标、粮食主产区和农业主产区粮食安全指数、生态功能区生态安全指数和国家与地方财政能力进行测算,确定各类主体功能区人口集聚水平、资源要素水平、产业结构分布和空间结构布局等状况,以此明确不同主体功能区内经济建设和生态文明建设重点;第五,生态文明融入主体功能区的目标在于推进生态文明与主体功能区协同发展,实现产品、技术和资本等要素协同,促进特色产业、支柱产业和产业链条结构协同,优化空间、分工和地域等布局协同,最终达到经济效应、社会效应和生态效益的综合集成;第六,生态文明融入主体功能区规划还要将各级主体功能区的实践集成效果反馈到初始阶段确定的总体指标和单项指标,对未能全面体现生态文明的理念、原则、目标的指标进行及时修正,以确保主体功能区规划实践在经济发展中发挥最佳功能。

截至目前,已经发布省级主体功能区规划的共有31个[1],在党的十八大以后所发布的省级主体功能区规划数量接近一半。省级主体功能区规划不仅体现了全国主体功能区规划的各项基本要求,也反映了生态文明的理念、原则、目标等的融入和贯穿。根据全国主体功能区规划要求,主体功能区按开发方式可以分为优化开发区、重点开发区、限制开发区和禁止开发区四种类型。从由开发方式所决定的全国主体功能区分区和发展重点来看,又可以根据不同国土空间决定的发展形势,将省级主体功能区规划实践划分为"整体优化型、战略结合型、固农求工型、生态屏障型四类"[2]。

整体优化型省级主体功能区规划实践主要是针对特大城市或大都市,

---

[1] 截至2013年11月1日,根据国家发展和改革委员会发展规划司网站和各省(区、市)发展和改革委员会网站,共有19个省级主体功能区规划发布,包括北京、上海、天津、广东、山东、黑龙江、河北、江西、湖南、湖北、广西、四川、陕西、内蒙古、甘肃、吉林、贵州、新疆;截至2014年12月1日,江苏、安徽、辽宁、云南、西藏、青海、重庆、山西、宁夏、浙江、河南、福建、海南等省(区、市)主体功能区规划相继发布,省级主体功能区规划已全部覆盖中国31省(区、市)。

[2] 成为杰:《主体功能区规划"落地"问题研究——基于19个省级规划的分析》,《国家行政学院学报》2014年第1期。

包括北京、上海、天津三个直辖市，从国土发展空间和发展形势上界定为国家级优化开发区。这一区域是所在都市圈的中心城市，该空间区域具有强大的经济辐射带动能力，其经济发展的重点是率先推动产业结构优化升级和绿色转型，把现代服务业、现代高新技术产业和现代装备制造业作为绿色转型重点。同时，将其他产业逐步向周边次一级区域转移，带动区域经济整体优化和发展。

战略结合型省级主体功能区规划实践主要是包括一些工业大省，如广东、山东、江苏、浙江等。对于这类地区，主体功能区规划实践把经济基础较好的区域划定为国家级优化开发区，经济基础较差区域划定为国家级重点开发区，前者强化产业转移和升级，后者突出工业化和城镇化协同推动战略。

固农求工型省级主体功能区规划实践主要是针对目前的农业大省和产粮大省，如湖北、湖南、山西、江西、河南、广西等。在这些省级行政区域内，国家级粮食主产区和农产品主产区占较大面积，同时，这些省份的大部分区域又被划定为国家级重点开发区。因此，农业大省和产粮大省往往具有较强的工业化和城镇化发展冲动。为了稳固农业基础地位、确保国家粮食安全和保障有效的农产品供给，这类省份在进行省级主体功能区规划实践时，要着力推动新型工业化、信息化、城镇化、农业现代化和绿色化协同发展；要在城乡发展一体化战略框架下，通过城市支持农村、工业反哺农业的方式为现代农业发展提供动力支撑，避免因重点开发、过度开发带来国土耕地资源的流失和浪费，增加国家粮食安全风险。

生态屏障型省级主体功能区规划实践主要是包括四川、内蒙古、甘肃、黑龙江、新疆等省区。这些省域空间区域大多分布于中国内陆，生态条件恶劣且脆弱，可以进行大规模工业化开发和城镇化建设的区域仅占国土面积的10%左右，而被划定为国家级生态功能区的国土面积则占辖区国土面积的60%左右。因此,这些省域空间区域的主体功能主要定位于为全国提供良好的生态产品,生态安全的战略意义要远大于工业化开发和城镇化发展的战略意义,要在维护好区域主体生态功能和留足经济社会发展绿色空间的基本前提下适当拓展工业化空间、农业现代化空间和城镇化空间。

总体来看,生态文明融入主体功能区规划的实施过程要注意规划实践的层次性和前瞻性。层次性主要体现在国家和地方各级主体功能区规划的生态文明理念、原则、目标的融入和贯穿;前瞻性则要结合主体功能区域的空间环境容量和资源承载能力,长远考虑各层级主体功能区规划实践对经济增长、产业调整、空间优化以及资源节约、环境友好和生态安全的约束性和预期性影响。因此,在未来,将进一步深化对主体功能区与自然地域功能的研究,"包括构建适应长远国土空间开发需要的基于功能适宜性的地域分类体系、评价指标体系以及开展对县域尺度以下的地域功能研究,完善地域功能综合集成方法和边界整合技术等"[①]。同时,也要将主体功能区从"规划"上升为经济发展空间规划的约束性"制度",从制度上保证主体功能区规划对走资源节约型、环境友好型、生态安全型的经济绿色发展之路具有的根本性意义。

## 第三节 产业推进路径——以农业现代化为例

"十三五"时期,中国正处于新型工业化、信息化、城镇化、农业现代化和绿色化"五化"协同发展阶段,把生态文明建设放在突出地

---

① 樊杰、周侃、陈东:《生态文明建设中优化国土空间开发格局的经济地理学研究创新与应用实践》,《经济地理》2013年第1期。

位,推进生态文明的理念、原则、目标融入新型工业化、信息化、城镇化和农业现代化的各方面和全过程,对于缓解中国经济发展面临的资源、环境和生态约束,具有重大现实意义。目前,从国家战略上看,农业产业是"五化"协同发展的短腿,农村区域是全面建成小康社会的短板,解决好"三农"问题仍是党和国家工作的重中之重。然而,从现实的基本农情来看,中国农业增长和农业发展方式仍处于工业文明主导的传统型高投入、高污染、低效益的化肥化阶段,"农业也因此犯了'布朗综合征',农业污染成为环境污染的'大户'"[1]。据农业部测算,由于农药、化肥和工业导致的土壤污染,我国粮食每年减产约100亿公斤。[2] 资源环境问题日益成为动摇农业发展根基的主要威胁。由此,发展高效循环农业经济是现代农业追求的目标和未来的发展方向。[3]

同时,农业、工业、服务旅游业是促进经济发展的三大产业支撑。从传统粗放型经济增长方式向新型集约型经济发展方式转变,促进产业结构优化和产业层次升级,是国民经济绿色发展的核心内容和基本途径之一。因此,这必然要求把生态文明的理念、原则、目标融入和贯穿到三次产业各方面和全过程。本书以农业产业为例,从产业复合生态系统的功能耦合与运行机理出发,深入研究生态文明融入农业产业的推进路径,为生态文明融入国民经济三次产业各方面和全过程、促进产业生态化和生态产业化设计有效路径和提供实践样本。

---

[1] 郑风田:《中国农业的"布朗综合征"》,《社会科学报》2013年4月25日第2版。
[2] 参见赵海《土壤污染:农业不能承受之重》,《社会科学报》2014年5月29日第2版。
[3] 参见吴群《高效农业循环经济的发展方向与思路》,《经济纵横》2014年第9期。

## 一　农业现代化与生态文明建设协同耦合

农业现代化与生态文明建设具有协同耦合关联，厘清产业复合生态系统的功能、特征与运行，是推进生态文明的理念、原则、目标深刻融入于现代农业产业各方面和全过程的基本前提。

### （一）产业复合生态系统的功能、特征与运行

产业生态化是产业复合生态系统的核心，它指的是生态文明范式在产业经济活动中的融入与应用。在产业经济活动与自然资源、生态环境之间的矛盾日益凸显的现实背景下，为解决产业经济发展面临的生态危机和寻找到一条促进产业持续健康发展的可行路径，产业生态化转型得到了社会普遍认同，产业生态经济学方兴未艾。一方面，资源、环境和生态因素正成为产业经济绿色转型的主导性影响因素；另一方面，生态学理论与方法正广泛运用于产业经济绿色转型，基于生态学理论和方法的产业发展模式正成为经济绿色发展的重要支撑。随着诸如生态农业、生态工业、生态创意产业以及生态产业园区的快速发展，产业领域的生态文明实践转型，为中国落实绿色发展新理念提供了基本方向。可以说，产业生态化正是对三次产业进行"生态化""绿色化""低碳化"和"循环化"改造和变革的重大突破。

产业系统是联结经济系统和自然生态系统的重要纽带。而当前中国所面临的资源约束、环境污染和生态退化等严峻形势，恰恰与高投入、高消耗、高排放的产业经济活动和增长方式有着密切关联。因此，转变产业发展方式、重塑产业生态系统，将成为生态文明融入经济系统的重要内容。在理论上，产业生态化实践是以生态经济学为理论基础，以产业经济和生态经济结合为切入点，探究产业经济活动与生态

文明要素之间的耦合协同关系，揭示产业经济活动与生态文明实践的运行机理。在实践上，产业生态化实践是把生态文明的理念、原则、目标等深刻融入于经济建设的产业推进路径，其本质是产业的绿色化变革过程，是以实现产业可持续发展为目标的新型产业实践活动和产业发展战略。具体来说，产业生态化实践就是将作为经济社会再生产过程主要内容的产业实践活动纳入自然生态系统之中，把产业经济活动对资源的消耗、对环境的影响和对生态的破坏置于自然生态系统的物质能量交换、物质循环、信息传递的总交换过程之中，促使整个产业经济活动对资源、环境、生态的负面影响和约束降到最低程度，最终促进产业经济活动与自然生态系统和谐共生、平衡共进与良性循环。所以，产业生态化实践是由产业经济系统和自然生态系统共同构成的产业复合生态系统，既是促进经济发展"转方式、调结构、去产能"的重要途径，也是丰富国民生活方式和满足国民生态需求的重大突破。

产业复合生态系统是产业生态文明化转型的完整表述，是由自然生态系统、产业生态系统和社会生态系统构成的复杂巨系统，具有特定的组成要素、结构、功能和内容（见表7-3）。产业复合生态系统的功能发挥是通过其组成单元和结构来实现的。生产者（物质生产、经济生产、社会生产）、消费者（物质、精神）、流通者（金融、物流、交通）、分解者（物质循环再生、环境缓冲自净、生态修复）以及调控者（人工、自然）等组合间的结构比例和功能耦合关系的合理程度是产业生态系统演化和发展的一大动因。① 由这些组分而形成的具有产业复合生态系统特征和功能的生态产业链条，推动着产业经济活动的生态文明化转型。

---

① 参见刘传江、王婧《生态文明的产业发展》，中国财政经济出版社2011年版，第40—41页。

表7-3　　　　　　　　产业复合生态系统的构成与功能

| 子系统 | 组成 | 结构 | 功能 | 核心内容 |
|---|---|---|---|---|
| 自然生态系统 | 矿物、水、气、土地、太阳能 | 物质流、生物流、能量流、源生态库和汇生态库 | 供给、消纳、缓冲等生态服务功能 | 物质循环和能量流动 |
| 产业生态系统 | 生产者、消费者、流通者、还原者、调控者 | 物质流、能量流、资金流、信息流、源生态库、渠生态库 | 生产、流通、消费、还原、调控 | 商品流和货币流 |
| 社会生态系统 | 人口、科技、文化、体制 | 人口流、信息流、体制网 | 孕育、支持、管理、调控 | 人类社会行为 |

资料来源：王如松《产业生态学基础》，新华出版社2006年版，第89页。

在表7-3中，由自然生态系统、产业生态系统和社会生态系统等子系统构成的产业复合生态系统，具有与各子系统对应的生态功能、经济功能和社会功能。在人类经济活动中，产业复合生态系统呈现出五大特征[①]：一是，产业复合生态系统是由经济、社会和资源环境三个系统组成，具有生产者、消费者、分解者和调控者四大功能类群；二是，产业复合生态系统具有区域结构单一性和产业结构多向性的结构特征；三是，产业复合生态系统需要结合工业、农业、城市建立整个物质循环利用链条才能实现整体产业系统优化；四是，产业复合生态系统是物质产品的生产过程与产业价值形成过程的有机统一；五是，产业复合生态系统突出信息传递的纽带作用。可见，产业复合生态系统是生态学意义上的自然再生产和经济学意义上的社会再生产的有机整体，它突出了自然生态消费与经济社会消费的

---

① 参见石建平《复合生态系统的理论建构》，《福建论坛》（人文社会科学版）2003年第5期。

有机统一、自然生态系统物质循环过程与人类经济活动物质循环过程的有机统一。

同时,作为人类经济活动的主要载体,产业系统与资源、环境和生态紧密关联,产业系统在从低级到高级、从简单到复杂的演进过程中,经济与自然的物质变换关系的形式、模式和性质等在不断发生变化。① 所以,产业复合生态系统是一个动态演化的过程,既有自然生态系统的自我修复、自我组织、自我更新,也包含在产业生态系统及社会生态系统中从事产业经济活动的人类行为主观因素对产业复合生态系统功能的引导、修正和升级过程,还包括自然生态系统、产业生态系统、社会生态系统之间的相互作用所形成的促进产业经济与自然生态和谐共生、平衡共进、良性循环发展外部客观驱动要素,如物质能量、价值链条、科学技术和经济社会制度等。

总之,生态文明融入于经济系统的产业推进路径,突出产业生态系统、自然生态系统、社会生态系统的协同耦合,注重产业发展速度、结构、质量和效益的统一,始终把改造传统产业和发展绿色产业作为生态文明型产业体系构建的重点,本质上是一条以产业复合生态系统的功能、特征和运行所支撑的产业生态文明化转型之路。

### (二) 作为产业实践的农业现代化与生态文明建设协同耦合

农业是国民经济的基础,是确保国家粮食安全和重要农产品有效供给的战略性基础产业和基础性战略产业。与工业产业相比,农业产业具有不同于工业产业生产的内涵、方式、结构和功能。农业产业是自然再生产和社会再生产的有机统一,直接与自然生态环境发生交互作用。可见,作

---

① 参见李慧明、左晓利、王磊《产业生态化及其实施路径选择——我国生态文明建设的重要内容》,《南开学报》(哲学社会科学版)2009年第3期。

产业实践的农业现代化过程与正确处理人与自然之间关系的生态文明建设具有高度的协同耦合关联。近年来，随着对农业产业的多功能拓展和对农产品市场从"生产导向"向"消费导向"的结构性改革，以"生态文明+农业产业"为主要方式所形成的生态旅游农业、绿色有机农业、社区支持农业等逐渐成为新型农业产业发展模式。

但从目前来看，一方面，中国人口增长对自然资源掠夺性开发造成了对农业农村生态环境的严重破坏，如土壤板结、水土流失、草原退化等；另一方面，长期农业生产过程中的农药化和化肥化，造成农田有机质减少、肥力下降、土壤重金属污染以及农产品安全等严重影响。随着工业"三废"过度排放，城市污染向乡村扩散，农村农业生态环境更为恶化。因此，以工业文明主导的农业工业化生产方式难以为继，中国必须在大力推进生态文明建设中回应"工业化农业""石油农业"带来的资源约束、环境污染和生态退化等挑战，赋予农业产业生态文明内涵，寻找农业绿色发展新路径。

农业产业是农村空间生产活动的主要载体，构成了乡村社会农民生活体系的物质基础。不同阶段农业发展的主要任务决定了人们对农业产业内涵的理解。进入21世纪以来，中国粮食生产实现了"十三连增"。随着党和国家对强农固本以及保障粮食安全和重要农产品供给认识的深化，现代农业产业发展的目标就不仅仅局限于承担生产生态、安全、优质粮食和农产品的经济功能，也包括吸纳劳动力就业、农业文化教育、健康身心、社会保障的社会功能以及维系农村生态系统、涵养水源、保持水土、保护动物多样性的生态功能，具有多元价值和多重功能（见表7-4）。这种多功能性价值将主导中国未来现代农业发展的战略方向和实现模式。

表7-4 农业产业的多元价值与多功能性

| 一级功能 | 二级功能 | 具 体 内 容 |
|---|---|---|
| 经济功能 | 高效生产粮食 | 稳定供给廉价的粮食和生活物资 |
| | 供给优质食品 | 均衡供应优质多样的食品 |
| | 生产要素贡献 | 提供加工原料,积累资本,危机时的减压阀 |
| | 多样性 | 经济多样性与安全性 |
| 生态功能 | 保持水土生物 | 维持生态系统;涵养水资源;保持土壤,防止侵蚀,防洪;保护动植物 |
| 社会功能 | 就 业 | 提供广阔多样的就业空间,吸纳返乡人员 |
| | 教 育 | 理解自然,体验乡村生活,培养协调性、创造性 |
| | 健康身心 | 观光休养,缓和紧张情绪,人性复归,治疗现代病 |
| | 社会保障 | 保护社会多样性,维护社会稳定 |

资料来源：朱启臻《生存的基础——农业的社会学特性与政府责任》，社会科学文献出版社2013年版，第83页。

  农业产业活动是自然再生产和社会再生产的有机统一，是自然再生产系统和社会再生产系统共同支撑的产业经济活动。具有生命特征的农业生产活动既要遵循农作物生长规律，又要以良好的自然生态环境为基础，自然生态系统对农业产业发展的影响远大于对工业和第三产业发展影响。但在长期的农业现代化实践进程中，人们常常忽视了自然生态系统对农业产业发展的内生作用，仅把自然生态系统看作农业产业发展的外部环境条件。同时，在横向上，传统农业主要是以农、林、牧、渔等产业的终端农产品生产为主；在纵向上，传统农业又主要体现在从种（养）到收（卖）的单一社会再生产环节。这导致人们主要把经济社会再生产过程作为现代农业发展的主导性因素,一味强调工业文明、科学技术、政策体系等对农业现代化的作用,人为地将农业产业活动所需要的自然生态系统和经济社会系统分割开来。具体来看,就是在农业产业活动中更加突出农业产业的生产特性,忽视农业产业具有的观光旅游休闲、生态环境修复、文化传承与保护等生态功能和文化价值,难以将生态文明的理念、原则、目标等融贯于农业产业自然再生产和经济社会再生产的全产业链中。"十三五"时期,在推进新型工业化、信息化、城镇化、农业现代化和绿色化同步发展过程中,为应对农业农村资源约束、环境污染和生态退化等矛盾问题,就急需将构建资源节约型、环境友好型、生态安全型现代农业产业体系作为农业农村生态文明建设的核心内容和实施载体。因此,生态文明的理念、原则、目标等深刻融入现代农业各方面和全过程具有产业实践活动的系统表达和功能拓展(如图7-5所示)。

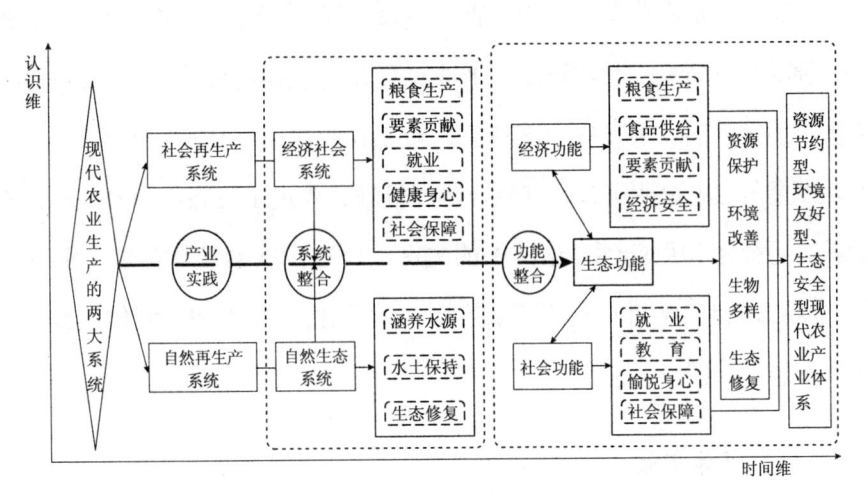

**图 7-5 生态文明融入农业现代化的系统整合与功能拓展**

如图7-5所示,生态文明融入农业产业实践是对经济社会再生产系统和自然再生产系统的整合,即是对农业产业实践的粮食生产、农产品供给、农业初级要素供给、农业吸纳就业、愉悦心神、提供社会最低保障的经济社会系统与农业产业涵养水源、保持水土、生态修复、保护生物物种等自然生态系统的整合。于是，农业不再仅仅是作为提供生产和生活资料的产业部门而存在，它还兼具资源节约、能源生产、环境保护、土壤肥力维持、食品安全、农业景观等多种功能。① 在中国加快推进第一、第二、第三产业融合发展的战略导向下，通过对"两大系统"的整合实现农业产业的功能整合，促进农业产业经济功能、社会功能和生态功能融合统一，这样才能真正构建起资源节约型、环境友好型和生态安全型现代农业产业体系，为城乡发展一体化提供稳固的产业基础以及为促进农村农业绿色治理提供可行的实践方案。

## 二 生态文明融入农业现代化的实施过程

生态安全是农业安全及"三农"建设的基石，离开了水、土、气、生物资源的数量质量、时空演变、形成过程及对农业的评价与调控的保证，中国今后要走出一条具有中国特色的新型农业化道路是不可能的。② 现代农业发展与生态文明实践具有耦合协同机理，决定了生态文明融入现代农业具有可行性和可能性。这其中的关键，就在于科学建构起能全面囊括"总体框架—制度机制—效果集成"内容的现代农业生态文明化转型实施方案和技术路径。

### （一）总体框架

产业生态文明化实践是运用产业生态经济理论和方法对传统产业进行

---

① 参见林卿、张俊飚《生态文明视域中的农业绿色发展》，中国财政经济出版社2012年版，第76—77页。
② 参见赵其国、黄国勤、王礼献《中国生态安全、农业安全及"三农"建设研究》，《农林经济管理学报》2014年第3期。

绿色改造的过程。作为产业绿色化改造的农业现代化实现过程，具有其自身运作框架（如图7-6所示）。

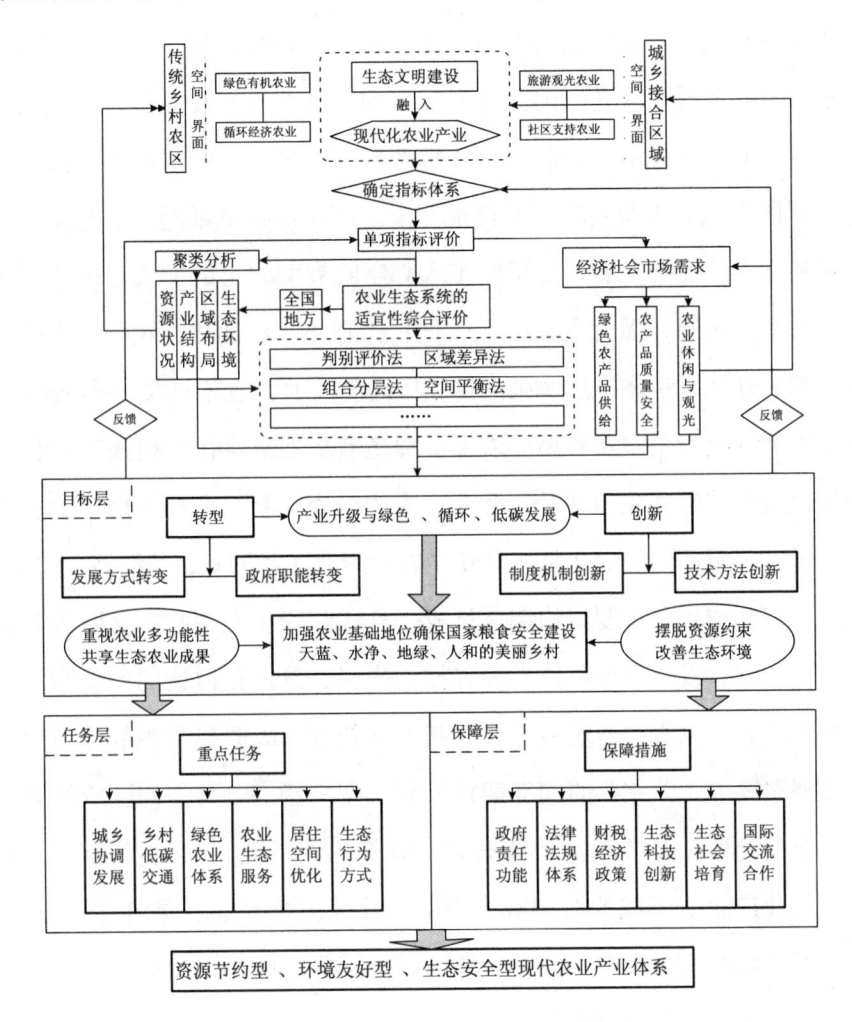

**图7-6 生态文明融入农业现代化的总体框架**

如图7-6所示，生态文明的理念、原则、目标等深刻融入和全面贯穿于农业现代化，实现农业产业绿色化转型，必须依托和发生于特定空间界面之上。根据城乡空间界面和市场距离尺度，生态文明融入现代农业的发展方向具有异质性。地处于城乡接合部的空间界面，由于与城市空间密切联系，这一区域生态文明融入农业现代化的产业实践模式主要分为休闲旅游农业和社区支持农业。休闲旅游农业是伴随着城市居民生活水平的提高以及城市居民为缓解生活压力、环境压力，选择到城市近郊进行身心放松、观光休闲而发展起来的一种新兴农业业态；社区支持农业则是城市居民基于食品安全的消费导向考虑，与城市近郊农民建立起"风险共担、收获共享"的稳定安全农产品供给体系而发展起来的另一种新兴农业业态。而地处于城市远郊空间界面之上的广大传统农业区和粮食主产区等，面对由农业工业化、化肥化、石油化、农药化等带来的资源、环境和生态挑战，则需要利用绿色技术、循环技术、低碳技术，大力发展绿色有机农业和循环农业。绿色有机农业突出有机质对农作物能量供给与传递，减少农药、化肥、农膜对农作物、农田土壤、农村环境的侵蚀；循环经济农业是一种新型农业产业实践形态，是经济、技术、社会、资源和生态等要素的综合集成，具有以"生态中心主义"为其伦理价值取向、以先进绿色技术为其技术内涵、以优化协调的产业结构为其产业内涵、以集约型发展方式为其发展要求、以健康文明的绿色消费为其消费要求、以完善的制度架构为其制度内涵、以科学的评价体系为其核算内涵和以有效激励为其动力内涵等八大特征。[①] 可见，生态文明融入农业产业所形成的旅游观光农业、社区支持农业、绿色有机农业、循环经济农业等新型产业业态，是由城乡不同界面的自然禀赋以及经济社会基础条件共同决定的。

由于不同空间区域生态文明融入农业产业的具体实践模式不同，这就要根据判别评价法、区域差异法、组合分层法、空间平衡法等操作方法，建立起基于不同城乡空间区域的产业生态文明化实践综合评价指标

---

① 参见王国敏、罗静《循环经济：建设农业生态文明的必然选择》，《理论与改革》2008年第5期。

体系。一方面，聚类分析和综合评价全国和各地方农业生态系统的自然条件、资源状况、产业结构、区域布局、生态环境等；另一方面，依据总体指标和单项指标评价城乡接合部和传统农业区具有不同的经济社会需求，发现城乡接合部农业产业发展对农产品质量安全和农业观光与休闲具有较高的市场需求，传统农业区对确保国家粮食安全和农产品有效供给战略具有重要意义。由此，来确定不同空间区域生态文明融入农业产业的具体实践模式。

为推进生态文明的理念、原则、目标等深刻融入农业产业各方面和全过程，需要重置农业产业生态文明化的总体目标、重点任务以及构建与之相匹配的保障措施。

从其总体目标来看，面对农村资源约束趋紧、环境污染严重和生态系统退化等挑战，急需通过转变农业发展方式和转变政府职能，创新相关制度机制和技术方法，推进农业产业走上绿色发展和循环发展之路，进一步巩固农业基础地位、保障国家粮食安全以及实现美丽乡村建设。

从其重点任务来看，围绕农业产业生态文明化内涵、要求及实现农业基础地位巩固、国家粮食安全得到保障、美丽乡村得以建成的农业产业绿色化目标，农业产业生态文明化转型就应把城乡资源要素的均衡配置、乡村低碳交通体系建设、绿色农业产业链和网络体系建设、农业生态服务提供、乡村居住空间优化、居民生态行为方式培养等设定为重点任务。总体上，可以归为三个方面：一是，加强农业绿色发展基础设施建设，提高农业可持续发展能力。二是，走资源节约型、环境友好型、生态安全型的绿色农业发展之路。三是，坚持农业产业生态化和生态农业产业化相结合，形成以消费为导向的绿色农业产业链，增强绿色农业提供经济、社会、生态综合效应的能力。

从其保障措施来看，绿色生态农业的正常运行、有序推进、多功能发挥以及构建资源节约型、环境友好型、生态安全型现代农业产业体系，需要稳定的集成措施加以保障。作为推进生态文明融入产业发展的责任主体，政府除了肩负生态责任外，还要健全生态绿色农业的法律法规体系、财税支持体系、生态科技创新体系，加强国际合作，形成促进绿色生态农业发展的政策环境。同时，除了健全制度机制和政策体系外，促进绿色生态农业发展也需要借助生态农业产业化辅助体系，不断为绿色生态农业产业化发展提供人力资源、农产品安全预警，构建农业资源开发利用监测体系、农业生态环境工程体系、可持续农业科技推广体系、生态农业知识与技能提升体系等。

总之，生态文明融入现代农业产业应遵循"农业生态系统适应性评价与经济社会市场需求评价—区域空间农业产业绿色化实践模式选择—不同农业产业绿色化实践模式的目标设定—不同农业产业绿色化实践模式的重点任务—不同农业产业绿色化实践模式的保障措施"的总体框架，才能保证生态文明深刻融入农业产业各方面和全过程。

### （二）制度机制

农业产业生态文明化是农业产业发展与生态文明建设的动态融合过程，是一个需要动员多方力量、涉及多个领域、包含多层内容的系统工程。其中，制度创新和实施机制是推进农业产业生态文明化转型的核心。因此，从制度环境、制度结构和具体制度安排来看，只有让处于生态文明融入农业产业各方面和全过程不同层次的制度安排（正式或非正式）和实施机制（惩罚、激励或约束）共同发挥作用才能真正实现农业产业生态文明转型，促进循环经济农业、绿色有机农业、旅游观光农业、社区支持农业发展以及实现天蓝、水净、地绿、人和的美丽乡村的实践效果（如图7-7所示）。

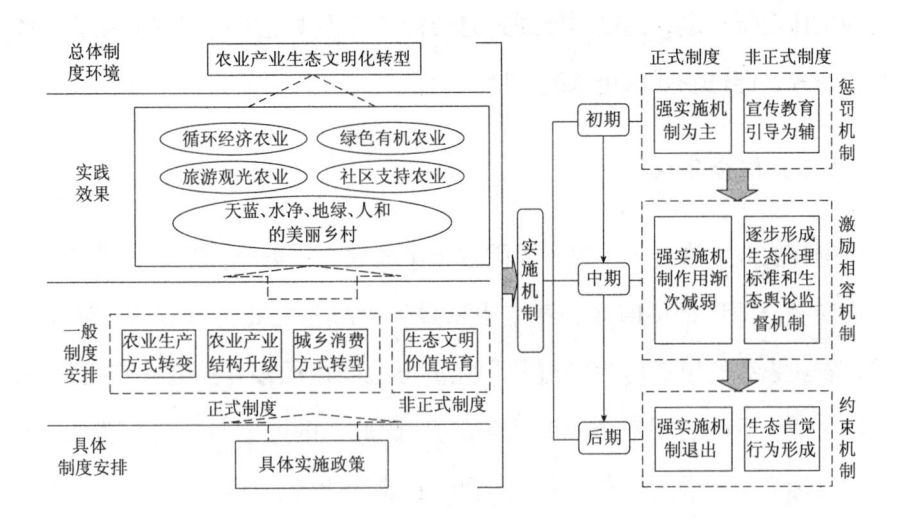

**图7-7　农业产业生态文明融入的制度层次与实施机制**

资料来源：根据王彬彬（2012）、李晓燕（2013）修正完善。

如图7-7所示，农业产业生态文明化转型实践效果的实现，需要以农业生产方式转变、农业产业结构升级、城乡消费方式转型为内容的正式制度和以城乡公众生态文明价值观培育为内容的非正式制度加以保证；在具体制度安排上，要不断健全和完善绿色生态农业政策体系，如绿色财税政策、绿色金融支持政策、区域农业生态利益补偿、绿色保险政策等。同时，要发挥不同层次的创新制度和政策对绿色生态农业发展的支撑作用，还需要构建促进农业产业生态文明化转型的制度实施机制。在初期，为规范农业相关利益主体行为，尽快引导农业产业走上生态文明化转型之路，就需要强化正式强制性制度的主导功能，突出惩罚实施机制的先导性，把宣传教育引导的非正式制度作为辅助；在中期，随着强制性"制度红利"的耗散和相关利益主体的生态伦理、生态责任增强，就需强调正式制度与非正式制度在市场激励兼容和利益协调中的共同作用；在后期，强制性实施机制减弱直至最终退出，农业产业生态文明化转型逐渐成为多元行为主体自觉行动，这就需要通过完善社会行为规范来约束农业经营主体行为方式，促进农业绿色永续发展。

### （三）综合集成

循环农业发展受阻的根本原因在于集成缺失：第一、第二、第三产业未实现融合循环，种植业、养殖业和微生物产业之间的良性循环还未形成，农业系统的自然再生产过程和经济再生产过程相互独立，产业之间、部门之间、系统之间未形成有效耦合。① 因此，推进生态文明的理念、原则、目标等深刻融入和全面贯穿到现代农业产业各方面和全过程，需要在明确融入对象的基础上运用集成方法、突出集成过程和实现集成效果，形成"对象—方法—过程—效果"的系统综合集成路径（如图7-8所示）。

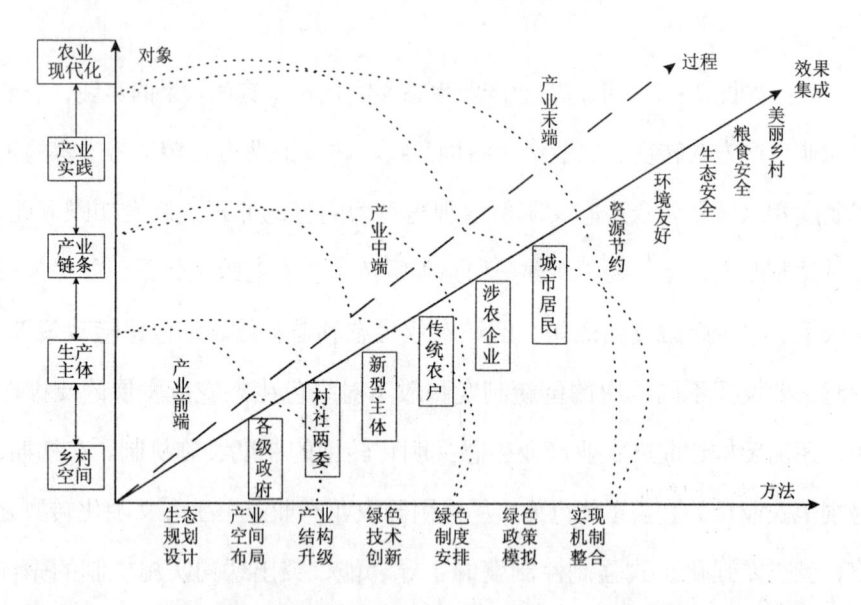

图7-8 生态文明融入农业现代化的"对象—方法—过程—效果"集成模型

---

① 参见李丽《综合集成：发展循环农业的一种新模式》，《福建论坛》（人文社会科学版）2014年第3期。

从融入对象来看，生态文明融入农业现代化各方面和全过程的产业实践，不仅包括农业自然再生产和社会再生产涉及的完整产业链条，还包括农业生产经营主体和农业生产经营活动的乡村空间界面。因此，生态文明融入农业产业的对象是由农业产业链条、产业主体、产业空间构成的"三维"对象组合，不能偏废其一。其中，产业主体除了政策制定者、村社两委以外，主要包括传统农户、新型农业经营主体、城市居民等。农业产业主体行为对生态文明深刻融入农业产业具有重要影响，农业产业主体的利益协调是其生态文明化行为方式形成的决定性因素。

从融入过程来看，生态文明融入农业现代化各方面和全过程的产业实践，就是将生态文明的理念、原则、目标等深刻融入和全面贯穿到由农业产业前端、中端和末端构成的完整产业链条。因此，在农业产业生产前期，要统筹审视资源要素投入、土壤耕地状况、农村自然环境等基础环境条件是否会影响农业生产以及促进农业产业生态文明化转型。在农业产业生产中端，需要注重农作物、畜牧业的自然生长周期，通过技术创新减轻农药、化肥、农膜对农作物自然生长周期和农田环境破坏，弱化生物激素、畜牧饲料对禽兽畜牧出栏周期的影响，促进种植业、养殖业、微生物产业间良性循环。同时，加强农业产业生产末端管控，既要重视初级农牧产品深加工的食品安全控制和监测，又要强化农业产后农田环境污染监测以及农田水利维护和耕地污染治理。

从融入方法来看，农业产业的生态文明化转型涉及传统乡村农区和城乡接合部空间界面上的系列绿色化改造，需要运用包括生态规划设计、产业空间布局、产业结构升级、绿色技术创新、绿色制度安排、绿色政策模拟和实践机制整合等方法。从根本上讲，这些关于生态文明融入农业产业的方法体系是一组推进农业产业、农民主体和农村空间实现生态文明化转型的技术路径集合。

从集成效果来看，生态文明的理念、原则、目标等深刻融入农业产业各方面和全过程，旨在构建资源节约型、环境友好型、生态安全型现代农业产业体系，确保国家粮食安全战略目标，维护城乡社会稳定，化解农业面临的"布朗综合征"，建设天蓝、水净、地绿、人和的美丽乡村。

总体来看，推进生态文明的理念、原则、目标等深刻融入三次产业各方面和全过程，涉及政府、企业、公众、中介组织等多个主体，覆盖政府、市场和社会多个层面以及经济、政治、文化、社会、生态等多个内容。因此，生态文明融入产业系统是一个循序渐进和因地制宜相结合的动态过程。以农业产业为例，不同地区（行政区、功能区）要根据自然禀赋状况、经济社会条件以及市场需求程度，探索具有差异化的生态文明融入农业产业的实践路径。对于工业、服务业等产业，同样要探索具有差异化的生态文明融入路径，从而，也才能从整体上推进以产业发展方式绿色化转型为支撑的中国产业经济结构升级，奠定中国经济绿色化发展的产业基础。

## 第四节　空间推进路径——以新型城镇化为例[①]

城镇化是伴随着工业化、信息化快速发展，非农产业在城镇空间集聚、非农就业人口向城镇空间集中的自然历史过程，是国家或地区现代化水平的重要标志。从当前中国来看，"城镇化既是现代化的必由之路、经济持续发展的强大引擎和产业结构转型升级的重要抓手，也是解决'三

---

① 本部分主要内容以"生态文明融入新型城镇化的空间整合与技术路径"为题，刊载于《求实》2016年第6期。

农'问题的重要途径、推动区域协调发展的有力支撑和促进社会全面进步的必然要求"①。可见，城镇化是中国工业化、信息化、农业现代化的重要承载平台，对破解"三农"发展难题和促进城乡融合发展具有不可替代作用。总体上，尽管我国城镇化率从1978年的17.9%上升至2016年年底的57.35%，城镇化发展迅速，但相对于发达国家高达70%～80%的城镇化平均水平，我国城镇化发展潜力和空间巨大。同时，我国持续30多年的高速经济增长是以高投入、高消耗、高排放、高污染、高扩张、低效率为特征的城镇化推进模式为支撑，是一条外延式粗放型城镇化道路。以可再生能源和绿色建筑为例，2012年我国城镇可再生能源消费比重和绿色建筑占新建建筑比重分别仅为8.7%和2%。这种外延扩张式粗放型城镇化推进模式带来了巨大的资源环境压力，城市生态环境日趋恶化；"垃圾围城"和城镇空间环境污染向乡村蔓延的现象也日益显现，城镇区域成为我国资源消耗、环境污染、生态退化最为集中的"空间凹地"。因此，"城镇化继续走高消耗、高排放的老路难以为继。推进新型城镇化，对环境一定要倍加呵护，对资源一定要精打细算，走绿色、可持续发展之路。这是一篇关系中华民族生存和发展的大文章"②，亟须"把生态文明理念全面融入城镇化进程，着力推进绿色发展、循环发展、低碳发展，节约集约利用土地、水、能源等资源，强化环境保护和生态修复，减少对自然的干扰和损害，推动形成绿色低碳的生产生活方式和城市建设运营模式"③。

  国外对城镇生态转向研究主要是伴随"绿色城市主义"④的兴起而展开。国内对城市生态维度的探讨则是从"城市作为一种社会空间存在"⑤

---

① 《国家新型城镇化规划（2014—2020年）》，人民出版社2014年版，第3—6页。
② 《十八大以来重要文献选编》（上），中央文献出版社2014年版，第619页。
③ 《国家新型城镇化规划（2014—2020年）》，人民出版社2014年版，第7页。
④ [美] 蒂莫西·比特利：《绿色城市主义——欧洲城市的经验》，邹越、李吉涛译，中国建筑工业出版社2011年版，第3—16页。
⑤ 张鸿雁：《城市空间的社会与"城市文化资本"论》，《城市问题》2005年第5期。

开始。从目前来看，国内对新型城镇化的生态文明转向研究，是以"'人口、经济、社会、环境'四个维度解构新型城镇化的要义"① 为起点，突出城市绿色变革与转型，主要聚焦于两个层面：一方面，随着中国城市空间反增长联盟出现新特征②，围绕生态文明绿色城镇化面临的现实困境③，在批判传统粗放型城镇化推进模式基础上提出全面推进中国绿色城镇化的内涵、基本思路及举措④；另一方面，通过剖析城镇化与生态文明建设的协同机理⑤，尝试以长效联动机制建设城镇生态文明⑥。总体上，已有研究对传统城镇化推进模式进行了反思，对城镇化的生态文明内涵有了新的认知，为中国城镇化绿色转型奠定了良好基础，但仍普遍存在偏离"城市作为一种空间存在"的研究取向，未能将城镇化视为具有一定资源环境承载能力、环境容量、规模大小和适度边界的空间界面，将其作为生态文明建设的空间载体。因此，本书尝试探讨城镇空间界面上生态空间的现实建构，提出"生产、生活、生态"空间的"整合、共享、共赢"思路及生态文明理念、原则、目标等融入城镇空间各方面和全过程的技术路径。

## 一 新型城镇化与生态文明建设协同耦合

从理论层面揭示城镇化建设的生态空间维度与生态文明建设空间实践的有机协同机理，是推进生态文明建设理念、原则、目标等深刻融入和全

---

① 李萍、田坤明：《新型城镇化：文化资本理论视域下的一种诠释》，《学术月刊》2014年第3期。

② 参见曾文、吴启焰、张小林等《中国城市空间反增长联盟的新特征》，《地理科学》2015年第5期。

③ 参见高红贵、汪成《生态文明绿色城镇化进程中的困境及对策思考》，《统计与决策》2014年第24期。

④ 参见魏后凯、张燕《全面推进中国城镇化绿色转型的思路与举措》，《经济纵横》2011年第9期。

⑤ 参见田文富《新型城镇化与生态文明建设的互动机理及保障机制研究》，《中州学刊》2015年第3期。

⑥ 参见李晓燕《以长效联动的实施机制建设城镇生态文明》，《农村经济》2013年第9期。

面贯穿于城镇空间各方面和全过程，实现城镇化生产空间、生活空间和生态空间"空间整合"的基本前提。

（一）空间生产、价值整合与生态空间的现实构建

人类文明是在时间和空间交织成的语境中得到不断的创新、嬗变和维系。① 而长期以来，思想家们和学术界往往沉浸在历史的想象之中，导致对空间的无情漠视，正如福柯所言："空间在以往被当作僵死的、刻板的、非辩证的和静止的东西。相反，时间却是丰富的、多产的、有生命的、辩证的。"② 今天，一个国家或地区所处方位、地理分区及其内部资源禀赋、环境状况、城市发展、社区建设、景观塑造等已构成了人类经济、政治、文化、社会等实践活动的空间性，人们对空间的想象、生产以及对空间的争夺成为其一切行为活动的出发点。

空间生产是与空间紧密联系在一起的，空间所具有的物质性、社会性及精神性决定了空间生产不仅仅是一个作用于自然物质对象的实践活动。从这个意义上讲，在工业化、城镇化等现代发展主义主导的时代，空间生产已成为一种置于物质性、社会性和精神性空间之上并主导经济增长模式的生产方式。正是基于此，城市成了可以实现机械化生产、技术改进和规模经济的一种最佳空间组合形态。由此，"空间生产"在概念和实际中越来越表现在"具有一定历史性的城市的急速扩张、社会的普遍都市化以及空间性组织的问题等各方面"③。可见，空间生产已不仅限于一定空间与时间制约下的物质生产，它也内在地包含了不断超越地理空间限制实现整体空间"自我生产"的过程。因此，曾由工业化所造就的城市化，现在却被

---

① 参见孙江《"空间生产"——从马克思到当代》，人民出版社2008年版，第5页。
② ［美］爱德华·W. 索亚：《后现代地理学：重申批判社会理论中的空间》，商务印书馆2004年版，第10页。
③ 包亚明主编：《现代性与空间的生产》，上海教育出版社2003年版，第47页。

城市化所造就，城市空间成了生产资料，城市空间配置成了生产力，即"土地、地底、空中，甚至是光线，都纳入了生产力与产物之中。都市结构及其沟通与交换的多重网络，成为生产工具的一部分"①。总体上，城市空间生产已被视为包括塑造空间生产力与重构空间生产关系双重功能的生产方式。具体而言，城市空间生产表现为人类能够有效利用自然物质空间生产出满足于城市空间物质生产生活资料的能力，既生产包括建筑、地理景观、交通设施以及水、电、气等空间产品的使用价值，又为城市空间本身生产各类空间产品提供交换、流通和消费的经济链条和交易平台，为各种资源要素融合、产业集聚发展提供了空间可能，实现城市空间生产的完成，即将自然物质空间资源以劳动产品形式变换为社会财富、将各种自然物质要素塑造为庞杂的集聚体系以及有目的和有计划进行空间塑造的综合能力，并基于城市空间生产力在物质要素和庞杂集聚体系生产配置中形成的城市空间占有、空间分配、空间流通和空间消费等经济利益关系。

因此，城市空间生产可以进一步解构为生产"使用价值"的空间生产过程和生产"交换价值"的空间生产过程，城市空间生产的完整性必须是二者的统一。相对于马克思所做的"资本主义从事的是'交换价值'的生产，而前资本主义从事的则是'使用价值'的生产"②的界分，是"社会主义空间的生产，意味着私人财产，以及国家对空间之政治性支配的终结。这又意味着从支配到取用的转变，以及使用优先于交换"③。但在当前中国特色社会主义市场经济条件下，城市空间生产存在"交换价值"生产优于"使用价值"生产、经济增长先于文化提升的内在偏好，城市空间"摊大饼"式的扩张与蔓延成为最好例证。因而，新型城镇化急需实现城

---

① 包亚明主编：《现代性与空间的生产》，上海教育出版社 2003 年版，第 70 页。
② 武廷海、张能、徐斌：《空间共享——新马克思主义与中国城镇化》，商务印书馆 2014 年版，第 7 页。
③ 包亚明主编：《现代性与空间的生产》，上海教育出版社 2003 年版，第 55 页。

市空间"交换价值"与"使用价值"生产的整合,突破"交换"与"使用"脱节及"交换"优先于"使用"的"非正常态",改变传统城镇化建设存在的贪大求洋和追求城市建设的新、奇、怪等异化现象,那种关于完全信赖于"市场决定模式的新型城镇化"① 的空间生产方式,是值得深思的。

城镇空间生产取决于城市系统的空间需求。乡土中国时期,物质极度匮乏,城镇空间生产以"使用价值"生产为根本要旨,"先生产后生活"成为城镇空间生产的基本逻辑。但进入工业文明主导的城镇化快速行进期,城镇空间生产逐渐被纳入资本循环体系之中,资本逻辑所支配的城市经营模式表现为对资本、企业、产业的追逐。由此,由城市系统多维空间需求决定的城镇空间生产完全屈从于现代发展主义逻辑。当前,资源消耗约束趋紧、环境污染严重和生态压力加大,已成为城镇空间生产最为严重的后果。对此,人们在反思由资本逻辑支配的空间生产方式的基础上,开始对城镇空间生产产生了包括生态产品和生态服务等新的空间需求。可见,城镇空间生产,已经不再如同从前一样屈从于工业文明主导的资本逻辑,空间生产生态产品和生态服务的需求和能力日益成为城镇空间实践的一个新的重要维度。推进新型城镇化生态空间的现实建构,是提升城市空间经济质量、促进社会包容持续发展和满足人们日益增长的生态需求的基本方向。

总之,城镇化既是经济发展过程,又是社会变化过程,涉及经济、社会、人口、生态等诸多领域,是个综合体。② 因此,在新型城镇化建设和旧城升级改造过程中,都不能在生产空间生产、生活空间生产和生态空间生产过程中各自为政,而应当寻求生产空间、生活空间和生态空间的平

---

① 倪鹏飞、董杨:《市场决定模式的新型城镇化:一个分析框架》,《改革》2014年第6期。
② 参见《十八大以来重要文献选编》(上),中央文献出版社2014年版,第610页。

衡、互补和镶嵌,既要将空间生产作为改善城镇居民生活质量和生活水平的手段,也要使生态空间生产成为城镇空间实践的有机组成部分。

(二)作为空间实践的城镇化与生态文明建设的协同机理

作为工业化、信息化、绿色化以及实现机械化、技术改进和规模经济的一种最佳空间组合形态,城镇化已成为支撑我国经济发展的核心引擎和进行生态文明建设的重要领域。本质上,"城镇化建设是一项复杂的系统工程,它涵盖了城镇空间规划与布局、城镇交通与产业发展、生态环境保护、人口迁移、城镇文化与人居建设、城市治理等各个领域,涉及了经济建设、政治建设、文化建设、社会建设等各个方面"①,但一定程度上存在对城镇化建设所包含的规划、交通、产业、生态文明、人口、建筑、城市治理等内容"扁平化"理解,缺乏从"空间生产"的整体视域看待城镇化建设的丰富内涵和完整过程。

当前,城镇化建设进程中资源约束趋紧、环境污染严重、生态系统退化等严峻问题日益突出,城镇空间成为资源消耗最多、环境压力最大的生态文明建设"凹地",城市空间的生产、生活与生态动态均衡完全被打破。因此,在推进旧城改造、棚户区改造升级以及新型城镇建设中,需要重构城市生产、生活、生态"三元空间"平衡系统,以"空间整合"的城镇化建设思路,促进城镇空间人口、资源、技术、要素、产业等合理集聚以及城市文化、空间格局、产业结构、生产方式、生活方式、城市治理优化适应,让城镇化实践具有丰富的空间表达和空间拓展内涵。可见,生态文明建设与城镇化空间实践在对生态文明的理念、原则、目标、要求等方面具有耦合性和一致性,即推进生态文明的理念、原则、目标等深刻融入城镇

---

① 钱易、吴良镛等:《中国特色新型城镇化发展战略研究》(第三卷),中国建筑工业出版社2013年版,第169页。

化建设各方面和全过程，必然存在城镇化建设中对生态空间维度的实践表达，要求"以城镇资源环境承载力为基础，以知识经济和生态技术为标志，以建立可持续的产业结构、发展方式和消费模式为主要内容，把生态文明理念全方位地融入城镇经济、政治、文化、社会以及生态建设的各个领域、各个环节，用生态文明理念对其进行集约化、绿色化、生态化、低碳化改造，从而推进城镇实现生态化变革和绿色转型"①。

一般来讲，城镇化建设具有两大核心要素。一是人的城镇化过程。城镇化建设离不开最具实践活力的人口因素，"以人为本"的城镇化建设要旨更是凸显了城镇化既要依靠人口主观要素提供的动力，又要体现人的需求的价值追求。缺乏人口要素集聚的城镇空间会使城市生产、消费停滞以及使城市社会流动失去活力，让城市沦为"鬼城"和"空城"。二是非人口要素（土地、资金、技术）的城镇化建设，其动力来源于以产业支撑所带来的资源要素规模化集聚，从而实现产城融合，为城镇居民提供就业、收入来源和生活体验。基于上述人口因素和非人口因素的城镇化实践，常常却被人为分割为不同空间界面上的城镇化实践——前者突出生活空间的塑造，后者强调生产空间的建构，导致对城镇生活空间的剥离。因此，当下推进城镇化实践，需要从"空间分割分离"向"空间整合共享"转变，在生态文明融入城镇化各方面和全过程中赋予城镇化新的空间表达方式和空间实践形态（如图7-9所示）。

如图7-9所示，在城镇化建设初期，由于人们的认识局限和对城镇空间界面上非人口要素的过度重视，土地城镇化远远快于人口城镇化，城镇郊区的大范围"圈地"导致大面积良田耕地侵占，且土地、产业与人口的城镇化不匹配和非均衡现象较为突出。同时，从城镇空间的产业支撑来

---

① 李晓燕：《以长效联动的实施机制建设城镇生态文明》，《农村经济》2013年第9期。

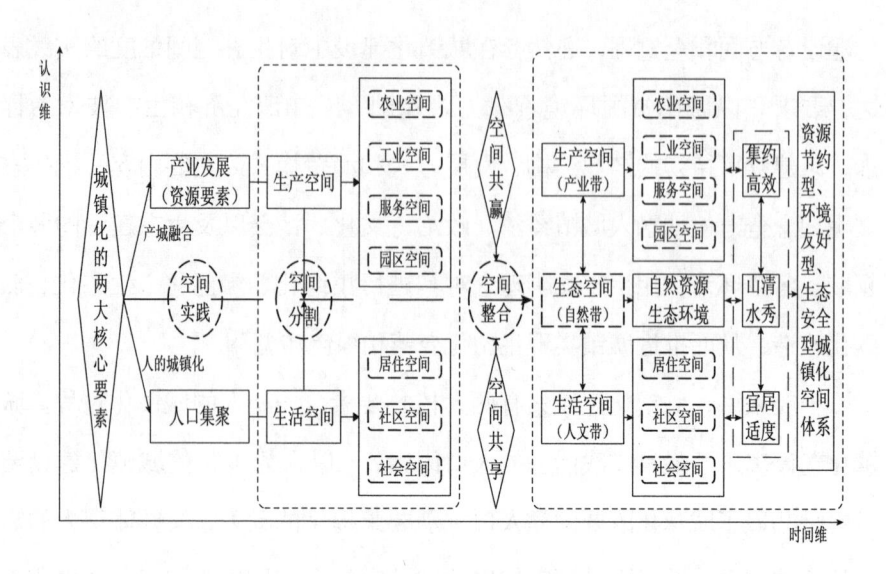

**图7-9　生态文明融入城镇化建设的空间表达与空间拓展**

看,很多新型城镇化看上去仅仅是"花架子",产业的集聚效应和产业所引导的人口城镇化效应较弱,"鬼城""空城"在我国各级地方都或多或少地存在。进一步,伴随资源要素流动所形成的产业发展集聚于一定生产空间之上,而人口集聚却形成为一定的生活空间"圈子",造成城镇化建设初期城镇空间实践的生产空间与生活空间分离和分割,即城镇居民和市民化农民的居住空间、社区空间、社会空间等生活空间与都市型农业空间、工业生产空间、服务业空间、产业园区空间等生产空间相互分离,且生产和生活空间日益被园区产业、工业产业、城市居民生活产生的资源消耗、环境污染和生态退化所笼罩。所以,城镇化的绿色转型是其必然选择之路。这就要求,在城镇化建设实践中,对生产空间和生活空间进行细分、拓展和整合。因此,按照把生态文明的理念、原则、目标等深刻融入和全面贯穿到城镇空间实践各方面和全过程的战略要求,城镇化建设的空间实践可细分为生产空间实践、生活空间实践和生态空间实践,且生态空间实践的理念、原则、目标要逐渐融贯到生产空间实践和生活空间实践的各方面和全过程,才能真正彻底变革城镇空间界面上的经济发展方式、生活方式及其治理方式,摆脱"经济增长—环境污染"恶性循环困境。

城镇化建设的生产空间、生活空间和生态空间实践的有效整合,本质上,表现为以产业带为支撑的生产空间、以人文带为核心的生活空间、以自然带为本底的生态空间"三带镶嵌"和"空间融合"。因此,生态文明建设的理念、原则、目标深刻融贯到城镇空间实践,要避免在"有限的空间里,建设空间大了,绿色空间就少了,自然系统自我循环和净化能力就会下降,区域生态环境和城市人居环境就会变差"等问题,要"划定城市开发边界,科学设置和严格控制城市开发强度,把城市放在大自然中,把绿水青山保留给城市居民"。① 一是以集约高效和绿色循环的生态理念构建城镇生产空间。城镇生产空间是以产业为依托和支撑的空间实践,就要将产业绿色发展、循环发展、低碳发展作为基本途径,不断提高产业资源能源利用效率,实现能源资源利用绿化替代战略,构建城镇绿色循环产业发展链条。二是以宜居宜业和绿色低碳的生态理念构筑城镇生活空间。利用生态绿色技术革命,推进绿色建筑;发展绿色公共交通,为城镇居民出行建立高效、低碳、安全和便捷的绿色交通体系;推进城镇绿色能源供给和绿色照明,大力推广节能型灯具和家电。三是以保护优先、自然恢复的生态方针构建城镇生态空间。按照生态学理论规划城市发展战略,把自然带作为镶嵌于城镇生产空间和生活空间的重要生态屏障,优化城镇主体功能区布局,尽可能提高城镇空间国土利用效率、适度控制城镇生产空间和生活空间的开发强度,为城镇空间提供更多的绿色、湿地、河湖和公园,满足城镇居民生态需求。

从系统论角度来看,经济建设系统、生态文明建设系统、社会文化建

---

① 《十八大以来重要文献选编》(上),中央文献出版社2014年版,第603页。

设系统、政府治理系统共同构成了城镇化建设整体，生态文明建设系统与生态空间系统建构是提升新型城镇化建设质量和推进旧城绿色化改造过程中十分重要一环。面对我国经济新常态，推进新型城镇化空间实践，需要拓展城镇化建设中的生态空间，实现城镇生产空间、生活空间和生态空间的"协同整合"与"共享共赢"，根据城镇化建设的差异性目标和因地制宜要求，探索多样化生态城镇建设模式，形成资源节约型、环境友好型、生态安全型的绿色城镇空间体系。

## 二 生态文明融入新型城镇化的实施过程

联合国人居中心沃利·恩道曾预言："城市化既可能是无可比拟的未来光明前景之所在，也可能是前所未有的灾难之凶兆。所以，未来会怎样就取决于我们当今的所作所为。"[①] 新型城镇化与生态文明建设的协同耦合机理以及生态空间的现实建构，决定了生态文明融入作为空间实践的新型城镇化各方面和全过程具有可行性和必要性。其关键，在于构建科学合理且具有可操作性的生态文明融入新型城镇化"总体框架—制度机制—综合集成"协同性技术路径。

### （一）总体框架

随着新型城镇化的稳步推进，作为空间实践的城镇化被赋予了新的内容：从生产空间与生活空间相分离到生产空间、生活空间、生态空间的整合与共享，作为现实建构意义的生态空间已逐渐成为城镇空间实践的关键环节和重要内容。从这个意义来讲，新型城镇化建设要"让城市

---

① ［冈比亚］沃利·恩道：《城市化的世界·序》，转引自仇保兴《国外城市化的主要教训》，《城市规划》2004年第4期。

融入大自然,让居民望得见山,看得见水,记得住乡愁",要把乡愁情愫真正融入城镇化各方面和全过程之中。① 因此,作为空间实践的新型城镇化建设,需要建构符合自身经济社会发展规律和空间耦合协同的总体框架(如图7-10所示)。

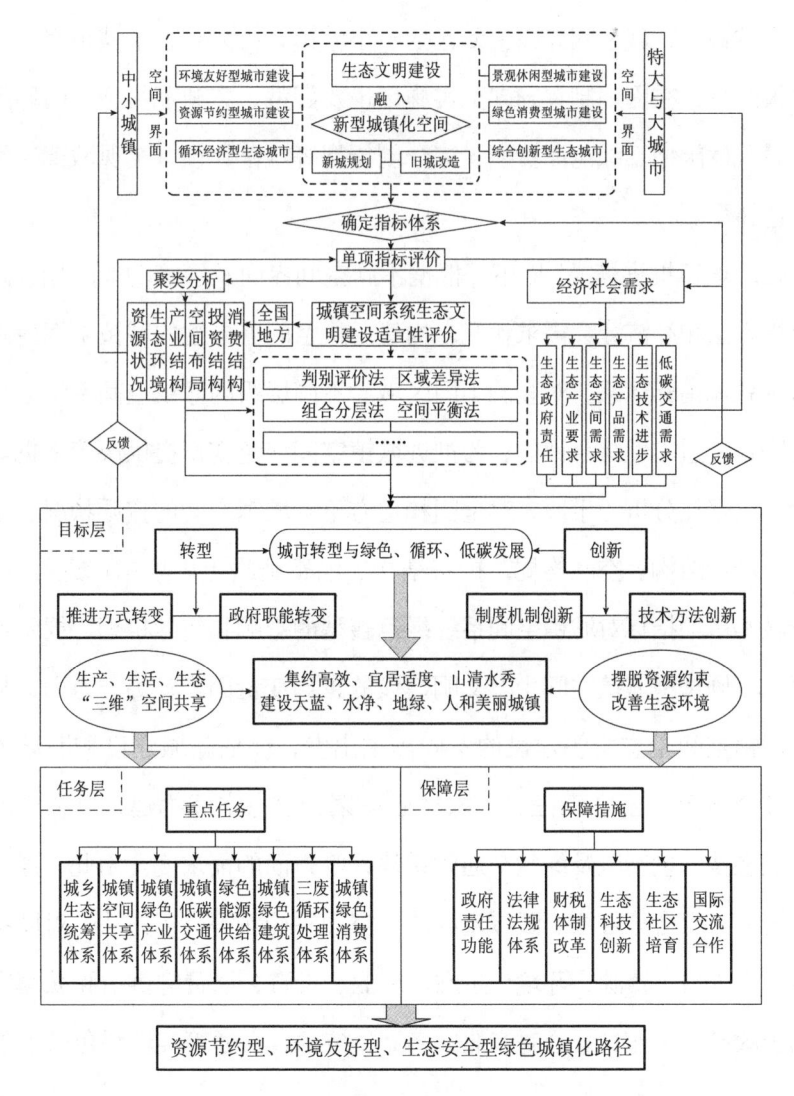

**图7-10 生态文明融入新型城镇化的总体框架**

---

① 参见韩喜平、王一《中国城镇化融入乡愁情愫之论析》,《学术交流》2014年第9期。

如图 7-10，生态文明建设的理念、原则、目标等融入城镇化空间界面各方面和全过程，即包括新城规划和旧城改造，都需要审视城镇空间界面上生产空间、生活空间、生态空间的均衡与协调，不因生产空间和生活空间的扩展而极度压缩城镇所需的生态空间。当前，我国生态文明建设融入新型城镇化，其空间界面主要包括中小城镇、特大和大中城市空间，其推进模式是，在因地制宜导向下实施环境友好型、资源节约型、循环经济型、景观休闲型、绿色消费型、综合创新型等城镇建设，实现城镇空间整体绿色转型。

在"城镇推进模式"①下，根据不同空间界面及经济功能区划，以聚类分析方法和经济社会需求状况，构建反映空间差异性的城镇空间生态文明水平总体指标体系，对全国不同区域、不同层级的城镇空间系统进行生态文明建设适应性综合评估，为推进城镇空间绿色变革提供决策依据。一方面，以聚类分析为手段，对全国和地方不同城镇空间的资源状况、生态环境、产业结构、空间格局、投资结构、消费结构等单项指标进行评估，分析各类单项指标对城镇空间系统绿色转型的影响和传导机理，揭示不同层级、不同规模城镇空间生态文明建设的主导变量因素；另一方面，从社会对城镇空间生态文明建设的不同需求出发，评估新城建设和旧城改造中，社会对政府生态责任、生态产业集聚、生态空间构建、生态产品供给、生态技术创新以及绿色交通体系建设等方面的需求度。由此，通过判别评价法、组合分层法、区域差异法、空间平衡法等具体方法，对城镇空间界面上人口、资源、环境、生态、产业、投资、消费等供给和城镇空间界面上政府、企业、公众对产业、产品、技术、交通等实现绿色转型的需

---

① 中国城镇化"推进模式"可分为七种类型：建立开发区、建设新区和新城、城市扩展、旧城改造、建设中央商务区、乡镇产业化、村庄产业化。参见李强、陈宇琳、刘精明《中国城镇化"推进模式"研究》，《中国社会科学》2012 年第 7 期。

求进行综合评估,为城镇空间的目标设定、模式选择、产业规划、重点确定、制度创新、机制设计、政策匹配等提供依据。

在对城镇空间进行生态文明建设适宜性综合评价和确定城镇化绿色转型主导模式后,需进一步明确新城建设与旧城改造的绿色发展目标、主要任务分层和支撑保障体系。从目标层来看,生态文明建设融入新型城镇化是以转型和创新为手段,其中,转变城镇化实践推进方式,提升城镇化质量和水平,强化政府在城镇空间实践的生态文明建设责任,是目标实现的前提;以"全新的观念、制度、科技、管理和文化内涵"[①]作为城镇空间实践新的动力,是目标实现的关键。最终,在新型城镇建设和旧城改造中实现生产空间集约高效、生活空间宜居适度、生态空间山清水秀,真正建设成为天蓝、水净、地绿、人和且"望得见山,看得见水,记得住乡愁"美丽城镇体系。

与目标层相对应,任务层是重点,保障层是支撑。推进我国城镇化生产、生活、生态"三生空间"共享及摆脱因应城镇化大拆大建、贪大求洋等引致的资源约束、环境污染、生态退化等困境,需要结合《国家新型城镇化规划(2014—2020年)》明确的重点任务和内容进行细化(见表7-5)。

表7-5　　　　　　　　　　绿色城镇化建设重点

| 序号 | 重点任务和内容 |
| --- | --- |
| 1 | 绿色能源<br>推进新能源示范城市建设和智能微电网示范工程建设,依托新能源示范城市建设分布式光伏发电示范区。选择部分县城开展可再生能源热利用示范工程,加强绿色能源县建设 |

---

① 牛文元主编:《中国新型城市化报告(2012)》,科学出版社2012年版,第125页。

续 表

| 序号 | 重点任务和内容 |
|---|---|
| 2 | 绿色建筑<br>推进既有建筑供热计量和节能改造。积极推进夏热冬冷地区建筑节能改造和公共建筑节能改造。提高新建建筑能效水平,严格执行节能标准。政府投资的公益性建筑、保障性住房和大型公共建筑全面执行绿色建筑标准和认证 |
| 3 | 绿色交通<br>加快发展新能源、小排量等环保型汽车,加快充电站、充电桩、加气站等配套设施建设,加强步行和自行车等慢行交通系统建设。积极推进混合动力、纯电动、天然气等新能源和清洁燃料车辆在公共交通行业的示范运用。严格实行运营车辆燃料消耗量准入制度 |
| 4 | 产业园区循环化改造<br>以国家级和省级产业园区为重点,推进循环化改造,实现土地集约利用、废物交换利用、能量梯级利用、废水循环利用和污染物集中处理 |
| 5 | 城市环境综合整治<br>实施清洁空气工程;实施安全饮水工程;开展存量生活垃圾治理工作;实施重金属污染防治工程,推进重点地区污染场地和土壤修复治理。实施森林、湿地保护与修复 |
| 6 | 绿色新生活行动<br>在衣、食、住、行、游方面,向简约适度、绿色低碳、文明节约方式转变。培育生态文化,引导绿色消费,推广节能环保型汽车、节能省地型住宅。健全城市废旧商品回收体系和餐厨废弃物资源化利用体系,抑制商品过度包装 |

资料来源:根据《国家新型城镇化规划(2014—2020年)》整理。

城市绿色转型的重点任务主要包括：建立健全城乡生态文明建设空间统筹体系，"推进城乡一体化的生态网络建设、建立城乡一体的循环经济体系、全面统筹城乡环境治理工作"①；构建城镇空间共享体系，将生态空间纳入城镇化建设空间规划与空间整合的全过程；发展城镇绿色产业体系，推进传统型"高投入、高成本、高污染、高排放"产业变革，以绿色、循环、低碳型产业支撑城镇化健康发展；建立健全城镇绿色低碳交通体系和物流体系，形成以高新技术为支撑、以低碳绿色公共交通为主体、以公众低碳便捷出行为辅助的城镇绿色低碳交通体系；建设城镇绿色低碳能源供给体系，为城镇空间产业发展、产品生产、居民生活等提供资源节约、环境友好和生态安全的能量供应；重视利用太阳能、节能材料、节能技术等建设城镇绿色建筑；建立健全城镇空间生产生活废水、废气和固体废弃物"三废"回收处理和循环利用体系；构建推进城镇企业、产业、园区、社区、公众的绿色消费体系。

从保障层来看，新城建设与旧城改造过程中，需要积极发挥政府、市场和社会的主体责任。一是，党和国家要明确中央和地方政府的责任功能，建立健全法律法规体系，以强制性法律制度为先导，增强城镇空间生态文明建设治理能力，运用财税体制改革和环境经济政策，引导行为主体绿色化转变；二是，以生态产品化和资源市场化改革为导向，明晰市场主体环境污染责任，为市场主体增强绿色技术创新能力提供经济激励；三是，创新社会公众参与城镇空间生态文明建设的体制机制，建设生态型城市社区，培育城镇居民生态文化和生态行为；四是，通过国际合作交流，为城镇空间生态文明建设提供成果经验借鉴。

总之，生态文明融入城镇空间实践应遵循"城镇空间生态文明建

---

① 魏后凯：《走中国特色的新型城镇化道路》，社会科学文献出版社2014年版，第321—322页。

设适宜性评价与生态需求评估—城镇绿色转型模式选择—城镇绿色转型目标设定—城镇绿色转型重点确立—城镇绿色转型保障支撑"的总框架。

## （二）制度机制

城镇化涉及的很多问题像空间规划布局、基本公共服务、社会公正和生态环境保护等，市场难以有效发挥作用，而政府作为责任主体，必须发挥好调控、服务和引导作用。[①]而政府发挥调控、服务和引导作用主要又是通过制度制定、执行和创新以及整合型机制的实施予以具体体现。因此，作为空间实践的新城绿色建设与旧城绿色改造，需要首先明确其制度分层、制度过程与实施机制的内在逻辑（如图7–11所示）。

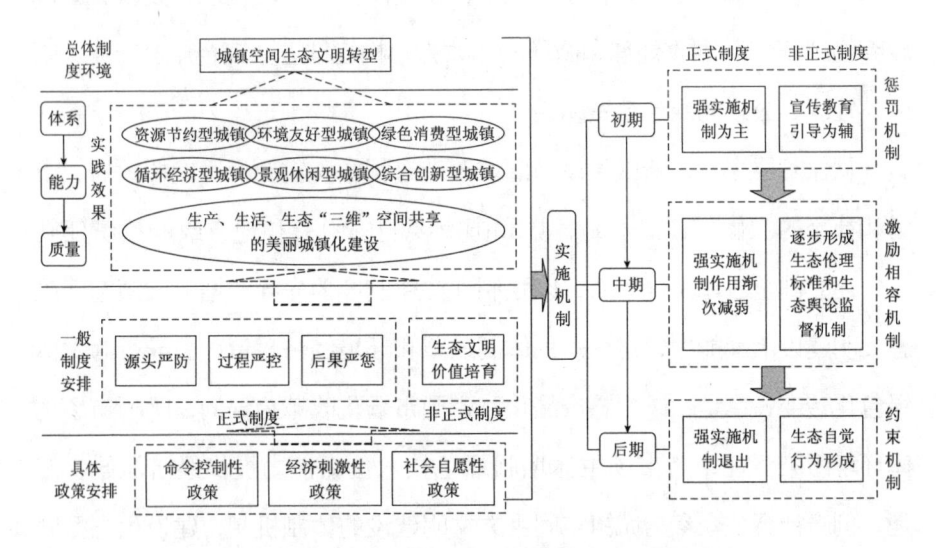

图7–11 城镇空间生态文明融入的制度层次与实施机制

资料来源：根据王彬彬（2012）、李晓燕（2013）修正完善。

---

① 参见《十八大以来重要文献选编》（上），中央文献出版社2014年版，第611页。

如图 7-11 所示，尽管生态文明融入城镇空间各方面和全过程，依据不同资源、环境、生态状况及产业结构、空间格局、技术水平，可以形成资源节约型、环境友好型、绿色消费型、循环经济型、景观休闲型、综合创新型等不同城镇空间生态文明建设推进模式，但总体上，城镇空间生态文明转型，是以城镇空间界面上生产空间、生活空间、生态空间有效整合为表征，实现城镇空间载体上产业结构、空间布局、生产方式、生活方式及消费方式的绿色转型。因此，在我国生态文明建设的总体制度环境下，城镇空间生态文明转型则需要通过一般性制度安排、具体政策安排以及不同阶段的主导实施机制加以全面推进。就制度机制而言，总体上要将城镇空间生态文明建设纳入国家生态文明治理现代化框架，从建立健全促进城镇空间绿色变革的治理体系、治理能力和治理质量等方面，综合推进新城镇建设与旧城镇改造工程。

在治理体系上，形成以源头严防、过程严控、后果严惩的正式制度体系与社会生态文明价值观培育的非正式制度为主要内容的城镇绿色治理体系。从源头严防来看，主要建立产权明晰的城镇自然资源资产产权制度、城镇自然资源资产管理体制、城镇功能区定位的土地资源利用制度、城镇空间法治规划制度、城镇生态空间管制制度和城镇国家公园体制等；从过程严控来看，要实施城镇自然资源、生态产品和生态空间有偿使用制度，建立城镇空间内部、城镇之间、城市群及流域带的生态利益补偿制度，实施城镇资源环境承载能力监测预警制度，健全城镇空间产业企业生态准入、污染物排放许可、污染物排放总量控制等；从后果严惩来看，要设置城镇空间生态环境干部终身责任追究制度、法律追究制度和经济损害赔偿制度等。在非正式层面，培育城镇社区居民、公众、中介组织的生态文明价值观培育，塑造公众绿色消费和低碳出行的生活方式。

在具体政策安排上，推进城镇空间生态系统、经济系统和社会系统协同发展，需要将一般性制度安排具体化为命令控制性、经济激励性、社会自愿性等政策工具组合，实现行政干预、市场激励和社会公众、环保组织自愿参与相统一。进一步，在制度分层基础上，构建正式制度和非正式制度共同作用的整合型实施机制，发挥正式制度与非正式制度以及命令性政策、激励性政策和自愿性政策在城镇空间生态文明实践的前期、中期和后期的不同功能和作用，即在前期，以政府主导的正式制度强制实施为主、宣传教育的非正式制度为辅，属于惩罚机制；在中期，以市场主导的激励兼容机制为主，强实施机制开始减弱，市场行为主体逐步形成生态伦理标准和生态舆论监督；在后期，以社会主体全面参与的约束机制为主，强实施机制退出，生态自觉行为形成，市场机制规范，从而最终实现城镇空间绿色转型与发展。

（三）综合集成

同时，生态文明融入城镇空间各方面和全过程是一项复杂的巨系统工程。近年来，在新型城镇化实践和旧城升级改造中，资源约束趋紧、环境污染严重和生态系统退化等问题越发凸显，究其根源，在于未能形成生态文明建设融入城镇空间实践的综合集成方案。当前，政策部门普遍存在将城镇化视为土地城镇化、人口城镇化、产业城镇化等单一化倾向，对城镇空间自然系统、经济系统、社会系统的协同性认识不够，导致新城建设质量、水平和效益大打折扣，旧城和棚户区改造步履维艰。因此，推进生态文明融入城镇空间实践各方面和全过程，需要矫正认识，明确融入对象，运用集成方法，突出集成过程，达到集成效果，构建"对象—方法—过程—效果"的系统综合集成模型（如图7-12所示）。

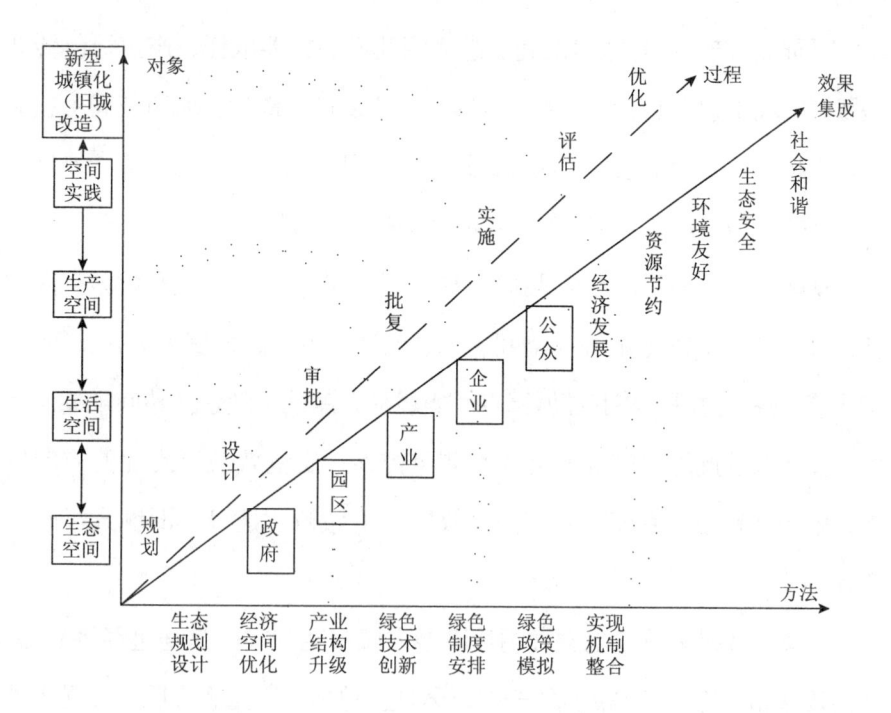

图 7-12 生态文明融入城镇空间的"对象—方法—过程—效果"系统集成模型

从融入对象来看,生态文明建设融入城镇空间各方面和全过程,既包括融贯于新型城镇空间、旧城改造和棚户区改造的生产、生活和生态的完整空间形态,也包括基于实践主体或参与主体对象,即与城镇空间界面上生态文明建设实践息息相关的政府、社区、园区、产业、企业、公众、社会组织等,均是城镇空间生态文明建设的融入对象。

从融入方法来看,生态文明建设融入城镇空间各方面和全过程需要以实施方法为技术路线支撑。首先,城镇空间生态文明建设必须以生态规划设计为先导,在城镇空间主体功能区定位基础上,实现与国民经济和社会发展规划、城乡发展规划、土地利用规划、新农村建设规划等规划的有效衔接。其次,在"多规合一"的引导下,明确城镇空间主体功能分区,优化城镇生产空间、生活空间和生态空间布局,实现城镇"三生空间"共享共赢。再次,产业是城镇化的实体平台和载体,是稳步推进城镇化的"车头",同时,产业也是城镇空间生态文明建设的主要依托,产业绿色转型是城镇空间生态文明建设的核心内容和主要途径。最后,城镇空间生态文明建设也需要借助于绿色技术创新的动力、绿色制度安排的保障、绿色政策措施的匹配以及整合型实施机制的推动等主体方法。

从融入过程来看,无论是新型城镇空间生态文明建设还是旧城空间绿色升级改造,均需遵循城镇空间规划、设计、审批、批复、实施、评估、优化等步骤和过程,将我国城镇空间实践从无序性、随意性转向规划设计引导性、报批批复程序性、实施监测可控性、质量效益可比性的方向发展,依法、有序、有节、有利推动我国新型城镇化建设和旧城升级改造工程。

从集成效果来看,生态文明建设融入城镇空间实践是通过经济效益、社会效益和生态效益的有机统一得以体现。总体上,生态文明建设融入城镇空间界面是以遵循顺应自然、尊重自然、保护自然为理念,在绿色发展和科学发展主导下,依托绿色城镇化发展规划,构建绿色城镇空间、绿色产业结构、绿色生产方式、绿色生活方式和绿色生态消费的城镇发展体系。所以,"建设绿色城镇,要把防治污染和节约利用资源结合起来,方向是发展绿色建筑、绿色能源、绿色交通,构建'两型'社会"①,实现城镇空间经济发展、资源节约、环境友好、生态安全、社会和谐,并不断辐射到乡村空间,进而实现城乡空间绿色协同发展的"美丽中国"建设目标。

总之,在推进新型城镇化建设和旧城升级改造过程中,一是,要转变城镇化实践思路,从城镇化作为一种"空间整合"的实践形态出发,以生产、生活与生态"三元空间"生产的视野,将生态空间作为城镇空间实践

---

① 《十八大以来重要文献选编》(上),中央文献出版社2014年版,第619页。

的有机组成和重要维度。二是，寻求城镇生产空间、生活空间和生态空间的空间均衡点和镶嵌带，绝不能像过去那样将生产空间、生活空间、生态空间人为割裂开来，各自为政、单兵突进。三是，在"空间整合"的思维导向下，生态文明建设融入城镇空间的各方面和全过程，则需要遵循"总体框架—制度机制—综合集成"的协同性技术路径，突出总体框架的战略导向性、制度机制的具体操作性和综合集成效果的评价性。四是，推进生态文明的理念、原则、目标等深刻融入城镇空间各方面和全过程，是在城镇空间界面上发生的一系列由生态文明建设引领的经济社会实践活动，其对象复杂、周期漫长、效果多元，且不同区域（行政区、功能区）自然资源状况、经济社会发展水平以及生态承载能力不一，需要探索城镇空间的差异化生态文明融入路径和实践模式。

# 结　语

# 从理性到行动

"物有甘苦，尝之者识；道有夷险，履之者知。"

——（明）刘基《拟连珠》

对推进生态文明融入经济建设各方面和全过程这一关乎实现中华民族伟大复兴和中华民族永续发展的命题做出令人满意的解释和回答，既要有理性的思考，还要有现实的行动。党的十八大以来，围绕建设美丽中国、深化经济体制改革与生态文明体制改革，形成人与自然和谐发展的现代化建设新格局，为我国生态文明融入经济建设指明了方向。"十三五"时期，我国经济正处于增长速度换挡期、结构调整阵痛期、前期政策消化期、发展方式转换关键期叠加阶段，已经到了认清经济建设本质，拓展经济发展内涵，整合政府、市场与社会功能的新阶段，不仅要发挥政府宏观调控的治理优势、市场配置自然资源的效率优势、社会公众参与环境保护和维护生态权益的能动优势，也应高度重视实践载体分类，解决生态文明融入经济建设的落地问题。

## 一 主要结论

1. 我国已进入经济增长速度换挡期、经济结构调整阵痛期、前期刺激政策消化期、发展方式转换关键期"四期叠加"阶段，经济建设的生态文明转型势在必行。

我国经济发展的总体状况是：在过去长达 30 多年的经济高速增长下实现了经济体量、国民收入、人均收入等系列经济"超常增长"的成就，用几十年时间走完了西方发达国家几百年的发展历程，为进入 21 世纪第二个十年奠定了坚实经济基础。但在经济建设取得巨大成就的同时，生态环境污染问题、资源能源约束问题、生态系统退化问题开始集中凸显。面对经济发展新阶段和系列矛盾问题，我国经济发展方式急需从要素驱动、投资驱动向创新驱动转变，更加注重经济发展的可持续能力和社会公平，形成经济的发展度（速度）、协调度（质量）、持续度（生态）综合集成增长模式，以绿色发展、循环发展和低碳发展作为基本路径和重要抓手，促进经济发展生态文明转型。

2. 生态文明融入经济建设需置于中国特色社会主义事业"五位一体"总布局和全面深化改革总目标进行统筹考量。

在中国特色社会主义"五位一体"总布局下，生态文明建设对经济建设、政治建设、文化建设、社会建设等具有基础作用；同时，作为全面深化改革的重要内容，深化经济体制改革和生态文明体制改革对坚持和完善中国特色社会主义制度、推进国家治理体系和治理能力现代化也具有重要意义。因此，生态文明融入经济建设需要置于"五位一体"总布局和全面深化改革总任务的框架下进行全面审视，既要发挥政治建设对生态文明融入经济建设的制度效应和政策功能、文化建设对生态文明融入经济建设的生态文化和生态价值观塑造作用、社会建设为生态文明融入经济建设的社会环境功能，又要以国家治理现代化引领经济绿色治理的现代化。

3. 生态文明融入经济建设是由横向各方面和纵向全过程两个维度构成的系统工程。

生态文明融入经济建设各方面和全过程是一项系统工程，覆盖了经济、政治、文化和社会多个内容，跨越微观、中观和宏观多个层次，涉及政府、企业、公众多个主体，覆盖生产、分配、流通、消费多个环节，包含人口、资源、环境、政策多种要素，具有系统性、整体性和协同性特征。从横向各方面来看，生态文明的理念、原则、目标既要融入工业化、信息化、城镇化、农业现代化各方面，又要融入政府、企业、公众的行为主体中；从纵向全过程来看，生态文明的理念、原则、目标既要贯穿产业生产、分配、流通、消费各环节，又要贯穿政府、企业、公众的行为决策过程中。

4. 政府、企业、公众是生态文明融入经济建设的责任主体，需要明确其责、权、利。

生态文明融入经济建设犹如一列火车，政府是车头，指引着前进方向；企业是车身，承载着社会主义市场经济主体生态文明转型的实践行动；社会公众是车轮，没有社会公众的共同参与，这列火车便没有持续运营的社会基础。中央政府和地方政府必须贯彻和落实科学发展观，结合生态文明融入经济建设的基本要求、方法和途径，把经济建设的绿色转型作为第一责任主体，通过制定不同层级预期性和约束性发展规划以及激励性财税政策，行使环境监督、绿色激励和文明引导职能。在此前提下，作为市场主体的企业，要加快建立促进经济绿色发展、循环发展、低碳发展的产业体系、空间体系和技术体系，实现经济效应和生态效应双赢。与此同时，社会公众在生态文明融入经济建设中也扮演着重要角色，其思维方式、生活方式、消费方式和出行方式影响着生态文明建设的成效。

5. 制度创新和机制设计是生态文明融入经济建设的制度保障和运行保障。

健全的经济规则是规范市场经济主体行为的基本约束，合理的运行系统是经济再生产和经济发展的重要保证。生态文明融入经济建设的关键就是破除促进经济绿色转型的关键性制度障碍和机制障碍。随着经济发展新情况、新趋势以及绿色经济、循环经济、低碳经济等新经济发展形态的出现，及时推进制度创新和机制设计对保障生态文明融入经济建设尤为重要。因此，也只有健全的制度体系和合理的运行机制才能确保生态文明的理念、原则、目标等深刻融入和全面贯穿于经济建设各方面和全过程。

6. 载体分类和路径选择是生态文明融入经济建设"落地生根"和"开花结果"的必由之路。

生态文明深刻融入和全面贯穿于经济建设各方面和全过程是在一定地域空间上综合经济条件、社会基础、人文环境、政策环境等诸多要素的协同演化过程。没有基于尺度综合和区域综合并对特定地理区位空间上的实践载体细分，"融入"和"贯穿"便失去了依托平台。从广义来看，实践载体是由国家经济、政治、文化、社会、生态等构成的完整系统；从狭义来看，实践载体既可以是特定空间内的产业、园区、区域、社会等，也可以是政府、企业、公众、社区、非政府组织等微观行为主体。同时，生态文明融入经济建设是一个具体实践命题。具体而言，就是结合尺度综合和区域综合的载体分类，探索生态文明融入包括企业系统、园区系统、产业系统、区域系统、社会系统各方面和全过程的具体实施路径，才能最终促进我国经济绿色发展、循环发展和低碳发展。

## 二 不足与展望

坚持理论与实践相结合，重视研究具有全局性的战略问题，是中国共产党始终保持的优良学风。解决当前中国特色社会主义现代化建设面临的重大理论和现实问题，关键就在于能否继续保持理论联系实际的优良传统，运用马克思主义的世界观和方法论继续推进马克思主义中国化，继续发展21世纪马克思主义和当代中国马克思主义。在中国特色社会主义"五位一体"总布局和全面深化改革总目标框架下，率先推进生态文明融入经济建设事关全面建成小康社会和实现中华民族永续发展的战略目标。本书围绕生态文明融入经济建设主题，运用马克思主义理论、方法和跨学科分析工具，初步构建了生态文明融入经济建设的理论分析框架，对生态文明建设融入经济建设的科学内涵、基本特征、本质规定、系统构成做出了基本回答，重点围绕生态文明融入经济建设的历史阶段及特征、认识误区与现实困境、国外实践和经验启示、战略框架和运行系统、制度体系与整合机制、载体选择和推进路径进行了系统研究。

倘若一定要讲本书有什么特色，那就是将中国共产党的领导置于生态文明融入经济建设系统的核心地位，形成了中国共产党领导下的"政府—市场—社会"协同分析框架，并将其始终贯穿到全书的理论研究和实践分析之中。但囿于作者能力和知识存量的主观因素，本书在对研究主题的深度、广度及方法上还存在诸多不足：从深度来看，对中国共产党的领导在推进生态文明融入经济建设的"政府—市场—社会"协同中具体展开不足、衔接不够；从广度来看，未能专题研究资源枯竭型城市绿色转型、主体功能区生态文明建设、海洋生态文明建设、生态文明法治化建设等问题；在方法上，偏重于生态文明融入经济建设的逻辑分析，缺乏从数量关系和指标体系上综合评估生态文明经济建设的区域水平、质量和绩效，提出的"规划—产业—空间"推进路径，也缺乏具体案例分析。

因此，未来将围绕以下选题展开：一是，五大发展理念与生态文明建设研究；二是，党的领导、政府机构、市场企业、社会公众及社会组织在生态文明经济建设中的地位和角色研究；三是，新中国成立以来不同阶段生产力布局对生态文明建设的影响机理研究；四是，生态文明融入经济建设的政策评估、调整及法治化研究；五是，生态文明融入经济建设的评估体系构建与运用研究；六是，生态文明建设的主体功能区实现路径研究；七是，供给侧结构性改革引领生态文明建设的实现路径研究；八是，生态文明融入政治建设、文化建设、社会建设各方面和全过程研究。

# 参考文献

**1. 著作类**

《马克思恩格斯文集》（第1—10卷），人民出版社2009年版。

《资本论》（1—3卷），人民出版社2004年版。

《列宁选集》（第1—4卷），人民出版社2012年版。

《毛泽东文集》（第1—8卷），人民出版社2009年版。

《邓小平文选》（1—3卷），人民出版社2001年版。

《江泽民文选》（1—3卷），人民出版社2006年版。

《胡锦涛文选》（1—3卷），人民出版社2016年版。

《干在实处　走在前列——推进浙江新发展的思考与实践》，中共中央党校出版社2006年版。

《之江新语》，浙江人民出版社2013年版。

《习近平谈治国理政》，外文出版社2014年版。

《十六大以来重要文献选编》（上、中、下），中央文献出版社2011年版。

《十七大以来重要文献选编》（上、中、下），中央文献出版社2013年版。

《十八大以来重要文献选编》（上），中央文献出版社2014年版。

《十八大以来重要文献选编》（中），中央文献出版社2016年版。

《新时期环境保护重要文献选编》，中央文献出版社2001年版。

邓玲等：《我国生态文明发展战略及其区域实现研究》，人民出版社2014年版。

俞可平：《论国家治理现代化》，社会科学文献出版社2014年版。

魏后凯：《走中国特色的新型城镇化道路》，社会科学文献出版社2014年版。

卢洪友等：《外国环境公共治理：理论、制度与模式》，中国社会科学出版社2014年版。

方世南：《马克思环境思想与环境友好型社会研究》，上海三联书店2014年版。

赵凌云等：《中国特色生态文明建设道路》，中国财政经济出版社2014年版。

杨志、王岩等：《中国特色社会主义生态文明制度研究》，经济科学出版社2014年版。

靳利华：《生态文明视域下的制度路径研究》，社会科学文献出版社2014年版。

刘举科、孙伟平等：《中国生态城市建设发展报告（2014）》，社会科学文献出版社2014年版。

汪同三、齐建国等：《加快经济发展方式转变论》，社会科学文献出版社2013年版。

李强等：《多元城镇化与中国发展：战略及推进模式研究》，社会科学文献出版社2013年版。

钱易、吴良镛等：《中国特色新型城镇化发展战略研究》（第3卷），中国建筑工业出版社 2013 年版。

杨志等：《低碳经济：全球经济发展方式转变中的新增长极》，经济科学出版社 2013 年版。

卢风等：《生态文明新论》，中国科学技术出版社 2013 年版。

肖巍：《可持续发展进行时：基于马克思主义的探讨》，复旦大学出版社 2013 年版。

陆小成：《城市转型与绿色发展》，中国经济出版社 2013 年版。

张孝德：《文明的轮回——生态文明新时代与中国文明的复兴》，中国社会出版社 2013 年版。

张德昭、李树财：《生态经济学的哲学基础》，科学出版社 2013 年版。

陶德麟等：《当代中国马克思主义若干重大理论与现实问题》，人民出版社 2012 年版。

胡鞍钢：《中国：创新绿色发展》，中国人民大学出版社 2012 年版。

刘湘溶等：《我国生态文明发展战略研究》，人民出版社 2012 年版。

李晓西、胡必亮等：《中国：绿色经济与可持续发展》，人民出版社 2012 年版。

沈满洪等：《生态文明建设与区域经济协调发展战略研究》，科学出版社 2012 年版。

王学俭、宫长瑞：《生态文明与公民意识》，人民出版社 2011 年版。

王明初、杨英姿：《社会主义生态文明建设的理论与实践》，人民出版社 2011 年版。

于法稳等：《生态经济与生态文明》，社会科学文献出版社 2012 年版。

刘思华：《生态文明与绿色低碳经济发展总论》，中国财政经济出版社 2011 年版。

许崇正等：《生态文明与人的发展》，中国财政经济出版社 2011 年版。

陈诗一：《节能减排、结构调整与工业发展方式转变研究》，北京大学出版社 2011 年版。

徐玖平等：《循环经济系统论》，高等教育出版社 2011 年版。

严立冬等：《循环经济的生态创新》，中国财政经济出版社 2011 年版。

陈银娥等：《绿色经济的制度创新》，中国财政经济出版社 2011 年版。

刘传江、王婧等：《生态文明的产业发展》，中国财政经济出版社 2011 年版。

田启波：《发展主义的反思与超越》，社会科学文献出版社 2010 年版。

丰子义：《发展的呼唤与回应——哲学视野中的社会发展》，北京师范大学出版社 2009 年版。

王小锡：《道德资本与经济伦理》，人民出版社 2009 年版。

王雨辰：《生态批判与绿色乌托邦：生态学马克思主义理论研究》，人民出版社 2009 年版。

严耕、杨志华：《生态文明的理论与系统构建》，中央编译出版社 2009 年版。

郇庆治：《重建现代文明的根基——生态社会主义研究》，北京大学出版社 2010 年版。

任正晓：《生态循环经济论》，经济管理出版社 2009 年版。

俞吾金：《科学发展观》，重庆出版社 2008 年版。

曾刚等：《生态经济的理论与实践——以上海崇明生态经济规划为例》，科学出版社 2008 年版。

黄娟：《生态经济协调发展思想研究》，中国社会科学出版社 2008 年版。

严立冬、刘新勇等：《绿色农业生态发展论》，人民出版社 2008 年版。

陈学明：《生态文明论》，重庆出版社 2007 年版。

潘家华：《持续发展途径的经济学分析》，社会科学文献出版社2007年版。

诸大建：《中国循环经济与可持续发展》，科学出版社2007年版。

向玉乔：《经济·生态·道德——中国经济生态化道路的伦理分析》，湖南大学出版社2007年版。

刘思华：《生态马克思主义经济学原理》，人民出版社2006年版。

顾钰民：《马克思主义制度经济学》，复旦大学出版社2005年版。

刘森林：《重思发展——马克思发展理论的当代价值》，人民出版社2003年版。

洪银兴：《可持续发展经济学》，商务印书馆2002年版。

[美] 蕾切尔·卡森：《寂静的春天》，吕瑞兰、李长生译，上海译文出版社2012年版。

[印] 萨拉·萨卡：《生态社会主义还是生态资本主义》，张淑兰译，山东大学出版社2012年版。

[英] 佩珀：《生态社会主义：从深生态学到社会正义》，刘颖译，山东大学出版社2012年版。

[英] 马克·史密斯、皮亚·庞萨帕：《环境与公民权：整合正义、责任与公民参与》，侯艳芳、杨晓燕译，山东大学出版社2012年版。

[日] 岩佐茂：《环境的思想与伦理》，冯雷、李欣荣等译，中央编译出版社2011年版。

[英] 莫汉·芒纳星河：《使发展更可持续——可持续经济学框架与应用》，邹文博、谢旭轩等译，中国社会科学出版社2008年版。

[瑞] 托马斯·思德纳：《环境与自然资源管理的政策工具》，张蔚文、黄祖辉译，上海人民出版社2006年版。

[美] 约翰·贝拉米·福斯特：《生态危机与资本主义》，耿建新译，

上海译文出版社 2006 年版。

［日］宫本宪一：《环境经济学》，朴玉译，生活·读书·新知三联书店 2004 年版。

［美］保罗·R. 伯特尼、罗伯特·N. 史蒂文斯：《环境保护的公共政策》，穆贤清、方志伟译，上海人民出版社 2004 年版。

［美］汤姆·泰坦伯格：《环境与自然资源经济学》，严旭阳等译，经济科学出版 2003 年版。

［德］霍斯特·西伯特：《环境经济学》，蒋敏元译，中国林业出版社 2002 年版。

［美］丹尼斯·米都斯等：《增长的极限——罗马俱乐部关于人类困境的报告》，李宝恒译，吉林人民出版社 1997 年版。

［美］阿兰·兰德尔：《资源经济学》，施以正译，商务印书馆 1989 年版。

Roberto Bermejo, *Handbook for a Sustainable Economy*, 2014.

Richard Simpson, Monika Zimmermann, *The Economy of Green Cities: A World Compendium on the Green Urban Economy*, Local Sustainability, Volume 3 2013.

Diego A. Vazquez-Brust, Joseph Sarkis, *Green Growth: Managing the Transition to a Sustainable Economy*, Greening of Industry Networks Studies, Volume 1 2012.

Raimund Bleischwitz, Paul J. J. Welfens, ZhongXiang Zhang, *International Economics of Resource Efficiency: Eco-Innovation Policies for a Green Economy*, 2011.

Peter Bartelmus, *Quantitative Eco-nomics: How sustainable are our economies?* 2008.

**2. 论文类**

张德霖：《农业生态经济基础论》，《经济研究》1996 年第 6 期。

李晓西、刘一萌等：《人类绿色发展指数的测算》，《中国社会科学》2014 年第 6 期。

陈学明：《资本逻辑与生态危机》，《中国社会科学》2012 年第 11 期。

陈学明：《马克思"新陈代谢"理论的生态意蕴》，《中国社会科学》2010 年第 2 期。

杜明娥、杨英姿：《生态文明：人类社会文明范式的生态转型》，《马克思主义研究》2012 年第 9 期。

陈占安：《科学发展观与党的指导思想》，《马克思主义研究》2012 年第 12 期。

方时姣：《绿色经济思想的历史与现实纵深论》，《马克思主义研究》2010 年第 6 期。

黄娟：《马克思主义生态经济理论的最新成果及其价值思考》，《马克思主义研究》2009 年第 10 期。

刘思华：《中国特色社会主义生态文明发展道路初探》，《马克思主义研究》2009 年第 3 期。

程恩富、王中保：《论马克思主义与可持续发展》，《马克思主义研究》2008 年第 12 期。

方世南：《马克思的环境意识与当代发展观的转换》，《马克思主义研究》2002 年第 3 期。

丁开杰、刘英等：《生态文明建设：伦理、经济与治理》，《马克思主义与现实》2006 年第 4 期。

徐贵权：《当代中国生态文明建设的价值理性审视》，《马克思主义与现实》2008 年第 4 期。

吴瑾菁、祝黄河：《"五位一体"视域下的生态文明建设》，《马克思主义与现实》2013年第1期。

杨志华、严耕：《中国生态文明建设的六大类型及其策略》，《马克思主义与现实》2012年第6期。

郭学军、张红海：《论马克思恩格斯的生态理论与当代生态文明建设》，《马克思主义与现实》2009年第1期。

马凯：《坚定不移推进生态文明建设》，《求是》2013年第9期。

周生贤：《中国特色生态文明建设的理论创新和实践》，《求是》2012年第19期。

李宏伟：《形塑"环境正义"：生态文明建设中的功能区划和利益补偿》，《当代世界与社会主义》2013年第2期。

韩喜平、李恩：《当代生态文化思想溯源——兼论科学发展观的生态文化意蕴》，《当代世界与社会主义》2012年第3期。

李娟、杨世文：《十六大以来党的生态文明建设思想探析》，《当代中国史研究》2012年第1期。

姚燕：《新中国对生态文明建设的认识和实践》，《当代中国史研究》2010年第4期。

李萌、李学锋：《中国城市时代的绿色发展转型战略研究》，《社会主义研究》2013年第1期。

王玲玲、张艳国：《"绿色发展"内涵探微》，《社会主义研究》2012年第5期。

余锦龙：《马克思生产力理论所蕴含的生态经济思想》，《中国特色社会主义研究》2013年第4期。

王若宇、冯颜利：《从经济理性到生态理性：生态文明建设的理念创新》，《自然辩证法研究》2011年第7期。

赵建军：《人与自然的和解："绿色发展"的价值观审视》，《哲学研究》2012年第9期。

田心铭：《以人为本与生态文明建设》，《高校理论战线》2009年第6期。

陈学明：《社会主义的生产方式和生活方式是解决生态问题的根本出路》，《红旗文稿》2009年第20期。

余源培：《生态文明：马克思主义在当代新的生长点》，《毛泽东邓小平理论研究》2013年第5期。

罗健、夏东民：《全面推进中国特色社会主义生态文明建设——基于马克思社会有机体理论的视阈》，《毛泽东邓小平理论研究》2012年第8期。

金开好：《江泽民的生态经济思想和科学发展观》，《毛泽东邓小平理论研究》2005年第1期。

李晓西等：《完善国家生态治理体系和治理能力现代化的四大关系》，《管理世界》2015年第5期。

杨伟民、袁喜禄等：《实施主体功能区战略，构建高效、协调、可持续的美好家园——主体功能区战略研究总报告》，《管理世界》2012年第10期。

刘纪远等：《中国西部绿色发展概念框架》，《中国人口·资源与环境》2013年第10期。

李正图：《中国发展绿色经济新探索的总体思路》，《中国人口·资源与环境》2013年第4期。

诸大建：《绿色经济新理念及中国开展绿色经济研究的思考》，《中国人口·资源与环境》2012年第5期。

曹东、赵学涛等：《中国绿色经济发展和机制政策创新研究》，《中国人口·资源与环境》2012年第5期。

邓远建等：《生态资本运营机制：基于绿色发展的分析》，《中国人口·资源与环境》2012年第4期。

高红贵：《中国绿色经济发展中的诸方博弈研究》，《中国人口与环境》2012年第4期。

冯之浚、周荣：《低碳经济：中国实现绿色发展的根本途径》，《中国人口·资源与环境》2010年第4期。

欧阳志云、赵娟娟等：《中国城市的绿色发展评价》，《中国人口·资源与环境》2009年第5期。

樊杰、周侃、陈东：《生态文明建设中优化国土空间开发格局的经济地理学研究创新与应用实践》，《经济地理》2013年第1期。

严耕、林震等：《中国省域生态文明建设的进展与评价》，《中国行政管理》2013年第10期。

吴守蓉、王华荣：《生态文明建设驱动机制研究》，《中国行政管理》2012年第7期。

温莲香：《生态政绩观：生态文明建设中政绩观的新向度》，《行政论坛》2013年第1期。

董锁成、王海英：《西部生态经济发展模式研究》，《中国软科学》2003年第10期。

郑少华：《生态文明建设的司法机制论》，《法学论坛》2013年第2期。

张志敏、何爱平等：《生态文明建设中的利益悖论及其破解：基于政治经济学的视角》，《经济学家》2014年第7期。

胡岳岷、刘甲库：《绿色发展转型：文献检视与理论辨析》，《当代经济研究》2013年第6期。

蒋南平、向仁康：《中国经济绿色发展的若干问题》，《当代经济研究》2013年第2期。

刘思华：《科学发展观视域中的绿色发展》，《当代经济研究》2011年第5期。

洪银兴：《成为世界经济大国后的经济发展方式转型》，《当代经济研究》2010年第12期。

许经勇：《马克思的生态经济理论与当代中国实践》，《当代经济研究》2008年第9期。

郭熙保、王贵明等：《经济全球化与产业生态经济发展》，《当代经济研究》2005年第8期。

吴群：《高效农业循环经济的发展方向与思路》，《经济纵横》2014年第9期。

何爱平、石莹等：《生态文明建设的经济学解读》，《经济纵横》2014年第1期。

严也舟、成金华：《生态文明建设评价方法的科学性探析》，《经济纵横》2013年第8期。

齐建国：《循环经济与绿色发展》，《经济纵横》2013年第1期。

刘思华、方时姣：《绿色发展与绿色崛起的两大引擎——论生态文明创新经济的两个基本形态》，《经济纵横》2012年第7期。

魏后凯、张燕：《全面推进中国城镇化绿色转型的思路与举措》，《经济纵横》2011年第9期。

岳利萍、白永秀：《马克思经济学与西方经济学生态经济思想的比较》，《经济纵横》2011年第6期。

齐建国：《关于循环经济理论与政策的思考》，《经济纵横》2004年第2期。

石敏俊、刘艳艳：《城市绿色发展：国际比较与问题透视》，《城市发展研究》2013年第5期。

王明亮：《生态文明建设与经济发展方式转变》，《城市发展研究》2008年第4期。

沈清基：《论基于生态文明的新型城镇化》，《城市规划学刊》2013年第1期。

李斌、彭星：《环境机制设计、技术创新与低碳绿色经济发展》，《社会科学》2013年第6期。

邱耕田、张荣洁：《利益调控：生态文明建设的实践基础》，《社会科学》2002年第2期。

秦书生、逯永娟、王宽：《绿色消费与生态文明建设》，《学术交流》2013年第5期。

张云飞：《统筹兼顾：生态文明建设的战略思维》，《理论学刊》2012年第4期。

赵凌云、常静：《中国生态恶化的空间原因与生态文明建设的空间对策》，《江汉论坛》2012年第5期。

谢高地、曹淑艳：《发展转型的生态经济化和经济生态化过程》，《资源科学》2010年第4期。

赵映诚：《生态经济价值下政府生态管制政策手段的创新与完善》，《宏观经济研究》2009年第9期。

翟真：《俄罗斯的生态文明及其对中国的启示》，《思想战线》2013年第4期。

李丽：《综合集成：发展循环农业的一种新模式》，《福建论坛》（人文社会科学版）2014年第3期。

顾钰民：《论生态文明制度建设》，《福建论坛》（人文社会科学版）

2013年第6期。

陈海嵩：《中国生态文明制度体系建设的路线图》，《内蒙古社会科学（汉文版）》2014年第4期。

程宇航：《论绿色发展的产业基础：生态产业链的构建》，《求实》2013年第5期。

赵成：《论生态文明建设的实践基础——生态化的生产方式》，《学术论坛》2007年第6期。

屠凤娜：《产业生态化：生态文明建设的战略举措》，《理论前沿》2008年第18期。

王国敏、罗静：《循环经济：建设农业生态文明的必然选择》，《理论与改革》2008年第5期。

何东、邓玲：《区域生态工业系统的理论架构及其实现路径》，《社会科学研究》2007年第3期。

杨荫凯：《国家空间规划体系的背景和框架》，《改革》2014年第8期。

黄蓉生：《"和谐共生"视野的生态文明建设论纲》，《改革》2013年第10期。

陈东辉：《改革开放以来党的发展思路的转变与生态文明建设》，《重庆社会科学》2010年第5期。

黄勤：《我国生态文明建设的区域实现及运行机制》，《国家行政学院学报》2013年第2期。

王如松：《生态文明建设的控制论机理、认识误区与融贯路径》，《中国科学院院刊》2013年第2期。

高红贵、刘忠超：《中国绿色经济发展模式构建研究》，《科技进步与对策》2013年第24期。

徐莉、朱同斌等:《低碳经济发展激励机制研究》,《科技进步与对策》2010年第22期。

王彬彬:《论生态文明的实施机制》,《四川大学学报》(哲学社会科学版)2012年第2期。

陈洪波、潘家华:《我国生态文明建设理论与实践进展》,《中国地质大学学报》(社会科学版)2012年第5期。

李慧明、左晓利等:《产业生态化及其实施路径选择》,《南开学报》(哲学社会科学版)2009年第3期。

翟坤周:《经济绿色治理:框架、载体及实施路径》,《福建论坛》(人文社会科学版)2016年第9期。

翟坤周:《经济绿色治理的整合型实施机制构建》,《中国特色社会主义研究》2016年第4期。

翟坤周:《生态文明融入新型城镇化的空间整合与技术路径》,《求实》2016年第6期。

Chukwumerije Okereke, Timothy G. Ehresman, "International Environmental Justice and the Quest for a Green Global Economy: Introduction to Special Issue", *International Environmental Agreements: Politics, Law and Economics.* 2015, Volume 15, Issue 1.

James Pitt, CatherineHeinemeyer, "Introducing Ideas of a Circular Economy. Environment, Ethics and Cultures", *International Technology Education Studies*, Volume 5, 2015.

RobertoBermejo, "Circular Economy: Materials Scarcity, European Union Policy and Foundations of a Circular Economy", *Handbook for a Sustainable Economy*, 2014.

Veit Grundmann, Bernd Bilitewski, et al. "Risk – based Management of

Chemicals and Products in a Circular Economy at a Global Scale – Impacts of the FP7 Funded Project RISKCYCLE", *Environmental Sciences Europe*. May 2013, 25.

Leo Urban Wangler, "The Political Economy of the Green Technology Sector: A Study about Institutions, Diffusion and Efficiency", *European Journal of Law and Economics*. February 2012, Volume 33, Issue 1.

John Marangos, "Social Change versus Transition: The Political Economy of Institutions and Transitional Economies", *Forum for Social Economics*. April 2011, Volume 40, Issue 1.

### 3. 文件类

《坚定不移沿着中国特色社会主义道路前进　为全面建成小康社会而奋斗》

《中共中央关于全面深化改革若干重大问题的决定》

《中华人民共和国国民经济和社会发展第十三个五年规划纲要》

《全国生态保护"十三五"规划纲要》

《"十三五"生态环境保护规划》

《生态文明体制改革总体方案》

《关于加快推进生态文明建设的意见》

《全国农业现代化规划（2016—2020年）》

《全国农业可持续发展规划（2015—2030年）》

《国家新型城镇化规划（2014—2020年）》

《推进生态文明建设规划纲要（2013—2020年）》

《全国生态保护与建设规划（2013—2020年）》

《全国资源型城市可持续发展规划（2013—2020年）》

《全国生态环境保护纲要》

《全国主体功能区规划》

《全国生态功能区规划》

《中国 21 世纪议程——中国 21 世纪人口、环境与发展白皮书》

《国务院关于落实科学与技术发展规划纲要（2006—2020 年）》

《循环经济发展战略及近期行动计划》

《大气污染防治行动计划》

《国家生态文明建设试点示范区指标（试行）》

《国务院关于加快发展节能环保产业的意见》

《国家生态文明先行示范区建设方案（试行）》

《中华人民共和国环境保护法》

《中华人民共和国环境影响评价法》

《中华人民共和国循环经济促进法》

《中华人民共和国大气污染防治法（修订草案）》

《节能减排综合性工作方案》

《可再生能源中长期发展规划》

《排污费征收管理使用条例》

《中共中央　国务院关于加速科学技术进步的决定》

《国务院关于落实科学发展观　加强环境保护的决定》

《国务院关于环境保护若干问题的决定》

《中国应对气候变化国家方案》

《可再生能源中长期能源计划》

《关于落实环境保护政策法规防范信贷风险的意见》

# 后　　记

　　教学与科研生涯的第一部个人学术专著终于完成了。对于一个从秦岭大巴山南麓偏远山区走出来的"85后"农家子弟，我所遭遇的时代变迁和家庭环境不得不让我选择了一条"以学兴业、以学报国"的成长道路。回望过去，正是从本科到硕士、从硕士到博士的艰辛求学，改变了我的一切，并终将受用和受益一生。因此，我首先要感谢这个逐步消除城乡差别而又充满发展机遇的"大时代"，为我追求生活和崇尚学术提供了丰富的养料和宽广的舞台！

　　当然，每个人的学术际遇不尽相同。不同的学术际遇，就会走上不同的学术道路。生态文明能够进入我的学术视野，既带有偶然性，也存在必然性。我出生于农村、成长于乡土，从小就和泥土打交道，对农业、农民、农村一直怀着难以磨灭的深厚情感和眷恋，"三农"问题自然而然地成为我走进学术殿堂、进行学术研究的第一领域。我相信，无论时空如何更替变换，对于"三农"领域出现的新情况、新问题和新趋势，始终会是我长期学术研究持续观照和跟进的重要领域。随着个人学术经历的丰富，我深刻地认识到单一化的学术视野或单一的学科视野，往往会成为个人学术成长和学术成熟的限制。正是在这样的学术体验认知基础上，攻读博士

# 后 记

学位期间的一次人生际遇将我的学术研究从"三农"领域拓展至"生态文明建设"领域。在2014年的冬天，受恩师王国敏教授的委托，我与同门周庆元博士、王元聪博士共同飞赴北京参加农业部召开的"十三五"农业农村经济发展规划重大课题研究启动会，当飞机在首都机场上空盘旋降落并滑向跑道时，我第一次感受到北方寒冷冬天严重的雾霾天气，更坚定了我进行学术研究领域转向的决心。也正是这样的研究领域转向，在2015年走上教学与科研工作岗位之后，我以"中国特色社会主义经济绿色治理的机制、路径与政策研究"（批准号：16CKS015）为题申请到国家社会科学基金青年项目。这部关于"生态文明融入经济建设"主题的学术专著，不妨看作党的十八届三中全会提出"国家治理现代化"命题以来，我所提出"绿色治理：我国生态文明建设新话语"研究的阶段性成果。

无论是生态文明融入经济建设系统，还是国家绿色治理研究，对于我而言，都完全是一个全新的、待开拓的领域。走进生态文明建设与国家绿色治理现代化研究领域，为我打开了一扇全新的学术之门，让我在奋斗与求索、孤寂与清苦、迷茫与困惑中收获研究学术的幸福、喜悦和快感。我的研究得到了来自各处的帮助，每当想起一些人、一些事和一些经历，内心总是充满了无比感激和感动。专著即将付梓之际，我必须对给予我生活关照、学术引导和人生指引的老师、同窗、友人和家人致以由衷的谢意，既是自己对中国经济绿色发展问题进行思考和探索的阶段性总结，也算是对各位师长、同窗、友人和家人长期以来无私关爱和关心做个交待吧。

首先，最应该感谢的是引领和激励我走向学术之路的授业恩师王国敏教授。从攻读硕士学位到攻读博士学位，恩师王国敏教授不间断地鼓励、指引和支持，完全超越了作为"学术导师"的工作范畴。如果今天我有所成就，应首先归功于恩师长期不辞辛劳的栽培和提携。跟随恩师王国敏教授跨进"三农"研究领域，至此走上学术道路，兴许是我做出的最正确抉择。这期间，作为享受国务院特殊津贴的"三农"研究专家，恩师以科研课题和学术论文的研究为载体，无论是项目选题、文献整理、项目申报、课题论证、技术方法选择，还是田野调查、数据挖掘、论文和研究报告的撰写，都对我进行了完整、规范和严格的学术训练。我将永远以恩师严谨的治学态度、求真务实的科研精神为向导，勤奋进取，回报恩师的培养。

除授业恩师以外，承蒙多位老师的慷慨赐教和学术指引，四川大学的蒋永穆教授、曹萍教授、黄金辉教授、高中伟教授、刘吕红教授、何洪兵教授、郑晔教授，西南财经大学的曾狄教授，他（她）们或在课程讲授中让我积累了扎实的理论知识；或在学术研究中给予了我诸多有益点拨。更为幸运的是，专著在撰写和修改过程中得到了陈占安教授、郝立新教授、秦宣教授、肖贵清教授、顾钰民教授、王韶兴教授、邓淑华教授、苏志宏教授、张晓红教授、邓玲教授等学界前辈和专家的指点。在此我一并表示深深的敬意和谢意！在学习、工作和生活中，我有幸结识了许多朋友，建立了深厚的同门同窗情谊，必须提及的是周庆元博士、罗静博士、赵波博士、王元聪博士、梁晓宇博士，和你们一起进行课题论证、学术研讨以及田野调查的情景仍历历在目，将成为我们共同珍视的美好回忆。

我也要感谢家人长期以来的无私关心和支持，没有亲情与爱情的精神能量，我是不可能在孤寂、清苦的学术之途中艰难跋涉的。父母为了支持我"以学兴业、以学报国"的志向，他们长达七年的农民工生活艰辛体验，一直以来都成为我不忘初心、继续前进的动力；岳父、岳母对我无微不至的关心和关爱，让我周身总是充溢着一股暖流；妻子陈媛女士不畏清苦的坚守与支持、包容与理解，让我由衷感到自责和愧疚！

本书的出版得到了西南科技大学马克思主义学院院长黎万和教授的长期关心和鼎力相助，也受到西南科技大学社科处、研究生院、马克思主义学院的出版资助！本书的出版同样也离不开中国社会科学出版社宋燕鹏编审及校对人员的大力支持和敬业、高效、出色的工作，谨向他们的贡献致以诚挚谢意！

由于个人学术水平有限，错误和不当之处在所难免，如果引用了您的观点而疏漏了注释，恳请您的谅解并请批评指正。为学之道，必本于思；为人之道，必本于善。我将继续坚守"以学兴业、以学报国"的学术志向，沿着中国特色社会主义绿色治理现代化之路，不忘初心、继续前进，为建设美丽中国贡献自己绵薄之力！

翟坤周<br>2017 年 3 月<br>于中国科技城（绵阳）美立方静心园